기호계

Семиосфера

Ю. М. Лотман

Copyright © 1994 by Yu. M. Lotman, legatee.
Korean Translation Copyright © 2008 by Moonji Publishing Co., Ltd.
All Rights Reserved.

This Korean edition was published by arrangement with the Publishing House
"Iskusstvo—SPB" ("Art SPB").

이 책의 한국어판 저작권은 the Publishing House "Iskusstvo—SPB" ("Art SPB")와 독점 계약한
(주)문학과지성사에 있습니다.
저작권법에 의해 보호 받는 저작물이므로 무단 전재 및 복제를 금합니다.

기호계

문화연구와 문화기호학

우리 시대의 고전 20

유리 로트만 지음
Yuri M. Lotman

김수환 옮김

문학과지성사
2008

유리 로트만(Yuri M. Lotman, 1922~1993)

모스크바-타르투 학파로 알려진 러시아 기호학파를 이끈 지도적 이론가. 러시아 형식주의와 프라하 학파의 유산을 구조주의 언어학과 결합시킨 독특한 구조-기호학적 문화론을 주창, 현대 문화기호학 분야의 시조가 되었다. 페테르부르크의 레닌그라드 국립대학에서 문헌학을 전공했지만, 그의 학문적 관심사는 시학, 미학, 기호학 이론, 문화사, 신화론, 그리고 영화에까지 걸쳐 있었다. 1964년부터 에스토니아의 타르투 대학을 거점으로 '여름학교'를 개최하고 그 성과물을 모은 『기호체계 문집』을 발행, 세계적인 주목을 받게 되었다. 1970년대 중반 이후 본격적인 문화연구에 돌입, 문화 체계의 혼종성과 역동성, 그리고 창조성을 강조하는 다양한 이론적 탐색과 함께 러시아 문화사에 관한 구체적인 문화기호학적 연구 성과들을 내놓았다.
로트만은 1993년 사망하기까지 10여 종의 단행본과 500여 편이 넘는 연구 논문을 발표했다. 주요 저서로는 『구조 시학 강의』(1964), 『예술 텍스트의 구조』(1970), 『시 텍스트 분석』(1972), 『영화기호학과 영화미학의 제 문제』(1973), 『푸시킨』(1982), 『정신의 우주: 문화기호학 이론』(1990), 『문화와 폭발』(1992) 등이 있다. 사후에 『스크린과의 대화』(1994), 『사유하는 세계들 속에서』(1996) 등의 단행본이 출간되었고, 1996년부터 러시아에서 전집이 간행되기 시작해 총 9권이 출간된 상태다.

김수환
서울대학교 노어노문학과 및 같은 과 대학원을 졸업하고 러시아 과학아카데미(학술원) 문학연구소에서 로트만의 문화기호학 이론으로 박사학위를 받았다. 지은 책으로 『책에 따라 살기』『사유하는 구조 ─ 유리 로트만의 기호학 연구』『잉여의 시선으로 본 공공성의 인문학』(공저) 등이 있다. 현재 한국외국어대학교 러시아학과 교수로 재직 중이다.

우리 시대의 고전 20
기호계
──문화연구와 문화기호학

1판 1쇄 발행 2008년 4월 4일
1판 3쇄 발행 2019년 6월 17일

지은이 유리 로트만
옮긴이 김수환
펴낸이 이광호
펴낸곳 ㈜문학과지성사
등록번호 제1993-000098호
주소 04034 서울 마포구 잔다리로7길 18(서교동 377-20)
전화 02)338-7224
팩스 02)323-4180(편집) 02)338-7221(영업)
전자우편 moonji@moonji.com
홈페이지 www.moonji.com

ISBN 978-89-320-1841-6

기호계

차례

한국어판 출간에 부쳐_미하일 로트만　7

문화를 유형학적으로 기술하기 위한 메타언어에 관하여　11
문화의 기호학적 메커니즘에 관하여　62
문화의 기호학적 연구를 위한 테제들　100
신화—이름—문화　143
기호학적 체계의 역동적 모델　178
집단적 지성으로서의 문화와 인공지능의 문제　205
문화 현상　228
두뇌—텍스트—문화—인공지능　252
문화들의 상호 작용 이론의 구축을 위하여　274
문화의 기억　298
주체이자 그 자신에게 객체인 문화　314
문화의 역동성에 관하여　332

옮긴이 해설 · 유리 로트만과 기호계　359
찾아보기　378

일러두기

1. 이 책은 Ю. М. Лотман, Семиосфера, Искусство-СПб, 2000을 원본으로 하여 번역하였다.
2. 이 책의 맞춤법 및 외래어 표기는 문교부 고시 「한글 맞춤법」 및 「외래어 표기법」을 원칙으로 삼았다. 러시아어 표기는 「포르투갈어, 네덜란드어, 러시아어 외래어 표기법」(문화관광부 고시 제2005-32호, 2005. 12. 28)을 따랐다.
3. 옮긴이 주(註)인 경우, 주 앞에 [옮긴이 주]로 표시했다.
4. 문맥상 옮긴이의 추가 설명이 필요한 경우에 〔 〕로 표시했다.
5. 원서에서 이탤릭체로 강조한 부분은 굵은 고딕체로 표시했다.

한국어판 출간에 부쳐

한국의 독자들에게 내 아버지인 유리 미하일로비치 로트만(1922~1993)의 문화기호학 관련 논문 선집을 소개할 수 있게 되어 매우 기쁩니다. 이 선집의 출간은 러시아 문화 및 기호학의 전문가인 김수환 박사의 노력에 의해 이루어졌습니다. 그는 지난 2003년에 모스크바에서 단행본 연구서인『유리 로트만의 이론적 진화의 근본 문제들Основные аспекты творческой эволюции Ю. М. Лотмана』(Москва: Новое Литературное Обозрение, 2003)을 출간했으며, 20세기 러시아 문화에 대한 기호학적 분석을 담은 여러 논문을 한국어와 러시아어로 발표한 저명한 학자입니다.

유리 로트만은 1960년대에서 1980년대까지(사실상 연방 해체 전까지) 소비에트 인문학 사상의 주역이었던 타르투-모스크바 기호학파의 창시자입니다. 타르투-모스크바 학파는 아직까지도 여전히 문화기호학의 주역으로 남아 있다고 말할 수 있을 것입니다.

기호학 연구 분야에는 문화기호학에 대한 두 가지의 근본적인 접근이 존재합니다. 그중 하나는 현대 기호학의 창시자인 미국 철학자 찰스 샌더스 퍼스(1839~1914)의 전통, 그리고 이를 계승한 현대 미국 기호학파와 관련됩니다. 한편 유럽적 전통을 특징으로 하는 두번째 접근은 스위스의 언어학자 페르디낭 드 소쉬르(1857~1913)가 기초를 놓은 구조주의 사상의 발전과 관련됩니다. 퍼스의 기호학은 원자적입니다. 그것은 단순한 것에서 복잡한 것으로, 명백한 것에서 모호한 것으로 나아갑니다. 퍼스의 출발점은 개별적인 기호의 개념, 더 정확하게는 기호가 아니라 그것의 발생을 위한 조건입니다. 따라서 텍스트, 언어, 각종 커뮤니케이션적·기호적 체계들은 다양한 유형의 기호로부터 만들어지는 이차적인 것이 됩니다. 반면에 소쉬르에게 근본적인 것은 모든 기호가 특정한 기호 체계의 부분이라는 사실입니다. 아무런 기호 체계에도 속하지 않는, 고립된 개별 기호는 원칙상 불가능합니다. 소쉬르의 기호학은 전체론적입니다. 즉 출발점이 되는 것은 기호 체계로서의 언어의 개념인바, 그것의 모든 부분 및 발현은 이차적인 것입니다.

퍼스 기호학의 관점에서라면 문화기호학은 다양한 문화에서 발견되는 기호적 조직체들을 연구하는 기호학의 한 분야가 됩니다. 즉 문화기호학이라는 조어에서 '기호학'은 방법론을, '문화'는 연구의 대상을 뜻하게 됩니다. 이때 문화는 기호학과 관련해 아무런 특권도 지니지 않습니다(문화는 민족지학에서 문화철학에 이르는, 인문학과 사회과학의 다양한 학제에서 연구될 수 있으며, 기호학은 그들 중 어느 한 영역을 점하고 있을 뿐입니다). 마찬가지로 기호학도 문화와 관련해 특권을 갖지 않습니다(기호학 내부에 폭넓고 다양한 계열이 존재하며, 문화기호학은 단지 그들 중 하나일 뿐입니다).

문화의 각종 영역에 관한 연구에서 소쉬르의 사상을 발전시킨 것은 프라하 구조주의 학파 참여자들이었습니다. 그들은 1930~40년대 유럽 구조주의 사상의 주역이었으나, 문화기호학의 총체적인 프로그램을 구축하지는 못했습니다. 그것은 다름 아닌 타르투-모스크바 학파, 무엇보다 유리 로트만의 저작들에서 이루어졌습니다. 그 기본적인 전제들은 다음과 같습니다.

첫째로, 문화와 기호학은 서로 독립적인 현상이 아닙니다. 문화의 근본에는 다양한 기호학적 메커니즘이 놓여 있는바, 이 메커니즘 외부에서 문화는 논한다는 것은 의미가 없습니다(요컨대, 문화는 기호학적인 것입니다). 마찬가지로 기호학 역시 문화로부터 동떨어져 고찰될 수 없습니다. 문화는 기호학의 일차적이고 근본적인 대상일 뿐만 아니라 기호학이 발생하고 기능하는 바로 그 환경이기도 합니다(요컨대, 기호학은 문화적인 것입니다).

둘째로, 언어 외부에 개별 기호가 존재할 수 없을 뿐 아니라 고립된 개별 언어라는 관념 자체가 지적 추상물에 불과합니다. 실제의 문화적 맥락에는 다양한 유형의 복수의 기호적 체계들이 상호 작용하고 있습니다. 로트만에 따르면, 최소 두 가지의 상이한 언어로 된 체계가 필수적인바, 이때 둘 중 하나는 (자연언어와 같은) 상징적 유형의 기호가 지배적인 반면, 다른 하나는 (조형예술과 같은) 도상적 유형의 기호가 지배적입니다. 이 언어들은 상호 번역이 불가능한 (혹은 대단히 어려운) 관계를 맺고 있습니다. 이는 로만 야콥슨이 말한 상호 기호학적 번역에 해당하는 것으로, 가령 언어 텍스트를 그림으로 묘사(즉, 상징적 기호를 도상적 기호로 번역)하는 경우나 혹은 조형 예술 작품을 언어로 묘사하는 경우가 이에 해당합니다.

마지막으로, 총체로서의 문화 또한 자족적인 것이 될 수 없습니다. 기호와 언어의 존재 조건이 (그와 연관된) 또 다른 기호와 언어들의 존재인 것과 마찬가지로, 현저하게 고립을 지향하는 문화조차도 다른 문화들과의 상호 관계를 필요로 합니다. 이렇듯 모든 기호, 텍스트, 언어, 그리고 문화들을 서로 관련짓는 체계를 로트만은 기호계라고 부릅니다.

　기호계는 그러므로 체계들의 체계입니다. 그것의 부분들은 일정한 경계를 통해 구분되지만, 그 경계는 절대 통과할 수 없는 어떤 것이 아닙니다. 그것은 일종의 기호학적 세포막 혹은 필터와 같습니다. 다른 문화로부터 차용된 것은 결코 기계적으로 병합되는 법이 없습니다. 그것은 수용자 문화의 영향 아래서 변형되는바, '낯선 것'이자 동시에 '자신의 것'으로서 해석되는 것입니다. 실제로 대부분의 문화는 차용된 문자 체계를 사용하고 있습니다. 서구 유럽의 언어들은 현저한 언어적 다양성을 특징으로 하지만 그들 모두는 라틴어 알파벳을 사용합니다. 동슬라브의 언어들은 키릴 문자를 사용하는데, 주지하다시피 이는 고대 그리스어를 기초로 만들어진 인공적인 활자입니다. 비슷한 방식으로 중세의 한국문학 역시 중국의 문자 체계를 사용했지요. 그러나 언제나 외래의 문자는 수용 문화의 독특한 요구에 따라 적응되게 마련입니다. 그래서 중국의 기호에 기초한 '이두' 문자는 대단히 한국적인 것이라고 할 수 있습니다. 하지만 '한문'으로 쓰인 한국문학 역시 그에 못지않게 독창적이라고 해야만 할 것입니다. '타자적인 것'은 반드시 '자기 것'의 특징을 흡수하기 마련입니다. 동시에 '자기 것'은 '낯선 것'에 투영됨으로써 더욱 풍부해지기 마련입니다.

2008년 3월, 타르투에서
미하일 로트만

＊ 미하일 로트만은 유리 로트만의 장남으로, 현재 에스토니아의 탈린 대학 교수, 타르투 대학 기호학과 선임 연구원으로 재직 중이다.

문화를 유형학적으로 기술하기 위한 메타언어에 관하여

1.

문화의 유형학을 구축하는 과제가 새롭다고 볼 수는 없다. 그것은 학문과 문화 일반의 발전 과정에서 주기적으로 제기된다. 모든 종류의 문화는 각자 문화 발전에 관한 나름의 개념, 즉 문화의 유형학을 창출한다고 말할 수 있다. 이와 더불어 우리는 가장 일반적인 두 가지 접근법을 구분할 수 있다.

1.0.1.

[첫번째 접근법에서] '자신의 문화'는 유일한 것으로 간주된다. 이에 대립하는 것은 다른 집단의 '비문화'다. 야만인barbari에 대한 그리스인들의 태도가 바로 그러한데,[1] '선택된' 집단을 범인들의 집단과 대립시키는 경우는 모두 같은 태도를 보인다. 이때 '자신의' 문화를 타자의 문화와 대립시키는 것은 '조직화' 대 '비조직화'의 특성이다. 규범으로 받아들여지는 문화, 즉 그 자신의 언어를 문화 유형학을 위한 메타언어로 사용하는 문화의 관점에서 볼 때, 그것과 대립하는 체계들은 다른 유형의 조직화

---

[1] [옮긴이 주] 단어 '야만인babarian'은 그리스어 'barbaroi'에서 온 것으로, 그리스인들은 자신들을 헬레네인Helenes이라 부르고 '다른 언어를 사용하는' 타민족을 Barbaroi라고 불렀다. 여기서 Barbaroi는 (오늘날의 bow-wow에 해당하는) 개 짖는 소리, 즉 'bar-bar'에서 온 것으로, 타민족을 향한 그리스인들의 배타적인 태도를 보여준다.

로 나타나기보다는 오히려 조직화되지 않은 것으로 나타난다. 즉, 그것들을 특징짓는 것은 어떤 **다른** 특성이 아니라 구조적 특성의 부재인 것이다. 바로 그런 식으로,『원초 연대기』[2]에서 '의례'와 '법칙'을 지닌 폴랴닌족Poljanin은 아무런 의례나 법칙을 지니지 않은 다른 슬라브 부족들에 대립하고 있다. 법칙, 다시 말해 미리 확립된 모종의 질서는 신성한 기원을 갖는다. 이에 대립하는 것은 조직화되지 않은 인간들의 의지이다. 이 안티테제에서, 인간에 의해 만들어진 것은 보다 높은 조직화의 질서에 대립하는 것, 말하자면 무질서한 것으로 간주된다.

예를 들어, '폴랴닌족↔뱌티치족Vjatichi'〔의 대립〕이 그러하다[3]: "크리비치족Krivichi과 그 밖의 이교도들은 신의 계율을 알지 못하고, **그들 스스로 법을 만들었습니다.**"[4]

조직화의 또 다른 형식으로는 관습, 즉 선대의 행위 규범을 따르는 것이 있다. 이에 대립하는 것은 질서화되지 못한 동물들의 행위이다. 가령, '폴랴닌족은 관습을 지닌다↔드레블랸족은 야생적 삶을 영위한다'와 같은 대립이 가능하다: "폴랴닌족은 온순하고 점잖은 선대의 관습을 지녔습니다. 그들은 며느리와 딸, 어머니, 그리고 부모님 앞에서 겸양을 보일 줄 압니다. 그들은 시어머니와 형제들 앞에서 커다란 겸양을 보입니다.〔……〕그러나 드레블랸족은 야생적 삶을 살고 있습니다. 마치 가축처럼, 서로를 죽이고, 정결치 못한 것을 먹으며, 그들 사이에선 결혼이란

---

2 〔옮긴이 주〕『원초연대기Повесть временных лет』는 12세기에 수도승 네스토르가 쓴 러시아 최초의 역사서로서 슬라브족의 혈통과 초기 역사, 러시아 건국에 관련된 여러 가지 전설과 초기 공후들의 역사적 공적을 전하고 있다.
3 '↔'는 의미론적 대립을 의미하는 기호이다.
4 『러시아 연대기 전집Полн. собр. русских летописей』, М., 1962. 1권 14쪽(강조는 로트만).

것도 존재하지 않습니다. 〔……〕 그들이 지닌 단 하나의 관습은 ―숲 속에서 야생동물처럼 살아가는 것입니다."⁵

『연대기』의 작가는 이후 드레블랸족의 일상적 삶에 나타나는 다양한 조직화의 형식―결혼, 장례―을 묘사하고 있는데, 그럼에도 불구하고, 그것들을 **조직화**가 아니라 단지 '짐승과 같은' 무질서의 발현일 뿐인 것으로 간주한다.

1.1.

이런 두 요소 간의 관계('문화' 대 '비문화'의 대립 구조)를 통해 〔문화를〕 유형학적으로 기술하는 경우의 변이형은, 예컨대 18세기 유럽 문화에서 찾아볼 수 있다. 여기서 문화를 유형학적으로 기술하기 위한 메타언어를 규정하는 규범으로 등장하는 것은 '문화'가 아니라 '자연'이다. '자연'에 대립되는 모든 유형의 문화는 내적 차별성을 지니지 않는 단일한 어떤 것으로 간주된다. 즉, 그것들은 자연스럽지 못한 것으로 묘사되고 '야생' 민족들의 '자연스러운' 삶의 규범에 배치되는 것으로 나타나는 것이다. 한편 자연도 내적으로 차별화되지 않는데, 이는 그것이 인간 자체가 지닌 본성의 단일한 규범을 구현한 것으로 상정되기 때문이다.

이러한 대립은 18세기 문화 유형학의 메타언어를 규정하면서, 수많은 예술 텍스트와 대중 논문뿐 아니라 일련의 민족지학적 기술의 저변에도 깔려 있었다.

2.

문화 현상에 대한 두번째 접근법은, 인류 역사상 일련의(혹은 다수의) 내적으로 독립적인 유형의 문화가 존재했다는 사실을 인

---

5 앞의 책, 1권 13쪽.

정하는 것과 관련이 있다. 〔문화를〕 기술하는 사람 자신이 어떤 위치에 있는지, 즉 최종적으로 그가 어떤 문화에 소속되는지에 따라 유형학적 기술의 메타언어가 결정되는 것이다. 그 기반에는 심리적·종교적·민족적·역사적·사회적 유형의 대립이 자리한다.

2.1.

위에 언급한 모든 기술의 체계는 서로 차별적이지만, 그럼에도 불구하고 하나의 본질적인 공통점을 지닌다.

2.1.1

기술의 언어는 해당 사회, 즉 연구자 자신이 속해 있는 사회의 문화적 언어와 분리되지 않는다. 따라서 연구자가 구성하는 유형학은 그가 묘사하는 대상(질료)뿐 아니라 그가 속해 있는 문화에 의해서도 특징지어진다. 이런 관점에서, 문화 유형학의 몇몇 기본적인 물음에 관해 다양한 시기의 텍스트들에 나타난 견해를 서로 비교하는 작업은 흥미로울 뿐 아니라 유형학적 연구에 매우 가치 있는 자료가 될 수 있다.

스스로의 문화를 기술의 메타언어로 사용하는 경우, 해당 문화에 대한 유형학적 연구는 특별한 어려움에 직면한다. 때로 그런 기술은 지극히 하찮은 결과밖에 내놓지 못할 수도 있는데, 왜냐하면 그 경우 '자신의' 문화는 고유한 특성을 전혀 지니지 못한 것으로서 나타나게 되기 때문이다.

2.1.2.

기술의 언어는 문화의 본질을 설명하고자 하는 일련의 학문적 개념과 내용상 다르지 않다. 화학이나 수학에서 특정한 개념을 거부하는 일은 그 학문이 사용하는 메타언어로까지 확장되지 못한다. 학문의 언어가 갖는 본질적인 속성은, 그 효용성을 검증하는 기준이 학문적 사유의 정당성을 결정하는 기준과 다르다는 점에 있다. 이와 달리 문화 현상들을 심리적·역사적 혹은 사회학적인 대립의 언어를 통해 기술하는 일은 연구되는 현상의 본질에 관한 학문적 해석의 일부분이다. 고로 그 기술의 언어는 또 다른 내용을 갖는 해석에 사용될 수 없는 것이다.

2.1.3.

위에 언급한 문화 기술의 방법은 모두 연구 대상들 간의 차이점을 절대화할 뿐, 인류 문화의 공통적인 보편소를 추출할 수 있는 가능성을 부여해주지 못한다. 가령, 헤겔 철학의 영향하에 발생하여 19세기의 학문에서 공인되었던 역사주의 개념은 역사의 과정을 다양한 시기의 순차적 교체로서 기술하는 메커니즘을 만들어냈다. 헤겔은 인류 역사를 이념의 보편적 전개 과정의 한 단계로 간주하는 한편, 유일하게 가능한 역사란 **인간**의 역사이며 유일하게 가능한 문화란 **인류** 문화라는 원칙적인 전제에서 출발했다. 게다가 이 우주적 이념은 발전의 매 단계에서, 보편-역사 과정의 관점에서 그 단계에 유일한 것으로 여겨지는 어떤 특정한 민족 문화 속에서만 실현될 수 있는 것이다. 하지만 유일한 현상은 결코 특징을 지닐 수 없다. 특징이란 최소한 **두 개의** 대조적인 체계를 요구하기 때문이다. 따라서 그와 같은 역사주의 개념은 각 시대 간의 차이점을 강조하고 있을 뿐 아니라 절대화하고 있다고 볼 수 있다. 즉, 비교의 과정에서 **차이**로서 나타나지 않는 것은 포착조차 되지 못하는 것이다.

문화사는 역사-유형학적 기술을 사회-유형학, 심리-유형학적 기술을 통해 보완하면서 이러한 어려움을 극복한다. 이어지는 논문은 역사-문화적 질료들의 내용 자체를 연구하기 위한 이런 저런 접근법의 정당성을 논구하는 대신, 다만 학문의 메타언어에 관한 문제에만 집중하기로 한다. 반드시 지적할 것은, 이런 관점에서 보게 되면, 앞선 〔헤겔식〕 접근법이 성공적이지 못한 것으로 드러난다는 점이다. 즉, 그것은 질료를 기술할 때 동형성의 가능성을 원칙적으로 배제하고 있다.

2.2.

결국, 문제를 다음과 같이 정식화할 수 있을 것이다. 문화 유형학을 연구하는 일은 다음과 같은 작업을 특수한 과제로 인식할 것을 전제로 한다. 그것은 현대 이론의 학문적 요구를 만족시킬 수 있는 메타언어, 다시 말해, 개별 문화뿐 아니라 그것을 기술하기 위한 여하한 방법론까지 학문적 탐구의 대상으로 만들어줄 수 있는 메타언어를 정련하는 일이다.

2.3.

메타언어의 단일 체계를 창조하는 일, 즉 (메타언어를 통한) 기술의 어느 한 부분도 실제 기술 대상의 언어와 일치하지 않는 체계(과거의 모든 문화 유형학은 이에 실패했다. 즉, 기술의 어느 한 부분이 실제로 기술되는 대상의 언어와 일치했던 것이다. 거기서 문화의 가장 최근의 공시적 단면은 예외 없이 전체의 기술을 위한 메타언어로 등장하곤 했다)를 창조하는 일은 문화의 보편소를 정의하기 위한 전제가 된다. 이런 전제 없이는 유형학적 연구에 관한 담론 자체가 의미를 갖지 못할 것이다.

2.3.1.

보편소의 관점에서 문화를 연구하기 위한 학문적 전제는 실제로 주어진 문화 텍스트들의 모든 다양성을 구조적으로 조직화된 하나의 단일한 체계로서 이해할 수 있는 가능성이다. 이미 언급했듯이, 역사주의의 전통적 공식은 단 하나의 문화, 즉 인류 문화만을 전제함으로써, 오히려 역사의 각 단계 사이의 내적 차별화의 특징을 활성화했다. 그런 접근법하에서는 모든 인류 문화의 공통성은 그 어떤 대안도 지닐 수 없고, 결국 의미를 갖지 못하게 된다. 〔오히려〕 지구 이외의 문명을 상상할 수 있는 가능성이 **인류 문화**를 단일한 체계라 칭할 수 있게끔 해줄지도 모른다. 이는 문화의 보편소라는 문제에 새로운 의미를 부여할 것이다.

3.
본 논문에서는 문화를 기술하기 위한 메타언어를 구축하려는 시도가 행해질 것이다. 이 메타언어는 공간적 모델에 기초한 것으로서, 부분적으로는 위상기하학에 해당한다. 위상 기하학은 동종(同種)의 변형하에서 변하지 않는 형태의 특성을 연구하는 수학 분과의 도구이다.[6] 여기서 기본적인 가정은 형태와 궤도의 위상학적 자질을 기술하기 위한 도구가 메타언어의 자격으로 문화 유형학 연구에도 사용될 수 있다는 것이다.

3.1.
동일한 문화 유형에 속한다고 본능적으로 감지되는 일련의 텍스트를 살펴보고, 그중에서 내적 조직화의 구조에 있어서 각별히 눈에 띄는 것들을 추출해보자. 이것들은 성스러운 의미를 지니는 텍스트나 법률적 규범들의 코드에 해당하는 것이라 추측될

---

6 〔옮긴이 주〕 위상기하학topology은 위치를 뜻하는 그리스어 '토포스topos'와 학문·이성을 뜻하는 '로고스logos'를 결합해 만든 말로, 위치를 다루는 학문, 즉 위치와 형상에 관한 기하학이라고 할 수 있다. 크기, 길이, 형태 등 도형의 양적인 성질이 아니라, 도형을 이루고 있는 선, 면 등의 연결 '관계,' 나아가 그것들의 원소인 점들이 도형 속에서 차지하고 있는 '위치'를 다루는 학문인 위상기하학은 20세기 자연과학과 수학, 인문학을 가로지르는 보편적 경향을 잘 보여주는 예이다. 위상기하학은 우리가 몸담고 있는 현실 공간과 무관하게 이론적으로 존재 가능한 어떤 '추상적' 공간('위상공간')의 기능과 논리를 해명해냄으로써, 본래의 영역(수학)을 넘어 현대 철학(들뢰즈), 정신분석학(라캉), 문학(문화)이론(로트만, 그레마스) 등 인문학의 다양한 영역으로 활발하게 도입, 적용된 바 있다.

수 있다. 한편, 이들을 어떤 불변체적 텍스트의 변이체로 간주하고 그 불변체를 구축할 것을 시도해보자. 만일 이런 작업이 충분히 철저하게, 그리고 확장된 텍스트의 범위 내에서 수행될 경우, 최종적으로 해당 문화 유형에 속하는 텍스트 전체를 위한 불변체로 기능하는 모종의 텍스트-구성체text-konstruct를 획득할 수 있을 것이다(이때, 그 밖의 모든 텍스트는 다양한 유형의 기호적 구조 속에서 불변체가 실현된 양태로 볼 수 있다). 이런 텍스트-구성체를 우리는 '문화 텍스트text kulturyi'라고 지칭할 것이다.

3.2.

문화 텍스트는 해당 문화의 입장에서 파악된 현실의 가장 추상화된 모델이다. 고로 그것을 해당 문화의 세계상(世界象, kartina mira)으로 정의할 수 있다.

3.2.1.

문화 텍스트의 필수적인 자질은 보편성이다. 세계상은 세계 전체에 상응하며, 원칙적으로 자신 안에 모든 것을 포함한다. 해당 문화의 관점에서 볼 때, 그것의 경계 밖에 무엇이 있는지에 관해 묻는 것은 무의미하다.

물론, 하나의 의식 내에서 서로 관련이 없는 두 개별 텍스트가 기능하는 경우도 가정할 수 있다(이때 두 텍스트 사이에는 독특한 균열이 발생한다). 예컨대, 지능의 병리학적 특성이나 (연령이나 인종학적 의미에서) 지능의 초기 단계를 기술할 경우, 그런 상황에 부딪히게 된다. 이들 경우가 문화 유형학의 범위를 넘어서는 것이며, 따라서 이 과제와 직접적인 관련이 없다는 점은 분명하다.[7] 어떤 집단의 개별 텍스트와 이념, 행위 유형들이 하나의 세

---

7 〔옮긴이 주〕'지능의 병리학적 특성'이나 '지능의 초기 단계'를 문화 유형학의 범위를 넘어서는 것으로 보는 로트만의 이런 입장은 이후에 변모한다. 문화를 '인격

계상 안에서 상호 관련되어 있지 않다면, 그것이 말하는 바는 결국 전(前) 문화적이거나 혹은 문화 외(外)적인 상태와 다름없다.

3.2.2.

두 가지 물음을 구분해야만 한다. 세계상의 공간적 구조에 관한 물음이 그 하나라면, 다른 하나는 문화의 유형을 기술하기 위한 메타언어로서의 공간적 모델이다. 첫번째 경우 공간적인 특징은 묘사되는 대상에 속하는 반면, 두번째 경우 그것은 기술의 메타언어에 속한다.

하지만 (현저하게 다른) 이 두 가지 차원 사이에는 모종의 상관성이 존재한다. 인류 문화의 보편적 특성 (아마도 이는 인간 의식의 인류학적 특성과 관련이 있을 것이다) 중 하나는, 세계상이 반드시 공간적 특징을 띠게 된다는 점이다. 세계 질서의 구성 자체가 모종의 공간적 구조를 기초로 해서 인식되는 것이다(이 공간적 구조는 세계 질서의 모든 나머지 차원을 조직화한다). 결국, 그렇게 해서 메타언어적 구조와 대상의 구조 사이에는 동질동상(同質同相)의 관계 homeomorphism가 생겨난다. 이런 관계 속에서 공간적인 모델은 일종의 메타언어로 기능하는 반면, 세계상의 공간적 구조는 마치 이 언어로 된 텍스트처럼 기능하게 된다.[8]

---

personality'의 측면에서 집중적으로 탐구하는 후기에 이르면, 광기, 즉 '미칠' 수 있는 능력은 지능의 훌륭한 기능적 특성으로 재인식된다. 로트만의 변화된 인식에 관해서는 이 책에 실린 논문 「집단적 지성으로서의 문화와 인공지능의 문제」를 참고하라.

[8] 〔옮긴이 주〕 공간적 모델과 관련된 로트만의 사유는 그의 기호학 이론의 가장 중요한 특징 중 하나다. 로트만에 따르면, 인간이 주변의 삶을 의미화하기 위해 사용하는 가장 보편적인 사회적·종교적·정치적·도덕적 세계 모델들은 필연적으로 '공간적 특성'을 지니며, 어떤 의미에서 "보편성이라는 개념 자체가 이미 많은 사람들에게 추상적인 공간의 성격을 갖고 있다." 인간의 의식이 외적 세계를 전유하는 놀라운 방식은 그 안에서 관념화되는 모든 것이 오직 공간적 연속으로만 사유될 수 있다는 점이다. 본질적으로 비공간적인 개념들을 공간적 관계의 언어를 통해 모델링할 수 있는 가능성은 인간의 사유 형식과 공간적 특성 간의 이와 같은 내밀한 관련성으로부터 도출되는 것이다.

문화 텍스트의 차원에서 보면, 현재 다뤄지고 있는 것이 순수한 내용의 구조인 것처럼 보일 수도 있다. 왜냐하면 표현의 차원에 속하는 모든 다양성은 아마도 실제 텍스트의 각종 이질성을 문화 텍스트의 불변체로 수렴시키는 과정에서 '지워져버릴' 것이기 때문이다. 그러나 공간적 특성은 인류 문화에 속하는 모든 세계상을 위한 필수적이면서도 다분히 형식적인 구성소이다. 그렇기 때문에 그것은 보편적인 문화 모델의 내용의 차원이 되는 동시에 그 밖의 다른 모델들과의 관계 속에서는 형식의 차원으로 등장할 수 있게 되는 것이다. 그리고 바로 그 점에서, 문화 텍스트의 공간적 특성의 체계는 독자적인 체계의 자격으로 통일된 기술의 메타언어로 등장할 수 있을 것으로 기대되는 것이다.

4.0.

문화 텍스트는 다음과 같은 두 개의 하부 텍스트로 구분될 수 있다.

4.0.1.

첫번째는 세계의 구조를 특징짓는 것들이다. 이 하부 텍스트 그룹은 부동성(不動性)을 특징으로 한다. 이들은 '어떻게 구축되었는가?'라는 질문에 답하고자 한다. 만일 이들이 동적인 세계상을 재현하고자 한다면, 그것은 오직 체계[의 법칙]에 따르는 내적인 변화일 뿐이다. 즉, '보편적 집합 A가 보편적 집합 B로 변화되었다'라는 식이다.

이 하부 텍스트 그룹의 근본적인 특징은 (연속성, 근접성, 경계성 등의 위상학적 개념을 통해 묘사될 수 있는) 공간의 분절성이다.

해당 문화 텍스트의 공간 묘사는 메타언어의 자격으로 등장하고, 연구자는 이에 기초해서 해당 세계 모델의 내적 조직화(공간적인 조직화뿐 아니라 사회·종교·윤리적 조직화 등)에 관한 논의를 전개한다. 그러나 문화 텍스트를 세계의 구조를 구축하는 모종의 분류 체계로 특징짓는 것만으로는 충분치 않다. 그것은 보편적 분류의 이런저런 단위들의 가치론적 위계에 관한 각종 관념과 평가의 범주 또한 포함한다. 공간적 관계의 언어는 이 개념들을 공간적 지향을 통해 표현할 수 있다. 만약 분절의 유형이 세계 구조의 도식을 재현한다면, '위' 대 '아래', '오른쪽' 대 '왼쪽', '구심적인' 대 '원심적인', '경계 안쪽' 대 '경계 바깥쪽', '똑바른' 대 '구부러진', '포함하는' 대 '제외하는'(즉 '나를 포함한' 대 '나를 제외한') 등의 개념은 가치 평가를 모델링하게 되는 것이다.[9]

4.0.2.

두번째는 주변 세계 안에서의 인간의 자리, 그의 상황, 그의 활동을 특징짓는 것들이다. 이 하부 그룹은 역동적이다. 그것은 어떤 공간 연속체(이 연속체의 구조는 첫번째 그룹에 속하는 텍스트의 특징이다. 4.0.1을 보라)의 내부에 존재하는 특정 주체의 움직임을 묘사한다. 첫번째 그룹과 두번째 그룹을 구분하는 특징은 후자가 갖는 슈제트성[10]이다. 그것은 상황과 결부되어 있는바,

---

9 〔옮긴이 주〕 고/저, 좌/우, 원/근, 개/폐, 연속적/불연속적 등의 공간적 (대립) 관계의 언어가 가치 있는/가치 없는, 선/악, 내 것/남의 것, 접근 가능한/접근 불가능한, 필멸의/불멸의 같은 다양한 의미론적 모델을 표현하기 위한 효과적인 수단이 될 수 있다는 점은 공간적 모델링 개념의 가장 핵심적인 대목이다. 로트만에 따르면, "텍스트의 공간 구조는 곧 우주의 공간 구조의 모델이, 텍스트 내의 성분들 간의 내적 통사론은 다름 아닌 공간적 모델링의 언어가 된다." 로트만의 이런 공간적 모델링spacial modelling 개념을 이론적 정합성이나 적용의 생산성의 측면에서 야콥슨R. Jakobson의 이항대립binary opposition 모델 및 그레마스A. J. Greimas의 기호사각형semiotic square 모델 등과 비교 고찰해보는 것은 분명 흥미로운 작업이 될 것이다.

10 〔옮긴이 주〕 본래 '슈제트shuzhet'라는 용어는 러시아 형식주의 서사론에서 '파불라

다음과 같은 물음에 답한다. '무엇이 어떻게 일어났는가?', '그가 무엇을 했는가?' 슈제트를 기술하는 도구로는 이른바 궤도, 시점 이동, 특히 그래프 이론과 관련된 위상학적 개념이 사용될 수 있다.

4.1.

4.0.1에서 묘사된 변화의 유형(세계의 현 상황 내에서의 변화)은 4.0.2.에서 이야기된 변화와는 다른 것으로서, 부동의 불변체적 세계상을 형성한다. 그러므로 '움직이지 않는' 대 '움직이는'의 대립은 텍스트 요소의 분류를 가능하게 한다는 점에서 각별한 의미를 지닌다.

4.1.1.

부동의 요소는 우주론적이고 지리학적이며 사회학적인 세계 구조를 특징짓는바, 즉 그것은 '주인공의 환경'이라는 개념으로 수렴될 수 있는 모든 것과 관련된다.

4.1.2.

반면 '주인공'은 텍스트의 움직이는 요소다.

4.1.3.

위에 정식화한 접근법은 인물들 사이의 차별화를 가능하게 한다. 인물들이 어떤 공간 안에서 활동하고 있는지(가령, 동화적 공간, 영웅-서사시적 공간, 사회적 공간 등)에 관계없이, 이 공간 연속체의 특정 지점에 고착되어 있는 부동의 인물과 (그와 달리)

'fabula'에 대응되는 개념으로 도입된 것이다. 흔히 '스토리 story'로 영역되는 파불라가 경험적-인과율적 시간 질서에 따라 연결된 사건의 전체를 뜻한다면, 슈제트는 현실적 시간의 경험적 순서를 따르는 파불라를 미학적으로 재가공한 것, 즉 온갖 종류의 서사적 구성 '기법'을 사용해 예상된 파불라의 진행을 (낯설게) 변형시킨 것을 뜻한다(흔히 플롯 plot으로 영역된다). 여기서 말하는 '슈제트성'은 슈제트적인 속성, 영역하자면 플롯성 plot quality에 해당하는 것으로서, 로트만의 맥락에서는 주어진 세계상의 불변적 체계 안에서 발생하는 특정한 변화, 요컨대 인물에 의한 '움직임'의 가능성을 뜻한다.

움직이는 인물로 나뉠 수 있다. 첫번째 인물은 주변 환경을 바꾸지 못하는 반면 두번째 인물의 기능은 다름 아닌 운동, 즉 하나의 환경에서 또 다른 환경으로 움직이는 데 있다. 예컨대, 러시아 민담에서 아버지와 형제들, 그리고 바바-야가[11]는 상대적으로 한 장소에 움직이지 않고 매어 있는 반면(아버지와 형제들은 '집'에, 바바-야가는 '숲'에 머문다), 주인공은 한 장소에서 다른 장소로 이동한다. 네클류도프S. Nekljudov는 러시아 브일리나[12]의 예를 통해, 주인공은 이동하는 반면 그의 적대자들은 한 장소에 머무르고 있음을 훌륭하게 보여준 바 있다.[13] 동일한 예를 기사 소설, 더 나아가 슈제트성이 뚜렷하게 드러나는 모든 텍스트에서 발견할 수 있다.

오디세우스, 오르페우스, 돈키호테, 질 블라스, 라스티냐크, 치치코프, 피에르 베주호프……, 이들은 모두 자신의 세계로 제시되는 보편적인 공간 내부에서 움직임을 감행한 인물, 즉 길을 지닌 자이다. 그들과 대립하는 자들은 이 공간의 특정 영역에 고착되어 있는 인물이다.

4.1.4.

움직이지 않는 인물은 인격화된 환경, 말하자면 그들을 둘러싼 환경의 이름에 불과하다. 이들은 4.0.1과 같은 구조적 현상으로 쉽게 묘사될 수 있다. 이들은 해당 세계상의 관점에서 볼 때 극단적인 일반성('전형성')을 띠며, 해당 세계상의 분류 원칙에

---

11 [옮긴이 주] 바바-야가Baba-jaga는 슬라브 전통 설화나 민간 신앙, 구전 동화 등에 자주 등장하는 숲 속의 노파이다. 마법을 부려 아이를 잡아먹거나 하늘을 날아다니는 죽음의 여신이지만, 착한 심성을 가진 사람은 피하는 습성을 지녔다고 알려져 있다.
12 [옮긴이 주] 브일리나Bylina는 러시아 민중들이 민요풍으로 노래한 구전 영웅 서사시로서, '과거에 일어났던 일'이라는 의미를 갖고 있다. 일반적으로 '보가트이르Bogatyr'라 불리는 용사들이 민중들의 평화로운 삶을 지키기 위해 용감하게 외적의 침입을 물리친 내용을 담고 있다.

완전하게 부합한다. 한편, 움직이는 인물은 주어진 분류화를 허물고 새로운 구조를 확립할 수 있는 가능성, 혹은 불변체적 본성 속에 자리한 구조가 아니라 다각도의 변이형을 통해 만들어진 구조를 제시할 수 있는 가능성을 품고 있다.

4.1.5.

슈제트를 지니는 하부 그룹이 해당 세계상의 내부에 머무는 청중에게 언제나 더 많은 정보를 제공하는 이유가 바로 거기에 있다.

4.2.

4.0.1 유형은 문화 텍스트보다 낮은 차원에 독립적으로 존재하는 텍스트에서 표현될 수 있다. 이에 해당하는 것으로, 원죄에 관한 전설이나, 신화로부터 서정시에 이르는 모든 슈제트 없는 텍스트가 있다. 한편, 4.0.2 유형은 그 자체로 독립적인 텍스트를 구성해내지 못한다. 거기에는 4.0.1 유형의 구조의 존재가 명시적 혹은 암시적으로 전제되어 있다.[14]

4.3.

상황을 다음과 같이 정식화할 수 있다.

a) 매 구조적 공단면의 경계 내부에 해당하는 공간을 지니는 인물들은 본질적으로 하나의 인물이라 할 수 있다. 따라서 공간

---

13 러시아 브일리나 장르에서 슈제트가 시공간적 관계와 맺는 관련성에 관한 문제는, С. Ю. Неклюдов, 『2차 모델링 체계에 관한 두번째 여름학교 발표 논문 모음집 Тезисы докладов во второй летней школе по вторичным моделирующим системам』, 1966, Тарту 16~26쪽을 보라.

14 〔옮긴이 주〕슈제트 없는 체계는 일차적이며, 독립된 텍스트로서 구현될 수 있다. 반면 슈제트를 지닌 텍스트는 이차적이며, 언제나 보다 근본적인 슈제트 없는 구조 위에 첨가된 층을 형성한다. 슈제트를 주어진 세계상과 관련해 발생하는 혁명적 요소로 이해할 때, 슈제트 없는 텍스트는 자신의 세계에 일련의 질서 잡힌 구조를 부여하는 것, 즉 세계상의 구축을 위한 조직적 기반의 역할을 담당하는 어떤 것이 된다. 여기서 핵심은 '질서가 없는 곳에는 '혁명'도 없다는 것, 요컨대 현대의 슈제트 텍스트는 이런 두 가지 층위 간의 충돌, 그들 간의 구조적 긴장의 산물이라는 점이다.

과의 관계는 인물 속에서 서사의 다양한 요소들을 단일한 패러다임으로 동일시하기 위한 중대한 조건이 된다. 내적 분할의 경우, 즉 인물의 인격이 분열되는 경우는 언제나 그가 텍스트의 각종 장소에서 양립할 수 없는 공간적 특성들을 부여받게 되는 것과 관련된다.[15]

b) 특정한 차원의 경계 내부에 해당하는 공간을 지니는 인물들은 더 높은 층위에 자리한 불변체의 **변이형**에 해당한다.

4.4
문화의 슈제트는 실제의 텍스트적 슈제트를, 상호 수렴될 수 없는 공간들을 갖는 불변체적 인물들의 차원까지 상승시킨 것이다.

5.
문화 텍스트의 공간은 해당 문화의 요소들의 보편적 집합, 말하자면 **모든 것**의 모델이 된다. 이로부터 알 수 있는 것은, 여하한 문화 텍스트의 내적 구조가 갖는 본질적 특성 중 하나는 내적 공간을 분리하는 단절적 경계성이라는 점이다.

5.1.
공간적 모델링, 특히 위상학적 모델링의 도움으로 구축된 문화 텍스트의 기술을 **문화 모델**model kulturyi이라 지칭할 것이다. 이런저런 실제 텍스트는 그러한 모델에 관한 해석으로 간주할 수 있다.

---

15 〔옮긴이 주〕 이는 사실상 공간에 대한 관계가 인물의 유형을 분류하기 위한 원칙으로 사용될 수 있음을 의미한다. 가령, 주어진 공간과 동일한 관계를 맺고 있는 인물은 동일 유형의 인물로 간주될 수 있는 것이다. 한편 공간에 대한 여러 상이한 관계들이 (한 인물 혹은 여러 인물들에서) 다채롭게 공존할 수 있는바, 로트만은 이를 '공간의 다성악polyphonia'이라는 흥미로운 표현으로 지칭한 바 있다.

5.2.

문화 모델을 특징짓는 기본적인 속성으로는 다음과 같은 것들이 있다. 첫째, 보편적 공간이 단절적으로 분할되는 유형은 어떠한가, 둘째, 보편적 공간의 차원은 어떠한가, 셋째, 어떤 지향성을 보여주는가이다.

5.3.

경계는 문화의 공간을 하나 혹은 여러 지점의 합으로 이루어진 공간 연속체로 나눠놓는다. 문화 모델을 의미론적으로 해석한다는 것은, 공간, 경계, (지)점 등과 같은 해당 모델의 요소들을 객관 세계의 현상에 일정하게 대응시킬 수 있는 가능성에 달려 있다.

6.

문화 모델의 가장 일반적인 속성으로는 하나의 기본적인 경계, 즉 문화의 공간을 두 개의 상이한 부분으로 나눠놓는 경계선의 존재를 들 수 있다. 문화의 공간은 이 부분 영역들 내부에서만 연속적일 뿐 경계의 지점에서는 끊어져 있다.

6.1.

문화의 공간을 나누는 가장 단순한 몇 가지 유형을 제시해보기로 하자.

6.1.1.

이차원의 (평평한) 공간이 주어져 있다. 경계는 그것을 두 부분으로 나눈다. 그중 하나는 제한된 숫자의 지점을 갖고, 다른 하나는 무제한의 지점을 갖다(이 두 부분이 함께 전체를 구성한다). 이런 상황에서 경계는 반드시 자신 외부의 더 큰 원과 동질동상인 닫힌 원이 되어야만 한다. 이렇게 해서, 경계는 평면을

두 영역, 즉 외부 영역(E)과 내부 영역(I)(그림 1)으로 나누어
놓게 된다.

그림 1

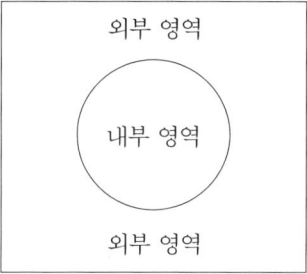

위와 같은 문화 모델에 대한 가장 단순한 의미론적 해석은 다음과 같은 대립이 될 것이다.

우리 ↔ 그들

6.1.2.
문화 모델의 특정 공간을 텍스트의 수행적 주체의 시점과 결합하게 되면 위와 같은 유형의 문화 모델에 지향성이 부과된다.[16] 텍스트의 시점을 문화 모델의 내적 공간과 결합한 결과로 발생하는 지향을 정(正) 방향성이라 지칭할 것이다(그림 2). 한편, 텍스트의 시점을 외적 공간과 결합하는 경우는 역(逆) 방향성이라 부를 수 있다(그림 3). 정 방향성의 경우 지향의 벡터는 내적 공간의 중심에서 외부를 향하는 반면, 역 방향성의 경우에는 외부에서 중심을 향하게 된다.

---

16 '시점'은 특정 유형의 공간을 향한 문화 모델의 지향성으로 해석될 수 있다.

그림 2   그림 3

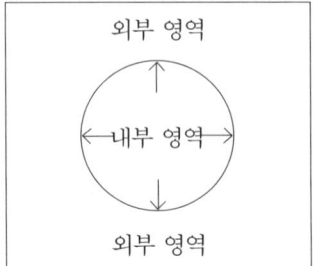
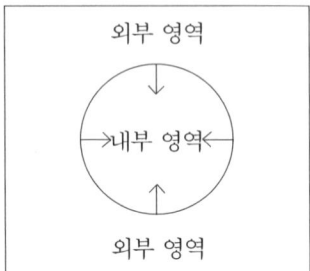

6.1.3.
'우리'와 '그들' 사이의 대립은 지향성에 따라 이중적인 해석이 가능해진다.

우리(내적 공간) ↔ 그들(외적 공간)

우리 선택된 자들, 축제의 행운아들은 소수이다.
— 푸시킨

우리(외적 공간) ↔ 그들(내적 공간)

수백만의 당신들, 우리는 — 암흑, 암흑, 그리고 암흑……[17]
— 블로크

---

17 〔옮긴이 주〕 이 경우 '수백만의 당신들'이 위치한 내부는 조직화된 영역으로서 긍정적으로 가치 평가되는 반면, '우리'가 속해 있는 조직화되지 못한 외부는 부정적으로 가치 평가된다(암흑, 암흑 그리고 암흑!).

6.1.4.

내적 공간이 한정된 그룹의 점으로 채워진 폐쇄 공간이고, 외적 공간이 열린 공간임을 고려하면, '내부↔외부'의 대립을 다음과 같이 해석하는 것이 자연스럽다. 즉, 그것은 '조직화된(즉, 구조를 지니는) 것' ↔ '조직화되지 않은(즉, 구조를 지니지 않은) 것' 사이의 안티테제를 공간적으로 기록한 것에 해당한다. 이는 문화의 각종 다양한 텍스트 속에서 아래와 같은 대립을 통해 실현되며, 갖가지 해석을 도출한다.

내부 영역		외부 영역
우리 민족 (인종, 부족)	↔	타 민족 (인종, 부족)
성	↔	속
문화	↔	야만
지식인	↔	민중
질서	↔	혼돈

여기서 본질적인 것은, 이 모든 대립이 한쪽에서는 조직화의 특성을, 다른 쪽에서는 조직화의 부재를 공통적으로 드러내고 있다는 점이다. 조직화는 대립의 강한 구성 성분으로 기능하는 바, 즉 그것은 유표화된 자질로서 나타나는 반면 그것의 안티테제는 해당 자질의 결여로 표상된다. 조직화는 곧 닫힌 세계 속으로 진입함을 의미한다. 원칙상 모든 대립에서 가치 평가는 이중적으로 나타날 수 있으므로, 가치 평가 자체는 본질적인 것이라 할 수 없다(가치 평가는 공간을 조직화하는 두 가지 방식에 각기 상응한다). 예컨대, '성(聖) ↔ 속(俗)'의 대립은 문화 텍스트가

성직자의 관점에 정향되어 있는 경우로서, 이 경우 성직의 속성은 긍정적인 것으로 가치 평가된다. 마찬가지로, 유럽 중세 텍스트에서 기독교에 귀속되는 것 혹은 프리메이슨 텍스트에서 프리메이슨에 가입되는 것 등은 긍정적으로 표상된다. 하지만 반대로 18세기의 민주적 텍스트에서 나타나는 '평민(보통사람) Plebeia' ↔ '귀족 (계급의 인간)'의 대립이나 성경 텍스트에서 '영혼이 가난한 자들(밖에 서 있는 자들)' ↔ '바리새인'의 대립에서는, 바로 '진입하지 않음,' '몸담지 않음(무지, 보호받지 못함, 내던져짐)'이라는 속성이 긍정적인 것으로 평가된다. 이런 입장은 유형(流刑)과 고아성의 테마를 지니는 마리나 츠베타예바 M. I. Tsvetaeva의 시에서 전형적으로 드러난다.

이 세상에는 여분의, 잉여물이 있다
어디에도 기입되지 않은.
(당신의 장부에서도 제외된)
그들에게는 쓰레기 구멍이— 집이다.[18]

6.1.5.
닫힌 세계가 유표화된 자질로 나타나기 때문에, 정(방향) 모델의 전형적인 도식은 다음과 같다.

---

18 츠베타예바M. Цветаева, 『작품 선집Избр. произведения』, М. Л., 1965. 232쪽. 인용된 대목('그들의' 집은 '너의' 쓰레기 구멍svalochnaja yama)에서, '집'은 안락하게 닫힌 '내적' 공간에 대한 대표적인 상징이다. 쓰레기 구멍은 그에 대한 극단적인 대립항이 된다(추방, 극단적인 형태의 무방비 상태를 의미하는 지역적 표현이다. 성경 이야기에서 집과 쓰레기 더미 간의 대립과도 비교하라). 〔옮긴이 주〕츠베타예바의 이 시에서, '어디에도 기입되지 않았음,' 즉 '집 없음'의 속성이 그 자체로 긍정적인 속성으로 평가된다는 점이 중요하다.

'우리는 N을 갖고 있다'

여기서 N은 다양하게 변형될 수 있다. 즉 그것은 '현명함,' '성스러움,' '복' 등이다. 여기서 N은 가치 있게 여겨지는 어떤 속성을 말한다.

한편, 역(방향) 모델의 전형적인 도식은 다음과 같다:

'그들은 N을 갖고 있다'

여기서도 역시 N은 다양하게 변형될 수 있는데, 다만 그것은 언제나 거부되어야 할 부정적인 속성이 된다. 니콘파를 향한 대사제 아바쿰의 말이 그 예이다.

요망한 자들! 당신들은 악마의 **현명함**을 갖고 있소![19]

또한 궁중 귀족들을 향한 큐헬베케르의 말을 보라.

---

19 아바쿰 Аввакум, 「대담 Книга бесед」, 『구교 신앙사의 걸작들, 17세기 Памятники истории старообрядчества, XVII』, Л., 1927. Вып. 1. 292쪽. 〔옮긴이 주〕 대사제 아바쿰은 17세기 중반에 총대주교 니콘이 실시한 교회 개혁에 격렬하게 반대했던 '열성적인 경건주의자' 중 한 사람이었다. 니콘의 종교 개혁은 정교회의 전례 의식을 그리스식으로 바꾸려는 것이었는데, 이 개혁 시도는 과거 러시아식 전례를 옹호하는 경건주의자들의 강력한 반발을 불러왔고, 결국 러시아의 민중들 사이에 반그리스적·반서구적 분위기를 불러일으키게 되었다. 옛 신앙의 방식을 고수하던 '구교도'들은 마침내 공식 교회로부터 파문당해 '분리파 raskol'가 되었고(이를 17세기 '정교회 분열'이라 한다), 이후 러시아 문화의 기층에 남아 ('유로지비(바보 성자)'를 비롯한) 각종 문화 현상의 모태로 작용하게 되었다. 구교도였던 대사제 아바쿰은 니콘의 개혁을 '로마의 방탕'이자 '잡색의 현혹'인 배교 행위로 간주하여 맹렬하게 비난했으며, 이후 유형과 화형에 처해졌다. 그가 쓴 자서전인 『아바쿰 생애전』은 17세기 러시아 문학의 가장 귀중한 유산 중 하나로 평가된다.

거기서는 러시아어로 말하지 않는다,

신성한 러시아를 증오하고 있지…….[20]

혹은, N은 '그들'이 갖고 있으나 빼앗아야 할 것으로 나타나기도 한다.

내 적들의 삶은 행복하도다![21]

찬송가(「해설」, 143)에서 인용된 위 문장의 경우 다음과 같은 사실이 흥미롭다. 시인 로모노소프M. V. Lomonosov가 인용하는 원래의 텍스트(찬송가 143번 텍스트)는 정(正) 방향 지향의 도식('우리가 가졌다')을 보여준다. '우리의 곳간이 갖가지 열매로 가득 차게 하시고, 우리의 양이 목초지에서 수천 마리로 불어나게 하소서. 우리의 수소가 살찌게 하시고, 약탈도 손실도 없게 하시고, 우리의 거리에 비탄도 없게 하소서. 이를 지닌 도시는 복되도다. 신을 주인으로 섬기는 나라는 복되도다.'

그런데 로모노소프는 고대 러시아 번역본의 전통을 따라 이를

---

20 큐헬베케르B. K. Кюхельбекер, 『선집Избр. произведения: В 10 т.』, М.: Л., 1967. 1권 207쪽. 〔옮긴이 주〕 외래 문화가 지배하고 있는 궁정 귀족들의 삶을 비판하고 러시아적인 것을 옹호하는 맥락의 발언이다. 사실 이와 같은 정서는 큐헬베케르를 비롯한 데카브리스트 그룹의 공통적인 경향이었다. 데카브리스트Decabrist란 1825년 알렉산드르 1세가 죽은 뒤 제위 계승 문제로 정계가 혼란해진 틈을 타 12월 14일에 (러시아어로 12월은 '데카브리'이며, 12월당원(데카브리스트)이라는 명칭은 이로부터 유래한 것이다) 무장봉기를 꾀했던 러시아 최초의 근대적 혁명이 그룹을 말한다. 1812년 나폴레옹 전쟁 때 서유럽에 원정하여 자유주의 사상을 섭취했던 일부 청년 장교들이 주축이 된 이 그룹은 농노제 폐지와 입헌정치 실현을 요구하며 봉기했으나, 곧 진압되고 처형 및 유형에 처해졌다. 하지만 이들의 혁명 기운은 이후 러시아의 혁명 운동 뿐 아니라 사회 전반에 지대한 영향을 남기게 된다.

21 로모노소프М. В. Ломоносов, 『전집Полн. собр. соч: В 10 т.』, М.: Л., 1959. 8권 116쪽.

뒤집힌 형태('그들이 가졌다')로 바꾸었고, 그 결과 소유함의 가치는 정반대의 것이 되었다. 거기서 분명하게 강조되고 있는 지복(至福)은 부정적인 것으로 받아들여진다.

> 그들의 탈곡장은 곡식으로 가득 차고,
> 그들의 양은 셀 수 없이 불어난다,
> 비옥한 목초지에서. 수백의
> 살진 수소들이 풀밭에 노닌다.[22]

6.1.6.
두 가지 유형을 구분할 수 있다.

a) 이 세계(가까운 우리의 세계—이후로는 '여기'라고 표기)와 저 세계(낯선, 그들의 세계—이후로는 '저기'라고 표기)가 구별되며, 둘 사이에는 단의적인 대응 관계가 성립하지 않는다. '여기'와 '저기'에는 각기 상이한 차원이 부여된다. '저기'에는 원칙적으로 '우리'와 닮지 않은 존재들이 거주한다. 이는 비인간적이며 불가해한 신적 존재들, 사회적·윤리적으로 적대적인 그룹을 인간의 그룹으로부터 제외시키는 시스템이다. 지향의 방향성에 따라(즉 '저기'가 '여기'에 비해 더 큰 차원을 지니는지 혹은 그 반대인지에 따라), '나는 신을 포함할 수 없다' 혹은 '미개인은 나를 포함할 수 없다'와 같은 체계가 발생한다('나, 미개인은 그를 포함할 수 없다'와 같은 유형의 체계는 결국 신격화로 귀결되는 것으로서, 첫번째와 합쳐지게 된다).

b) '여기'와 '저기'가 동일한 차원을 지니는 경우이다. 경계 너

---

22 앞의 책, 115쪽.

머의 세상은 적대적(혹은 단지 낯선)인 곳이지만, 원칙상 '나의' 세계와 다르지 않다. 이것은 신을 저버리는 행위를 저지른 자나 탄압자, 혹은 적대자도 단지 인간에 불과하다는 것을 확증하는 상황이다(저 세계의 강자들이 필멸하는 테마나 고골N. Gogol의 『광인 일기』에서 가련한 주인공-관리가 내뱉는 말("시종보라고 해서 '금으로 만든 코를 지닌 것은 아니다'")과 비교하라).

이에 비견될 수 있는 예로, 흔히 전쟁 중에 병사들이 적들 또한 단지 사람일 뿐이며 따라서 그들을 이길 수 있다는 사실을 직접 느끼게 하기 위해서는, 작은 승리일지라도 적을 이기는 경험이 반드시 필요하다는 점을 들 수 있다. 더불어, 동일한 도식은 휴머니즘 이념의 기초로도 해석될 수 있다. 톨스토이의 『전쟁과 평화』에서 프랑스 포로들을 두고 러시아 병사가 던지는 '그들도 인간이다'라는 말이나, 로스토프가 자신이 기대했던 '적' 대신에 또 다른 인간(나와 마찬가지인 존재)의 얼굴을 마주 대하고서 총을 쏘지 못하는 장면을 비교해볼 수 있겠다.

6.1.7.

많은 수의 텍스트에서 '여기'를 현세와, '저기'를 천상계·저승·하계 등과 동일시하려는 지향이 발견된다. 이렇게 해서 발생하는 체계가 이 세계와 저 세계, 그리고 그들 간의 경계를 함께 갖는 대립이다.

6.2.

한편, 이런 모델이 좀더 복잡해지는 경우도 있을 수 있다. 우선 '내부' ↔ '외부' 사이의 대립이 존재하고, 그 둘이 함께 '이 세계,' 즉 '여기'를 구성한다. 그리고 '여기'의 외부에 '저 세계로서의 '저기'가 존재한다.

그림 4

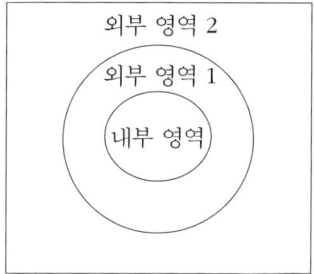

6.2.1.

현실적으로 위와 같은 상황은 불가능한 것인데, 왜냐하면 이런 상황은 문화 모델의 내부에는 단 하나의 근본적인 경계만이 존재한다는 명제에 위배되기 때문이다. 이런 상황은 인간 의식의 각종 영역(예컨대, 정치적·종교적 영역)에서 문화의 공간을 상이하게 분절하는 다양한 모델이 동시에 기능하고 있는 실제적인 예를 일반화한 결과이거나, 혹은 하나의 경계를 보다 근본적인 것으로, 다른 것을 부차적인 것으로 만든 결과로 볼 수 있다. 후자의 경우를 살펴보기로 하자.

6.2.1.a.

경계 1 (내부와 외부 1 사이의 경계)이 근본적인 것이 되고 경계 2(외부 1과 외부 2 사이의 경계)가 이에 종속되는 경우이다. 몇몇 원시 부족은 두 가지 유형의 신을 섬겼다. 첫번째 유형의 신은 부족의 내부 공간에 거주한다. 그들이 수호신의 기능을 행하고 있다는 점은 그들이 내부 공간에 속한다는 것에서 분명하게 드러난다(그들은 내부와 외부 사이의 경계를 공고히 할 뿐, 결코 외부의 위험스러운 존재처럼 그 경계를 돌파하고자 하지 않는다). 분명 내부 공간의 신들은 인간을 닮아 있는 반면에, 내부 공간의 경계 밖(숲, 강, 바다)에 거주하는 신들은 괴물의 형태를 띠고 있을 것이다. 외부 공간의 신은 보다 위험하며, 따라서 보다 강력하다. 이 단계에서 자연력의 속성으로서의 무질서는 인간의 내적 공간이 갖는 질서정연함에 비해 한 차원 더 높은 것으로 간주된다. 민족지학의 기술에 따르면, 자신들을 비인간적 세계에 대립하는 유일한 존재, 즉 전 인류를 포괄하는 존재로 간주하며 살아가는 집단은 존재하지 않는다. 반면 동화의 세계는 바로 그와 같은 세계상을 보여준다.

이제 외적 세계에 또 다른 인간 집단이 살고 있는 경우를 상상해보자. 그들이 낯설다는 사실은 그들을 조직화되지 않은 집단, 즉 외적 공간의 부분으로 인식하게끔 한다. 그렇다면 외부 공간의 신들은 ('우리의' 눈으로 보기에) '그들의' 신이 되고, 내부 공간의 신들은 '우리의' 신이 된다. 여기서 낯선 사회 그룹에게 부여되는 특징인 '조직되지 않음'은 저급한 것으로 받아들여진다. '그들의' 조직화되지 못한 신은 '우리의' 질서 잡힌 신에 비해 허약해야만 한다. 인간을 닮은 신들의 승리가 도래하고, '미개한 자들의' 괴물은 패배한 신이 된다. 이런 식으로 경계 1은 경계 2를 자신에게 종속시킨다.

부분적으로 이는 신이 일정한 지리적 위치에 고착됨으로써 인간 세계의 내부에 거처를 마련하게 되는 것과 관련이 있다. 그리고 이는 발생학적으로 지역적인 애니미즘 숭배 사상과도 연관되어 있을 것이다. 하지만 그것이 행하는 기능은 완전히 상이한 것이다.

주석: 부언해두자면, 신들의 성격은 공간을 나누는 방식에 달려있는바, 인간을 닮은 신들의 존재는 '여기(이 세계)'와 '저기(저 세계)'가 동일한 차원을 갖는다는 것을 전제한다.

6.2.1.b.

경계 2가 경계 1을 지배한다. 예컨대, 사회적인 혹은 윤리적인 경계가 신화화되면서, 외부 공간 1이 외부 공간 2를 닮아간다. '셸로멘 너머'의 거주자[23]라 불리는 유목 민족 (즉 『이고리 원정기』에 나오는 폴로베츠인)은 '우리'에게는 '악마의 자식들'이기도 하다. 그들의 수호신은 디브Div, 카르나Karna, 줄랴Zhlja 등의 이교신인데, 이들은 슬라브신이기는 하지만 신앙이 조직화되지 못한 경우다. 반면 조직화된 신앙을 갖는 이교신들(다쥐보그, 벨레스)은 '내부' 공간에 속하며, 따라서 기독교 신앙의 판테온에 대립되지 않는다.

이와 유사한 것으로는 오스트롭스키A. Ostrovsky의 희곡 『뇌우Groza』의 등장인물인 페클루시의 세계상('타' 민족은 개의 머리를 한 괴물로 여겨지고, 리투아니아는 '하늘에서 떨어진 것'으로 생각된다)이나 고골의 단편 소설(「옛 기질의 지주들」)에 등장하는 '옛 기질의 지주들'이 있다. 숲이 집을 둘러싸고 있고, 그 숲 너머에는 미지의 땅, 즉 '도적들'이 거주하는 죽음의 땅이 자리한다(그들에게 숲은 곧 세계의 경계이며, 집은 세계 그 자체인 것이다).

6.3.

그러나 경계의 저편에 거주하는 존재(신, 숲의 짐승, 새, 사자(死者), 다른 민족)에게 혼돈의 조직화(즉, 비-조직화)를 부여하거나 '우리와 다르지 않은' 속성을 부여하는 것 이외에도 또 다른 개념이 존재할 수 있다. 저 세계가 그 나름의 독자적인 조직화를 갖는다는 사고가 그것이다. 이런 개념은 세계상의 다음과 같은

---

23 〔옮긴이 주〕 『이고리 원정기』에 나오는 구절로, 현대어로는 언덕으로 번역된다.

구조적 특수성과 관련해 발생한다. 즉 '조직화↔비조직화'의 대립은 이 세계와 저 세계를 나눌 수는 있지만 이 세계 내부에 경계를 구축할 수는 없다. 그러나 문화의 실제 텍스트 중에는 산 자들의 세계를 동물이나 죽은 자(혹은 신)들의 세계와 대립시키는 경우뿐 아니라 신들을 선한 신과 악한 신으로 나누는 경우 또한 널리 존재한다. 외부 공간은 두 개의 분명하게 구분되는 하부 지역으로 나뉘게 되며, 그들 각각은 명확하게 가치 평가된다. 가치 평가는 모델의 예리한 공간적 지향성 속에서 표현된다(상부↔하부, 드물게는 오른쪽↔왼쪽). 이렇게 해서 그림 5에 제시된 도식이 발생하는바, 이는 분명 그림 6에 제시된 도식과 동질동상이다.

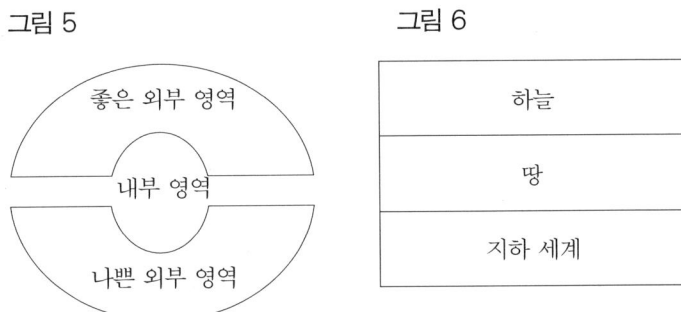

7.0.
문화를 기술하는 공간적 메타언어의 핵심적인 요소는 경계이다. 경계의 성격은 그것이 한정 짓는 공간의 차원에 따라 결정된다(반대로 공간의 차원은 경계의 성격이 결정한다). 문화 모델의 경우, 경계의 지점에서 공간의 연속성이 파괴되기 때문에, 경계는 언제나 오직 한 영역, 즉 내부 영역에 속하거나 외부 영역에 속하는 것이지 둘 모두에 속할 수는 없다.

그와 같은 것으로 집의 담벼락(가령, 블로크의 시에 나오는 '거기, 내부'나 마테를링크의 「내부 L'interieur」)이나 고골의 「옛 기질의 지주」에 나타나는 독특한 경계(숲)의 체계가 있다.

출입구에는 무겁고 두터운 장막이,
밤의 창문 너머에는 안개……
— 블로크

장막, 밤의 창문, — 이것은 공간을 내적('집 안의') 공간과 외적 공간으로 나눠놓는 것이지만, 그것 자체는 내부 공간에 속하는 것이다. 반면 민담에서 숲이나 바다 혹은 신화 속의 강은— 외부 공간에 속한다.

7.1.

문화 텍스트 속의 경계는 실제 텍스트의 구성 요소 전부, 즉 공간적 속성을 지니는 것과 그렇지 않은 것 모두를 위한 일종의 불변체로 나타날 수 있다. 예컨대, '도시'↔'세계'의 대립의 도식에서 경계로서 등장하는 것은 명백하게 표명된 공간적 특징을 갖는 벽이나 성문이다('야로슬라브나는 일찍부터 푸치블 성벽에서 통곡했다'). 그녀의 남편이 목숨을 내맡긴 자연력의 세계— 바람, 강, 태양—는 성벽 너머에서 시작된다. 의미심장한 것은, 내적 공간의 경계가 아직 러시아 땅의 실제 국경(즉 '셀로멘'과 도네츠)을 따라 그어지고 있을 때는 모든 강이 지리적 실재에 맞게 등장하고 있다는 점이다. 여기서 돈 강, 드네프르 강, 도네츠 강, 그리고 스투그누 강을 혼동하는 것은 불가능하다. 그러나 이들 모두와 대립하는 것은 폴로베츠 스텝 지역의 '외부' 세계를 가로지르고 있는 반신화적 공간인 카얄라[24]이다. 러시아의 지리적 공간의 실재성은 그 경계를 넘어서는 순간 설화적-신화적 지리로 변모한다. 하지만 내적 공간의 경계가 푸티블의 성벽이 되는 순간, 이미 드네프르 강과 도네츠 강의 차이는 본질적이지 않게 된다. 이것은 야로슬라브나가 말을 걸고 있는 하나의 강의 두 가지 이름일 뿐이다. 푸티블 성벽에서의 야로슬라브나의 예는 다른 의미에서도 흥미롭다. 이곳에서는 온갖 강력하고 사악한 비인간적 존재들이 살고 있는, 민담과 신화의 외적 공간이 기사도 시대의 여성적 세계 모델에 따르는 외적 공간, 즉 전쟁의 공간과 뒤섞여 있다. 블라디미르 모노마흐V. V. Monomakh의 표현에 따르면 전쟁은 남성의 일이다. 러시아의 텍스트는 전쟁이 여성의 일이 아니라는 점을 집요하게 강조한다('어째서 당신은 여자처럼 걱정하는 거요?').[25]

그러나 경계의 자격으로 공간적이지 않은 관계가 등장할 수도 있다. 예컨대, '추위↔온기', '노예 상태↔자유로움' 간의 대립을 규정하는 자질이 그러하다. 경계의 근본적 자질은 공간적 연속성의 파괴, 그리고 침투 불가능성이다.

---

24 드메트리예프Л. А. Дмитриев, 동사 'Kajati(뉘우치다)'와 『이고리 원정기』에 나오는 카얄라 강을 비교할 것. ТОДРЛ. М.; Л., 1953. 9권 30~38쪽.
25 침대, 난로, 난방기구 등의 집기를 가진 집은 닫힌 일상적 공간으로서, 대개 기사도 이야기나 서사시에서 '여성적 세계'로 받아들여진다. 이에 대립하는 것은 '남성적' 공간인 '들판'이다. 한편, 여성의 시각에서 볼 때, 들판은 외부 공간이 되며, 반대로 남성의 시각에서 그것은 집이 된다. 무사가 닫힌('영웅적이지 못한, 공후답지 못한, 부녀자적인 babaeva') 공간으로부터 벗어나 '자유'('스텝,' '황야')를 찾아 떠나는 브일리나의 플롯과 비교하라(톨스토이А. Толстой의 발라드 『일리야 무로메츠』에서도 마찬가지). 스뱌토슬라프 연대기에서, 이상적인 기사는 집을 갖지 않는다(어미와 아이들을 궁궐에 남겨두고 자신은 들판에 산다). "칭송받을지어다. 수많은 그의 승리가/전쟁의 전투와 비교될 때. 그리고 그는 전 생애를 들판에서 살았다(로모노소프)." 타라스 불리바는 '여자가 되지 않기 위해서' 모든 집기를 부수고 집을 떠났다(집에 머무는 것은 곧 '여자의 치마 아래서' 사는 것의 동의어이다). 집에서는 따뜻하게 자는 것을 즐기기 때문에, 그는 양 가죽을 덮고 밖에서 잔다. 고골의 「옛 기질의 지주들」에서 '집↔집 밖'의 대립이 '온기↔추위'의 대립으로 나타남과 비교하라.

그러나 우리 사이에는 건널 수 없는 경계가······.
— 푸시킨

7.2.

모든 문화 모델의 구조에는 경계의 침투 불가능성이 포함되기 때문에, 슈제트의 가장 전형적인 구성은 공간적 경계를 꿰뚫는 운동이 된다. 슈제트의 도식은 세계의 구조에 대항하는 **투쟁으로서 나타난다**.

7.3.

슈제트적인 충돌(공간적 경계의 침투)과 슈제트적이지 않은 충돌을 구분해야만 한다. 후자의 경우 내부 공간은 경계를 지키려고 하는 반면, 외부 공간은 그것을 허물어버림으로써 내부 공간을 파괴하고자 한다. 반면 경계를 극복하는 주인공의 길, 가령 민담의 주인공이나 지옥을 순례하는 단테의 주인공, 상류 사회로 진입하고자 하는 라스티냐크의 노선은 내부 공간의 경계를 부수기 위해 외부 공간이 침투하는 경우(가령, 고골의 『비이』에서 원 안으로 침투하는 괴물이나 [톨스토이의 『전쟁과 평화』에서] 볼콘스키 가문 영지의 가족적 세계를 파괴하는 나폴레옹의 침투)와는 원칙적으로 구별되는 것이다.[26]

7.4.

모델의 지향성에 따라 경계를 공고히 하려는 경향이 발생할 수

---

26 [옮긴이 주] 결국 주인공이란 텍스트 속에서 '움직일 수 있는 사람,' 즉 경계를 넘을 자격을 갖춘 사람이 된다. 주인공이 그에게 할당된 의미론적 공간 '내부'에서만 움직일 때, 그것은 '사건'이 되지 못한다. 그런 이유로 단테는 죽은 자들의 영역으로 하강해야만 하며, 로미오와 줄리엣은 서로에게 금지된 영역을 넘나들고, 혁명의 주인공은 민중에게 나아가기 위해 자신의 사회적 환경으로부터 탈출해야만 하는 것이다.

도 있다(경계의 파괴는 모델 자체의 소멸과 동일시된다).

우리 시대에 공기는 죽음의 냄새를 풍긴다.
창문을 여는 것은, 곧 정맥을 여는 것.[27]

이것은 집, 안락함, 문화에 관한 시이다. 이에 맞서는 것은 자연력과 침투에 관한 시다. 집의 파괴, 창문의 철거, 정맥의 열어젖힘을 노래하는 츠베타예바의 테마와 비교해보라(그녀는 파스테르나크 Б. Parsternak가 사용했던 바로 그 이미지를 사용하지만, 그것을 정반대의 지향으로 표현한다).

정맥을 열었다. 돌이킬 수 없이.
되돌릴 수 없이, 생명이 분출한다.
그릇과 접시들을 내놓아라!
모든 접시는 ─ 얕아질 것이고,
그릇은 ─ 평평해질 것이다.
끝을 지나 ─ 거쳐서 ─
검은 땅으로……[28]

이를 「종말의 시편 Poema kontsa」에 나타나는 집과 집 없음 간의 충돌과 비교할 수 있다("죄송하지만, 이게 집인가요? 집은 내 마음속에 있소이다. 바로 문학이지요!").

---

27 파스테르나크 Б. Пастернак, 『서정시와 서사시 Стихотворения и поэмы』, М.: Л., 1965. 177쪽(강조는 로트만).
28 츠베타예바 М. Цветаева, 『선집 Избр. произведения』, 303쪽(강조는 로트만).

도시 너머에! 알겠어? 너머에!
밖에! 포화는 지나갔다.
삶이란 살아서는 안 되는 장소이지:
유-대인 지구…….[29]

파괴, 비존재, 외적 세계의 자연력 속으로 침잠함에 대한 시를 화롯불에 대한 시(탑, 섬, 동굴, 피부, 자궁 등의 닫힌 세계를 시화한 「고아에 대한 시Stixi o sirote」)와 역설적으로 결합함으로써 츠베타예바는 '집 같지 않은 집'이라는 형용모순적인 이미지를 만들어낸다.

우엉과 카밀레 향이 나는,
집, 그토록 집 같지 않은!

텍스트에는 두 가지 대립적인 지향이 동시에 현존하고 있다. 정방향의 지향은 집의 시를 창조하고, 역방향의 지향은 집 없는 자의 관점에서 집에 대한 시각을 판단하고 정당화한다.

게으름 피우며 탕진하지 않고
부의 냄새를 피우지도 않고,
악의에 찬, 집 없는 자들 앞에서
부끄럽지 않은,
성벽을 부끄러워하지 않는다.
새들은— 밤새 잠을 잤을 뿐.

---

[29] 앞의 책, 471쪽.

> 민중의 복수의 시간에,
> 두려워하지 않는 집.[30]

외적 공간(자연력)의 내적 공간으로의 침투, 코스모스로 침입하는 카오스는 튜체프 F. I. Tyutchev와 투르게네프 I. S. Turgenev의 세계 모델에서도 매우 본질적이다.

8.

문화 모델과 문화 텍스트 간의 상응 관계를 구축하는 일, 즉 문화 텍스트에 대한 의미론적 해석은 일정한 상응의 법칙을 요구한다. 이 문제는 특별한 고찰을 요한다. 여기서는 인간과 모든 세계 모델(혹은 그것의 부분) 사이에 이질동상[31]의 관계를 구축하기 위한 한 가지 방식만을 지적해보기로 하자.

8.1.

가령, 다양한 유형의 인간화된 세계 모델이 발생하는 경우가 그러하다. 즉, 여기서 조직화된(질서화된) 영역과 조직화되지 않은(혼돈스러운) 영역으로 나뉜 세계 자체는 내부에 이런 두 가지 본능을 모두 포함하고 있는 인간 자신과 이질동상이 된다.

인간과 우주의 원칙적인 동종성을 가정하는 튜체프의 세계상이 바로 그런 경우이다('그리고 마치 개울처럼 달콤한 떨림,/자연의 정맥을 따라 흘렀다,/마치 온천수처럼/그녀의 뜨거운 발을

---

30 앞의 책, 315쪽(강조는 로트만).
31 〔옮긴이 주〕 이질동상 isomorphism은 수학, 화학, 언어학 등에서 이질동상(異質同像), 유질동상(類質同像), 구조적 동형성(同形性) 등으로 다양하게 번역되어 사용되는 용어이다. 가장 일반적인 용례를 따르면, 두 대상 간에 모종의 구조적인 대응(동형성)이 존재할 때, 이질동상적 isomorphic이라 부른다. 여기서는 로트만은 자주 사용하는 또 다른 용어인 동질동상 homeomorphism과 구분하여 이질동상이라 번역하고자 한다.

건드렸다……').³² 이와 유사한 것으로 이성과 열정을 두 가지 우주적 기운으로 이해하는 프리메이슨주의 개념이나 정부를 머리와, 민중을 다리와 동일시하는 그들의 정치적 개념이 있다. 인간을 내부 공간 속의 어떤 지점이나, 혹은 내부 공간 전체와 이질동상의 관계로 구축하는 일도 가능하다.

모종의 초인간적인 조직체가 인간화되어 있는 반면에, 인간은 그 자신의 일부분과 이질동상의 관계를 갖게 되는 많은 예를 지적할 수도 있다. 가령, 루소에게 있어서, 외부 공간은 인간과 이질동상이다. '자연스러운' 상태에서 외부 공간의 경계는 개별 개체의 육체적 경계와 다르지 않으며, 이때 인간은 그 자신과 이질동상이 된다. 그러나 사회적 조건하에서는, 계약을 행하는 사회가 곧 인성을 이루며, 그것의 경계가 외적 경계가 되고, 사회 자체가 인간과 이질동상이 된다. 사회를 구성하는 인간들은 정치적 몸의 기관들로서, 결국 그들 자신의 부분들과 이질동상이 되는 것이다.

9.

우리는 단지 하나의 — 가장 원형적인 — 문화 모델을 살펴보았을 뿐이다. 보다 복잡한 구조들이 발생하게 되는 원인으로는 다음과 같은 것들을 지적할 수 있다. 이러저러한 모델들을 의미론적으로 해석하기 위한 법칙을 구축하면서, 우리는 우리 자신의 세계상의 관점으로부터 출발했다. 그러나 모든 각각의 세계

---

32 튜체프Ф. Тютчев, 『시 전집Полн. собр. стихотворений』, Л., 1939. 41쪽. 〔옮긴이 주〕 19세기 상반기에 활동했던 러시아 낭만주의 시인 튜체프의 시는 특유의 형이상학적 경향과 더불어 우주에 대한 범신론적 개념에 기초해 있다고 평가된다. 혼돈chaos과 조화cosmos라는 대립적 세계의 공존에 기초한 그의 이원론적 세계관은 자연(우주)과 인간에 공히 적용된다.

모델은 각기 자신 안에 의미론적 해석의 개념을 갖고 있으며, 이는 문화 모델의 복잡화를 요구한다.

9.1.

문화 유형의 주요한 특성 중 하나는 기호성의 문제에 대한 관계이다. 따라서 문화 유형을 제대로 기술하려면, 공간적 관계의 언어가 기호 체계의 다양한 구조를 모델링할 수 있는 능력을 갖춰야만 한다.

9.1.0.

문제의 다른 측면은 다음과 같다. 문화 텍스트의 내부에서 과연 우리는 세계상의 공간적 특징들과 모종의 관련을 맺고 있는 기호성의 문제를 발견할 수 있을까?

9.1.1.

첫번째 질문에 대해서는 단호히 긍정할 수밖에 없다. 어떤 한 공간의 지점과 다른 공간의 지점(들) 사이에 단의적인 상응의 관계를 구축하면서, 우리는 손쉽게 공간적인 의미 관계를 모델링할 수 있는 것이다.

9.1.2.

문화의 유형에 관한 연구에서 확신할 수 있는 바는, 기호와 기호성의 문제가 근본적인 유형학적 특징의 하나로서 대두되자마자, 내부 공간과 외부 공간 사이에는 전체적으로 이원적 대응 관계가 성립한다는 점이다. 그것이 어떤 관계인지, 내용은 어떤 것이며 표현은 무엇인지, 그리고 '의미를 갖는다'라는 개념 자체는 어떻게 해석되어야 하는지 등은 문화 모델의 성격에 달려 있다.

9.2.

일련의 텍스트, 예컨대 중세 텍스트를 연구하면서, 우리는 의미론적 구성의 다층성에 직면하게 된다. 하나의 텍스트 요소에 일상적인 맥락과 정치적 맥락, 도덕적-철학적 맥락, 종교적 맥락에서 각기 상이한 의미가 부여된다.

9.2.1.

세계 자체를 기호 혹은 기호들의 다발로 이해하는 세계 모델을 가정해보자. 그것은 동일한 숫자의 구성소로 이루어진 두 개의 하부 공간으로 나뉘고, 이들 구성소 간에는 간단한 대응의 상호 관계가 구축된다. 이 경우 이들 두 세계의 관계는 동기화된 성격을 지닐 수도, 동기화되지 않은 성격을 지닐 수도 있다. 동기화된 관계는 도상적 혹은 상징적인 성격을 지닐 수 있다.

9.2.2.

동기화된 관계의 예로, 중세의 세계 모델을 지적할 수 있다. 거기서 한 공간의 특정한 구성소와 그에 대응하는 다른 공간의 구성소 사이에 구축된 관계는 영원한 것, 혹은 신에 의해 부여된 것으로 여겨진다. 말하자면 그것은 해당 세계의 중대한 특징으로서, 언제나 세계의 불변적 본질의 일부분이 되는 것이다.

9.2.2.a.

이 관계는 도상적인 것이 될 수 있다. 이런 경우는 중세의 신학 이론 교리서나 이상적이고 철학적인 일련의 체계(예컨대, 헤겔의 체계)에서 관찰된다. 물질적 세계는 기호, 이를테면 절대적인 이념의 표현이 된다. 여기서 기호는 이념의 결빙된 반영, 즉 이념의 도상적인 실현체다. 바로 그렇기 때문에 인간이 물질적 세계를 연구하는 것은 동시에 절대적인 이념에 대한 자기-인식이 될 수 있는 것이다.

이 경우 내부 공간과 외부 공간 사이의 관계는 위상학적인 것이다. 이 두 공간을 구성하는 지점들 사이에 구축되는 관계는 단순한 상호 대응 관계일 뿐만 아니라 연속적인 것이기도 한데, 왜냐하면 두 공간이 같은 차원을 공유하기 때문이다.

중세 신학론 교리서의 가설적 모델로서 가정해볼 수 있는 것은 단의적인 대응점을 지니는 둘 (혹은 그 이상의) 하부 영역으로 구성된 어떤 형태이다. 기호의 다층적 의미론을 다루고자 할 경우, 이원적 대립의 세트가 의미론적 패러다임을 구축할 수 있도록 해줄 것이다(이때, '내부↔외부' 간의 기본 대립의 자격으로 매번 구형 표면의 상이한 그룹이 등장하게 된다는 점을 고려해야만 한다).

예컨대, 많은 중세적 체계에서 인간의 이런저런 현세적 행위는 바로 그런 식으로, 즉 그것이 내세의 징벌이나 포상을 불러오는 한에서만 도덕적 사실이 된다. 다시 말해 현세의 행위는, 그 자체로 존재하는 것이 아니라, '죽음 이전의 존재↔죽음 이후의 존재'라는 대립에서 경계 너머의 다른 것과 대응쌍의 관계를 이루는 한에서, 도덕적 사실이 되는 것이다. 이런 점에서, 무엇이 선행과 악행을 갈라놓는지가 관건이다. 모든 유형의 죄 일체와 모든 유형의 선행 일체 사이의 차이가 확립되고, 그것은 일정 정도 각 그룹의 내적 차별성을 최소화해준다.

그러나 어떤 텍스트가 성직자(주교)나 범죄자(지옥의 묘사) 같은, 보다 협소한 그룹에 속하는 인물들을 기술하는 과제를 떠맡게 되는 즉시, 그 그룹을 내적으로 한정할 필요성이 생겨난다. 그렇게 해서 발생하는 것이 다양한 악행을 죄악의 양적인 축적으로 바라보려는 경향, 다시 말해 그것을 숫자를 통해 지표화하고 (가령, 단테의 지옥에서 옥(獄)의 숫자가 그러하다[33]) 공간적 상관

---

33 〔옮긴이 주〕 단테의 『신곡』에서 총 9옥(獄)으로 이루어진 지옥은 본질상 천국을 거꾸로 비춘 것, 즉 천국의 구조의 음화(陰畵)와 같다. 천국의 공간이 은총의 등급에 따라 배치되어 있다면, 지옥의 공간은 악의 등급에 따라 배치되어 있다. 즉, 지옥으로 내려

관계(깊이)를 통해 표현하려는 경향이다. 여기서, 모든 원이 만드는 계열체의 집합은 일종의 이원적 대립쌍의 체계로서 구축되는데, 즉 테두리 하나하나가 일정한 단계에서 매번 새로이 '이들'과 '저들'을 갈라놓는 근본적인 공간적 경계의 역할을 담당하게 되는 것이다.

현세와 지옥이 동일한 차원을 갖는다는 사실은 사후 세계로의 이동이 일종의 여행의 성격을 갖는다는 점에서 드러난다. 하지만 그와 더불어, 죄의 본질이 징벌의 성격에 도상적으로 반영되어 있다는 점 또한 이를 잘 보여준다.

9.2.2.b.

한편, 중세의 신비주의적 세계상 역시 현세의 모든 사실이 **의미를 지닌다**는 생각, 그리고 그렇기 때문에 그것들이 저 세계의 모든 지점과 일의적인 대응 관계를 갖는다는 생각에서 출발한다. 그러나 이 경우 각 공간 사이의 일의적인 대응 관계를 보장하는 것은 그것들의 연속성이 아니다. 외적 공간은 내적 공간에 비해 더 큰 차원을 지닌다. 따라서 내부 공간의 현상들은 본질을 재현하는 도상이 아니라 기호가 된다. 즉, 그것은 암시하는 기호인 상징이 되는 것이다.

이런 체계를 갖는 공간적 모델은 두 공간 중 어느 하나가 다른 하나에 비해서 적어도 한 차원 이상 더 큰 경우이다. 말하자면, 다층적 의미론의 모델을 구축하고자 할 때, 모든 새로운 층위는 보충적 차원을 획득하게 되는 것이다.

국가에 대한 중세의 신정주의적 개념을 예로 들어보기로 하자.

갈수록 죄의 크기와 정도도 훨씬 커지며, 가장 밑바닥에 이르러서는 사탄을 만나게 되는 것이다. 각각의 옥은 특정한 죄의 항목(육욕, 탐식, 탐욕, 분노와 나태, 이단, 폭력, 기만, 배신)과 관련되는데, 심연으로 침잠할수록 각각의 옥도 점차 좁아진다.

이 개념을 따르자면, 일상적이고 현실적인 삶의 사건들은 국가적인 의미를 지닐 경우에 한해서만 실제적인 것이 된다(이때 내부 공간은 현실적 삶이, 외부 공간은 국가적 삶이 되며 그 둘 사이에는 대응이 발생한다). 그러나 국가적 삶이란 것이 의미를 가지려면 그것이 소위 '영원한 도시'의 (현세적) 실현체가 되어야만 한다(여기서 또 다른 이원적 관계가 생겨난다. 내부 공간은 단지 표현에 불과한 국가적 삶이 되는 반면, **내용**의 자격으로 등장하는 것은 천상의 법칙의 위계이다). 그러나 후자조차도 교회와 천국으로 다시 구분될 수 있다(교회는 천상의 본질이 지상에서 기호화된 것이다).

새로운 의미론적 단계로 넘어가는 방식은 이 체계 속에서 매번 신비스러운 비밀처럼 나타난다. 내용과 표현 사이의 관계는 미리 결정되어 있지만, 도상적인 방식을 따르지는 않는다. 결국 공간적 모델 안에서, 모든 새로운 의미론적 층위는 선행하는 층위에 비해 더 큰 차원을 지니게 되는 것이다.

9.2.3.

중세의 합리적 세계상과 신비주의적 세계상 간의 본질적인 차이는 도상(이콘)이나 상징-암시와 같은 기호적 표현을 해석하는 방식에서 잘 드러난다(가령, 인간의 육체적인 면을 신의 닮은꼴로 간주하는 관념과 영혼의 사원으로 간주하는 관념을 비교해볼 수 있다). 이와 관련된 매우 흥미로운 예를 단테의 『신곡』에서 발견할 수 있다. 단테는 서로 관련을 맺고 있는 복수의 공간으로 이루어진 거대한 세계 건축물 전체를 구성했는데, 거기서 현세, 연옥, 천국은 한편으로는 의미의 위계를 만들어내면서 서로 복잡하게 관련되는가 하면, 다른 한편으로는 모두 함께 단일한 구조를 형성하면서 동일 차원에 자리하고 있다. 단테는 자신의 도식을 합리적으로 만들고자 했지만, 신과 천사의 거주지인 엠피리언 Empyrean에 특정한 지역적 성격을 부여할 수 있을 만큼 합리적이지는 못했다. 단테는 엠피리언을 전체 세계 구조('공간')에 대립하는 일종의 '비공간'으로서 제시했던 것이다('비공간↔공간'). 그 비공간은 '공간의 외부에 있으므로 끝(極)도 없다.' (이 문구에서, 공간성의 부정이 곧 지향성의 부정과 연결되어 있다는 점은 매우 흥미롭다).[34] 그러나 아퀴나스주의자이자 아리스토텔레스주의자였던 단테는 그와 같은 해결책을 스스로에게 유기적인 것이라고 납득시킬 수 없었다. 이는 작품의 나머지 부분에서 명백하게 드러나는바, 즉 초공간으로서의 엠피리언은 도상적으로 정확히 천국의 공간 구조 속에 반영되어 있는 것이다! 아홉 개의 공간으로 나뉜 천국은 일종의 '날인'처럼 천사의 아홉 등급에 대응된다.[35]

결국, 중세의 합리적 모델과 신비주의적 모델의 차이는, 전자의 경우 내부와 외부가 위상학적 공간을 이루는 반면, 후자의 공간은 그렇지 않다는 사실로 수렴될 수 있다.[36]

9.2.4.

세계의 기호적 성격을 인식하는 동시에 그 기호들의 비동기성을 인식하는 것도 가능하다. 그런 경우는 내부와 외부의 관계를 미리 주어진 영원한 것이 아니라 인간의 악의나 어리석은 상상의

---

34 단테Alighieri Dante, 『신곡 La Divina Commedia』, Parad., XXII. 67쪽.
35 같은 책, Parad., XXVII. 55~56쪽.
36 〔옮긴이 주〕 결국 핵심은 내부와 외부, 즉 이 세계와 저 세계 사이에 일의적인 대응의 관계가 성립하느냐 혹은 그렇지 않느냐, 다시 말해 두 공간이 동일한 차원을 갖는지 그렇지 않은지에 달려 있다. 사실상 이는 표현(기호)과 내용(대상 혹은 의미) 간의 관계를 어떻게 바라보는가의 문제에 다름 아닌데, 이 문제는 이후에 '표현을 지향하는 문화'와 '내용을 지향하는 문화'를 구분하는 문화 유형학으로 발전하게 된다(이 책에 실린 논문 「문화의 기호학적 메커니즘에 관하여」를 참고하라).

결과로 간주하는 체계에서 발생한다. 돈이나 부의 기호는 독립적인 가치를 지니지 않는데, 즉 그것들은 특정한 내용과의 관련성 외부에서는 존재할 수 없는 것이다. 하지만 그런 관련성은 '허위'의 것인데, 왜냐하면 이 체계에서 기호성은 곧 악으로 간주되기 때문이다.

10.

문화 텍스트의 '시점' 문제는 문화 모델의 그래프, 즉 문화 모델의 지향성에 달려 있다. 문화의 가역성은 모든 개별 모델이 정방향, 혹은 역방향의 지향으로 실현될 수 있다는 점에 있다. 지향의 유형은 문화 모델이 복잡해짐에 따라 함께 복잡해진다. 자기 나름대로 내부 공간과 외부 공간을 구분하는 하부-공간 그룹이 발생할 수 있으므로, 텍스트 조직화의 국부적인 단면에서 나름의 다(多)방향적인 지향 체계가 생겨날 수 있다. 가장 복잡한 모델은 두 지향 모두가 동시적으로 작용함을 특징으로 한다.

11.

문화 공간을 내부와 외부로 분할하는 것은, 예컨대 다음과 같은 유형들의 기반이 된다. 1) 내부와 외부가 서로 상이한(즉 동질동상의 관계가 아닌) 유형. 2) 외부가 내부에 반영되어 있는 유형. 3) 내부가 외부에 포함되는 유형. (1)번의 관계는 이를테면 민담 텍스트에서 발견되는 유형이다. (2)번은 중세의 상징주의, (3)번은 헤겔적 유형의 역사주의나 현대의 과학적 세계관에서 발견된다(헤겔 역사주의에서 외부가 절대적인 이념의 우주라면, 내부는 특정한 역사 단계의 물리적인 실재가 된다. 또한 현대 과학의 세계관에서 유클리드 기하학이나 뉴턴 물리학은 현대 과학이 인정하는 또 다른 체계의 개별적인 경우로 간주된다).

11.1.

공간을 내부와 외부로 분할하는 방식은 문화 모델을 기술하는 데 필요한 가장 기본적인 도구일 뿐이다. 더욱 복잡한 체계의 예를 들어보기로 하자.

11.1.1.

동화는 문화 텍스트를 내부와 외부로 나누면서 후자에 마법적 성격을 부여한다. 텍스트 속에서 강(다리)이나 숲, 강변, 바다 등으로 구현되는 경계는, 공간을 주인공이 일상적으로 거주하는 가까운 곳과 그로부터 멀리 떨어진 또 다른 장소로 분할한다. 그러나 동화의 구연자와 청중에게는 또 한 가지의 구분이 적극적으로 작동한다. 마법적 사건에 접해 있지 않은 내부, 즉 그들에게 가까운 곳과 마법적 사건과 경계를 맞대고 있는 외부, 즉 그들로부터 먼 곳(머나먼 왕국, 머나먼 국가)으로 나눠놓는 것이다. 그것이 바로 동화 텍스트의 입장에서는 내부 공간이 되고, 청자의 입장에서는 외부 공간이 되는 동화의 세계이다. 결국 그런 식으로 두 가지 모델이 동시에 작용하게 되는 것이다.

11.1.2.

계몽주의를 특징으로 하는 18세기의 문화 모델을 살펴보기로 하자. 이 모델의 주체는 중세적 유형과의 대조를 통해 자신의 세계상을 이해한다. 중세적 유형은 세계를 내부와 외부로 선명하게 나누는데, 이때 가치 있고 본래적인 것은 외부에 놓여 있는 반면, 내부는 단지 자신의 내용이라 할 외부를 반영하고 있을 뿐인, 말하자면 그저 암시하는 기호들의 체계로서만 가치를 갖는 어떤 것이 된다. 중세적 체계 속에서 내부는 포괄적인 전체 우주의 한 부분이면서, 동시에 하부에 자리하는 것으로 간주된다.

계몽주의의 문화 모델은 이와 대조적이다. 거기서,

1) 외부는 단지 텅 빈 부분 집합으로 나타나고 있을 뿐이다. 하지만 세계 전체를 현세로 간주한다고 해서 그것이 곧 공간의 내적 경계가 소멸됨을 의미하는 것은 아니다. 현세적 삶의 가치가 그토록 강력하게 인식되었던 이유는 외부 공간의 공허가 현세에 대립되었기 때문이다.

> 그리고 나는 물결 소리를 들으리라
> 그리고 나는 보리라, 충만한 행복을,
> **텅 빈 천상에서**······. (III, 1, 322)

외적 세계를 텅 빈 부분 집합으로 인식한다는 것은 그와 상반된 인식, 그러니까 내부 공간의 무의미함에 관한 감각과 연관된 것이다.

> 우리는 무엇을 기도해야 할까,
> 우리에게 신이 천국을 보여주려면?
> 여기서 즐겁게 사는 것, 가까운 이들과 유희하며······
> ······바로 저것이 세계가 돌아가는 방식!
> 대체 무엇을 위해서,
> 천치도 현자도 알 수 없다네![37]

2) 〔한편〕 현세가 최상의 가치를 지니는 것으로 인식될 수도 있다. 현세는 가치론적(지향의) 모델에서 최상부를 차지한다.

---

37 폰비진Д. И. Фонвизин, 『전집Собр. соч: В 2 т.』, М.:Л., 1959, 1권 211~212쪽.

하지만 현세는 유일한 것이므로, 이에 대립하는 것은 (더 낮은) 저 세계의 '무가치'하고 공허한 부분 집합이 된다.

그러나 계몽주의는 또 다른 문화 모델을 통해, 즉 자신 외부에 자리한 어떤 대립항과도 관련 없이 세계상을 인식할 수 있다. 이 모델은 '자연스러운 것↔인위적인 것'의 대립을 통해 구성된다. 여기서 (인간적인) 내부 공간은 자연스럽고 도덕적인 것, 세계의 가치론적 모델에서 상부에 자리하는 것으로 받아들여지며, 부자연스럽고, 비도덕적이며 저열한 외부인 외적 공간에 대립하고 있다. 전형적인 도식에 따라, 여기서 외부는 곧 타락한 내부에 다름 아니다. 말하자면 그것은 뒤집힌 기호를 지니는, 내부의 정확한 반복이다. 중세적 모델에서 내부와 외부가 원칙적으로 상이한 차원을 지녔다면, 계몽주의 모델에서 그것들은 원칙적으로 동일하다.

위에서 알 수 있는 것처럼, 하나의 텍스트는 실제적인 작용에 있어 동시에 여러 문화 모델의 범주 속에서 자인될 수 있다.

12.
텍스트의 슈제트는 그래프(문화 모델 내에서 특정한 점의 이동)를 통해 표현될 수 있다. 슈제트는 언제나 길, 즉 문화 모델 내에서 특정한 점이 움직이는 궤도로 표현된다.

12.0.1.
주어진 위상학적 공간 내의 슈제트 그래프 환경을 표시하게 되면, 하나의 불변적 슈제트의 여러 변이형으로 간주할 수 있는, 각종 슈제트들의 총계를 얻을 수 있다. 환경의 유형과 공간의 유형학 사이의 관계는 한편으로 문화 모델과 세계 모델, 다른 한편으로 문화 모델과 슈제트 유형 간의 상호 의존적 관계로 해석할 수 있다.

12.0.2.

지도의 형태를 갖춘 슈제트의 공간적 모델을 상상해보자. 이 지도에는 바다로 가로놓인 두 국가가 그려져 있다. 그중 하나는 내부 공간이고 다른 하나는 외부 공간이다. 바다는 그 둘의 경계다. 바로 그와 같은 지도가 슈제트 없는 텍스트에 해당한다. 이제 지도 위에 특정한 항해의 궤도를 그려보도록 하자. 두 나라를 가르는 경계, 모든 인간과 사물에게 금지된 이 경계를 배가 횡단한다. 배는 텍스트의 유동적 요소가 된다. 금지된 저편 영역으로 옮겨갈 자격을 부여받은 그 배는 분할된 두 공간 영역을 결합한다.

그러나 이와 같은 경계의 횡단은 몇 가지 법칙을 따른다. 내부와 외부 공간, 그리고 그들 사이의 경계의 성격이 경계 횡단의 유형을 결정짓는다. 지도 위에 항해의 궤도를 긋는다는 것은 곧 슈제트를 지닌 텍스트의 특징적인 세 가지 유형을 결정짓는다는 것을 뜻한다.

a) 방향: 배는 외부에서 내부로 혹은 내부에서 외부로 움직일 수 있다.

b) 움직임의 실현: 길의 유형이 궤도를 결정한다. 배는 실제로는 해당 노선의 절반까지만 움직일 수 있거나 아니면 아예 움직이지 못할 수도 있다. 텍스트의 주인공이 행하는 실제 움직임과 슈제트 그래프의 유형이 구분되기 시작하는 것이다. 전자는 후자를 배경으로 의미를 갖게 된다.

c) 길에서 벗어남: 궤도는 노정을 완수하지 못하는 경우뿐 아니라 (유일하게 허용된) 유형의 길에서 이탈하는 경우에도 중요한 의미를 갖는다. 완강하게 금지된 다른 길을 따르는 텍스트가

가능하다. 이탈은 파멸, 즉 경계 이월의 실패를 뜻한다. 그러나 일련의 노선 중 어느 하나를 선택할 것이 요구되거나 미리 고려된 몇 가지 이탈의 유형이 제시되는 텍스트도 있을 수 있다. 하지만 이탈이라는 개념 자체와 그 중요성은 궤도의 존재가 결정하는 것이다.

12.1.

이미 지적한 것처럼 텍스트의 슈제트에서 인물은 두 종류로 나뉘는데, 주어진 공간의 일부분으로 나타나는 부동의 인물과 움직이는 인물이 그것이다.

인물의 슈제트적 움직임, 즉 사건은 그가 모델 공간의 경계를 돌파할 때 발생한다. 경계의 횡단을 가져오지 않는 슈제트 변화는 '사건'이 되지 못한다.

12.1.1.

복잡한 문화의 모델은 구조들 간의 위계를 형성하고, 복잡한 문화 텍스트는 차원들의 위계를 형성한다. 상이한 차원에서 공간을 분할하는 경계는 서로 일치하지 않을 수 있다. 왜냐하면 텍스트의 에피소드 공간들이 국부적인 하부구조(이들은 여타의 부분과 구별되는 공간 조직화의 유형과 분할의 경계를 갖는다)를 포함할 수 있기 때문이다. 이로부터 도출되는 결론은, 복잡한 슈제트 텍스트에서 인물의 궤도는 문화 모델의 중심적 경계를 횡단할 수 있을 뿐 아니라, 상대적으로 부차적인 경계들과도 관련되어 움직일 수 있다는 것이다.

12.2.

선으로 묘사되는 궤도는 의미론적 차원에서 볼 때 '인간의 길,' 즉 '사건'으로 해석될 수 있으며, 결과적으로 그것은 해당 문화 텍스트의 경계 내에서 벌어진 '사건'을 반영하게 된다. 예컨대, 그런 식으로 인간의 죽음, 부의 획득과 상실, 결혼 등은 하나의 체계의 관점에서는 '사건'이 되는 반면, 다른 체계의 관점에서는 사건이 되지 못한다. 이는 봉건시대 초기의 러시아 군사 텍스트에서 병사의 죽음을 사건으로 간주하기를 거부한 것과 비교될 수 있다(블라디미르 모노마흐의 언급을 보라. "남자가 전투에서 죽는 것이 이상한가? 우리 선조들 중에서도 전투에서 사망한 훌륭한 자들이 있다."[38] 병사들 앞에서 행한 다닐 갈린스키 D. Galinsky의 언급을 보라. "남자가 전장에서 죽는다면, 이상할 게 무엇인가? 그들이 영광스럽게 죽어갈 때 다른 이들은 집에서 영광도 없이 죽는다."[39] — 이런 관점에서 볼 때, 죽음이 사건이 되려면 영광이나 불명예 등과 결합되어야만 한다. 즉, 단순한 사실이 아니라 기호가 되어야만 하는 것이다). 마찬가지로, 고골의 『극장을 떠나며 Teatralnyi pazyiezd』에서 사랑은 더 이상 사건, 즉 구조적 공간의 횡단이 되지 못한다. "지금은 사랑보다 계급, 자본, 정략결혼이 더욱 효과적인 것이 되지 않았는가?"[40]

12.3.

공간적 모델링의 언어로 된 슈제트적 사건을 하나의 구조에서 다른 구조로의 이동으로 정의한 결과, 이렇게 이동하는 요소가 '자신의' 공간을 지니는지 아니면 '타자의' 공간을 지니는지에 관한 물음이 생겨난다. '인물은 해당 사회 환경이 만들어낸 산물이다'라거나 '인물은 민족적 성격을 체현하고 있다'는 발언은 문화

---

38 『러시아 연대기 전집 Полн. Собр. русских летописей』, М., 1962. 1권 254쪽.
39 『러시아 연대기 전집 2판 Полн. Собр. русских летописей. 2-е изд』, СПб., 1908. 2권 822쪽.
40 고골 Н. В. Гоголь, 『전집 Полн. собр. соч.: [В 14 т. м.]』, 1949. 5권 142쪽. 『검찰관』에서의 패러디적 '사랑'과 비교하라(이 사랑은 연극의 [슈제트적인] 진행을 야기하지 않는다).

모델의 특정한 (사회적, 국가-심리적) 공간과 인물 사이에 존재하는 모종의 대응 관계를 확증하고 있는 것이다.

12.3.1.

모델링의 다양한 차원에서 관찰되는 동일한 실제 텍스트가 서로 다른 모습을 보여줄 수도 있다. 따라서 추상적인 단계에서 슈제트는 해당 구조의 구성 내부에서 가능한 모든 종류의 '그래프'로서 제시될 수 있다. 한편 보다 구체적인 단계에서는 이들 노선 중 어느 하나가 실현된 형태가 된다(12.0.1과 비교하라).

12.4.

인물의 경로와 그가 통과하는 공간 사이의 관계, 즉 슈제트 기술의 유형론은 특별한 고찰의 대상이 되어야만 한다.

12.4.1.

슈제트는 가역적이다(여기서 그래프의 지향성이 실현된다). 다음과 같은 슈제트가 있다고 하자. '주인공이 내부 공간에서 외부 공간으로 이동한다, 무엇인가를 그곳에서 획득하고 다시 내부 공간으로 돌아온다(민담).' 그렇다면 다음과 같은 역전된 형태도 가능할 것이다. '주인공은 외부 공간에서 왔다가, 손실을 입고 되돌아간다(가령, 신의 육화에 관한 슈제트, 지상에서 죽고 '자신의' 공간으로 귀환하는 이야기가 그러하다).'

내부에서 외부로 (혹은 그 반대로) 그래프가 이동하는 형태로 제시되는 슈제트 구성 방식 이외에 또 다른 유형도 가능하다. 여기서는 내부 공간의 그래프(내적 공간 안의 국부적 경계를 가로지르는 그래프)와 외부 공간의 그래프 사이에 일대일의 대응 관계가 구축된다. 이는 '사건 X는 의미 Y를 지닌다'로 읽힐 수 있다. 한편 내부 공간의 그래프 유형과 외부 공간의 그래프 유형이 특정한 상응 관계를 맺고 있을 수도 있다. 예컨대, 천국과 지상에서의 시간에 관한 슈제트가 그러하다(한 남자가 천국의 새 소리를 잠깐 들었으나 그사이 지상에서는 삼백 년의 시간이 흘러버렸다는 종말론적 슈제트나 혹은 다섯 조각의 빵과 두 마리의 생선으로 오천 명의 신자를 먹이고도 남은 찬송가의 슈제트는 이런 경우에 해당할 것이다).

13.

예비적인 결론으로서, 공간적 기술을 통해 도출 가능한 문화 모델의 가장 보편적인 몇 가지 자질을 정식화해보기로 하자.

13.1.

모든 문화 모델은 공간적 용어를 통해 기술될 수 있다.

13.2.

모든 문화 모델은 해당 집단의 세계상과 동질동상이다. 그것은 모든 것을 포괄한다. 그 반대도 마찬가지다. 세계 구조의 모든 요소를 포괄하지 않는 모델은 문화 모델이 될 수 없다.

13.3.

모든 문화 모델은 내적인 분할들을 갖는다. 그중 어느 하나가 중심적인 것이 될 수 있고, 이는 공간을 내부와 외부로 갈라놓는다.

13.4.

모델의 내적·외적 공간은 동일한 차원을 지닐 수도, 서로 다른 차원을 지닐 수도 있다.

13.5.

문화 공간을 분할하는 각 유형은 최소한 두 개 이상의 지향성의 변이체와 각각 대응된다.

13.6.

'사건'의 개념과 '슈제트'의 개념, 그리고 '사건'의 개념과 문화 모델 사이에는 일정한 의존성이 존재한다. 그리고 그것은 공간적인(특히 위상학적인) 용어를 통해 기술될 수 있다.

1968

문화의 기호학적 메커니즘에 관하여[1]

문화는 다양한 방식으로 정의된다.[2] '문화'의 개념은 시대에 따라, 그리고 같은 시대라도 학자들의 입장에 따라 의미론적 내용의 차이를 보이지만, 이 용어의 의미가 문화의 유형에 따라 조건화된 것임을 기억한다면 낙담할 필요 없을 것이다. 역사적으로 주어진 모든 문화는 그 자신에게 고유한, 특정한 문화의 모델을 만들어낸다. 따라서 '문화'라는 용어의 의미론이 수세기에 걸쳐 어떻게 변모해왔는지를 비교 연구하는 작업은 유형학을 구축하는 데 유용한 자료가 될 수 있을 것이다.

동시에, 이와 같은 정의의 다양성에도 불구하고, 문화에 직관적으로 귀속될 수 있는, 그리고 용어를 어떻게 해석하든 공통된, 모종의 보편소를 추출하는 것이 가능할 것이다. 그중 두 가지만 지적해보기로 하자. 우선 첫째로, [문화에 관한] 모든 정의의 근

---

[1] 이 논문은 보리스 우스펜스키Б. А. Успенский와 함께 썼다.
[2] A. Kroeber and C. Kluckholm. *Culture: A Critical Review of Concepts and Definitions*(Cambridge, Mass.: Papers of Peabody Museum, 1952); A. Koskowska, *Kultura masowa*(Warszawa, 1964); R. Benedict, *Patterns of culture*(Cambridge (Mass.), 1934); *Comparative Research across Cultures and Nations*, Ed. by S. Rokkan(Paris; The Hague, 1968); M. Mauss. *Sociologie et anthropologie*(Paris, 1966); C. Levi-Strauss. *Anthropologie structurale*(Paris, 1958); J. Simons. *Claude Levi-Strauss ou la 'Passion de l'inceste': Introduction au structuralisme*(Paris, 1968).

저에는 문화가 **특질을 갖는다**는 확신이 깔려 있다. 일견 사소해 보일 수도 있는 이 단언은 그러나 결코 무의미한 것이 아니다. 이로부터 또 다른 확신이 도출되는데, 문화는 결코 보편적인 다수가 아니라 언제나 일정한 방식으로 조직화된 부분이라는 것이다. 그것은 언제나 특정한 방식으로 제한된 영역을 형성하는바, 결코 자신 안에 **모든 것**을 포함하지 않는다. 문화는 비문화를 배경으로 하는 닫힌 영역, 즉 언제나 부분으로서만 사유될 수 있을 뿐이다. 대립의 성격은 다양하게 바뀔 수 있다. 가령, 비문화는 특정한 종교, 특정한 지식, 혹은 특정한 삶과 행위의 유형에 소속되지 않는 것으로서 나타날 수 있는 것이다. 하지만 문화는 반드시 이러한 대립을 필요로 한다. 그리고 여기서 대립의 유표화된 구성소로 등장하는 것이 바로 문화이다. 두번째로, 문화와 비문화를 구분 짓는 경계의 모든 다양성에도 불구하고, 본질상 그들 모두는 하나의 특징으로 수렴될 수 있다. 즉, 비문화를 배경으로 했을 때, 문화는 언제나 **기호적인** 체계로서 나타난다. 그것이 ('자연성'에 대립되는) '인위성'에 관한 것이든, 아니면 ('자연스러움'과 '무조건적임'에 대립되는) '조건성'[3]에 관한 것이든, 혹은 (자연적인 소여에 대비되는) 인간적 경험의 응축에 관한 것이

---

3 〔옮긴이 주〕 '조건성'으로 번역되는 'uslovnosti'는 조건/상태 condition 혹은 약정/협약 term을 의미하는 러시아 단어 'uslovie'에서 파생된 것으로, 대개는 영어 단어 'conventionality(관례성)'에 대응되는 개념으로 사용된다. 그러나 이 용어는 로트만의 저작에서 단순히 관례(성)에 국한되지 않는 다양한 맥락에서 주요한 개념으로 사용되기 때문에 (그리고 로트만 자신이 종종 uslovnosti와 함께 konventsionalnosti라는 용어를 별도로 사용하고 있다는 점을 고려하면) 각별한 주의를 요한다. 로트만의 글에서 uslovnisti는 기표(표현)와 기의(내용) 간의 유사성에 기초한 도상성 иконичность/iconicity에 대립항이 되는 개념으로 사용되는 경우가 많다(가령, 기표와 기의의 자의적 관계에 기초한 말이 대표적인 조건적 기호 형식이라면 그림은 대표적인 도상적 기호 형식이 되는 것이다). 이후로 이 단어는 맥락에 따라 관례성 혹은 조건성으로 달리 옮기기로 한다.

든, 이 모든 경우에서 우리가 다루게 되는 것은 문화의 기호적 본성의 다양한 측면이다.

문화의 교체기(특히, 사회적 격변의 시기)에 행위의 기호학적 성격이 현저하게 증대되는 현상(이는 이름이나 명칭의 변경으로 표현되기도 한다)이 나타나는 것은 흥미롭다. 이런 경우에는 옛 제의와의 투쟁 자체가 고도로 제의적인 성격을 띨 수 있다. 한편, 새로운 행위 형식의 도입뿐 아니라 옛 형식들이 지니는 기호성(상징적 성격)이 강화되는 현상 역시도 문화 유형이 일정하게 변화되었음을 증명해준다. 예컨대, 러시아에서 표트르 대제의 행적들이 옛날식 제의와 상징을 대상으로 한 대규모의 투쟁을 이끌었다면[4](이는 사실상 새로운 기호의 창조로 표현되었다. 가령, 과거에 러시아 복장이 필수적이었다면, 이제는 외국식 복장이 그만큼 의무적인 것이 되었던 것이다),[5] 파벨의 행적은 이미 존재하는

---

4 〔옮긴이 주〕 18세기 초반에 러시아의 황제 표트르 대제가 추진했던 서구화 개혁은 모스크바적인 중세를 거부하고 유럽식의 근대를 도입하고자 했던 방대한 문화 공학의 계획이었다. 급진적인 유럽화의 형태를 취한 러시아의 근대화 프로젝트 하에서, 당시의 귀족들은 과거에 통용되던 (일상적) 행위의 규범과 관례들을 하루아침에 서구 유럽식으로 바꿔야만 하는 상황에 처하게 되었다. 즉, 통상적으로 '자연적인' 행위의 영역에 해당하던 영역이 어느 날 갑자기 통째로 '학습'의 영역으로 변모되고, 이에 따라 먹고, 입고, 마시고, 인사하는 법과 같은 일상 행위의 모든 규범들을 (마치 외국어를 배우듯이) 새롭게 익히고 배워야만 했던 것이다(로트만, 「18세기 러시아 문화에서 일상 행위의 시학」, 『러시아 기호학의 이해』(이인영 엮음, 민음사, 1993) 참고). 한편, 여기서 로트만이 강조하고 있는 것은, 사회적 격변을 낳는 문화의 교체기가 반드시 행위 형식의 기호성이 강화되는 현상을 동반하게 된다는 점(그리고 그 점에서, 기호성의 급격한 강화는 곧 문화 유형의 교체를 알려주는 지표가 될 수 있다는 것)이며, 18세기 표트르 개혁기는 이에 대한 적절한 예로 볼 수 있다.

5 의복 형식을 강제적으로 규정한 표트르의 특별한 칙령을 보라. 가령 1700년에 헝가리식 복장을 착용할 것이 명해졌고, 1701년에는 독일식, 그리고 1702년에는 휴일에 프랑스식 카프탄을 입을 것이 명해졌다. (『러시아 제국 법령 전집 Польное собрание законов Российской Империи』, 1741, 1898, 1899쪽을 보라). 1714년에는 규정에 반하는 러시아식 의복을 파는 페테르부르크 상인들이 태형 및 강제 노동에 처해졌다. 한편 1715년에는 구두와 장화를 수선할 때 못을 사용하는 자를 강제 노동에 처했다(같은 책, 2874, 2929쪽). 한편, 표트르가 집권하기 이전에 외국식 복장에 대한 저항이 있었는데, 구교

형식들의 기호성을 현저하게 증대시키는 것, 특히 그것들의 상징적 성격을 고양시키는 것으로서 표현되었다(이 시기에 계보학 및 열병식의 상징주의와 의례 언어 등이 확장되었던 것, 그리고 동시에 [공식 이데올로기에 배치되는] 다른 이데올로기를 표명하는 말들과 투쟁이 감행되었음을 상기하라. 또한 죽은 자에게 선고를 내린다거나 군주에게 결투를 신청하는 등의 뚜렷하게 강조된 상징적 행위들도 존재했다).[6]

가장 핵심적인 질문 중 하나는 문화와 자연언어 간의 관계이다. 예전에 타르투 대학에서 출판된 『기호학 시리즈』에서는 일련의 문화적 현상이 2차 모델링 체계[7]로 정의된 바 있으며, 그렇게

도들, 즉 표트르 이전 시기의 문화를 담지하고 있는 이들에게서도 동일한 저항이 나타난 바 있다(구교도들은 오늘날까지 표트르 시대 이전의 복장을 고수한다. 예배시에는 더욱 고대적인 복장을 입는다). 『구교도 전례 Бухтарминские старообрядцы』, Л. 1930.에 실린 그린코바 Н. П. Гринкова의 의복에 관한 논문을 참고하라. 표트르 시대 이전과 표트르의 집권 시기 모두에서, 기호에 대한 태도의 성격 자체와 문화의 기호성의 일반적 수준이 동일하게 나타난다는 점을 알아차리기는 어렵지 않다.

6 [옮긴이 주] 흔히 '러시아의 햄릿'이라는 별명으로 불리는 파벨 Pavel 1세는 어머니 예카테리나 여제의 사후에 일련의 급진적인 반동 정책을 단행했다. 남편 표트르 3세를 독살한 어머니 밑에서 오랫동안 유배나 다름없는 생활을 하던 그는, 왕위에 오른 직후 기존의 귀족 세력들을 꺾기 위한 새 조치를 단행하고 하급 관리를 하루아침에 궁정 요직에 배치하는가 하면 영국과 국교를 단절하는 등 일관성 없는 정책을 폈다. 특히 프로이센식 군제(軍制)에 영향하에 군대 열병식에 지대한 애착을 보여, 자주 직접 열병식을 지휘하곤 했다. 변덕스러운 정책과 외교 스타일, 돌출적인 언행과 행동으로 귀족들의 커다란 반감을 산 그는, 즉위한 지 불과 5년 만인 1801년에 (아버지 표트르 3세와 마찬가지로) 궁정 쿠테타의 희생물이 된다. 뒤이어 아들 알렉산드르 1세가 왕위에 오르고 러시아의 19세기가 시작된다.

7 [옮긴이 주] '2차 모델링 체계 secondary modelling system'는 소비에트(모스크바-타르투 학파) 문화기호학의 가장 널리 알려진 용어 중 하나이다. 1960년대 중반에 처음 시작된 '타르투 여름학교'에서 일종의 공통 프로그램의 형식으로 채택된 바 있는 이 개념은 (자연)언어를 포함한 모든 문화 체계를 일종의 '모델화 체계'로 간주할 수 있다는 전제에 기초한다. 이 전제에 따라, (자연)언어는 현실을 모델링하는 '1차 모델링 체계'이며, 이 1차 체계의 '상부'에 현실의 특정한 측면을 모델링하는 '2차 모델링 체계'들이 자리한다. 말하자면, 일련의 질서 잡힌 구조로 이루어진 여하한 기호적 체계는 (자연언어와의 유비에 따라) 일종의 '언어'로 간주될 있으며, 따라서 문학을 필두로 한 다양한 기호적 체계들— 신화, 제의, 민담, 종교 등등 — 은 일종의 '언어 체계'(정확하게는 '2

해서 문화 현상들이 자연언어로부터 추론된 것이라는 점이 부각되었다. 사피어-워프Sapir-Whorf의 가설에 따라, 인류 문화의 다양한 발현에 미치는 언어의 영향이 일련의 저작에서 부각되었다. 최근 벤베니스트E. Benveniste는 오직 자연언어만이 메타언어적 기능을 수행할 수 있으며, 이런 점에서 인간의 커뮤니케이션에서 완전히 특별한 위치를 차지한다고 강조했다.[8] 그러나 그가 이 논문에서 주장하려는 것이 자연언어만이 고유한 기호학적 체계이며, 여타의 모든 문화적 모델들은 질서화된 고유한 세미오시스를 지니지 못한 채 자연언어의 영역에서 그것을 차용하고 있을 뿐인 의미론적 체계라는 것이라면, 이는 논쟁의 여지가 있다. 1차 모델링 체계와 2차 모델링 체계 간의 대립이 지니는 모든 정당성에도 불구하고(이런 대립 없이는 각각의 특수성 또한 추출 불가능하다), 실제의 역사적 기능면에서, 언어와 문화는 상호 분리 불가능하다. 언어란 (이 말의 온전한 의미에서) 문화의 콘텍스트 속에 침윤되지 않은 채 존재할 수 없고, 문화는 그 중심에 자연언어적인 유형의 구조를 지니지 않고서 존재할 수 없다.

학문적인 추상화의 질서 안에서라면, 언어가 고립된 개별적 현상으로 나타날 수도 있다. 그러나 실제적인 기능에 있어서 그것은 문화의 보다 보편적인 체계와 더불어 복잡한 총체를 이루면서 문화 속으로 섞여 들어간다. 문화의 '근본적인' 작용은 —— 우리가 증명하려 애쓰고 있는 것처럼 —— 인간을 둘러싼 주변 세계

차 모델링 체계')로서 모종의 공통적인 통사 법칙을 통해 기술될 수 있다는 것이다. 주목할 것은 초기(1960년대) 기호학의 보편적 특징인 명백한 '(자연)언어 중심적' 경향을 잘 보여주는 이 용어가 로트만 문화기호학의 전개 과정에서 점차로 사라지게 된다는 사실이다. 그의 문화기호학적 입장이 본격적으로 전개되는 1970년대 중반 이후에는 이 용어를 거의 찾아볼 수 없다.
8 E. Benveniste, "Semiologie de la langue," *Semiotica*. 1969. Vol. 1. No. 1.

를 구조적으로 조직화하는 일이다. 문화는——구조성의 발생 장치이며, 이를 통해 문화는 인간 주변에 사회적인 영역을 창조한다. 이때 사회적인 영역이란 생명계와 유사한 것이지만, 물론 유기체적인 삶이 아니라 사회적인 삶을 가능하게 만들어주는 어떤 것이다.

그러나 이런 역할을 수행하기 위해서, 문화는 자신 안에 구조화를 위한 '주형(鑄型) 장치'를 지니고 있어야만 한다. 그리고 바로 그 역할을 자연언어가 수행한다. 다름 아닌 자연언어가 집단의 구성원들에게 구조성에 관한 직관적인 감각을 부여한다. 명백한 체계성을 통해 '열린' 현실 세계를 '닫힌' 이름들의 세계로 변형시키고, 구조성이 명백하게 드러나지 않은 일련의 현상을 구조로서 대하게끔 만드는 것은 바로 자연언어다.[9] 여기서 알 수 있는 것은, 많은 경우에 의미 형성의 단초가 구조적인 것인지 아닌지의 여부는 본질적이 아니라는 사실이다. 커뮤니케이션의 참여자들이 그것을 구조로 **간주하고** 구조로 **사용하는** 것으로 충분하다. 그렇게 되면 그것은 구조적인 것과 유사한 특성을 드러내기 시작한다. 문화 체계의 중심부에 자연언어와 같은 구조성의 강력한 원천이 자리한다는 사실이 얼마나 중대한 의미를 갖는지는 쉽게 알 수 있다.

언어를 통한 소통의 습관으로부터 정련된 구조성의 감각은 커뮤니케이션 수단의 전체 그룹에 강력한 조직화의 영향력을 행사한다. 그렇게 해서, 인간적 경험을 보존하고 전달하는 모든 체계

---

[9] 가령, 역사의 구조성은 우리의 접근법에서 근본적인 공리에 해당하는 것이다. 그렇지 않다면 최악의 경우, 역사적 경험의 축적 가능성 자체가 배제될 것이다. 하지만 이런 생각은 증명을 통해서 확증될 수도 부정될 수도 없는데, 왜냐하면 세계 역사는 끝나지 않았고 우리 자신이 그 속에 침잠해 있기 때문이다.

는 일종의 동심원적인 체계, 즉 중앙부에 보다 명백하고 정합적인(말하자면, 구조적인) 구조들을 지니고 있는 체계로서 구축된다. 주변부로 갈수록 구조성이 명백하지 않거나 증명되지 않은 조직체, 하지만 공통의 기호-커뮤니케이션적 상황에 속한 채 **구조로서 기능하는** 조직체들이 자리하게 된다. 그와 같은 유사구조들은 아마도 인류 문화에서 매우 커다란 자리를 차지할 것이다. 나아가 바로 그런 내적인 무질서, 다시 말해 불완전한 조직화가 인류 문화에 커다란 내적 수용 능력, 그리고 보다 질서 잡힌 체계들에는 알려지지 않은, 역동성을 부여해준다.

우리는 문화를 금지와 제한들의 일정한 체계로서 표현되는, **집단의 비유전적 기억**으로 이해한다. 만일 이런 정의에 동의한다면, 이로부터 몇 가지 결론이 도출될 수 있다.

무엇보다도, 문화란 정의상 사회적 현상이다. 이는 개인적인 문화의 가능성을 배제하지는 않는데, 개별자가 자신을 일종의 집단의 **대표자**로 간주하는 경우나 모든 종류의 자기-커뮤니케이션(이는 단일한 인물이── 시간이나 공간 속에서── 집단의 다양한 구성원에 해당하는 기능을 수행하면서 사실상 그룹을 형성하는 경우이다[10])이 그러하다. 하지만 개인적인 문화는 어쩔 수 없이 역사적으로 부차적인 것이다.

다른 한편으로, 연구자가 관찰 대상이 되는 질료를 어떻게 제

---

10 〔옮긴이 주〕 '자기커뮤니케이션autocommunication'은 로트만의 독특한 이론적 개념 중 하나로서, 흔히 '나(I)-나(I) 커뮤니케이션'으로도 불린다. '나-나 커뮤니케이션'은 한 사람으로부터 다른 사람으로 정보가 전달되는 '나(I)-그(녀)(she) 커뮤니케이션'과 달리, 주체가 정보를 그 자신에게(즉, 내가 나에게) 전달하는 경우이다. 요컨대 정보의 발신자와 수신자가 한 사람 속에 공존하는 경우인 것. 로트만은 인간적 커뮤니케이션이 원칙적으로 이런 두 개의 상이한 커뮤니케이션 유형('나-나'/ '나-그(녀)' 커뮤니케이션)에 기초하고 있으며, 표면적 역설에도 불구하고 자기-커뮤니케이션이 문화의 보편적 체계 속에서 중대한 문화적 기능을 수행하고 있다고 주장한다.

한하느냐에 따라 인류 문화 일반에 관해서도, 특정 지역, 특정 시대, 특정 사회집단의 문화에 관해서도 말할 수 있다.

나아가, 문화는 기억이기 때문에, 혹은 다르게 말해, 집단에 의해 이미 경험된 기억의 기록이기 때문에 필연적으로 **과거의 역사적 경험들**과 관련된다. 따라서 문화는 발생의 순간에 그 자체로서 기록될 수 없다. 그것은 오직 사후적으로만 post factum 인식된다. 새로운 문화의 창조를 언급할 경우에는 불가피하게 예측을 하게 되지만, 이는 앞으로 구축될 예정인 미래 문화의 관점에서 어떤 것을 기억될 만하다고 가정하는 것에 해당한다(물론 그런 전제가 올바른 것인지의 여부는 오직 미래 자체만이 보여줄 수 있다).

결국, (행위) 프로그램은 일종의 뒤집힌 체계로서 나타난다. 문화는 프로그램을 창조하는 자의 관점에서는 미래를, (프로그램된) 행위를 실현하는 자의 관점에서는 과거를 향해 있다. 여기서 알 수 있는 것은 행위 프로그램과 문화 간의 차이라는 것은 단지 기능적인 것에 불과하다는 점이다. 해당 집단의 역사적 삶의 보편적 체계 안에서 담당하는 기능에 따라서, 동일한 텍스트가 문화도 될 수 있고 행위 프로그램도 될 수 있는 것이다.

일반적으로, 문화를 집단의 기억으로 정의하는 것 자체가 기호학적 규범의 체계에 관한 문제를 제기한다. 이 체계에 따라 인류의 삶의 경험들이 문화 속에 녹아들게 된다. 말하자면 바로 이런 규범의 체계가 일종의 **프로그램**으로 간주될 수 있다는 것이다. 문화의 존재 자체가 체계의 구축을, 즉 직접적인 경험을 텍스트로 번역하는 규칙을 가정한다. 이런저런 역사적 사건이 일정한 범주 안에 자리 잡기 위해서는 일단 그것이 존재하는 것으로 인식될 필요가 있다. 즉, 그것은 기억 장치의 언어 내부에 있는 특정한 요소와 동일시되어야 하는 것이다. 그런 다음 그것은 해당 언어의 모든 계층적 관련성에 따라서 가치 평가되어야 한다. 이는 그 사건이 기록되었다는 것, 즉 문화라는 기억 텍스트의 한 요소가 되었음을 의미한다. 이렇듯, 어떤 사실을 집단적 기억 안으로 들여오는 일은 하나의 언어를 또 다른 언어(이 경우에는 '문화의 언어')로 번역하는 일에 관련된 모든 특성을 드러낸다.

정보를 조직하고 보존하기 위한 메커니즘으로서, 문화가 집단의 의식 안에서 제기하는 특별한 질문은 지속성에 관한 것이다. 이 질문은 두 가지 측면을 갖는다.

1. 집단적 기억의 텍스트가 지니는 지속성
2. 집단적 기억의 코드가 지니는 지속성

어떤 경우에는 이 두 측면이 직접적으로 대응되지 않을 수도 있다. 가령 여러 유형의 미신은 코드가 상실된 채 전승된 과거 문화의 텍스트로 볼 수 있다. 즉, 텍스트가 코드보다 오래 살아남은 경우이다. 바라트인스키 E. A. Baratynsky의 시와 비교해보라.

> 선입견! 그것은 고대적 진리의
> 파편. 사원은 무너졌다.
> 하지만 그 폐허―후손들은
> 그것의 언어를 추측해내지 못했다.
> ― E. A. 바라트인스키

모든 문화는 자신의 존재론적인 지속성의 모델, 즉 자신의 기억의 연속성에 관한 모델을 창조한다. 그것은 최대한 확장된 시간성의 관념에 해당하는바, 사실상 해당 문화의 '영원성'을 구성하는 것이다. 문화는 기억 속의 항구적 요소들을 그 자신과 동일시함으로써만 스스로의 존재성을 인식할 수 있기 때문에, 기억의 연속성과 존재의 지속성은 흔히 동일시된다.

대개의 구조는 일반적으로 그를 통해 형성된 규범이 실현될 때, 그 어떤 중대한 변화, 즉 가치의 재규정 가능성을 허용하지 않는다는 것이 특징이다. 그런 이유로 흔히 문화는 미래에 대한 지식을 의미하지 않는다. 왜냐하면 미래란 정지된 현재, 즉 연장된 '지금'이기 때문이다. 바로 이것이 문화가 과거를 지향하는 이유이기도 하다. 과거는 문화의 존재 조건 중 하나인 필수적인 안정성을 제공한다.

텍스트의 지속성은 문화 내부에서 모종의 위계를 구성하는데, 그것은 흔히 가치의 위계와 동일시된다. 최선의 가치가 부여되는 것은 해당 문화의 관점과 규준에서 봤을 때 최대한 지속적인 텍스트, 혹은 범시간적인 텍스트이다(문화의 '도치(倒置)된' 무질서, 즉 순간성에 최선의 가치가 부여되는 상황도 물론 가능하다). 텍스트가 기입되는 질료와 장소, 그리고 그것을 보관하는 방식들의 위계 또한 지속성에 관한 가치의 위계에 대응될 수 있다.[11]

코드의 지속성을 결정하는 것은 그 기본적인 구조적 국면들의 항구성과 내적인 역동성이다. 내적 역동성이란 이전 상태에 관한 기억, 즉 단일성에 관한 자의식을 보유한 채 변화할 수 있는 능력을 말한다.

---

11 〔옮긴이 주〕 가령, 돌이나 금속에 새겨진 것을 망가지기 쉬운 질료에 씌어진 것과 구별하여 텍스트로 간주하는 것은 '항구적인-일시적인'이라는 가치론적 위계에 근거한다. 양피지나 비단에 씌어진 것과 종이에 씌어진 것의 차이는 '귀중한-사소한'의 대립에 근거한다. 책에 인쇄된 것과 신문지에 인쇄된 것의 차이, 앨범에 씌어진 것과 편지에 씌어진 것의 차이는 '보관-폐기'의 대립에 근거한다.

문화를 장기 지속하는 집단적 기억으로 간주하면서, 우리는 그것이 수행되는 세 가지 방식을 구분할 수 있다.

첫째는 지식의 양을 증가시키는 것이다. 즉, 문화적 위계 체계의 단위들을 각종 다양한 텍스트로 채우는 것이 가능하다.

둘째는 구조 안에서의 재배치이다. 재배치의 결과 '기억되어야 할 사실'이라는 개념 자체가 바뀐다. 즉, 기억 속에 기입된 것들에 대한 위계적 평가 자체가 변화하는 것이다. 코드 체계의 끊임없는 재조직화는 기억 용량의 증가를 보장한다(스스로를 연속적인 것으로 간주하는 체계는 고유한 자의식 속에 그대로 머물면서도, 동시에 개별 코드들을 끊임없이 재형성한다). 그리고 그러한 증가는 '당장은 현실이 아니지만' 분명 현실화될 수 있는 잠재력을 갖춘 여분을 만들어냄으로써 달성된다.

셋째는 망각이다. 일련의 연속된 사실들을 텍스트로 바꿔놓는 일은 불가피하게 취사선택을 동반한다. 즉 그것은 텍스트의 요소로 번역 가능한 어떤 사건들을 기록하는 한편, 존재하지 않는 것으로 선언되는 다른 것들을 망각하는 과정이라고 할 수 있다. 이런 점에서 모든 텍스트는 기억의 능력뿐 아니라 망각의 능력 또한 갖고 있다. 기억해야만 할 사실들을 취사선택하는 일은 매번 해당 문화의 기호학적 규범들을 기초로 실현된다. 그러므로 설사 어떤 텍스트가 아무리 '진실하고' '있는 그대로의 것'으로 보일지라도, 그것을 실제 삶의 사건들과 동일시하는 오류를 피해야만 한다. 텍스트는 현실이 아니라 현실을 구축해내기 위한 재료일 뿐이다. 따라서 언제나 역사적인 분석에 앞서 도큐먼트를 기호학적으로 분석하는 작업이 이루어져야만 한다. 텍스트를 통해서 현실을 재구축하는 규칙이 확립된 이후에야 비로소 해당 텍스트를 창조한 사람의 관점에서는 '사실'로 여겨지지 않는 (즉,

망각에 처해지는) 것들을 도큐먼트로부터 추출해낼 수 있게 된다. 이렇게 추출된 것들은 연구자 자신의 고유한 문화적 코드에서 볼 때는 의미를 지니는 사건이 될 수 있기 때문에 완전히 다른 식으로 가치 부여될 수 있다.[12]

그러나 망각은 이와 다른 방식으로도 실현될 수도 있다. 문화는 항상 특정한 텍스트들을 자신에게서 제외한다. 텍스트 파괴의 역사, 즉 집단적 기억의 저장고에서 텍스트를 삭제하는 역사는 새로운 텍스트 창조의 역사와 병행하는 것이다. 예술에서의 모든 새로운 경향은 이전 시기의 예술이 지향했던 텍스트의 권위를 없애고자 하는데, 이는 그것들을 비텍스트(혹은 다른 차원의 텍스트)의 범주로 옮겨놓거나 아예 물리적으로 제거하는 식으로 이루어진다. 하지만 문화는 본성상 망각에 대립되는 것이다. 즉, 문화는 망각 자체를 기억 메커니즘의 한 부분으로 변화시키면서 망각을 이겨낸다.

여기서 전제가 되고 있는 사실은 집단적 기억의 **용량**이 일정한 **한계**를 지닌다는 것이다. 바로 그런 한계 때문에 문화는 어떤 텍

---

12 〔옮긴이 주〕 문화연구가와 역사적 도큐먼트(텍스트), 그리고 역사적 사실 간의 상호 관계에 대해 로트만은 「역사적 사실의 문제проблема исторического факта」라는 글에서 다음과 같이 적고 있다. "'일어난 그대로'의 사건과 역사가 사이에는 텍스트가 가로놓여 있다. 텍스트는 언제나 누군가에 의해 특정한 목적하에 만들어지며, 사건은 텍스트 속에서 약호화된 형태로 제시된다. 따라서 역사가는 무엇보다도 먼저 약호 해독자의 역할을 담당해야만 한다. 사실이란 그에게 출발점이 아니라 험난한 노력의 결과인 것이다. 그는 텍스트로부터 텍스트 외적인 현실을, 사건에 관한 이야기에서 사건을 끌어내려고 애쓰는 과정에서, 그 스스로 사실들을 창조한다(Yu. Lotman, *Universe of Mind*, 217~18쪽)." 결국 문화연구자가 '사실 그 자체'를 확립하기 이전에 반드시 해야만 할 것은 해당 도큐먼트를 만들어낸 사람에게 사실이었던 것을 복원하는 작업이다. 즉 연구자는 현실의 어떤 거대한 층위가 사실로 간주되지 못한 채 기록에서 빠져버렸는지를 먼저 파악해야만 하는 것이다. 이 '배제된' 영역은 거대할 뿐만 아니라 변화무쌍하기도 하다. 만일 다양한 시대의 이런 '비사실'들의 목록(즉 '망각의 계열체'들)을 서로 비교해본다면 흥미로울 것이다.

스트들을 또 다른 텍스트들을 통해 밀쳐내는 것이다. 하지만 다른 경우에는, 특정 텍스트의 부재가 (그것과 의미론적으로 공존할 수 없는) 다른 텍스트가 존재하기 위한 필수적인 조건이 되기도 한다.

표면적인 유사성에도 불구하고, 기억의 한 요소로서의 망각과 기억의 파괴 수단으로서의 망각 사이에는 심오한 차이가 있다. 망각이 기억의 파괴 수단으로 사용되는 후자의 경우에는 문화, 즉 자의식의 연속성과 경험의 축적 능력을 지니는 단일한 집단적 인격으로서의 문화가 몰락하게 된다.

문화의 영역 안에서 발생하는 사회적 투쟁의 가장 첨예한 양상 중 하나는 역사적 경험의 특정한 양상을 망각하도록 강요하는 경우이다. 역사적인 퇴행의 시기(명백한 예로 20세기 나치 문화가 있다)는 집단의 구성원에게 극도로 신화화된 역사의 외관을 강요한다. 즉, 그런 신화적 조직화에 부합하지 않는 텍스트를 망각할 것을 강력하게 요구하는 것이다. (문화적으로) 고양된 시기의 사회적 구조는 집단적 기억에 폭넓은 가능성과 확장성을 제공할 수 있는 유연하고 역동적인 모델을 만들어낸다. 반면 사회적인 쇠퇴기는 반드시 집단적 기억 메커니즘의 경화(硬化)와 용량 축소의 경향을 동반하게 된다.

* * *

문화에 대한 기호학적 연구는 문화가 기호적 체계로 기능하는 경우만을 고려하는 것이 아니다. 문화의 기본적인 유형학적 자질 중 하나를 이루는 것은 **기호와 기호 작용에 대한 (문화의) 관계** 자체라는 점을 강조할 필요가 있다.[13]

이때 무엇보다도 중요한 문제는 표현과 내용 사이의 관계를 필연적인 것으로 간주하느냐 아니면 자의적인(즉 우연하고 관습적인 것)것으로 간주하느냐 하는 것이다.

첫번째 경우 원칙적으로 중요한 것은 특정한 현상이 **어떻게 불리는지**, 그리고 그에 따라 잘못된 명명이 어떻게 **다른** 내용과 동일시될 수 있는지의 문제이다(아래의 분석을 보라). 가령, 어떤 특정한 본질을 지칭하는 이름을 찾기 위한 중세적 탐구의 예를 들 수 있겠다(이는 부분적으로 프리메이슨 제의에도 도입된 바 있다). 특정한 이름을 발음하는 것을 금기시하는 각종 터부들도 이런 관점에서 연구되어야 한다.

한편 두번째 경우에는 이름, 나아가 표현 형식 전반에 관한 문제가 원칙적인 의미를 지니지 못한다. 이 경우 표현은 내용과의 관계에서 단지 보충적인 요인, 일반적으로 다소 우연적인 요인으로 나타난다고 말할 수 있다.

이에 따라 전적으로 표현을 지향하는 문화와 전적으로 내용을 지향하는 문화를 구분할 수 있다. 문화가 표현, 즉 엄격하게 의례화된 행위의 형식을 전적으로 지향하고 있다는 사실 자체가 이미 표현 층위와 내용 층위 간의 일의적인 대응(즉, 자의적이지 않은 대응)의 결과라는 점은 쉽게 납득할 수 있다.[14] 즉 그것은 표

---

13 푸코는 문화가 진화함에 따라 기호에 대한 관계가 어떻게 달라지는지에 관해 언급한 바 있다. M. Foucault, *Les mots et les choses, une archéologie du savoir*, Paris, 1966. (국역본: 미셸 푸코, 『말과 사물— 인문과학의 고고학』, 이광래 옮김 (민음사, 1986))
14 이런 특징은 일정한 제한과 금기를 준수하는 행위의 형식이 사실상 그것을 만들어낸 내용과 충돌하게 되는 역설적인 상황에서 특히 명백하게 드러난다. 러시아 정교회의 수장이었던 대주교 마카리Макарий는 수감되어 죽어가는 막심 그레크Максим Грек에게 축복의 말을 전하며 다음과 같이 썼다. "너의 쇠고랑에 마치 성인의 것인 양 키스를 보낸다. 하지만 너를 도울 수는 없다." 이바노프А. И. Иванов, 『막심 그레크의 문학적 유산Литературное наследие Максима Грекаю』, Л. 1969. 170쪽에서 재인용). 마카리 자신이 막심 그레크의 성스러움을 인정했고 그에 대해 진실한 존경을 표했음에도, 그

현 층위와 내용 층위 간의 원칙적인 분리 불가능성(이는 중세적 이데올로기의 특징이기도 하다)뿐 아니라, 사실상 내용에 미치는 표현의 영향력을 인정한 결과라고 할 수 있다(이렇게 볼 때, 어떤 의미에서는 **상징**과 **의례**를 상반항으로 간주할 수도 있을 것이다. 대개 상징이 어떤 내용에 대한 외적인 형식, 그러니까 상대적으로 자의적인 표현을 가정한다면, 의례에서는 반대로 내용을 형성할 수 있는 능력, 즉 내용에 영향을 끼칠 수 있는 표현의 능력이 인정된다). 표현을 지향하는 문화, 즉 **올바른** 지칭, 특히 올바른 명명(命名)에 기초하는 문화의 상황 속에서 세계 전체는 다양한 차원의 기호로 이루어진 모종의 **텍스트**로서 나타날 수 있다. 여기서 내용은 미리 정해져 있으며, 따라서 필요한 것은 오직 언어를 아는 것, 즉 표현의 요소들과 내용의 요소들 사이의 관계를 아는 것이다. 달리 말해, 이런 경우 세계를 인식하는 것은 마치 인문학적인 분석과 비슷한 어떤 것이 된다.[15] 한편, 이와 유형학적으로 상

사실이 그로 하여금 죄수의 운명을 가볍게 만들도록 하지는 못했다. '기호'는 그가 좌지우지할 수 있는 것이 아니었던 것이다. (러시아 교회의 수장인 마카리가 염두에 두었던 것은 자신이 외부로부터 부여된 상황 앞에 무력하다는 것이 아니었다. 그것은 차라리 교회의 결정을 거역할 수 없다는 내적인 불가능성이었다. 결정의 내용에 동의하지 않는다는 것은, 그가 보기에는, 내려진 결정 그 자체가 지니는 권위를 떨어뜨리지 않았던 것이다).

15 가령, 다양한 문화(특히 중세 문화)에서 흔히 발견되는 것으로 책을 세계의 상징 혹은 세계의 모델로 간주하는 개념이 있다. E. R. Curtins. "Das Buch als Symbol," *Europasche Literatur und lateinisches Mittelalter*, 2nd. ed. (Bern, 1954); D. Čiževskij, "Das Buch als Symbol des Kosmos," *Aus zwei Welten: Beitrage zur Geschichte der slavisch— westlichen literarischen Beziehungen*. (S'-Gravenhage, 1956); 베르코프П. Н. Берков, 「세미온 폴로츠키의 시에 관한 책Книга о поэзии Симеоноа Полоцкого」, 『고대 러시아의 문학과 사회의식Литература и общественная мысль Древней Руси』, .Л, 1969(ТОДРЛ. 24권). 또한 우주의 구조를 사유하는 데 있어 알파벳의 역할을 지적한 F. Dornseiff. "Das Alphabet in Mystik und Magie," Στοιχεία No. 7 (1922), 33쪽을 보라 (여기서, 특히 7개의 행성과 7개의 이오니아어 모음 간의 일치가 지적되고 있다). 위에 지적한 것들과 관련해서, 스코페츠 분리파 교도들Skoptsy이 성처녀 마리아를 '살아 있는 책'이라 불렀다는 사실은 매우 특징적이다.

이한 문화의 모델—즉, 직접적으로 내용을 지향하는 문화의 모델—에서는 내용의 선택에 있어서, 그리고 내용과 표현 사이의 관계에 있어서도 상당한 정도의 자유가 전제된다.

일반적으로 문화는 텍스트의 집합으로 여겨질 수 있다. 그러나 연구자의 관점에서 보자면 텍스트의 집합을 산출하는 메커니즘으로서의 문화, 그리고 문화의 실현으로서의 텍스트를 말하는 편이 보다 정확할 것이다. 이 문제에 있어서 본질적인 유형학적 특성에 해당하는 것이 문화가 스스로에게 내리는 평가이다. 어떤 문화가 자신을 표준적인(즉, 규범적인) **텍스트**의 집합으로 간주한다면(러시아의 『가정 의례집Domostroy』[16]이 그 예가 될 수 있다), 다른 문화는 자신을 텍스트를 산출하기 위한 **규칙**의 체계로 모델링할 수 있다(바꾸어 말해, 첫번째 경우 규칙이 선례들의 총계로서 정의된다면, 두번째 경우 선례란 오직 그것이 해당하는 규칙에 의해 기술되었을 때만 존재할 수 있게 된다).

전적으로 표현을 지향하는 문화는 자신을 올바른 텍스트(텍스트의 집합)로 간주하고, 전적으로 내용을 지향하는 문화는 자신을 규칙들의 체계로 간주한다는 점은 명백하다. 두 경우 모두 문화의 지향은 각자에 고유한 책 혹은 교과서의 이상화된 모델을 만들어낸다. 즉, 규칙에 지향된 경우 교과서는 생성 메커니즘의 외양을 띠게 되는 반면, 텍스트에 지향된 경우에는 전형적인 교리문답(질문-대답)서의 외양을 띠게 되고, 결국 선집(인용서 혹

여기서 확인할 수 있는 것은 정교회에 널리 퍼진, 비잔틴적 근원을 갖는 특정한 동일시, 즉 '지혜의 신' 소피아와 마리아의 동일시이다(이런 동일시의 문제에 관해서는 우스펜스키 Б. А. Успенский, 『러시아의 카논적 이름의 역사로부터Из истории русских канонических имен.』, М., 1969. 48~49쪽을 보라).

16 [옮긴이 주] 『도모스트로이』는 16세기 러시아의 생활 규범을 수록한 가훈집으로 중세 러시아 문학을 대표하는 작품 중 하나다. 총 3부로 구성되었는데, 1부는 종교와 국가의 문제, 2부는 가족 관계, 3부는 가정생활에 관한 여러 지침들을 담고 있다.

은 문집)을 만들어낸다.[17]

문화와의 관련하에서 텍스트와 규칙의 대립을 말할 때 반드시 염두에 두어야 할 것은, 어떤 경우에는 동일한 문화의 요소들이 텍스트로도 기능하고 규칙으로도 기능할 수 있다는 점이다. 예컨대, 해당 문화의 보편 체계의 한 구성소로 나타나는 **금기**는, 한편으로는 해당 집단의 도덕적 경험을 반영하는 **텍스트**(기호)의 요소로 간주될 수도 있지만, 다른 한편으로는 일정한 행위를 조정하는 마법적 **규칙**들의 집합으로도 여겨질 수 있는 것이다.

이와 같이 형식화된 대립, 즉 규칙들의 체계와 텍스트의 집합 사이의 대립은 전체 문화의 하부 체계로서 나타나는 예술의 예를 통해서도 제시될 수 있을 것이다.

명백하게 규칙을 지향하는 체계의 전형적인 예는 유럽의 고전주의이다. 역사적으로 고전주의 이론은 특정한 예술적 경험을 보편화함으로써 만들어졌지만, 이 이론의 자기 인식은 그와 사뭇 다르다. 이론적인 모델은 실제 창작에 선행하는 영원한 것으로 간주된다. 예술 속에서 텍스트로 인정되는 것, 즉 의미 있는 현실로서 받아들여지는 것은 오직 '올바른' 것, 말하자면 규칙에 상응하는 것뿐이다. 이런 의미에서 어떤 작품을 좋지 못한 것으로 간주할 것인지에 대해 부알로N. Boileau[18]가 피력한 견해는 특히 흥미롭다. 예술에서 좋지 못한 것은 규칙의 파괴이다. 그러나 부알로의 견해에 따르면, 규칙의 파괴는 일련의 '옳지 못한'

---

17 〔옮긴이 주〕움베르트 에코U. Eco는 주저 『기호학 이론A Theory of Semiotics』(1976)에서 로트만의 이 구분(문법 지향적 문화 대 텍스트 지향적 문화)을 상세히 소개하면서, 자신이 개진하는 '약호화' 개념에서 그것이 지니는 함의에 대해 논한 바 있다(국역본: 에코, 『기호학 이론』(서우석 옮김, 문학과지성사, 1985), 156~57쪽).
18 〔옮긴이 주〕17세기 프랑스의 시인이자 비평이론가. 동시대 작가들인 몰리에르, 라신, 라퐁텐 등의 작품에 기초해 고전주의 문학 이론을 추출 집대성한 『시학 L'art Poetique』(1674)을 썼다.

규범의 수행으로서 기술될 수도 있다. 따라서 '좋지 못한' 텍스트 역시도 분류될 수 있는바, 바람직하지 못한 어떤 작품이 전형적인 파괴의 예로 제시될 수 있는 것이다. 부알로에게 있어서 '옳지 못한' 예술 세계란, 옳은 예술에서와 동일한 요소로 이루어져 있으나 다만 '좋은' 예술에서는 금지되어 있는 방식으로 결합한 것에 해당하며, 이는 우연이 아니다.

이런 유형의 문화가 갖는 또 다른 특징은 규칙의 창조자가 텍스트의 창조자에 비해 위계상 훨씬 더 높은 자리를 차지한다는 점이다. 예컨대, 고전주의 체계 안에서는 비평가가 작가보다 훨씬 더 명예로운 자리이다.

이와 상반된 유형의 예로 19세기 유럽의 사실주의 문화를 들 수 있다. 이에 속하는 예술 텍스트는 이론의 메타언어로 번역될 필요 없이 그 자체로 직접적인 사회적 기능을 수행했다. 이론가는 실제 예술 창작에 따라서 자신의 개념적 체계를 구축했다. 사실상, 벨린스키V. G. Belinsky[19] 이후의 러시아에서, 비평가는 고도로 적극적이고 독립적인 역할을 수행했다. 하지만 벨린스키가 자신의 입지를 규정하는 과정에서 스스로를 해석자로 간주하면서 작가 고골에게 주도권을 부여하고자 했다는 사실 또한 분명한 것이다.

물론 두 경우 모두 규칙의 존재는 문화의 창조에 최소한의 필수적 조건이 되지만, 그럼에도 그것의 도입에 관한 자기 인식은 정도를 달리할 수 있다. 한편, 이에 비견될 수 있는 것은 언어를 문법적 규칙의 체계로서 습득하는 경우와 실제적인 용례의 집합

---

19 [옮긴이 주] 19세기 러시아의 문예 비평가. '급진적 인텔리겐치아의 아버지'로 불리며, 러시아 사실주의 문학 비평에 지대한 영향을 미쳤다. 특히 고골과 도스토옙스키의 재능을 최초로 인정하고 비평적 평가를 내린 것으로 유명하다.

으로서 습득하는 경우 사이의 대립이다.[20]

위에서 살펴본 차별성에 비추어 볼 때, 문화는 비문화와 대립할 뿐 아니라 반문화[21]와도 대립할 수 있다. 전적으로 내용을 지향하는 문화, 즉 자신을 규칙의 체계로서 인식하는 문화에서 기본적인 대립이 '질서화된 대(對) 질서화 되지 않은'의 형태로 나타난다면(이런 대립은 개별적으로는, '질서-카오스' '엑트로피(질서)-엔트로피(무질서)' '문화-자연' 등의 대립으로 실현될 수 있다), 전적으로 표현을 지향하는 문화, 즉 규범적 텍스트의 집합으로 자신을 인식하는 문화에서 기본 대립은 '올바른 것 대 틀린 것'이 된다(그저 '옳지 않은 것'이 아니라 '틀린 것'이다. 이런 대립이 극단화될 경우 '참된 것 대 거짓된 것'의 대립에까지 이른다). 후자의 경우, 문화는 카오스(엔트로피)와 대립되는 것이 아니라 부정적 기호를 갖는 체계와 대립되는 것이다. 일반적으로 표현

---

20 이런 대립과 관련된 것으로 문화를 '습득'하는 상이한 두 가지 방식이 존재한다. 이 문제는 별도의 논문에서 특별히 다룰 것이므로 여기서 자세히 다루지는 않는다. 〔옮긴이 주〕여기서 로트만이 말하는 별도의 논문이란 1970년에 발표한 글 「유형학적 특징으로서의 문화 습득의 문제Проблема 'обучения культуре' как типологическая характеристика」이다. 이 글에서 로트만은 문법 지향적 문화와 텍스트 지향적 문화 간의 유형학적 구분을 어린아이와 성인에 의한 언어 습득 패턴에 각각 대응시킨다. 즉, 아이들이 언어의 규칙을 습득하기에 앞서 일련의 실제적 용례(텍스트)를 계속해서 반복적으로 수행함으로써 언어를 '배우는' 반면, 어른들은 낯선 언어를 습득할 때 일정한 조합의 규칙(문법)을 먼저 받아들인 후 그것을 조합하는 과정을 따르는 것이다. 한편 인간의 개체 차원에서 나타나는 이런 현상을 문화의 계통 발생에 연결시킬 경우, 제시된 두 유형은 문화 체계의 통시적 발전 과정, 즉 상대적으로 텍스트적 단초(가령, 제의ritual)에 보다 정향된 원시적(유아적) 단계에서 메타-코드(문법)를 이용한 문화의 자기 모델을 창출하는 성숙한 단계로 이동하는 과정에 대응될 수 있을 것이다.
21 〔옮긴이 주〕문화culture와 비문화non-culture의 대립이 특정 성질의 유무 관계라면, 문화와 반문화anti-culture의 대립은 특정 성질의 뒤집혀진 반복, 즉 상반성의 관계다. 로트만의 이런 접근은 분명 동시대 그레마스 기호학의 '기호 사각형semiotic square' 모델을 떠올리게 한다. 하지만 로트만의 이런 관점은 그레마스가 최초로 이 모델을 정식화(1970)하기 이전에 이미 문화를 유형학적으로 구분하려는 시도(가령, 중세적 유형 대 계몽주의적 유형(1968))로부터 도출된 것이다.

과 내용 사이에 일대일 대응 관계를 갖는 문화, 즉 전적으로 표현을 지향하는 문화의 경우에, 세계는 텍스트로서 나타나고, 이때 결정적인 것은 이러저러한 현상이 어떻게 '불리는가(지칭되는가)'의 문제이다. 잘못된(틀린) 지칭은 (아무것도 아닌 것이 아니라!) 다른 내용과 동일시된다. 즉 그것은 정보 안에서의 왜곡이 아니라 다른 정보와 동일시되는 것이다. 가령, '천사angel'를 잘못 발음한 단어 '처사aggel'(이것은 대응되는 그리스어 단어를 따라 표기된 결과이다)는 중세 러시아에서 악마diavol를 의미하는 것으로 받아들여졌다.[22] 똑같은 방식으로, 17세기 총 대주교 니콘Nikon 개혁의 결과, 예수Isus가 예수Iisus로 달리 표기되기 시작하자, 이 새로운 형태는 또 다른 존재의 이름, 즉 적그리스도의 이름으로 여겨졌다.[23] 이에 못지않게 특징적인 것은 'Bog(신)'라는 단어의 변형된 형태인 'Spasibo(감사합니다, 참고로 'Spasi Bog'는 '신이여 우리를 구원하소서'라는 뜻)가 오늘날 구교도들 사이에서는 이교 신의 이름으로 받아들여지고, 이와 관련해 '감사합니다'라는 단어 자체가 적그리스도를 향한 호소로 이해된다는 사실이다(그것을 대신해 비사제-구교도들은 흔히 'spasi Gaspodi[주인이여 구원하소서]'라고 말하고, 사제-구교도들은 'spasi Khristos[그리스도여 구원하소서]'라고 말한다).[24]

---

22 우스펜스키Б. А. Успенский, 『교회슬라브식 발음의 고대적 체계Архаическая система церковнославянского произношения』, М., 1968. 51~53쪽, 78~82쪽을 보라.
23 우스펜스키Б. А. Успенский, 『러시아의 카논적 이름의 역사에서Из истории русских канонических имен』, 216쪽. [옮긴이 주] 17세기 니콘 개혁에 관해서는 앞의 글 「문화를 유형학적으로 기술하기 위한 메타언어에 관하여」 주 19 참고.
24 이 주제와 관련된 전설이 존재한다. 어느 곳에도 기록으로 남겨져 있지 않은 그 전설에 따르면, 'Spasi, Ba!'(이것은 Spasibo를 모음 변화 규칙(강세를 받지 않는 모음 o를 a로 발음하는 규칙)에 따라 발음한 것이다)라는 구절은 성 블라디미르에게 패퇴해 드네프르 강을 떠내려 오던 이교 우상에게 키예프의 또 다른 이교 신이 외친 말이다. 이교 신을 적그리스도(사탄)와 동일시하는 경향, 즉 그것을 기독교 이데올로기 체계 속으로

여기서 몹시 흥미로운 것은, 문화(이 경우에는 종교적 문화)에 대립하는 모든 것은 **또한 각자 나름의 특별한 표현**(하지만 그릇된 (올바르지 못한) 표현)을 지녀야만 한다는 관념이다. 다시 말해, 이런 경우 반문화는 문화와 닮아 있는, 그것의 이질동상으로서 구축되는 것이다. 반문화 역시 고유한 표현을 갖는 기호적 체계로서 간주된다. 결국 그것은 부정적인 기호를 갖는 문화, 문화의 거울 반영 상이라고 말할 수 있다(거기서 관계 자체는 파괴되지 않은 채 상반되는 것으로 대치될 뿐이다). 따라서 극단적인 경우 모든 종류의 다른 문화, 즉 다른 표현과 다른 관계를 지니는 문화는 해당 문화의 관점에서 볼 때 반문화로 받아들여지게 된다.

한편 이로부터 자연스럽게 발생하는 지향으로, 주어진 (올바른) 문화와 대립하는 모든 종류의 '틀린' 문화를 하나의 단일한

끌어들이려는 경향 자체가 앞서 살펴본 것과 같은 유형의 문화에 지극히 특징적이다. 예컨대, 이교신 볼로스-벨레스Volos-Veles는 악마와 동일시되지만, 또 다른 경우에는 성 바실리와 동일시되기도 한다(이바노프Вяч. Вс. Иванов, 토포로프В. Н. Топоров, 「천둥신의 대항자로서의 볼로스-벨레스 형상의 재구축К реконструкции образа Велеса-Волеса как противника громовержца」, 『2차 모델링 체계에 관한 4차 여름학교 발표문Тезисы докладов IV Летней школы по вторичным моделирующим системам』, Тарту, 1970. 48쪽). 아폴론에 대한 아래쪽의 언급과도 비교하라. 18세기 구교도의 수장이었던 표도시 바실리예프가 악마를 "사악한 리더, 성스럽지 못한 양"이라 불렀던 것은 매우 특징적이다. "유혹자는 세상 만물에서 신의 아들, 즉 그리스도를 닮기를 원한다: 가령, 그리스도-사자와 사자-적그리스도가 그러하다. 그리스도-양이 나타나면, 적그리스도-양도 또한 나타난다"(스미르노프П. С. Смирнов, 「18세기 초반 분리파 교도들의 행적에 관한 서신Переписка раскольничьих деятелей начала XVIII в」, 『기독교 독해서Христианское чтение』, 1909. 1권 48~55쪽). 중세적 유형의 문화에서는 올바른 텍스트의 용량이 정해져 있고 옳고 그른 것 사이에 거울상과 같은 대응의 개념이 존재하기 때문에, 성스러운 텍스트로부터 역으로 부정적인 텍스트를 구성해내는 것이 가능하다(이는 대조적 체계를 대입함으로써 가능하다). 이 점을 잘 보여주는 충격적인 예로, 러시아 속담에서 올바른 명칭인 'rab bozhiy(신의 종)'이 '검은' 'par bozhiy(신의 증기)'로 바뀐 경우가 있다. 여기서 par는 rab 발음을 (마지막 자음의 무성음화 법칙에 의거하여) 거꾸로(거울상으로) 읽은 결과인 것이다. 아스타호바А. М. Астахова, 「Заговорное искусство на реке Пинеге」, 『농민 예술Крестьянское искусство』, СССР. Л., 1928. Сб. 2. 52, 68쪽.

체계로 간주하려는 경향이 있다. 가령『롤랑의 노래 La Chanson de Roland』에서 마르실리온은 이교도이자 무신론자이며, 또 동시에 이슬람 신자이자 아폴론 찬미자로 밝혀진다.

　　마르실리온 왕은 거기서 권력을 휘둘렀다.
　　마호메트를 섬겼고, 아폴론을 찬미했다……[25]

모스크바의『마마이의 패배에 관한 이야기』에서 마마이는 다음과 같은 특징을 부여받는다. "그는 그리스인이면서, 우상의 숭배자이고 우상 파괴자이며 기독교인의 교활한 박해자이다."[26] 이런 식의 예는 얼마든지 더 제시할 수 있다.

상술한 것들과 같은 맥락에서, 표트르 개혁기의 러시아에서는 낯선 언어, 즉 외국 문화를 표현하는 수단으로 간주되었던 외국어를 대하는 비타협적인 태도가 특징적이다. 특히 가톨릭적인 사유, 넓게는 가톨릭 문화 전체와 동일시되었던 라틴어와 라틴 형식 전반을 반대하는 특별한 저술들이 눈에 띈다.[27] 대주교 마카

25　코르네예바 Ю. Корнеева의 러시아어 번역본.『롤랑의 노래 Повесть о Роланде』, Изд. подгот. И. Н. Голенищев-Кутузов и др. М.; Л., 1964. 5쪽.
26 『쿨리코보 전투 이야기 Повести о Куликовской битве』, Изд. подг. М. Н. Тихомиров, В. Ф. Ржига, Л. А. Дмитриев. М., 1953. 43쪽.
27　비노그라도프 В. В. Виноградов,『18~19세기 러시아 문학어의 역사 Очерки по истории русского литературного языка XVII - XIX вв.』, М., 1938. 9쪽; 우스펜스키 Б. А. Успенский,「종교적 의식에 미친 언어의 영향 Влияние языка на религиозное сознание」,『타르투 대학 학술문집 Учен. зап. Тартуского гос. ун-та』, 1969. Вып. 236. 164~65쪽. (『기호체계 문집 Труды по знаковым системам』, 4권)를 보라. 또한 스멘촙스키 М. Сменцовский,『리후드 형제 Братья Лихуды СПб.』, 1899 (приложения); 카프테료프 Н. Ф. Каптелёв, "О греко-латинских школах в Москве в XVII веке до открытия Славяно-креколатинской академии." Годичный акт в Московской духовной академии 1-го октября 1889 года. М., 1889. 심지어 총주교 니콘조차도 가자 지방의 대주교 파이시가 라틴어로 건넨 말에 다음과 같이 외치며 대답한 바 있다. "오, 너 교활한 노예여. 네 입을 보니 정교 신자가 아님을 내 알겠다. 라틴

리가 17세기 중반 모스크바를 방문했을 때, 그가 "결코 터키어로 말하지 않도록" 미리 특별한 주의를 받았다는 점이 흥미롭다. 황제였던 알렉세이 미하일로비치는 "그토록 성스러운 분이 그런 불경한 말로 자신의 입과 혀를 더럽히지 않도록 신께서 금하셨다"고 말했다.[28] 알렉세이 미하일로비치의 이 말 속에는 당대의 전형적인 확신, 즉 낯선 표현 수단을 사용하면서 고유한 이데올로기의 테두리 안에 남아 있을 수 없다는 믿음이 담겨 있다(특히 마호메트주의의 표현 수단으로 받아들여지는 터키어나 가톨릭주의의 표현 수단인 라틴어와 같이 '비정교적인' 언어로 말하면서 정교에 대한 순수한 태도를 유지할 수 없다는 것이다).

다른 한편, 매우 특징적인 현상으로서 모든 '올바른' 언어를 단 하나의 언어로 간주하려는 지향이 존재한다. 예컨대, 당시의 러시아 서적상들은 하나의 단일한 '그리스슬라브어'로 말할 수 있었는데(심지어 이런 언어의 문법서가 출간되기도 했다[29]), 즉 그들은 정확하게 그리스어 문법을 따라서 슬라브어를 기술하면서 오직 그리스어에만 있는 문법적 범주의 표현을 슬라브어에서 찾아내고자 했던 것이다.

한편, 전적으로 내용을 지향하는 문화, 즉 엔트로피에 대립되는 문화의 경우 기본적인 대립을 이루는 것은 '질서화된 대 질서화되지 않은'의 문제이다. 이런 유형의 문화는 항상 자신을 적극

어를 입에 담아 우리에게 인사를 전하다니"(키베네트Н. Киббенет, 『총주교 니콘의 행적에 관한 역사적 연구Историческое исследование дела патриарха Никона』, СПб. 1884. Ч. 2. 61쪽).

28 알렙스키 П. Алеппский, 『17세기 중반 대주교 마카리의 러시아 방문 여행 Путешествие Антиохийского патриара Макария в Россию в половине XVII в』. Пер. с. араб. Г. Муркос. М., 1898. Вып. 3. 20~21쪽.

29 Ἀδελφοτησ, 『단일슬라브어 문법서Грамматика доброглаголиваго еллинословенского языка』, Львов, 1591.

적인 단초, 즉 확장되어야 할 어떤 것으로 여긴다. 반면 비문화는 문화가 잠식해야 할 잠재적인 대상 영역으로 간주된다. 반대로, 전적으로 표현을 지향하는 문화의 경우 기본적인 대립의 자격으로 등장하는 것은 '옳은 대 옳지 않은'의 문제이다. 이런 유형의 문화는 팽창을 전혀 고려하지 않을 수 있다(오히려, 반대로 자신만의 테두리 안에 머물고자 하는 경향이 훨씬 더 강하다. 즉, 이런 경우 문화는 대립되는 모든 것으로부터 차단된 채, 자신 속에 머물며 외부로 확장되고자 하지 않는다). 여기서 비문화는 곧 반문화와 동일시되기에 이르며, 결국 본질상 문화의 잠재적인 팽창 영역으로 받아들여지지 않는다.

표현을 향한 지향, 그리고 그와 관련된 고도의 제식화가 야기한 고립의 경향을 잘 보여주는 예로는 중세의 중국 문화와 '모스크바-제3로마' 이데올로기[30]가 있다. 이런 경우 확장보다는 오히려 보존을 향한 지향이, 선교주의보다는 오히려 비교주의가 더 특징적으로 드러난다.

지식의 전파라는 것이 첫번째 유형의 문화적 상황하에서 비지식의 영역 속으로 지식이 팽창하는 과정을 따르게 된다면, 그와 반대되는 유형의 문화적 상황하에서는 오직 거짓에 대한 승리로서만 가능해진다. 그러므로 현대적 의미에서의 과학은 자연스럽

---

30 〔옮긴이 주〕 '모스크바-제3로마설'은 모스크바 공국의 바실리 3세(1505~33) 치하에서 등장한 이데올로기다. 당시 수도사 필로페이Filofej가 왕에게 보내는 서한에서 구체화되었다. "경건한 황제여, 그대의 왕국으로 모든 기독교 제국이 통합되었습니다. 두 개의 로마는 이미 멸망했고, 세번째 로마가 새로이 서 있으니, 네번째는 오지 않을 것입니다. 1453년 두번째 로마인 비잔틴 제국의 콘스탄티노플이 오스만투르크족에게 멸망당하자 정교 신앙의 중심지가 모스크바로 옮겨지게 되었고, 이에 따라 모스크바가 새로운 로마의 사명을 띤 성스러운 신정의 도시라는 이념이 생겨나게 되었다. 종교적 이상의 반영이자 일종의 정치 이데올로기이기도 한 이 이념은 당시 러시아 사회에 널리 퍼져 있었던 종말론과도 밀접한 관련을 갖는다.

게 이 첫번째 유형과 관련된다. 두번째 유형에서는 과학이 예술, 종교 등과 뚜렷하게 구분되지 않는다(우리 시대에 그토록 전형적인 과학과 예술의 대립이 중세적 세계관으로부터 해방된 르네상스 이후의 근대 유럽 문화의 조건하에서만 가능했다는 사실, 그리고 과학에 대립하는 '순수 예술'이라는 개념 자체가 18세기에 와서야 생겨났다는 사실을 기억할 필요가 있다).[31]

상술한 사항과 관련해 또 하나 기억할 것은 악마에 관한 마니교적인 이해와 아우구스티누스적인 이해 간의 차이점이다. 이 문제에 관해 노버트 위너N. Wiener는 뛰어난 분석을 행한 바 있다.[32] 마니교적인 이해에 따르면 악마란——악한 의도를 지닌 존재, 즉 목적의식적으로 인간에게 적대적인 힘을 행사하는 존재이다. 한편 아우구스티누스적인 이해에 따르면 악마는 인간 자신의 나약함이나 무지로 인해서 객관적으로 인간에게 적대적인 작용을 하게 되는 어떤 눈먼 힘, 즉 엔트로피이다. 만일 악마란 것을 (넓은 의미의) 문화에 대립하는 모든 것으로 충분히 확장해 이해할 경우, 마니교적인 접근법과 아우구스티누스적인 접근법 간의 이런 차이가 앞서 이야기한 문화의 상이한 두 유형 간의 차

---

31 갈릴레이의 미학적 세계관이 그의 과학 활동에 미친 영향을 지적한 파놉스키의 언급과 비교하라. 파놉스키Э. Пановский, 「갈릴레이: 과학과 예술(미학적 견해들과 과학적 사유)Галилей: наука и искусство(эстетические взгляды и научная мысль)」, 『고전과학의 기원У истоков классической науки』, М., 1968. 26~28쪽. (E. Panofsky, *Galileo as a critic of Arts*, The Hague, 1954.) 갈릴레이의 과학적 결론을 기술하는 과정에서 예술적 형식이 갖는 의미에 관한 지적으로는, 올리시키Л. Ольшки, 『새로운 언어로 된 과학 문학사История научной литературы на новых языках』, М.;Л., 1933. 3권.:『갈릴레이와 그의 시대Галилей и его время』, 132쪽. (올리시키가 쓰기를, "사유의 내용에 표현을 입힘으로써, 전자는 그에 걸맞는 필수적인, 즉 예술적인 형식을 얻게 된다. 시와 과학은 갈릴레이에게 있어 세계에 형상을 부여하는 영역이었다. 내용의 문제와 형식의 문제는 그에게 일치하는 것이었다.")

32 위너Н. Винер, 『사이버네틱스와 사회Кибернетика и общество』, М., 1958. 47~48쪽.

별성에 대응될 수 있다는 점을 쉽게 알 수 있을 것이다.

* * *

'질서화된 대 질서화되지 않은'의 대립은 문화 내부의 조직화에서도 나타날 수 있다. 이미 지적했듯이, 문화의 위계적 구조는 고도로 질서화된 체계와 다양한 정도로 탈조직화를 허용하는 체계 간의 결합으로 이루어져 있다. 후자의 구조성을 드러내기 위해서는 언제나 전자와의 비교가 필수적이다. 문화 메커니즘의 중핵(中核)적 구조에 자리하는 것이 모든 층위에서 실현된 구조적 관계를 지니는 체계(더 정확하게는, 특정한 역사적 상황 속에서 그와 같은 이상적인 가능성에 최대한 근접한 형태)라면, 그것을 둘러싸고 있는 조직체들은 그와 같은 중심 구조의 다양한 결합을 허물어뜨리는 구조, 그렇기 때문에 문화의 중심부와 항시적인 유비를 필요로 하는 구조들로 구성되어 있다.

이와 같은 '불완전성,' 단일한 기호학적 체계로 완벽하게 질서화되지 못하는 불완전성은 문화의 결점이 아니라 그것이 정상적으로 기능하기 위한 조건이다. 문제는 세계를 문화적으로 전유한다는 것의 기능 자체가 이미 그것에 체계성을 부여함을 전제로 한다는 점이다. 가령, 세계에 대한 과학적인 인식에서 문제가 되는 것이 대상 속에 숨겨진 체계를 드러내는 것이라면, 교육이나 선교, 혹은 선전의 경우에는 어떤 조직화의 원칙들을 조직화되지 않은 대상에 전이하는 것이다. 그런데, 이런 역할을 수행하기 위해서 문화——특히 문화의 중심적인 코드화 기제——는 일련의 필수적인 자질을 지녀야만 한다. 그중 우리에게 본질적인 것은 두 가지이다.

1. 문화는 고도의 모델링 능력을 지녀야 한다. 즉, 그것은 최대한 넓은 범위의 대상, 아직까지 알려지지 않은 가능한 많은 수의 대상을 기술할 수 있어야 한다(그것이 인식론적 모델에 요구되는 최적의 요구 사항이다). 혹은 그것은 자신이 기술할 수 없는 대상들을 존재하지 않는 것으로 선언할 수 있는 능력과 힘을 지녀야 한다.

2. 문화의 체계성은 반드시 해당 집단, 즉 무정형의 대상에 체계를 부여하는 도구로서 그것을 사용하는 집단에 의해 인식될 수 있어야만 한다. 따라서 기호 체계가 자동화되려는 경향은 문화의 항시적인 내적 적대자로서, 문화는 끊임없이 그것과 투쟁을 계속해야만 한다.

체계성을 극단까지 몰고 가려는 항시적인 지향과 그러한 지향의 결과로 생겨난 구조의 자동성과 싸우려는 항시적인 투쟁 사이에는 모순이 존재하며, 그 모순은 모든 살아 있는 문화의 내적 본질인 유기적 본성이다.

이것은 가장 중요한 문제를 이끌어낸다. 어째서 인류 문화는 역동적인 체계로 나타나는가? 어째서 인류 문화를 구성하는 기호학적 체계들은—명백하게 지역적이고 부차적인 몇몇 인공언어를 제외하고는—공히 발전이라는 필수적인 법칙에 종속되는가? 인공언어의 존재는 우리에게 분명 발전하지 않는 체계도 일정한 영역 내에서 성공적으로 존재할 수 있음을 확신시켜주고 있지 않은가? 어째서 자신의 영역 내에서 발전하지 않는 단일한 언어, 가령 교통신호의 언어는 존재할 수 있는 반면, 자연언어는 반드시 역사를 지녀야만 하고 그 역사 외부에서는 그것의 (물론 이론적이 아닌 실제적인) 공시적 기능조차 불가능해지는가? 통시성의 존재 자체가 기호학적 체계가 발생하기 위해 필요한 최소한의 조건이기보다는 오히려 이론적인 수수께끼, 즉 연구자에게 실질적인 난관으로 나타나고 있음도 이미 주지하는 바다.

문화의 기호학적 구성소의 역동성은, 아마도 인간 사회의 사회적 삶이 갖는 역동성과 관련될 것이다. 그러나 이 연관성은 그 자체로 이미 매우 복잡한 현상인데, 왜냐하면 다음과 같은 질문이 충분히 가능하기 때문이다. 〔그렇다면〕 '인간 사회는 왜 역동적이어야만 하는가?' 인간은 여타의 모든 자연 세계에 비해 훨씬 더 유동적인 세계에 속해 있을 뿐만 아니라, 이런 유동성이라는 사고 자체에 근본적으로 다르게 반응한다. 모든 유기체적 존재는 주변 환경의 안정화를 지향하며, 그것의 변화 가능성이란 유동적인 세상 속에서 변화하지 않은 채 보존되려는 노력에 해당한다. 반면 인간에게 환경의 유동성은 존재의 정상적인 조건이다. 그에게 정상적인 법칙은 변화하는 환경 속에서의 삶, 즉 **삶의 형상의 변화**인 것이다. 〔따라서〕 자연의 관점에서 인간이 파괴자처럼 보이는 것은 전혀 우연이 아니다. 하지만 인간 사회를 비인간 사회로부터 구분하는 것은, 바로 넓은 의미에서의 **문화**다. 이로써 알 수 있는 것은, 역동성이란 문화에 외부적인 자질, 즉 문화의 내적 구조에 대해 외부적인 어떤 원인 때문에 자의적으로 부과된 것이 아니라는 점이다. 그것은 문화의 뗄 수 없는 한 가지 특징이다.

그러나 문화의 이런 역동성이 문화의 구성원들에게 항상 인식되느냐 하는 것은 다른 문제다. 이미 언급했듯이, 많은 문화에서 각자의 현재(공시적) 상태를 영원히 고정시키려는 지향이 특징적으로 드러난다. 즉, 현재 작동하는 법칙에 어떤 결정적인 변화는 대개 허용되지 않는 것이다(즉, 이런 법칙은 상대적인 것으로 이해될 수 없는 종류의 것이다). 이는 문화의 관찰자가 아니라 해당 문화의 내부에 자리하는 문화의 직접적인 참여자의 경우에 이해할 만한 것이다. 문화의 역동성에 관한 언급은 참여자가 아니라 오직 연구자(관찰자)의 관점에서만 가능한 것이다.

다른 한편으로, 문화의 점진적인 변화의 과정은 연속적인 것으로 인식되지 않을 수도 있다. 그에 따라 이 과정의 상이한 국면들은 서로 대립하는 상이한 문화로 여겨질 수도 있는 것이다(바로 그런 식으로, 언어는 연속적으로 변화함에도 이 과정의 연속성은 직접 그 언어를 말하는 화자들에게는 감지되지 않는다. 왜냐하면 언어적 변화는 한 세대의 발화 내에서 발생하는 것이 아니라 한 세대에서 다른 세대로 언어가 전달되는 과정에서 발생하기 때문이다. 결국, 화자들은 언어의 변화를 분절적인 과정으로 인식하게 된다. 언어는 그들에게 연속체로 나타나는 것이 아니라 서로 상이한 개별 층으로 나타난다. 이 개별 층들 사이의 차이는 **문체론적 의미**를 지닌다).[33]

과연 역동성과 자기 갱신의 필요성이 문화의 내적 자질인지 아니면 인간 존재의 물리적 조건으로부터 나온 결과일 뿐인지의 문제는 일면적으로 해결될 수 없다. 틀림없이 두 과정 모두 의미가 있다.

한편으로, 문화 체계 내부에서의 변화는 논쟁의 여지없이 인간 집단의 지식의 확장, 다시 말해 상대적으로 자족적인, 그리고 고유한 적극성을 띠는 과학이라는 체계가 문화에 포함된다는 점과 관련된 것이다. 과학은 적극적인 지식을 통해 확장될 뿐 아니

---

33 우스펜스키Б. А. Успенский, 「언어학적 견지에서 본 스타일의 기호학적 문제들 Семиотические проблемы стиля в лингвистическом освещении」, 『타르투 대학 학술문집Учен. зап. Тартуского гос. ун.-та』, 1969. Вып. 236. 499쪽(『기호체계 문집 Труды по знаковым системам』 4권을 보라).

라 모델링 복합체를 만들어내기도 한다. 문화의 기본적인 경향 중 하나인 내적 통일성을 향한 지향(이에 관한 논의는 뒤에 이어진다)은 계속해서 순수한 과학적 모델을 이념의 일반 영역으로 옮겨놓고, 그것에 문화 전체의 자질을 투사하게끔 이끈다. 따라서 계속 앞으로 나아가는 지식의 역동적인 성격은 자연스럽게 문화 모델의 외양에 영향을 미친다.

그러나 다른 한편으로, 이런 과정이 기호 체계의 역동성 모두를 온전히 설명해줄 수 있는 것은 결코 아니다. 가령, 그런 식으로는 언어의 음소적 혹은 문법적 측면에서의 역동성을 해명할 수 없다. 어휘 체계에서의 변화는 세계에 대한 다른 관념을 언어 속에 반영해야 할 필요성으로 설명할 수 있겠지만, 음운론의 변화는 [언어] 체계 자체의 내재적 법칙이다. 또 하나의 특징적인 예를 들어보자. 유행의 체계는 갖가지 외적인 사회적 과정—가령, 섬유 산업의 법칙부터 시작해서 사회적이고 미학적인 이상에 이르기까지—과 관련해 연구될 수 있다. 그러나 동시에 분명한 사실은, 그것이 일정한 자질을 갖는, 닫힌 공시적 구조로서 변화하고 있다는 점이다. 유행은 그것이 모종의 항상성이 아니라 변화를 지향한다는 점에서 규범과 다르다. 한편, 유행은 매번 규범이 되고자 하지만 그 규범이라는 개념 자체가 유행의 본질에 모순된다. 상대적인 안정성에 도달하자마자, 즉 규범의 상태에 접근하자마자 유행은 그 즉시 그 상태로부터 벗어나려 한다. 유행을 변화시키는 모티프는 항상 유행의 조정을 받는 집단에게 이해되지 않은 채 남아 있다. 이러한 비동기성으로 인해 유행은 순수한 형태의 변화라고 가정될 수 있다. 그런데 바로 이 비동기성이야말로 유행의 특수한 사회적 기능을 결정하는 것이다. 18세기의 잊혀진 러시아 작가 스트라호프N. Strakhov(그는 『유행 통신』

의 저자이다)가 유행의 가장 주요한 대응물로 변덕을 꼽았던 것은 우연이 아니다. 그의 책 『유행의 법칙』에서 다음과 같은 구절을 볼 수 있다. "우리가 여기서 선언하기를, 어떤 셔츠 색깔도 일 년 이상 존속되어선 안 된다."³⁴ 셔츠의 색깔을 바꾸는 것이 진리, 선, 아름다움이나 혹은 어떤 적절함에 접근하기 위한 충동 때문에 추동되지 않았다는 사실은 명백하다. 하나의 색깔이 또 다른 색깔로 바뀐 이유는 단지 그것은 낡았고, 저것은 새것이기 때문이다. 여기서 우리가 보고 있는 것은 인류 문화 속에서 보다 은폐된 형태로, 그러나 광범위하게 나타나는 어떤 경향의 매우 순수한 형태에 다름 아니다.

예를 들어, 18세기 초반 러시아에서는 당시 사회 지배 계층의 문화적 삶의 모든 체계가 뒤바뀌는 일이 일어났다. 그리고 이로 인해 그 시대의 사람들은 자부심을 느끼며 스스로 '새로운' 사람들이라고 칭할 수 있었다. 칸테미르A. Kantemir는 자기 시대의 긍정적 인물에 관해 다음과 같이 썼다.

> 현명한 자는 표트르의 교시를 소중히 하니,
> 그로 인해 우리는 갑자기 이미 새로운 민족이 되었다.³⁵

수천 가지 다른 경우에서와 마찬가지로, 여기서는 변화를 야기한 내용적 근거, 즉 다른 구조적 질서와의 관련성에 근거한 원인을 찾아낼 수도 있을 것이다. 그러나 이와 더불어 확실한 것은 **새로움 자체**, 즉 체계적인 변화의 필요성 또한 전자에 못지않게 눈

---

34 『유행 통신Переписка Моды...』, М., 1791. 235쪽.
34 『칸테미르 공의 풍자와 기타 시선들Сатиры и другие стихотворческие сочинения князя Антиоха Кантемира』 СПб, 1762. 32쪽.

에 띄는 변화의 동인이라는 사실이다. 이런 필요성의 뿌리는 어디에 있는가? 이 질문은 보다 일반적인 형태로 바꿔볼 수 있을 것이다. '어째서 인류는 다른 동물 세계와 달리 역사를 지니는가?' 이에 대해 인류가 매우 오랜 선사(先史) 시대를 겪었다는 것, 그리고 그 시기 동안에는 시간의 지속성이란 것이 거의 역할을 하지 못했다고 가정할 수 있다. 즉, 그 시기 동안에는 발전이라는 것이 없었는데, 〔이후의〕 특정 국면에서 역동적인 구조를 출현시키고 인류 역사의 시작을 알린 모종의 폭발이 일어났다고 가정하는 것이다.

현재 이 질문에 대한 가장 그럴듯한 대답은 아마도 다음과 같은 것이다. 어떤 특정 국면, 우리가 문화에 대해 말할 수 있게 된 바로 그때부터, 인류는 끊임없이 확장하는 비유전적인 기억의 현존과 자신의 존재를 관련짓게 되었고, 그렇게 해서 인류는 **정보의 수신자**가 되었다(선사시대에 인류는 단지 유전적으로 주어진 일정한 정보의 담지자일 뿐이었다). 그리고 이것은 수신자와 발신자의 의식 속에 반드시 현존해야만 하는 코드 체계의 항시적인 혁신을 요구했다. 이것을 가능케 했던 것은 어떤 특별한 메커니즘의 발생이었다. 즉, 그 메커니즘은 한편으로는 기억의 단일성을 보존하는 정도까지 항상적 기능을 보유하면서, 그 자신으로 남아 있을 수 있어야 하고, 동시에 다른 한편으로는 모든 단계들에서의 탈자동화를 통해 정보를 흡수할 수 있는 능력을 극단적으로 상승시키면서, 혁신될 수 있어야만 했다. 계속된 자기 갱신의 필요성과 자기 자신으로 남아 있으면서 동시에 다른 것이 될 수 있는 능력은 문화의 가장 기본적인 작동 메커니즘 중 하나다.

이 두 경향 사이의 상호 긴장이 문화를 대상으로 만든다. 문화의 정적 모델과 동적 모델은 똑같이 정당하다. 그것은 문화를 기술하기 위한 기본적인 공리로서 정의되는 것이다.

문화 체계에는 옛것과 새것, 변화하지 않는 것과 유동적인 것 사이의 대립과 더불어 또 하나의 근본적인 대립이 존재하는데, 단일성과 복수성 간의 안티테제가 바로 그것이다. 내적 조직화의 비단종성(非單種性, 혼종성)이 문화의 존재 법칙을 이룬다는 점은 이미 지적된 바 있다. 상이하게 조직화된 구조들과 조직화의 상이한 정도가 존재한다는 것은 문화 메커니즘의 기능에 필수적인 조건이다. 역사적으로 현존하는 그 어떤 문화에서도 문화의 모든 하부 체계가 엄격하게 통일된 구조적 기초 위에 구축되어 있으며 역사적인 변천에 있어서도 동시적인 경우는 찾아볼 수 없다. 구조적 다양성을 향한 요구는 아마도 다음의 사실과 관련이 있다. 모든 문화는 (보다 낮은 차원으로 여겨지는 문화 외적인 영역이 아닌) 조직화의 보편적 체계 외부에 자리하는 어떤 특별한 영역을 구분하며, 이 영역을 가치론적으로 매우 높게 평가한다. 가령, 중세의 수도원이나 낭만주의 개념에서의 시, 19세기 페테르부르크 문화에서 극장의 무대 뒤편이나, 집시 등 문화의 몸체 내부에 흔히 나타나는 '다른' 조직화의 소소한 예들이 그러하다. 그들의 목적은 구조적 다양성의 용량을 증가시키는 것, 구조적 자동성을 극복하는 것이다. 특정한 문화 집단이 잠시 동안 다른 사회적 구조를 방문하는 것 또한 마찬가지다. 예술가 집단 속의 관료나 겨울에 모스크바에 온 지주, 혹은 여름에 시골로 내려간 도시인, 파리나 칼스버드를 방문한 러시아 귀족이 그 예이다. 바흐친이 보여준 것처럼, 고도로 표준화된 중세의 일상 속에서 카니발이 행했던 기능 또한 이와 다르지 않다.[36]

---

36 바흐친 M. Бахтин, 『프랑스와 라블레의 창작과 중세 및 르네상스의 민중 문화 Творчество Франсуа Рабле и народная культура средневековья и Ренессанса』, М.,

그러나 문화는 동시에 통일성을 필요로 한다. 문화가 일반적 기능을 수행하기 위해서는 단일한 구성적 원칙에 종속된 구조로서 나타나야만 한다. 이런 통일성은 다음과 같은 방식으로 실현된다. 발전의 일정 단계에서 자기 인식의 국면이 도래하면, 문화는 자신의 고유한 모델을 창조한다. 이 모델은 구조적 통일성의 단계로까지 끌어올려진, 단일하고 인공적인 체계의 외양을 띠고 있다. 이런저런 문화의 현실에 적용되면서, 이 모델은 현실을 과도하게 조직화하고 모순을 제거하면서 강력한 질서화의 영향력을 행사한다.

많은 문학사가가 흔히 범하는 잘못은 문화의 진화 체계에서 특수한 차원을 형성하고 있는 이런 모델들, 가령 '17~18세기 이론가들의 저작에 나타난 고전주의의 개념'이나 '낭만주의자들의 저작에 나타난 낭만주의의 개념'과 같은 문화의 자기 평가적 모델을 이런저런 작가들의 실제 창작과 동일선상에서 연구하려는 것이다. 이는 논리적인 오류일 뿐이다.

'모든 것은 서로 다르며 하나의 보편적 체계를 통해 기술될 수 없다'라는 주장과 '모든 것은 단일하다, 우리는 단지 불변체적 모델의 경계 내에서 그것의 무수한 변체를 만나고 있을 뿐이다'라는 주장, 이 둘은 구약 전도서와 고대의 변증법으로부터 오늘날에 이르기까지 문화사 전체에 걸쳐 갖가지 양태로 반복되어온 명제이다. 그러므로 이 두 주장이 단일한 문화 메커니즘의 서로 다른 측면을 기술하고 있다는 점, 그것들이 상호 긴장 속에서 문화의 본질과 뗄 수 없는 관련을 맺고 있다는 점은 우연이 아니다.

바로 그것이 우리가 문화라고 정의하는 복잡한 기호학적 체계

1965. (국역본: 미하일 바흐친, 『프랑수아 라블레의 창작과 중세 및 르네상스의 민중문화』(이덕형·최건영 옮김, 아카넷, 2001))

의 기본적인 특징을 이룬다. 문화의 기능은——기억이며, 기본적인 자질은——자가 축적이다. 유럽 문명의 새벽녘에 헤라클레이토스Herakleitos는 이렇게 적었다. '자가 증식하는 로고스는 정신psyche에 본질적이다.'[37] 그는 [정신 뿐 아니라] 문화의 기본적인 자질 또한 지적했던 것이다.

우리의 관찰을 다음과 같이 일반화할 수 있을 것이다. 비기호학적인 체계(그러니까 '사회-커뮤니케이션-문화'의 복합체 외부)에 속하는 구조는 요소들의 내적 관계에 관한 모종의 구성적 원칙을 전제한다. 주어진 어떤 현상을 구조적인 것이라 부를 수 있으려면, 바로 이 원칙이 실현되어야만 한다. 따라서 어떤 현상이 이미 존재하게 된 이상, 그것은 자신의 질적인 규정성 내에서 대안을 지닐 수 없다. 그것은 구조를 지닌 채 그 자신으로 존재하거나 혹은 구조를 지니지 않은 채 존재하지 않을 수 있을 뿐이다. 이외의 가능성은 없다. 비기호학적 체계 내의 구조가 단지 고정된 정보량만을 담아낼 수 있는 것은 이 때문이다.

인류가 창조한 문화의 기호학적 메커니즘은 원칙적으로 이와는 다른 방식으로 구축된다. 우선 서로 상반되는 동시에 대안적 관계에 있는 구조적 원칙들이 도입된다. 그들 간의 관계, 그리고 그 관계로부터 발생하는 구조적 장 내에 이런저런 요소들을 배치하는 것은 체계가 정보의 저장기로 기능할 수 있게끔 하는 구조적 질서를 창출한다. 여기서 본질적인 것은 실제로 주어지는 것이 어떤 특정한 대안이 아니라는 점이다. 이 대안의 양은 한정되어 있고 해당 체계와 항상 동일하다. 실제로 주어지는 것은 **대안적 교체라는 원칙** 자체이며, 해당 구조의 모든 구체적인 대립은

---

[37] 『고대 철학: 증거, 단편, 텍스트들Античные философы: Свидетельства, фрагменты, тексты』, Сост. А. А. Авитисьян, Киев, 1955. 27쪽에서 인용.

일정한 차원에서 그것을 해석한 결과일 뿐이다. 그 결과, 요소들의 그 어떤 쌍이라도—지엽적인 것이든 일반적인 것이든, 심지어 기호학적 체계 전체의 그것이든 간에—대안적 의미를 획득하게 되고 정보로 가득 찬 구조적 장을 형성하게 된다. 결국, 이렇게 해서 정보가 눈사태처럼 확장될 가능성을 지니는 체계가 발생하게 되는 것이다.

그러나 문화의 눈사태 같은 불어남은 종종 매우 중대한 문화의 어떤 개별 구성소가 고정적인 것으로 등장할 수 있는 가능성을 배제하지 않는다. 예컨대, 자연언어의 변화 속도는 여타의 기호학적 체계들에 비해 현저하게 느려서, 다른 체계와 결합했을 때 공시적이고 고정적인 것처럼 보일 정도다. 그러나 문화는 '움직이지 않는/움직이는'이라는 구조적 쌍을 만들어냄으로써, 심지어 이로부터도 정보를 '짜낼' 수가 있다.

문화의 눈사태와 같은 성격은 정보량이 고정된 조건하에 존재하는 다른 모든 생명체와 비교했을 때 인류에게 특권을 제공한다. 그러나 이 과정에도 어두운 면이 존재한다. 문화는 마치 산업이 주변 환경을 파괴하는 것처럼, 탐욕스럽게 예비 자원을 탐식한다. 그것의 발전 속도는 결코 인간의 실제적인 필요에 의해 결정되지 않는다. 정보 작동 메커니즘의 교체 속도를 증가시키려는 내적 논리가 함께 작동하는 것이다. 이런 상황에서는 여러 분야(과학, 예술, 대중 매체 정보)에서 위기 현상이 발생할 수 있는데, 그것은 때로 문화가 포섭하는 전 영역을 사회적 기억 체계로부터 제외시키는 지경에까지 이를 수도 있다.

'자가 증식하는 로고스'는 언제나 긍정적인 평가만을 받아왔다. 이제 자신의 복잡함과 발전 속도로 인해 바로 그 로고스를 억제할 메커니즘이 불가피하게 발생할 것이라는 점은 확실해졌다.

물론 문화에는 아직도 많은 예비 자원이 존재한다. 그러나 그것을 이용하기 위해서는 문화의 내적 메커니즘에 관해 현재 알려진 것보다 훨씬 더 선명한 개념이 필요하다.

이미 지적했듯이, 언어는 일정한 커뮤니케이션 기능을 수행하며 그 기능 안에서 고립된 채 기능하는 체계로서 연구될 수 있다. 하지만 문화 체계 속에서는 그것에 또 다른 역할이 부여된다. 즉 언어는 **커뮤니케이션의 가능성에 관한 가정을** 집단에게 제공하는 것이다.

언어 구조는 언어적 질료로부터 추상화된다. 그것은 독립적인 것이 되어 계속해서 증식하는 현상계로 전이되며, 인간적 커뮤니케이션의 체계 속에서 언어로서 행동하기 시작해 문화의 한 요소가 된다. 문화의 영역으로 진입한 모든 현실은 기호로서 기능하기 시작한다. 그러나 만일 이미 기호적 성격을 갖고 있다면(사회적 의미에서 이런 종류의 모든 유사 기호는 명백한 현실이다), 그것은 기호의 기호가 된다. 무정형의 질료에 적용된 언어성의 가정은 그것을 언어로 바꾸고 언어 체계를 지향하면서 메타언어적 현상을 만들어낸다. 그렇게 해서 20세기는 과학적 메타언어를 창출했을 뿐 아니라 메타문학, 메타회화(회화에 관한 회화)를 만들어냈고, 분명 그것은 메타문화, 즉 전 영역을 포괄하는 이차적 질서의 메타언어 체계를 창출하는 방향으로 움직여갈 것이다. 과학적 메타언어가 특정 과학의 실제 문제를 해결하는 일과는 상관없이 자신의 고유한 목적을 갖고 있듯이, 오늘날의 '메타소설,' '메타회화,' '메타영화' 또한 일차적 질서의 상응하는 현상들과는 다른, 나름의 논리적 위계의 차원에 놓여 있으며 다른 목적을 추구하고 있다. 그것들을 한 평면에 놓고 보게 되면, 일련의 공학 과제에서 나타나는 논리적 문제와 마찬가지로 이상하게 보일 것이다.

  무수한 차원에 메타언어적 구성을 자가 증식할 수 있는 가능성, 그리고 그와 더불어 커뮤니케이션 영역 속으로 끊임없이 새로운 대상을 도입할 수 있는 능력이 문화의 정보적 예비 자원을 형성한다.

1971

문화의 기호학적 연구를 위한 테제들
(슬라브 텍스트로의 적용)

1.0.0. 문화 연구의 근본적인 전제는 정보의 산출·교환·저장에 관련된 모든 종류의 인간적 활동이 모종의 통일성을 지닌다는 것이다. 개별 기호 체계 각각은, 설사 그것들이 내적으로 조직화된 구조로 나타날지라도, 오직 서로 의존하면서, 총체의 내부에서만 기능할 수 있다. 그 어떤 기호 체계도 고립된 채 기능할 수 있도록 보장하는 메커니즘을 지니지 않는다. 이로부터 도출되는 것은 기호학적 순환 과정을 다루는, 상대적으로 독립적인 일련의 과학을 정립할 수 있도록 하는 접근법과 더불어 또 다른 접근법이 가능하다는 것이다. 후자의 접근법에 따르면, 모든 개별적인 사례는 상이한 기호 체계들의 기능적 상관관계를 연구하는 단일한 학문, 즉 **문화기호학**의 개별적인 측면들로 간주될 수 있다. 이런 관점에서 문화의 언어들 간의 위계 구조의 문제, 그들 사이의 영역 배치의 문제, 그리고 이들 영역이 서로 교차하거나 그저 인접하고 있는 여러 경우들에 특별한 중요성이 부여된다.

1.1.0. 기호-유형학적 성격을 띠는 연구에서 문화의 개념은 기초적인 것으로 받아들여진다. 이때, 문화를 바라보는 관점을 (해당) 문화 고유의 관점으로 바라보는 경우와 그것을 기술하는 과학적 메타언어의 관점으로 바라보는 경우로 구분해야 한다. 첫

번째 입장에 따르면, 문화는 그것 외부에 자리한 인간의 역사와 경험, 활동의 현상과 대립하는 모종의 한정된 [내부] 영역으로 나타난다. 즉, 여기서 문화의 개념은 그에 대립하는 '비문화'의 개념과 긴밀하게 연관되어 있다. 이런 대립을 야기하는 원인은 해당 문화의 유형에 달려 있다(즉, 문화의 유형에 따라서 '진짜 종교 대 거짓 종교' '계몽 대 무지' '특정한 인종적 그룹에 속함 대 속하지 않음' 등의 안티테제로 모습을 달리할 수 있는 것이다). 그러나 모종의 닫힌 영역에 포함됨과 그로부터 배제됨 사이의 대립 자체는 문화의 개념을 '내적' 관점을 통해 해석하기 위한 가장 중요한 특징을 이룬다. 대립을 절대화하려는 전형적인 경우가 발생하는 것은 바로 이 때문이다. 즉, [대립을 절대화한 결과] 마치 '외적' 상대자 없이 문화가 내재적으로 이해될 수 있는 것처럼 여겨지는 것이다.

1.1.1. 이렇게 볼 때, 정보 대 무질서(엔트로피)의 대립, 즉 문화를 인간 사회의 조직화된 영역으로 정의하고 비조직화를 그에 대립시키는 것은 대상을 '내적으로' 정의하는 여러 가지 방식 중 하나로 볼 수 있다. 이것이 재확인시켜주는 것은 20세기의 과학(여기서는 정보 이론)이 [20세기 문화를 기술하기 위한] 메타 체계일 뿐 아니라 그 자신이 '현대 문화'라는 묘사 대상의 한 부분이기도 하다는 사실이다.

1.1.2. '문화 대 자연,' 즉 '가공된 것 대 가공되지 않은 것' 간의 대립도 '포함 대 배제'라는 안티테제가 역사적으로 조건화된 부분적인 해석일 뿐이다. 가령, 20세기 러시아 문화, 특히 시인 블로크A. A. Blok의 예를 통해 유명해진 '문화 대 문명'의 안티테제를 보면, 조직화된 문화는 인간이 만든 것이 아니라 '음악적 혼'이 창조한 것, 즉 원래부터 '태곳적인' 것으로 간주된다. 그렇

기 때문에 가공성의 자질이 '문화 대 문명'의 대립 중에서 (문화가 아닌) 그 반대항(문명)에 부여되고 있는 것이다.

1.2. 한편 문화를 기술하는 외적 시점에서 볼 때, 문화와 비문화는 상호 의존적인 영역, 즉 서로가 서로를 필요로 하는 영역에 해당한다. 문화의 메커니즘은 외적 영역을 내적 영역으로 바꾸어놓는 기제이다. 그것은 비조직화를 조직화로, 무지를 계몽으로, 죄인을 성자로, 엔트로피를 정보로 바꾸어놓는다. 문화는 외적 영역과 내적 영역 간의 대립으로서만 존재하는 것이 아니라 한 영역에서 다른 영역으로의 이동을 통해서도 존재한다. 따라서 그것은 외부의 '혼돈'과 투쟁하는 동시에 그것을 필요로 한다. 말하자면 문화는 외부의 혼돈을 파괴할 뿐 아니라 끊임없이 그것을 창조하고 있는 것이다. 문화가 문명(및 '혼돈')과 맺는 연관성 중 하나는, 문화가 자신의 대립항에 이롭도록 끊임없이 스스로의 '낡은' 요소를 떼어내버리고 상투어가 된 그 요소를 비문화 속에서 기능하도록 만든다는 점이다. 결국, 극단적인 조직화의 결과로 문화 자체 내부에서 엔트로피의 증가가 실현되는 것이다.

1.2.1. 이와 관련해 지적할 수 있는 것은, 모든 문화 유형에는 고유의 '혼돈' 유형이 대응된다는 점이다. 후자는 결코 일차적이고 단일하며 항상 자기 동일적인 어떤 것이 아니다. 그것은 문화적 조직화의 영역과 마찬가지로, 인간의 적극적인 창조의 산물로 보아야 한다. 역사적으로 주어진 모든 문화 유형은 자신만의, 즉 자신에게만 고유한 비문화 유형을 갖고 있다.

1.2.2. 문화 외적인 비조직화의 영역은 문화의 정확하게 뒤집힌 영역이 될 수도 있고, 해당 문화에 침잠된 관찰자의 관점에서는 조직화되지 않은 공간이 될 수도 있다(그러나 외적 관찰자의 관점에서 볼 때 그것은 '다른' 조직화의 영역이 된다). 『원초 연대

기』에서 12세기 키예프 수도승이 묘사하는 이교 신앙의 재건 방식은 첫번째 경우의 예가 될 수 있다. 기독교도와 종교적 논쟁에 참여한 마법사는 '당신들의 신은 누구인가? 그들은 어디에 사는가?'라는 질문에 다음과 같이 대답한다. '그들은 땅속 깊은 곳에 거주한다. 그들의 겉모습은 검고 날개가 달려 있으며 꼬리가 붙어 있다……' 문화적으로 전유된 세계의 영역에서는 신이 '높은 곳'에 할당되는 반면, 외부 공간에서는 아래쪽에 자리한다. 이후 문화 외적인 공간은 해당 문화 체계 내에서의 부정적인 '하부' 세계와 동일시되기 시작한다('심연에 앉아 있는 신은 악마이다. 신은 하늘에 계시다'). 두번째 경우에 해당하는 것은 폴랴닌족 연대기 작가의 다음과 같은 단언이다. 그는 드레블랸족에게는 '결혼 제도가 없다'고 단언한 후, 그들 가족의 조직화 방식을 묘사하는데, 그가 결혼으로 간주하지 않고 있는 것들은 오늘날의 연구자에게는 당연히 결혼으로 간주될 수 있는 것이다.¹

1.2.3. 비록 문화가 자신의 경계를 넓히면서, 모든 문화 외적 공간을 자신의 닮은꼴로 만들어 그것을 완벽하게 찬탈하기 위해 애를 쓴다 할지라도, 외적인 기술의 관점에서 볼 때, 조직화의 영역을 확대하는 것은 곧 비-조직화의 영역을 확대하는 결과를 낳게 된다. 그리스 문명의 좁은 세계에는 그것을 둘러싼 협소한 규모의 '이방인들'이 대응된다. 지중해 고대 문명의 공간적인 확

---

1 〔옮긴이 주〕 천상의 신이 심연의 악마에 대응되는 경우(『원초 연대기』)는 문화 외부의 영역이 조직화된 내부의 반대, 즉 대칭적인 거울상(고↔저)을 이루는 '반anti-문화'의 경우로 볼 수 있다. 반면, 폴랴닌족의 관점에서 문화 외부에 해당하는 드레블랸족의 삶을 조직화가 '부재'하는 영역으로 간주하는 경우에서 드레블랸족은 비non-문화에 해당한다. 비문화와 반문화의 개념에 관해서는 앞의 글 「문화의 기호학적 메커니즘에 관하여」를 참고하라.

장은 문화 외적 세계의 팽창을 동반했다(물론 해당 문화 유형의 개념으로부터 벗어난다면, 그 어떤 확장도 일어난 바 없다고 말할 수도 있을 것이다. 어떤 민족들은 로마의 문명 세계에 알려지기 이전이나 이후나 별반 다르지 않게 살았을 수 있다. 그러나 해당 문화의 관점에서 본다면, 그것의 '전방'은 끊임없이 확장되어 왔다). 흥미로운 것은, 문화의 공간적 확장을 위한 여분을 다 써버린 20세기(모든 지리적 공간은 '문화화'되었고, 이제 전방은 사라졌다)에는 문화에 대립하는 새로운 유형의 공간을 구축하는 데 있어 무의식의 문제에 관심을 기울였다는 점이다. 문화가 한편으로 무의식의 영역에, 다른 한편으로는 우주에 대립하는 이런 현상은 20세기 문화의 내적인 구조를 이해하는 데 있어서 본질적인 문제다. 예컨대 그것은 12세기 루시Rus'와 스텝의 대립,[2] 혹은 19세기 후반 러시아 문화에서 민중과 인텔리겐치아의 대립을 이해하는 것만큼이나 본질적인 것이다. 문화적 사실로서의 무의식이라는 문제는 20세기의 발견이기보다는 오히려 20세기가 창조해 낸 것이다.

1.2.4. 이 단계에서 '문화' 대 '문화 외적 공간'의 대립은 최소한의 단위체를 이룬다. 문화 외적 공간의 계열체는 사실상 주어져 있다(가령 '유아의 세계,' 현 문화의 관점에서 본 '이국적-인종의 세계,' '무의식의 세계,' '병적 세계' 등이 될 수 있다). 중세 텍스트에서 타민족을 묘사할 때도 동일한 방식을 취했다. 중심에는 모종의 정상적인 '우리'가 자리하고, 여타의 민족들이 비정상

---

2 〔옮긴이 주〕 키예프를 중심으로 한 도시국가인 키예프 공국Kiev Rus'과 초원지대steppe의 유목민인 몽골 간의 대립을 말하는 것이다. 동슬라브인들과 바이킹족이 함께 세운 키예프 루시는 1240년 몽골에 정복당한 후 약 삼백 년 간의 지배를 받게 된다. 몽골 지배의 문화적 측면에 대해서는 「주체이자 그 자신에게 객체인 문화」의 주 6을 참고하라.

에 관한 일종의 계열체적 세트를 이루며 대립하고 있다.

1.3. 문화의 메커니즘에서 외적 공간이 갖는 적극적인 역할은, 부분적으로는 다음과 같은 사실에서 확인된다. 어떤 이데올로기적 체계는 문화 형성의 단초를 다름 아닌 조직화되지 않은 외적 영역과 관련짓는 한편, 이에 대립하는 질서 잡힌 내적 영역을 일종의 죽은 공간으로 간주한다. 예컨대, 러시아와 유럽을 대립시키는 슬라브〔애호〕주의가 그런 경우다. 슬라브주의에서 정상화되지 못한 외부, 즉 문화적으로 전유되지 못한 러시아는, 그럼에도 불구하고 미래의 문화를 위한 단초를 소유한 영역으로 간주된다. 그러니까 서구는 질서화된 닫힌 세계로 간주되지만, 동시에 여기서 '문화적'이라는 말은 곧 문화적으로 이미 죽어버린 곳이라는 점을 동시에 의미하게 되는 것이다.³

1.3.1. 따라서 외적인 관찰자의 관점에서 볼 때, 문화는 공시적으로 균형을 갖춘 부동의 메커니즘이 아니라 독특한 이원적 기제가 된다. 즉 그것의 '활동'은 질서화되지 않은 영역에 규칙성이 공격을 가하는 동시에, 반대로 조직화의 영역으로 비규칙성

---

3 〔옮긴이 주〕러시아 슬라브주의Slavophilism에 특징적인 이와 같은 '치환'의 논리는 여러 면에서 재검토해볼 만한 흥미로운 현상이다. 로트만에 따르면, 슬라브주의는 문화 형성의 단초를 조직된 내부가 아니라 조직화되지 않은 외부와 관련짓는 '뒤집힌' 경우인데, 이때 중요한 것은 그와 같은 역전을 뒷받침하는 내적 논리다. 즉 이 경우에 조직화되지 못한, 말하자면 (여전히) 문화적으로 전유되지 못한 '외부'인 러시아는 (이미) 문명화된(조직화된) '내부'인 서구에 비해 뒤쳐져 있지만, 그 뒤쳐짐은 사실상 뒤쳐짐이 아니라 (이미 '노쇠'해버린 서구에 대비되는) '젊음'을 뜻하는 것이 된다(즉 젊은 러시아↔노쇠한 서구). 흥미로운 것은 현재의 결점을 미래를 위한 긍정적 가능성으로 뒤바꾸는 이와 같은 치환의 메커니즘이 러시아 슬라브주의만의 독특한 현상이 아니라는 점이다. 재발견된 민족적 '전통'의 과거를 이상적 미래로 역투사하는 치환의 논리, 다시 말해 서구적 형태의 근대를 부정적인 기호(이미지)들로 표상하고, 그에 대한 대안으로 자신들의 '전통적' 가치를 재발견(발명)해내는 이런 사고의 메커니즘(부정적 옥시덴탈리즘occidentalism)은, 이후 이슬람과 인도, 그리고 중국의 지식인 집단에서 공통적으로 발견되는 비서구권 주변부 근대화의 일반적인 모델을 명백하게 예고해준다.

이 침투해 들어가는 방식을 통해 실현된다. 역사적 발전의 다양한 국면에서 둘 중 하나의 경향이 지배적인 것이 될 수 있다. 외부에서 도래한 텍스트들이 문화의 영역 내부에서 합체되는 현상은 때로 문화적 발전을 위한 거대한 자극제가 될 수 있다.

1.3.2. 문화적 영향과 상호 관계를 연구할 때, 문화가 외부 영역과 맺는 유희적 관계를 반드시 고려해야만 한다. 문화가 외부 영역에 집약적인 영향력을 행사하는 시기의 문화는 자신과 유사한 것, 즉 해당 문화의 관점에서 문화적 사실로 인식되는 것을 자기화한다. 반면 광범위한 발전의 시기에는 해독 수단을 갖고 있지 못한 텍스트까지 흡수하고자 한다. 아동 예술, 고대 및 중세 예술, 혹은 극동 지역이나 아프리카의 민중 예술이 20세기 유럽 문화에 폭넓게 침투한 것은 그것들이 자신에게 고유한 역사적 (혹은 심리적) 맥락으로부터 떨어져 나온 것과 관련되어 있다. 즉, 이들 텍스트는 '성인' 혹은 '유럽인'의 눈으로 응시되었다. 그들이 적극적인 역할을 수행하기 위해서는 반드시 '이상한 것'으로 받아들여져야만 했던 것이다.⁴

1.3.3. (닫힌) 내적 공간과 (열린) 외적 공간 사이의 긴장이 갖는 문화적 기능은, 특히 거주지의 구조에서 첨예하게 드러난

---

4 [옮긴이 주] 극동 지역이나 아프리카의 예술이 '성인'이나 '유럽인'의 눈으로 응시되었다는 것, 그것이 '이상한 것'이 되어 각자의 고유한 역사-심리적 맥락으로부터 떨어져 나와야만 했다는 이 지적은 분명 오늘날 탈식민주의postcolonialism 비평의 관심을 끌 만하다. 하지만 로트만 문화기호학의 관점에서 볼 때, 이를 '오리엔탈리즘'이라 비판하는 것보다 훨씬 더 근본적인 일은 문화가 자신의 외부 영역과 맺는 유희적이고 역동적인 관계의 메커니즘 자체를 이해하는 일이다. 모든 문화는 자신에게 고유한 '비문화'의 유형을 갖고 있으며, 나아가 그것을 만들어내고 있다는 앞선 지적을 상기할 때, 타 문화와 접촉하는 과정에서 발생하는 왜곡을 무작정 비판하기에 앞서 그와 같은 왜곡의 불가피성을 보다 엄밀히 탐색해야만 할 것이다. 타 문화를 자기화하는 과정에서 발생하는 복잡한 기호학적 메커니즘에 관한 보다 본격적인 논의는 이 책에 실린 논문 「문화들의 상호 작용 이론의 구축을 위하여」를 참고하라.

다. 인간은 집을 창조함으로써 공간을 제한하고, 그 제한된 공간이 (외부의 영역과 구분되어) 문화적으로 전유된 질서 잡힌 영역으로 간주된다. 그러나 이런 근본적인 대립이 문화적 의미를 획득하게 되는 것은, 오직 그것을 파괴하려는 정반대의 일관된 경향을 배경으로 했을 때이다. 이런 상황에서, 닫힌 '집'의 공간은 외적 세계의 대립항이 아니라 외적 세계의 모델이나 유비로 간주되기 시작한다(가령, 사원은 우주의 이미지가 된다). 이럴 경우 사원 공간의 규칙성은 무질서한 (외적) 공간을 압박하면서 외적 세계로 확장된다(내적 공간이 밖으로 팽창하는 경우). 다른 한편, 외적 세계의 몇몇 자질이 내적 세계로 침투해 들어올 수도 있다. 집 내부에서 '집의 집'을 분리하려는 경향은 이와 관련되어 있다 (가령, 제단의 공간은 내부 영역 안에 있는 또 다른 내부 영역이다). 바로크 건축에서는 이처럼 건물의 내부 공간과 외부 공간 사이에서 벌어지는 극도로 흥미로운 유희를 찾아볼 수 있다(프레임의) 경계가 '흘러넘치는' 구조의 다양한 사례(프레임 밖으로 그림이 연장된 경우, 대좌(臺座)에서 내려서는 조각상, 창문과 거울이 쌍을 이루어 외부 풍경이 내부로 도입된 경우 등)는 문화의 공간이 혼돈의 공간에 침투하는 경우와 그 반대의 경우를 동시적으로 발생시킨다.

2. 결국, 문화는 기호학적 체계들의 위계로 구성되는 것인 동시에, 그것을 둘러싼 문화 외부 영역의 다층적인 기제이기도 하다. 하지만 무엇보다도 먼저 문화의 내적 구조, 즉 문화를 구성하는 기호학적 하부 체계들의 구성과 상호 작용이 문화의 유형을 결정한다는 점은 논쟁의 여지가 없다.

2.1. 이제까지 언급한 사실에 비춰볼 때, 여러 문화 간의 상호

관계는 보다 넓은 맥락(예컨대, 유전학적 맥락이나 지역학적 맥락)에서는 기능적이고 구조적인 단일체를 이룰 수도 있다. 이러한 접근법은 문화에 대한 비교 연구, 부분적으로는 슬라브 민족 문화를 연구하는 데 있어 각별히 생산적인 것이 될 수 있다. 문화의 내적 계열체의 형성, 혹은 그것들을 '문화의 내적 영역' 대 '문화의 외적 영역'의 구조적 대립의 영역으로 확장하는 작업은 개별 슬라브 민족 문화들 사이의 상호 관계나, 나아가 여타의 문화에 대한 그들의 관계 등을 해결하는 데 도움을 줄 수 있을 것이다.

3. 현대 기호학의 근본 개념인 텍스트는 일반 기호학과 슬라브학을 연결하는 개념적 고리로 간주될 수 있다. 텍스트는 총체적 의미와 총체적 기능의 담지체이다(만일 문화연구가의 입장과 해당 문화의 참여자의 입장을 구분할 수 있다면, 전자의 관점에서는 총체적 기능이 되고 후자의 관점에서는 총체적 의미가 될 것이다). 이런 점에서 텍스트는 문화의 근본 요소, 즉 문화의 기초가 되는 단위체라 볼 수 있다. 텍스트가 문화 전체, 그리고 문화의 코드 체계들과 맺는 상호 관련성은 다음의 사실에서 드러난다. 하나의 전언은 다양한 차원에서 텍스트로도, 텍스트의 일부분으로도, 혹은 텍스트들의 집합체로도 나타날 수 있다. 예컨대, 푸시킨의 『벨킨 이야기』는 하나의 총체적인 텍스트로 여겨질 수 있지만, 텍스트들의 집합으로도, 혹은 '1830년대 러시아 중편 소설'이라는 하나의 단일한 텍스트의 일부분으로도 간주될 수 있다.

3.1. 특히 기호학적인 의미로 사용되는 '텍스트'의 개념은, 자연언어로 된 전언에만 적용되는 것이 아니라 모든 종류의 총체적('텍스트적') 의미의 담지체(가령 제의, 조형예술 작품, 뮤지컬 연

극 등)에 공히 적용될 수 있다. 반면, 자연언어로 된 모든 전언이 문화의 관점에서 텍스트가 될 수 있는 것도 아니다. 문화는 자연언어로 된 전언의 집합체 중에서 특정한 담화의 장르로 정의될 수 있는 것, 가령 '기도,' '법률,' '소설' 등과 같이 모종의 총체적 의미를 지닌 채 단일한 기능을 수행할 수 있는 것만을 분리해낸다.

3.2. 연구의 대상으로서 텍스트는 다음과 같은 문제의 맥락에서 고찰될 수 있다.

3.2.1. **텍스트**와 **기호**의 관계:

총체적인 기호로서의 텍스트와 기호들의 연쇄로서의 텍스트가 존재한다. 두번째 경우는 텍스트에 관한 언어학적 연구에서 많이 다루어지는데, 여기서는 후자가 텍스트의 유일한 경우로 여겨지곤 한다. 그러나 문화의 일반적인 모델에는 전자의 유형이 본질적이다. 거기서 텍스트의 개념은 기호들의 연쇄로 만들어진 이차적인 것이 아니라 일차적인 것으로 등장한다. 이런 유형의 텍스트는 분절적이지 않으며 기호들로 분할되지도 않는다. 그것은 그 자체로 총체이며 개별적인 기호들로 분할되는 것이 아니라 변별 자질들로 분절된다. 이런 의미에서, 영화나 텔레비전 같은 현대의 각종 시청각 대중 전달의 체계에서 텍스트에 부여되는 일차적인 성격과 수리 논리학이나 수학, 형식 문법 이론과 같은 체계(이들 체계에서 언어는 곧 일련의 텍스트의 집합으로 이해된다)에서 텍스트가 행하는 주도적인 기능 사이에는 유사한 호응 관계가 발견될 수 있을 것이다. 그러나 텍스트의 일차성을 보여주는 이 두 경우 사이에는 원칙적인 차이점이 존재한다. 정보 전달을 위한 시청각 체계와 그보다 오래된 체계인 회화, 조각, 춤(팬터마임), 발레 등에서는 연속적인(즉, 비분절적인) 텍스트가 우선적인 반면(이 경우 화폭의 모든 평면이 곧 텍스트가 되거나, 그림 속의 개별 기호가 구분될 때는 화폭의 일부분이 텍스트가 된다), 형식 언어에서 텍스트는 항상 (어떤 근본적인 문자(알파벳) 요소(어휘집)의 자격을 갖는) 각종 분절적 상징의 연쇄로서 나타난다.

분절적인 형식을 띠는 언어 모델(즉, 정보가 분절적인 형식으로 전달되는 상황)을 향한 지향은 20세기 초중반의 언어학을 특징짓는 현상이었다. 그러나 현대 기호학 이론에서 이런 현상은 연속적인 텍스트(즉, 정보가 비분절적인 형식으로 전달되는 상황)를 향한 관심으로 바뀌고 있다. 이런 교체는 문화 자체 내부에서 연속적인 텍스트를 보다 지배적으로 사용하는 커뮤니케이션 체계가 점점 더 큰 의미를 지니게 된 오늘날의 상황에 대응하는 것이다.[5] 가령 텔레비전에서 기본적 단위체가 되는 것은 원초적인 삶의 상황 자체인바, 이는 방영의 순간(혹은 필름 촬영의 순간) 이전까지는 결코 요소들로 분절될 수 없는 것이다. 하지만 영화나 텔레비전, 그리고 텔레비전 영화와 같은 대중 전달을 위한 시청각 매체는 두 가지 방식의 결합을 특징으로 한다. 영화는 분절적 기호, 무엇보다도 구어를 비롯한 각종 일상의 언어를 전혀 거부하지 않는다. 영화는 유형학적 측면에서 보다 오래된 다른 체계로부터 '날것' 혹은 '전(前) 영화적' 질료의 자격으로 많은 것을 들여왔으며, 그것을 총체적인 텍스트에 포함시켰다(가령 안제이 바이다A. Wajda 감독의 영화 「재와 다이아몬드Popiol i Diament」 (1957)에서, 교회의 십자가상 장면은 그 자체로 분절적인 상징으로

---

5 〔옮긴이 주〕 1970년대 초반에 로트만이 내린 이런 진단은, 주지하다시피 오늘날 더욱 더 명백한 것이 되었다. 문명의 지배적 관심이 분절적discrete 형식으로부터 연속적continuous 형식으로 옮아가는 이런 현상은 오늘날 '문자에서 그림으로,' '텍스트에서 이미지로,' '문학에서 영화로' 따위의 다양한 구호를 통해 표명되고 있다.

등장한다. 동시에 그것은 영화의 주인공과 관련된 전체 장면의 맥락에서 새롭게 재해석된다). 흔히 분절적 기호는 여타의 (보다 고대적인) 체계에서 전이되어 연속적인 텍스트에 포함될 수 있는데, 이러한 예는 역사적으로 초창기에 속하는 시각적 체계, 특히 고대의 그림에서 찾아볼 수 있다. 예컨대 (고대 슬라브 신화를 포함해서) 매우 많은 신화-제의적 전통에서 세계수(世界樹)[6]에 걸린 인간의 형상(혹은 그에 상응하는 다른 형상)은 텍스트의 구성적 중심으로 등장한다. 이런 사례를 통해 기호학적 체계의 진화와 관련된 모종의 보편 법칙을 추론할 수 있는데, 즉 특정한 기호나 총체적 전언은 일종의 구성 성분의 자격으로 다른 기호 체계의 텍스트에 포함될 수 있으며, 바로 그런 식으로 향후에도 보존될 수 있는 것이다(결국 이는 전이된 기호가 변형된 기능을 수행하게 됨을 뜻하는데, 예컨대 신화-제의적인 기능이 미적 기능으로 변모된 앞의 예가 그에 해당한다). 한편, 이런 식의 일반화는 가장 고대적인 기호학적 체계를 재구축하기 위한 방법론을 정립하는 과제에 흥미로운 시사점을 줄 수 있다. 이런 재구축의 방법론은 역사적 전통으로서 보존되어 있는 구전문학 텍스트에 (범슬라브 신화와 같은) 고대적 체계의 기호(/텍스트)가 반영되어 있으며, 따라서 이런 변형된 잔존 형태를 고찰함으로써 원래의 기호를 재발견할 수 있다는 사고에 기초하고 있다. 이런 관점 외에도, 현대

---

6 〔옮긴이 주〕 우주목(宇宙木) 혹은 생명수(生命樹)로도 불리는 세계수는 생명의 원천, 세계의 중심 또는 인류의 발상지를 상징하는 나무를 말한다. 하늘을 향해 높이 치솟은 형상과 무한히 반복되는 죽음과 재생의 생명력으로 인해 나무는 거룩한 실재의 표현으로 간주되어 왔다. 에덴동산의 선악과 또한 이에 속하는 것으로 이와 같은 메소포타미아, 이집트, 이란, 인도, 북유럽의 민간신앙, 신화, 전설 속에 널리 분포되어 있다. 이 논문의 공저자 중 한 사람인 토포로프V. Toporov는 이 세계수의 사상을 통해 구석기 시대의 예술적 상징이 후대의 기호 체계로 구성되어 가는 과정을 확인할 수 있으며, 기호 체계와 맥락 간의 상관성을 추정할 수 있다고 주장한다.

적인 매스 커뮤니케이션의 수단을 역사적으로 그에 선행하는 체계와 관련지어 분석하는 작업은 문화의 언어를 비교학적으로 연구하는 작업에 유기적으로 포함될 수 있을 것이다(가령 바이다의 영화를 폴란드 바로크 전통과 비교하는 작업은 해볼 만한 것이다. 이때 작품의 감정적인 분위기 뿐 아니라 '전(前) 영화적' 질료를 선택하는 특징적인 방식 또한 비교 대상이 될 수 있다).

회화나 영화와 같은 연속적인 텍스트를 기술하기 위해, 상부↔하부, 왼쪽↔오른쪽, 어두운↔밝은, 검정색↔흰색과 같이 변별적 자질로 이루어진 분절적 메타언어를 선택하는 일은, 그 자체로 고대적 경향의 발현으로 간주될 수 있다. 이 경향은 대상-언어로 이루어진 연속적인 텍스트에 이원적인 상징 분류 체계에 보다 특징적인(즉, 신화나 제의의 고유한 유형이라 할) 메타언어학적 범주를 부여한다. 그러나 연속적 텍스트의 창조와 인지 과정에서 이런 분절적 메타언어가 일종의 원형으로서 보존되는 현상을 예외로 간주해서는 안 될 것이다.

결국, 분절적 유형이나 비분절적 유형이 지배적인 것으로 대두되는 현상은 문화 발전의 특정한 단계와 연관된 것이다. 하지만 반드시 강조할 것은 이 두 경향이 공시적으로 공존하는 것으로도 제시될 수 있다는 점이다. 그들 사이의 긴장(가령, 말과 그림 간의 투쟁)은 문화 전체에서 가장 항구적인 메커니즘 중 하나이다. 둘 중 어느 하나의 지배가 상대방을 완전히 억압하는 형식을 취하는 것은 아니다. 일방의 지배는 단지 문화가 특정한 텍스트적 구조를 보다 지배적인 것으로서 지향하는 형식일 뿐이다.[7]

---

[7] 〔옮긴이 주〕인류 문화가 상이한 방식으로 구축된 두 가지 기호 체계를 지니고 있다는 사실은 잘 알려져 있다. 말과 그림, 텍스트와 이미지, 언어적 표상과 회화적 표상, 담론 discourse과 형상figure, 도상과 상징, 분절적 기호와 비분절적 기호 등 다양한 방식으

3.2.2. 텍스트와 '발신자 - 수신자'의 문제:

문화적 커뮤니케이션 과정에서 '화자의 문법'과 '청자의 문법'이라는 문제는 각별한 의미를 지닌다. '화자의 입장'을 지향하는 개별 텍스트와 '청자의 입장'을 지향하는 개별 텍스트가 가능하듯이, 특정한 문화 유형 전체가 그와 같은 고유한 방향성을 띨 수도 있다. 예컨대, 청자를 지향하는 문화의 예는 '가장 가치 있는 것'의 개념이 '가장 쉽게 이해될 수 있는 것'의 개념과 동일시되는 문화가 될 것이다(즉, 최고의 가치는 이해의 용이성이다). 이럴 경우 언어에 이차적으로 부가되는 체계들(* 2차 모델링 체계들)의 특수성은 최소한으로 표현되어야 한다. 즉, 최소한의 관례성을 지향하는 이런 텍스트는 의식적으로 자연언어로 된 '벌거벗은' 전언의 유형을 따르면서 '직접성'을 모방하고자 한다. 연대기, 산문(특히 수기), 잡지 연대기, 다큐멘터리 영화 등이 가치론적 위계의 상부를 차지한다. '그럴듯함,' '진실됨,' '단순함' 등이 최상의 가치론적 특징으로 간주될 것이다.

한편 화자를 지향하는 문화에서 최상의 가치를 지니는 것은 쉽게 접근할 수 없는 닫힌 텍스트, 혹은 거의 완전히 이해할 수 없는 텍스트이다. 말하자면 이는 비교적(秘敎的)인 유형의 문화이다. 예언적이고 설교적인 텍스트, 방언과 특이한 시 형식이 이

로 표현되는 이런 대립항의 존재는 문화사의 시작과 함께 동반되어온 지속적인 현상이다. 반면, 다른 한편에서는 이들 대립항 간의 경계를 허물어뜨리기 위한 지속적인 시도가 확인된다. 매체 순수주의의 반대편에는 경계선을 넘나드는 자유로운 교환과 융합을 향한 지향이 또한 존재한다. 글과 그림, 텍스트와 이미지 간의 이런 '섞임'과 '짜임'은 문화의 그 어떤 영역보다도 예술 속에서 두드러지게 나타난다(언어를 통해 '이야기'하는 시(詩)는 끊임없이 무언가를 '보여주기' 위해 조형적 기호의 이미지를 닮으려 하고, 회화와 영화는 본질상 비언어적인 매체를 통해 무언가를 '전달'하기 위해 계속해서 언어적 수단에 호소한다). 한편, '의미심장한 타자들의 이와 같은 공존은 흔히 '기호 전쟁' (우열 논쟁paragone)이라 불리는 흥미로운 대립의 역사를 만들어냈다.

문화에서 높은 자리를 차지한다. '화자'와 '청자'를 향한 문화의 지향은 다음과 같은 점에서도 잘 드러나는데, 즉 전자의 경우 청중이 텍스트를 만든 사람의 모범에 따라 스스로를 모델링하는 반면(즉, 독자는 시인의 이상에 근접하고자 애를 쓴다), 후자의 경우에는 발신자가 청중의 모범에 따라 스스로를 구축한다(즉, 시인은 독자의 이상에 근접하고자 애를 쓴다). 다른 한편으로, 문화의 통시적인 발전 역시 커뮤니케이션 공간 내부에서의 이동으로 간주할 수 있다. 예컨대 시인 파스테르나크는 작가 자신의 창작적 진화 과정에서 화자를 향한 지향에서 청자를 향한 지향으로 이동한 예로 볼 수 있다. 『장벽을 넘어』와 『나의 누이—삶』, 『주제와 변주들』의 초판을 간행하던 시절의 그에게 중심적이었던 것은 독백적인 말, 그러니까 세계에 대한 개인적 비전을 최대한 정확하게 표현해줄 수 있는 말과, 그와 결부된 시적 언어 구조의 각종 의미론적(때로는 통사론적) 특징이었다. 반면, 후기 작품에서는 담화 상대자, 그러니까 (모든 전언을 이해해야만 하는 잠재적 독자로서의) 청자를 향한 대화적 지향이 지배적이다. 이 두 가지 태도 사이의 대립이 특히 극명하게 드러나는 경우는 작가가 동일한 인상을 두 가지 방식을 모두 사용해 표현하고자 시도할 때이다(시 「베네치아」의 두 가지 버전과 베네치아에서 받은 첫 인상을 표현한 두 가지 산문 버전을 보라(「안전통행증」과 자서전 『사람과 상황들』). 시 「즉흥연주」의 두 가지 버전(1915/1946)도 있다). 한편, 이와 같은 변화가 단지 개인적인 원인에 의한 것이 아니라 유럽 아방가르드의 발전에서 보이는 모종의 법칙이기도 하다는 점은, 마야콥스키V. V. Mayakovsky나 체코 아방가르드 시인이었던 자볼로츠키N. A. Zabolotsky의 창작적 이동 과정에서 증명된다. 사실, 화자를 향한 지향에서 청자를 향한 지향으로 이동하는 노선이 유일하게 가능한 길은 아니다. 파스테르나크의 동시대인 중에서도 시인 아흐마토바A. A. Akhmatova 같은 경우는 정반대의 노선을 보여주었다(후기작 「주인공 없는 서사시」)를 초기 작품들과 비교해보라).

3.2.3. 예술적 스타일의 양극적 대립의 유형, 예컨대 '르네상스 대 바로크,' '고전주의 대 바로크,' '고전주의 대 낭만주의'와 같은 대립 유형이 과연 얼마만큼 화자나 청자를 지향하는 문화 유형과 관련될 수 있는지를 밝힐 필요가 있다(가령, 첫번째 유형(화자 지향)에 속하는 것으로는, 중세 초기나 바로크, 혹은 낭만주의나 아방가르드 문학을 들 수 있을 것이다). 한편 각각의 대립항 내부에서도 마찬가지 방식으로 다시 대립항을 구축할 수 있다(매너리즘 같은 매개적 유형의 존재는 이와 연관될 수 있다). 러시아 문화에 청자를 지향하는 스타일이 상대적으로 뒤늦게 도입되었다는 사실은 러시아 문화 내부에 화자를 지향하는 스타일에 근접한 특징들이 존재한다는 점(가령 슬라브 후기 르네상스에 잔존하는 바로크적 색채)과 관련되어 있을 것이다. 화자를 지향하는 여러 스타일이 공유하는 모종의 공통 자질은, 절대적인 시차와 관계없이 확인되는 스타일상의 유사성에 대해 문제를 제기할 수 있도록 한다(가령, 폴란드 시인 노르비트C. K. Norwid의 연작시 「나와 함께 가자」와 러시아 여류 시인 츠베타예바의 시가 스타일상의 유사성을 갖는 것이 그 예이다).

3.2.4. 정보를 기록할 수 있는 외적 수단을 갖춘 문화에서는 발신자와 수신자의 커뮤니케이션 채널에 기억이 장착되기 때문에, 잠재적 수신자와 실제 수신자 간의 구별이 생겨난다(예컨대, 바라트인스키의 시에 나타나는 '내 먼 후손들'은 전자의 예이다). 실제 수신자의 총계는 관계를 뒤집으면 발신자와 연결될 수 있

다. 특히 그와 같은 총계의 도움을 받는다면, 시대와 세대, 사회적 그룹의 미적 규범에 상응하는 일련의 텍스트를 전체 텍스트에서 골라내는 집단적 선택 작업이 수행될 수 있다. 사이버네틱스 진화 모델에서 발전된 기구를 통해 이런 선택의 메커니즘을 모델링할 수도 있을 것이다. 정보이론의 관점에서 볼 때, 특정 텍스트의 정보량은 전체 텍스트의 총량과 관련되어 결정되기 때문에, 오늘날 우리는, 최대의 정보량을 생산하는 텍스트를 만들고자 하는 집단적 선택의 과정에서 소위 '마이너 작가'들이 행하는 역할을 보다 정확하게 기술할 수 있을지도 모른다. 작가의 개인적인 선택 작업(예컨대, 수고본에 반영된 선택)은 집단적 선택 작업의 연장으로 볼 수 있다. 그 둘은 때로는 일치할 수도 있지만 대부분의 경우는 어긋나게 된다. 즉, 때로는 일치하고 대부분의 경우 상반된 것으로 나타나는 집단적 선택 작업의 연장이라고 볼 수 있다. 이런 관점에서 보자면, 선택을 가로막는 요인들을 연구하는 것이 유익할 수도 있다.

커뮤니케이션 채널에 존재하는 기억의 문제는, 장르 구조나 커뮤니케이션 자질(이는 때로 그 전 시대로까지 거슬러 올라갈 수도 있다) 속에 반영된 기억(가령, 바흐친의 '장르의 기억')의 문제와도 관련될 수 있다.

4. 우리는 문화를 특정한 2차 언어로 정의하면서 '문화 텍스트'라는 개념을 도입하고자 한다. 문화 텍스트는 2차 언어로 된 텍스트이다. 이런저런 자연언어 또한 문화의 언어에 포함되므로, 자연히 자연언어로 쓰인 텍스트와 [문화 텍스트로서의] 문화의 언어적 텍스트 사이의 상호 관계가 문제된다. 이때 다음과 같은 관계의 유형이 가능하다.

a) 우선, 자연언어로 된 텍스트가 해당 문화의 텍스트가 되지 못하는 경우가 있다. 예컨대 문자성을 지향하는 문화에서 사회적 기능이 구어적 형식에 한정된 텍스트들이 이에 해당한다. 해당 문화가 가치와 의미를 부여하지 않는 (그래서 보관하지도 않는) 모든 텍스트는 이런 관점에서 텍스트가 되지 못한다.[8]

b) 2차 언어로 된 텍스트이면서 동시에 자연언어로 된 텍스트이기도 한 경우가 가능하다. 가령, 푸시킨의 시는 (문화 텍스트이면서) 동시에 러시아어로 쓰인 텍스트이기도 하다.

c) 해당 문화의 언어 텍스트가 그 문화의 자연언어로 된 텍스트가 아닐 수도 있다. 가령, 외국어로 쓰인 텍스트(라틴어로 쓰인 슬라브 기도문)나, 자연언어의 특정 층위를 규칙에 맞지 않게 변형시켜 만들어낸 텍스트(예컨대, 유아 창작에서 그런 종류의 텍스트가 행하는 기능과 비교하라)[9]가 이에 해당한다. 흘레브니코프의 시 텍스트에서는 일반 언어의 관점에서 볼 때 잘못된 구성에 해당하는 부분을 많이 발견할 수 있다. 이는 음성학적 구조('bobeobi')에서 시작해서 형태-어휘론적 구조(고대부터 슬라브 시의 특징적인 기법이었던, 어원적 형상의 재생에 기초한 다수의 신조어들('lukaet lukom,' 'smeyanstvuet smexamy')), 나아가 통사론적 구성('Tyi stoishi shto delaja')에까지 걸쳐 있다.[10]

---

8 비텍스트non-text와 해당 문화의 '반텍스트anti-text'를 구분해야만 한다. 단순히 보관되지 않는 발화는 제거되는 발화와는 다른 것이다.
9 해당 전언이 문화 텍스트에 속한다는 사실이 그것을 해당 언어로 쓰인 텍스트로 인식하게끔 만드는 경우도 매우 드물지만 가능하다.
10 〔옮긴이 주〕흘레브니코프(V. V. Khlebnikov, 1855~1922)는 마야콥스키와 더불어 러시아 미래주의futurism를 대표하는 시인이다. 그는 시인 크루첸니흐A. Kruchenykh와 함께, 지시적이고 이성적인 공통어와 구분되는 자족적이고 초이성적인 언어('자움zaum')를 고안해, 이를 실제 창작에서 구현하고자 했다. 이 과정에서 그는 슬라브 공통어근을 다채롭게 '변형'시킨 갖가지 신조어들을 창조했으며, 이 때문에 흔히 러시아어의 가능성을 극한까지 밀어붙인 시인으로 평가되곤 한다.

그러나 이 모든 것은 시의 관점에서 볼 때는 충분히 문법적이라고 간주될 수 있는 텍스트 속에 포함됨으로써, 그 자체로 러시아 시 언어 역사의 한 요소가 된다. 그에 앞선 진화 단계에서 유사한 현상을 찾는다면, 『환상적인 이야기와 넌센스 이야기』 같은 민속 텍스트의 형식을 들 수 있을 것이다. 일반 언어에서 의미론적 규범의 파괴로 받아들여지는 것이 여기서는 텍스트의 구성 원리가 된다.

4.0.1. 텍스트와 기능의 상호 관계:

이 상호 관계에 입각해 문화의 유형학을 구축하는 과제 또한 본질적이다. 텍스트라고 하면, 해당 문화 내부의 일정한 생성 규칙에 따라 형성된 전언만을 일컫는다. 좀더 일반적인 형식으로, 이런 규정은 모든 종류의 기호학적 체계에 적용될 수 있다. 다시 말해 동일한 전언이 다른 언어나 체계 안에서는 더 이상 텍스트가 되지 않을 수도 있다는 말이다. 여기서 확인되는 것은 문법적 정당성이라는 언어학적 개념(이 개념은 현대 형식 문법 이론에서 지대한 중요성을 갖는다)과의 일반 기호학적인 유비이다. 문화의 관점에서 볼 때, 모든 언어로 된 전언이 텍스트가 되는 것이 아니듯이, 반대로 문화의 관점에서 본 모든 텍스트가 곧 자연언어로 쓰인 올바른 전언이 되는 것도 아니다.

4.1. 전통적인 문화사는 매 연대기적 단면에서 오직 '새로운' 텍스트, 그러니까 해당 시대가 만들어낸 텍스트만을 고려했다. 그러나 문화의 실제 존재 양태에는 새로운 텍스트들과 더불어 항상 해당 문화의 전승된 전통이나 외부에서 도입된 텍스트가 함께 기능하고 있다. 바로 이 점이 문화의 공시태에 문화적 복수 언어주의의 자질을 부여한다. 각종 사회적 차원에서 진행되는 문화 발전의 속도가 같지 않기 때문에, 문화의 공시태는 통시성, 즉

'오래된' 텍스트의 적극적인 재생산 과정을 포함할 수 있다. 가령, 18~19세기의 러시아 구교도들에게서 표트르 이전 시대의 생생한 일상 문화를 발견할 수 있는 것이다.[11]

5. 텍스트 공간 내에서 텍스트의 위치는 해당 텍스트가 잠재적 텍스트들의 집합과 맺는 관계에 의해 결정된다.

5.0.1. 텍스트에 대한 기호학적 개념과 전통적인 문헌학의 과제 사이의 관련성은 슬라브학이라는 학문 분야의 예에서 특히 명징하게 드러난다. 슬라브학의 연구 대상은 지금껏 항상 일정한 텍스트의 집합이었다. 그러나 학문적 사고가 변화하고 또 그것을 이끈 동인인 문화 자체가 변모함에 따라, 동일한 작품이 텍스트가 될 수 있는 자격을 얻기도 하고 또 잃기도 한다. 이에 대한 전형적인 예는 고대 러시아 문학이다. 이 분야에서 원 자료의 용량은 상대적으로 불변하지만, 텍스트의 집합 목록은 학파와 연구자에 따라 현저하게 달라진다. 이는 어떤 구축된, 혹은 암시된 텍스트의 개념이 반영되기 때문이다. 한편 그러한 텍스트의 개념은 언제나 고대 러시아 문화라는 개념과 연관되어 있다. 후자의 개념을 만족시키지 못하는 원 자료는 '비텍스트'의 계열에 할당된다. 가령, '중세 예술 문화'라는 개념을 어떻게 채우느냐에

---

11 [옮긴이 주] 구교도 Old believers란 17세기 니콘의 종교개혁을 반대하고 옛 전례 의식을 고수할 것을 주장한 사제와 신자들을 일컫는 명칭인데(니콘 개혁에 관해서는 앞선 논문 「문화를 유형학적으로 기술하기 위한 메타언어에 관하여」 주 19 참고), 공식 교회에서 파문당해 분리파가 된 이후에 볼가강 연안 국경 지역, 시베리아 숲, 백해 연안 등에 자신들의 유토피아적 공동체를 건설했다. 기성 교회의 정신생활이 점차로 쇠퇴함에 따라 구교도는 일종의 사회운동이자 문화 전통으로서 꾸준히 존속·증가되었고, 20세기 초반에는 그 수가 약 2천만 명이 되어 최고조에 달했다. 과거의 종교적 전통을 고수하려는 뚜렷한 지향 탓에 구교도들에겐 18세기 표트르 개혁 이전의 일상 문화 전통이 다수 보존되어 있었다.

따라 어떤 작품이 예술 텍스트로 간주될 수도 있고 그렇지 않을 수도 있다.

5.1. 텍스트학이라는 잘 알려진 개념은 이미 오래전부터 슬라브학의 전통적인 기법과 호응하는 부분을 갖고 있었다. 슬라브학은 공시적 해석의 대상이 되는 슬라브 텍스트(예컨대, 교회슬라브어 텍스트들)뿐 아니라, 통시적 차원에서 서로 비교될 수 있는 서로 다른 시대의 텍스트를 포괄한다. 반드시 강조해야 할 것은, 광범위한 유형학적 접근법이 공시태와 통시태를 나누는 이분법적 대립의 절대성을 제거할 수 있다는 점이다. 이와 관련해 메타언어적 소통을 위한 기본적 도구로 기능하는 언어들이 각별히 중요해진다는 점을 지적해야 할 것이다. (비록 슬라브 지역의 특정 부분에 불과할지라도) 여러 시대 사이에서 일종의 연결 고리로 작용하는 언어, 특히 여러 판본으로 작성된 교회슬라브어 텍스트가 매우 중요해진다. 결국 공시태와 통시태 간의 상호 관계와 더불어 언어의 범시태(汎時態)적 기능에 관한 문제를 상정할 수 있다(물론 이런 구체적인 경우에 교회슬라브어는 정교회의 커뮤니케이션에 우선적으로 사용되었다). 이는 다음의 사실로 인해 한층 더 의미심장해진다. 절대적인 시간의 척도에 비춰볼 때, 다양한 슬라브 문화 전통은 각기 다른 방식으로 조직화되어 있다(가령, 동슬라브 지역에서는 '하위문화'라 불릴 수 있는 영역들에서 원시 슬라브어적인 고대성의 자취가 풍부하게 발견되는가 하면, 다른 한편으로는 특정 영역, 특히 서슬라브와 일부 남슬라브 영역이 여타 문화 영역으로 침투한 흔적이 나타나기도 한다). 이는 여타의 전통들에서 발견되는 연속성과는 대조적인 것으로서, 그것은 슬라브 문화의 통시적 구조들 내부에서 분절성을 야기한다.

5.2. 슬라브 텍스트를 역사적으로 재구축하는 경우, 단일한

진화적 계열의 텍스트들을 서로 비교하는 작업에 비해 서로 다른 슬라브 언어 전통에 속하는 다양한 텍스트를 공시적으로 비교하는 작업이 보다 큰 성과를 도출할 수 있을 것이다. 또한 이런 방식은 연구자가 확보하지 못한 텍스트를 재구해내고자 하는 문헌학의 전통적 과제에 생산적인 결과물을 제공할 수 있을 것이다. 최소 단위의 텍스트, 가령 단어 내부의 형태소를 연구할 경우, 사실상 이와 같은 접근법은 슬라브 비교-역사 언어학에서 이미 실현되어왔다. 현 단계에서 이런 접근법은 슬라브 고대성의 전 영역으로 확장될 수 있다(즉, 운율에서 시작해 전형적인 민속 텍스트 장르, 신화, (일종의 텍스트로 이해될 수 있는) 제의 음악, 의복, 장식, 생활양식 등 전 영역을 재구하기 위해 사용될 수 있다). 보다 최근에 와서는, 외적 전통의 광범위한 영향(가령, 동슬라브인의 의복사에 미친 서유럽 스타일의 영향)이 통시적 발전 과정에 현저한 단절성을 부여한다(이는 전통의 현격한 파괴와 연관된다). 최초의 공통 슬라브적 형태를 재건하려고 한다면, 발전 과정에 관한 이런 분석은 무엇보다도 최근 단면의 분절의 측면에서 중요하다. 이는 결국 통시태를 분절하고 가장 오래된 층위를 공통 슬라브 시기로 투사하는 과제인데, 그것을 해결하기 위한 보다 효과적인 방식은 개별 슬라브 전통의 공시적 단면을 상호 대질시키는 일이다.

 5.2.1. 텍스트의 재구(再構) 작업은 고대 슬라브와 민속 문학 전공자부터 근대 문학 전공자에 이르기까지, 사실상 모든 문헌학자가 수행하고 있다(작가의 의도나 예술 작품을 재구하는 경우, 혹은 소실된 텍스트나 그 일부를 재구하는 경우, 또 동시대의 반응을 통해 독자의 반응을 재구하는 경우, 문자 문화 속에서 구어적 원천과 그 위상을 재구하는 경우 등이 가능하다. 한편 극장이나 연기

술의 역사를 연구하는 경우, 연구의 대상은 무엇보다도 먼저 재구가 될 수밖에 없다). 사실 수고본(手稿本) 시 텍스트를 읽는다는 것은, 어느 정도는 그 자체로 이미 창작 과정의 재구이자 순차적으로 부과된 텍스트의 층위를 벗겨가는 작업이 된다(수고본을 읽는 과정을 재구 과정으로서 접근했던 1920/30/40년대 푸시킨 학파를 상기하라). 슬라브 문헌학의 다양한 영역에서 축적된 경험적 자료는 공통의 원리와 형식화된 절차에 기초하여 재구의 일반 이론을 만드는 과제를 상정하도록 한다. 여기서 핵심은 재구의 차원이라는 문제에 의식적으로 접근해야 한다는 점이다. 즉, 재구의 다양한 차원이 각기 상이한 절차를 요구하며, 각기 특수한 결과를 이끌어낸다는 사고를 견지할 필요가 있다. 재구는 가장 상위의 순수한 의미론적 차원에서 수행될 수 있으며, 이는 모종의 보편적 개념 언어로 번역될 수 있다.

일련의 문제를 설정하는 과정에서, 재구된 질료의 경계를 넘어서 동일한 민족 문화의 또 다른 구조로 넘어가는 일이 있을 수 있다. 의미론적 전언이 보다 낮은 차원에서 재코드화됨에 따라, 점점 더 특수한 과제(가령, 텍스트의 재구 작업을 언어학적인 연구와 직접적으로 관련짓는 과제까지도)가 해결되어간다. 재구의 가장 확연한 결과는, 기표와 기의라는 기호학적 범주에 해당하는 가장 극단적인 차원에서 달성된다. 아마도 이는 그 차원이 텍스트적 현실과 가장 많이 일치한다는 점, 그리고 중간 차원들은 대개 기술을 위한 메타언어 체계와 연관된다는 점과 관련이 있을 것이다.

5.2.2. 자연언어로 된 텍스트의 산출 과정은 다음과 같은 텍스트-변형 자동기계의 이상적인 작동 도식을 통해 기술될 수 있다. 이는 텍스트의 전반적인 의도에서 출발해 점점 더 낮은 차원을

향해 연쇄적으로 텍스트를 전개시켜 나가는데, 이와 같은 변형 과정에서 산출 메커니즘의 도움으로 기록된 텍스트는 개별 차원이나 그것들의 혼합에 원칙적으로 대응된다.

텍스트의 전반적인 의도
↓
주요한 의미론적 블록의 차원
↓
문장의 통사론적-의미론적 구조
↓
단어의 차원
↓
음운론적 그룹(구절)의 차원
↓
음소의 차원

만일 위 도식의 산출 메커니즘이 음소의 차원에 대응된다면, 그것이 의미하는 바는 이 메커니즘을 통해 전달되는 메시지가 음소들의 시퀀스(연쇄)라는 뜻이다. 다시 말해 그것은, (정보 이론의 모델에서 이해되는 개념에 따라) 전송기 내의 모든 음소가 코드표에 따라 특정한 글자-상징에 각각 대응될 수 있음을 의미한다. 이런 경우의 예는 세르비아나 크로아티아식 유형의 문자 기록물이다. 한편, 산출 메커니즘이 텍스트의 전반적인 의도 차원에 대응된다면, 해당 기제를 통해 전달되는 메시지가, 아직 분절되지 않은 형태를 띠는 텍스트의 전반적 의도를 표현하고 있다는 것을 뜻한다. 즉, 전송기 내에서 이 의도에 해당하는 것은 그것을 코드화하는 상징이 된다(이때 이 상징이 모든 코드의 형성을 담당하는 유일한 상징이며, 따라서 그 자체로 체계 외적인 기호일 가능성도 배제할 수 없다). 이런 경우의 예로 들 수 있는 것은, 태양, 새, 말 그림, 혹은 이들 세 요소 모두가 식물 형태의 디자인으로 혼합되어 하나의 텍스트를 형성하고 있는 보편적 상징을 들 수 있다. 원시 슬라브어기에 해당하는 가장 오래된 시대에, 이 보편적 상징은 전체 텍스트를 위한 공통의 의미론과 개별 요소의 특정 의미론 양자 모두와 엄격한 관련성을 갖는 단일한 텍스트로 나타났다. 이들은 이후 개별 슬라브 전통 속에 반영되는 과정에서(예컨대, 방적(紡績) 기계나 썰매, 마차, 각종 주방기구의 장식, 의복의 자수, 목조 조각 장식[특히, 집 지붕], 도자기로 만든 의례 기구, 어린이 장난감 등) 이차적인 텍스트로 바뀐다. 이런 이차적인 텍스트는 원래의 구성 요소들이 텍스트의 본래적인 의미론을 망각하게 됨에 따라 통사론적 기능을 잃고서 '섞인' 결과로 생겨난다. 이보다 더 오래된 시기에는, 세계수와 태양, 그리고 주변의 새와 동물들을 묘사해놓은 텍스트를 재구해보면 모든 주요한 슬라브 전통에서 서로 완벽하게 대응되는 다양한 장르의 언어 텍스트(속담, 수수께끼, 노래, 민담)가 존재했음이 드러난다. 뿐만 아니라 이렇게 텍스트를 재구하는 작업은, 한편으로는 공통 인구어의 재구 작업(그것은 인도-이란 텍스트와 고대 아이슬란드 텍스트 간의 일치에 기초할 뿐 슬라브 자료와는 상관없이 만들어진다)에 상응하는 것이면서, 다른 한편으로는 다양한 유라시아 샤먼 전통에서 발견되는 유형학적으로 비슷한 다른 텍스트에도 대응되는 것임이 판명된다.

5.2.3. 재구축의 경우에, 낮은 차원에서 텍스트를 구현하고 있는 언어적 요소를 발견하는 것이 불가능한 경우에조차, 사실상

단일한 의미론적 대립의 집합(가령, 원시 슬라브어 텍스트를 재구하는 데 사용되는 것으로는 '행운↔불운' '삶↔죽음' '태양↔달' '육지↔바다' 등의 유형이 있다)을 사용하고 있는 문화 복합체들 사이에서 확인되는 유형학적 유사성이 텍스트 의미론을 재구축하는 작업을 용이하게 해준다.

여기에서 끌어낼 수 있는 가설은 그와 같은 체계들의 사회적 해석에도 동일한 가능성이 존재할지 모른다는 점이다. 이와 관련해 지적해야 할 것은, (일정한 사회 조직을 지니는 고대 시기라는 식으로 넓게 이해된) 적당한 문화 복합체 속에 일련의 사회적 구조— 가령, 정착 및 주거의 형태, 법률, 준칙, 특히 강제적인 결혼 유형에 관련된 각종 금기들과 같은 구조들— 의 표명을 포함시킬 가능성이다. 이렇듯 슬라브 고대성을 재건하는 작업에 구조적 방식을 적용함으로써 얻어진 데이터는, 좁은 의미에서의 문화사뿐 아니라 초기 단계 슬라브 민족의 사회 조직을 연구하는 데 (또 고대의 자료를 해석하는 문제에도) 매우 중대한 것임이 입증된다. 이것이 다시금 확증해주는 것은, 단일한 기호학적 총체로 이해될 수 있는 슬라브 고대성의 연구와, 이후 해당 전통들이 변형되고 차별화되는 과정을 연구하는 학문으로서의 슬라브학의 실질적인 일치이다.

6. 기호학적 관점에서 볼 때, 문화는 개별 기호 체계들의 위계, 즉 텍스트의 총계와 그 관련 기능의 집합으로 이해되거나 이들 텍스트를 산출하기 위한 모종의 메커니즘으로 간주될 수 있다. 집단을 보다 복잡하게 구축된 개인으로 볼 수 있다면, 문화는 개인의 기억 메커니즘에 비유하여 정보를 저장하고 가공하기 위한 모종의 집단적 메커니즘으로 이해될 수 있을 것이다. 문화

의 기호학적 구조와 기억의 기호학적 구조는, 서로 다른 차원에 놓여 있을 뿐 기능적으로는 동일한 유형의 현상이다. 이런 상황은 문화의 역동성과 모순되는 것이 아니다. 원칙상 과거의 경험을 고착한 것으로 볼 수 있는 문화는, 일종의 프로그램, 즉 새로운 텍스트를 생성하기 위한 지침이 될 수 있다. 게다가 문화가 원칙상 **미래의 경험**을 지향하는 경우에는, 모종의 조건적 관점을 구축함으로써 미래를 과거처럼 제시하는 것 역시 가능하다. 가령, 앞으로 우리의 후손이 **저장하게 될** 텍스트가 창조되기도 하는 것이다. 자신을 '시대의 활동가'로 이해하는 사람들은 역사적 행위(즉, 미래에 기억될 만한 행적)를 수행할 것을 지향한다. 이에 비견되는 것으로, 고대의 영웅을 **자신의** 행위 프로그램으로 선택했던 18세기 사람들의 지향을 들 수 있다(카토Cato의 이미지는 자살을 포함해 전 생애에 걸친 라디셰프A. N. Radishchev의 행위를 해독하기 위한 일종의 코드이다[12]). 기억으로서의 문화가 지니는 본질은 민속을 포함한 고대 텍스트에서 특히 명백하게 드러난다.

6.0.1. 커뮤니케이션의 참여자들이 텍스트를 창조할 뿐 아니라, 텍스트 자체가 커뮤니케이션 참여자들에 관한 기억을 담고 있다. 그렇기 때문에 타 문화의 텍스트를 자기화하는 일은 특정 유형의 행위와 인격의 구조를 수세기에 걸쳐 전송하는 결과를 낳게 된다. 이 텍스트는 마치 전체 문화의 응집된 프로그램처럼 나타난다. 타 문화에서 온 텍스트를 자기화하는 일은 다(多)문화

---

12 〔옮긴이 주〕 18세기 러시아의 시인 라디셰프가 고대 로마 공화정의 카토를 일종의 행위-모델로 선택하여 삶 속에서 의식적으로 그를 모방했기에, 카토의 이미지가 시인의 행위(텍스트)를 이해하기 위한 열쇠(코드)가 된다는 말이다. 고대의 영웅, 더 넓게는 그와 관련된 문학적 플롯을 개인적 행위의 프로그램으로 선택하여, 자신의 삶 속에서 그것을 의식적으로 모방하는 이런 현상은 로트만 문화기호학의 중요한 한 축을 담당하고 있는 '행위 시학poetics of behavior' 이론의 중심적인 분석 대상이다.

성, 그러니까 한 문화의 경계 내에 머물면서도 다른 스타일로 된 조건적 행위를 선택할 수 있는 가능성을 이끌어낸다. 이런 현상은 사회 발전의 특정 단계에서만 발생하는데, 그에 대한 명시적 기호의 예로 들 수 있는 것은 의복의 유형을 선택할 수 있는 가능성이다(17세기 말에서 18세기 초반의 러시아 문화에서 '헝가리식' 의복과 '폴란드식,' 그리고 '러시아식' 의복 중 하나를 선택할 수 있었던 상황과 비교하라).

6.0.2. 공통 슬라브어 시기에서 개별 슬라브 전통을 거쳐 근대에 이르기까지, 정보를 저장하기 위한 집단적 메커니즘('기억')은 이미 엄격하게 고착된 텍스트의 도식(운율적·상위 언어학적 도식)과 (민속 텍스트의 소통 장소loci communi) 그것의 모든 단편을 세대에서 세대로 전승할 수 있도록 했다. 사회적인 해석의 차원에서 볼 때, 이런 유형의 고대적인 기호 체계(가령, 이런 체계 속에서 문학은 세대에서 세대로 전승되는 신화적 슈제트를 제의적인 형식을 통해 체현한 것으로 축소된다)는 엄격하게 고정된 일련의 관계 체계와 동시대적인 것으로 여겨질 수 있다. 이런 관계의 체계에서 모든 가능성을 주관하는 것은 신화적 과거 및 순환적 제의와 관련된 법칙이다. 반면 보다 발전된 체계, 즉 실제 역사에 대한 기억이 집단 속에서의 행위를 조정하는 체계는 문학적 유형과 직접적으로 관련된다. 문학적 유형에서 기본적인 원칙은 통계적으로 가장 덜 빈번한 (그래서 가장 큰 정보량을 전달할 수 있는) 기법을 찾아내는 것이다. 마찬가지의 주장을 문화의 다른 영역에도 적용할 수 있는데, 거기서 발전(즉, 시간 속에서의 방향성)이라는 개념 자체는 정보의 축적 및 처리와 분리할 수 없다. 이때 정보는 행위 프로그램에 적절한 수정을 가하기 위해 점차적으로 사용된다. 과거를 인위적으로 신화화하는 것(즉, 역사적 현

실 대신 신화를 만드는 것)의 퇴행적 기능이 바로 여기서 증명된다. 이런 의미에서 공통 슬라브어적인 과거를 대하는 태도의 유형학은 슬라브[애호]주의의 유산과 기능을 연구하는 데 유용한 자산이 될 수 있을 것이다. 또한 인구어족 문화가 그런 식의 통시적 변형을 겪었을 가능성도 염두에 둘 수 있다. 인구어족 문화는 항상 조직화의 복잡성을 증대하는 방향으로만 발전된 것이 아니다(여기서 복잡성은 순전히 형식적인 차원에서 이해되는바, 요소들의 수량, 그 순서와 상호 관계의 성격, 그리고 전체 문화의 규칙성을 의미한다). 원시 슬라브어의 형태와 관련해 재구축된 인구어 형식을 탐구하는 최신 연구에서, 발전이 정보량 대신에 오히려 엔트로피의 양을 늘리는 쪽으로 진행될 수 있는 가능성이 제기된 바 있다. 즉, 공통 인구어 텍스트에 비해 공통 슬라브어 텍스트에서 (그리고 때로는 공통 슬라브어 텍스트에 비해 개별 슬라브 텍스트에서) 엔트로피가 증가하는 것이다. 특히 이중-족외혼 구조(이는 틀림없이 원시 슬라브어 텍스트를 위해 재구된 이원-상징적 분류법과 관련이 있다)는 공통 인구어 텍스트를 위해 재구된 구조들에 비해 더 오래된 지층에 속한다. 하지만 이를 설명해주는 것은 슬라브 세계의 고대성이 아니라 구조의 단순화를 이끌어내는 어떤 이차적인 과정이다. 이 모든 경우, 재구 과정에는 통시적 채널을 따라 정보를 전승할 때 텍스트에 끼어드는 잡음을 제거하는 문제가 따른다. 2차 모델링 체계에서 발견되는 이런 현상과 관련해 비교의 대상이 될 만한 것은, 인구어 시기에서 개(開)음절 법칙이 작동하는 (후기) 원시 슬라브어기로 이전되는 동안 형태론적 차원에서 확연히 복잡성이 감소하는(즉, 단순성이 증가하는) 현상이다(여기서 단순성이란 요소의 숫자 및 배열 규칙이 감소되는 것이다).

6.1. 문화가 기능하기 위해서, 그리고 그에 따라 문화를 연구할 때 폭넓은 방법론을 적용할 필요성을 입증하기 위해서는, 근본적으로 다음 사실이 중요하다. 하나의 고립된 기호학적 체계는 그것이 아무리 완벽하게 구조화된 것이라 할지라도 문화를 구성하지 못한다. 이를 위해서는 최소한의 메커니즘으로서 상호 연관된 기호학적 체계의 쌍이 요구된다. 문화의 메커니즘을 구성하는 가장 일반적인 이중 언어 체계를 명시적으로 보여주는 것은 자연언어로 된 텍스트와 그림이다. 언어의 혼종성을 향한 지향, 그것은 문화의 특징적인 자질이다.

6.1.1. 이와 관련하여, 이중 언어 현상은 슬라브 세계에서 지대한 중요성을 지닐 뿐 아니라 많은 면에서 슬라브 문화의 특징을 규정하는 것이기도 하기에 각별히 중요하다. 다양한 슬라브 지역에서 나타나는 이중 언어적 상황에서, 그 구체적인 조건은 제각기 다르더라도, 다른 언어는 언제나 계층의 상부에 위치하는 것, 다시 말해 텍스트의 형성을 위한 규범적 모델로서 등장한다. '낯선' 언어를 향한 지향은, 문화 속에서 언어적 수단을 민주화하려는 움직임이 발생할 경우에도 생겨날 수 있다. 예컨대, 모스크바 시장에서 빵 굽는 여인이 말하는 법을 배워야 한다는 푸시킨의 언급은 다른 언어, 즉 민중적 언어를 향한 관심을 전제한 것이다. 이런 법칙은 사회적으로 하급의 체계가 가치론적으로 상급의 것이 될 때 발현된다. 구조적으로 대등한 두 언어의 쌍 중에서 두번째 슬라브어(대개 교회슬라브어)가 행하는 특별한 기능은, 이중 언어 연구뿐 아니라 이중/다중 언어 현상과 관련이 있다고 가정된 각종 과정(소설의 발생, 소설 장르가 발생하는 데 이중/다중 언어가 미친 역할, 시의 사회적 기능 중 하나로 구어에 접근하려는 경향(가령, 만델시탐O. Mandel'shtam의 논문에서 언

급된 러시아 시어의 '세속화') 등이 그 예다)을 연구하는 경우에도, 슬라브 문화와 언어의 질료에 특별한 가치를 부여해준다.

6.1.2. 슬라브학의 다양한 분과에서 연구되는 텍스트들 간에는, (텍스트를 구현하고 있는 언어적 수단을 통해 구축된) 관련성이 분명 존재한다는 견해가 있다. 분명 슬라브어는 아니지만, 그럼에도 기능적인 면에서 슬라브어와의 대립이 중대한 의미를 가지는 언어로 작성된 텍스트들도 그러한 견해에 포함된다(얀 후스 Jan Hus의 학문적 저술에서 고대 체코어 라틴어를 구분하여 사용했던 것이나, 튜체프가 논문에서 프랑스어를 사용한 것이 그 예이다). 서슬라브와 남서 슬라브 지역에서 르네상스 이중 언어주의의 시기에 형성된 슬라브 텍스트를 라틴어, 이탈리아어 텍스트와 대조 분석하는 작업(후기 바로크 특유의 라틴-폴란드/이탈리아-크로아티아 마카로니 시 텍스트와 비교), 19세기 전반 러시아 문학에서 프랑스어로 된 텍스트를 러시아어로 된 대응물과 비교 분석하는 작업(러시아어와 프랑스어를 함께 쓴 바라트인스키의 시, 프랑스어로 쓴 푸시킨의 메모와 그의 러시아어 작품), 그리고 19세기 러시아 소설에서 문학적 기법으로서 사용되었던 프랑스-러시아 이중 언어주의를 분석하는 작업 역시 이와 관련하여 각별히 흥미로운 일이 될 것이다.

6.1.3. 궁극적으로 자연언어에 기초하고 있는 체계의 체계로서(이 점은 '1차 체계'로서의 자연언어와 대립하는 '2차 모델링 체계'라는 용어 속에 표현된다), 문화는 쌍을 이루는 기호학적 체계들의 위계로 간주될 수 있다. 이 체계들 간의 상호 관계는 현저한 정도로 자연언어 체계와의 관련성을 통해 실현된다. 이 관계는 고대 문화 특유의 뚜렷한 〔제설〕혼합주의 때문에, 원시 슬라브적 고대성을 재구할 때 특히 명백하게 나타나게 된다(특정한

리듬-멜로디의 유형이 통사론적 작시법 규칙에 의해 규정된 운율 유형과 관련되는 경우나, 제의적 기능이 제의 텍스트의 요소[가령, 제의 음식의 이름들]에 직접적으로 반영되는 경우가 그렇다).

6.1.4. 문화를 구축하는 것이 자연언어만으로는 충분치 않다는 상황은, 자연언어 자체도 단일한 구조적 원칙의 엄정한 논리적 실현이 아니라는 사실과 관련이 있다.

6.1.5. 하나의 문화 속에서 체계의 체계 전체를 아우르는 단일성을 인식하는 정도는 다양하다. 이는 그 자체로 해당 문화를 유형학적으로 평가하기 위한 기준의 하나로 간주될 수 있다. 중세 신학의 구조와 그 이후의 문화적인 움직임, 가령 후스파Hussites와 같은 경우에는 단일성을 인식하는 정도가 매우 높은데, (내용은 다르다 해도) 문화의 단일성에 관한 예의 그 원형적 관념으로 되돌아가려는 지향을 볼 수 있다. 그러나 해당 문화의 대표자들이 단일한 것으로 간주한 문화가 오늘날의 연구자의 관점에서는 좀더 복잡한 방식으로 조직화된 것임이 드러난다. 가령, 중세 문화 중에서도 바흐친 학파가 발견한 '비공식적인 카니발 현상'의 층위(슬라브 지역의 경우 이는 『향료상Unguentarius』과 같은 고대 체코 신비극 텍스트에서 여전히 지속되고 있다)를 구분할 수 있다. 또한 후스파의 문학에서는 라틴어로 된 학술 텍스트와 대중 수신자를 향한 저널리즘 문학 작품 간의 의미심장한 대립이 눈에 띈다. 어떤 시기에 정보의 발신자를 향한 문학적 지향이 특징적으로 보인다면, 동일한 저자(코메니우스Comenius, 보시코비치 Boshkovich, 로모노소프)로부터 발신된 메시지 안에 최대한 확장된 의미와 개념의 집합을 담으려는 특징 역시 동시에 나타난다. 이는 문화의 단일성(이런 경우는 자연 과학과 인문학의 몇몇 학제를 포괄한다)을 증명하는 또 다른 보충적 논거가 될 수 있다.

슬라브학 자체의 학문적 대상을 엄격하게 규정하기 위해서는 이러한 문화적 단일성이 예외적인 중요성을 지니는바, 슬라브학은 하나 혹은 두 개의 슬라브어(대개 둘 중 하나는 고대 교회슬라브어가 된다)와 관련을 맺고 있는 여러 문화의 공시적·통시적 기능을 연구하는 학문인 것이다. 해당 문화에서 사용되는 각 언어적 전통의 공통성에 관한 지식이 (이론적으로뿐만 아니라 해당 전통의 당사자들의 실제 행위에 있어서도) 그들 간의 차이를 인식하기 위한 전제가 된다. 슬라브 세계의 경우, 그러한 차이는 순수한 언어학적(형태론적) 재코드화의 법칙(이는 상대적으로 단순한 것들이어서 서로 간의 이해에 장애가 되지 않는다)보다는 오히려 문화적·역사적인 차이와 관련이 있다(먼 과거 시대의 경우, 그 차이는 무엇보다도 종파적인 것이다). 이로써 명백해지는 것은, 슬라브 문화를 연구할 때 항시 언어적 공통성의 중개적 역할을 염두에 둠과 동시에 순수한 언어적 영역을 넘어서야 할 필요성, 다시 말해 언어적인 차별화에 부분적인 영향을 끼치는 언어 외적 요인을 고려해야만 한다는 점이다. 이렇게 해서, 슬라브 문화와 언어를 대상으로 하는 분석은 자연언어와 이차적(즉 상위 언어적)인 기호학적 모델링 체계 사이의 상호 관계를 연구하기 위한 유용한 모델이 될 수 있다.

'2차 모델링 체계'라는 용어가 의미하는 것은, 그것이 세계 모델, 혹은 그 모델의 단편을 구축할 수 있도록 하는 기호학적 체계라는 점이다. 이 체계는 1차 언어, 즉 자연언어에 비해 이차적이다. 즉, 그것은 직접적으로 자연언어 상부에 구축되어 있거나 (예술 문학의 상위 언어적 체계) 자연언어와 나란히 병행하는 형식으로(음악이나 회화) 나타난다.

6.2.0. 문화를 형성하는 기호학적 대립의 체계에서 특별한 역

할을 담당하는 것은 분절적인 기호 모델(/텍스트)과 비분절적인 기호 모델(/텍스트) 간의 대립이다. 도상 기호와 언어 기호 간의 안티테제는 이런 대립의 부분적 발현이라고 할 수 있다. 또한 이는 조형예술과 언어예술 사이의 대립이라는 전통적인 문제에 새로운 의미를 부여해준다. 즉, 문화 메커니즘의 형성을 위해서는 그들이 필연적으로 상호 의존해야만 한다는 점을 지적할 수 있게 되는 것이다. 그들은 세미오시스의 원칙에 있어 서로 달라야만 한다. 말하자면, 그들은 상호 대응되면서도 다른 한편으로는 서로 완벽하게 번역되지 않는 관계여야만 하는 것이다.[13] 다양한 민족적 전통이 분절적인 텍스트 발생 체계와 비분절적인 텍스트 발생 체계 내에서 각기 다른 논리와 진화 속도, 그리고 타민족 문화의 영향을 수용하는 상이한 능력을 갖기 때문에, 그들 사이의 긴장은 매우 다양하게 조합될 수 있는 커다란 가능성을 산출하게 된다. 그리고 이런 가능성은, 가령 여러 슬라브 문화의 유형학을 구축하는 데 있어서도 매우 중요하다. 여기서 특별히 흥미를 끄는 것은, 동일한 텍스트 구축 법칙이 현저하게 연속적인(회화적인) 텍스트와 현저하게 분절적인(언어적인) 텍스트를 질료로 하여 적용되는 경우이다(예컨대 이는 바로크 텍스트의 특징이다). 이런 맥락에서 문학 작품의 영화화는 중대한 문제가 된다. 그것

---

13 〔옮긴이 주〕여기서 제시되고 있는 근본적 대립의 문제, 즉 분절적 모델과 비분절적 모델 간의 대립과 공존, 상호 의존성의 문제는 1970년대 중반 이후 로트만 기호학의 가장 핵심적인 주제가 된다. 가장 기초적인 차원에서 '말'과 '그림' 간의 안티테제로 발현되는 이 대립은 로트만에게서 상이한 두 가지 '의식 유형' 간의 대립(논문 「신화-이름-문화」)으로, 문화의 전 차원에서 확인되는 양극적 대립(논문 「문화 현상」)으로, 나아가 새로운 의미를 발생시키기 위한 '사유'의 기본 메커니즘(논문 「두뇌-텍스트-문화-인공지능」)으로까지 확대된다. 문화의 원칙적인 '복수 언어주의pologlotism'는 (공시적) 넓이와 (통시적) 깊이를 아우르는 다각도의 탐색을 거치면서 텍스트 및 인간 의식에 투과된다.

은 분절적·언어적인 텍스트를 (분절적인 단편들을 그저 동반하고 있을 뿐인) 비분절적 텍스트로 번역하려는 실험에 해당한다 (가령 야로슬라프 이바슈키에비치J. Iwaszkiewicz의 작품 「자작나무 숲」을 영상화한 안제이 바이다의 텔레비전 영화에서, 언어 텍스트의 역할은 (영화적 사운드의 측면에서 음악이 지니는 의미에 견주어 볼 때) 최대한 축소되었다).

7. 기호학과 문화 유형학 연구에서 가장 본질적인 문제 중 하나는 구조, 텍스트, 기능 간의 상응에 관한 것이다. 단일한 문화 내부에서는 텍스트들 간의 상응의 문제가 전면화된다. 이를 기초로 단일한 전통 내에서의 번역 가능성이 구축되는 것이다. 여기서 상응이란 동일성이 아니기 때문에, 하나의 텍스트 체계에서 다른 체계로의 번역은 언제나 모종의 번역 불가능성의 요소를 포함하게 된다. 기호학적 접근법하에서 구체적인 텍스트는 조직화의 법칙에 따라 상호 관련된 것일 수도, 동일한 것일 수 있지만, 체계의 경우는 다르다. 체계는 그로부터 발생하는 텍스트들의 동일성이 아무리 현저하다 하더라도, 자신의 독자성을 유지한다. 따라서 각기 다른 하부 언어로 된 텍스트들을 재구하는 과제는 상이한 하부 언어 자체를 재구축하는 작업에 비해 수월할 수 있다. 후자의 과제는 종종 다른 문화 영역과의 유형학적 대조 작업에 기대어 해결해야만 한다. 슬라브학의 전통적 과제에 적용하자면, 이 경우의 비교학적 문제들은 텍스트를 다양한 채널을 통해 전송하는 것으로 해석될 수 있을 것이다.

7.0.1. 여기서 세 가지 경우를 구분하는 것이 중요하다. 첫번째는 다른 슬라브어로 쓰인 텍스트를 채널을 따라 전송한 결과 또 다른 슬라브어로 된 텍스트를 얻게 되는 경우이다(가장 간단

한 예로 어떤 한 슬라브어를 또 다른 슬라브어로 번역하는 경우가 있다. 16~17세기에 폴란드와 우크라이나, 러시아 사이의 관계가 바로 그러했다). 두번째는 낯선 전통 속에서 창조된 특정한 텍스트를 두 개(혹은 그 이상)의 채널을 통해 전송하는 경우이다(가장 간단한 예는 성경을 고대 교회슬라브어로 번역한 다양한 판본이나, 동일한 서구 문학 텍스트를 각기 다른 슬라브 언어로 번역하는 경우이다). 마지막으로, 텍스트를 여러 채널을 통해 전송하는데, 최종적으로 그중 어느 하나만이 슬라브어로 실현되는 경우이다(이는 슬라브 지역 내에서 발생한 문학적·문화적 접촉이 단 하나의 민족적·언어적 전통에 국한될 때 나타난다). 예컨대, 터키와 불가리아 사이의 어휘적 접촉과 관련된 수많은 현상들이 그러하다. 또한 중세 독일의 궁정연애시 minnesang와 고대 체코의 연애-서정시 형식 간의 관계도 명백히 여기에 포함된다. 앞의 두 경우에 비해 마지막 경우의 중요성이 상대적으로 떨어진다는 점은 슬라브 문학사가 무엇보다도 먼저 비교학적으로 구축되어야 한다는 견해를 뒷받침해준다. 다른 모든 슬라브 전통에서 확인되는 특정한 현상이 부재하거나 그에 대립되는 현상이 나타나는 경우(가령, 슬로바키아 문학의 바이런주의가 그러하다), 이는 각별한 중요성을 띠게 된다. 비교적 상부의 차원(특히 텍스트의 비유적이고 문체론적인 조직화의 차원)에서 전송된다는 것은 중세 후기 슬라브 기록물의 특징이다. 이것이 설명해주는 바는, 우선 그것이 복잡하게 조직화되어 있다는 점(이는 (슬라브 세계가 아니라) 비잔틴 전통〔자체의〕 내부에서 텍스트의 집단적인 선택과 진화의 과정이 지난하다는 점에 기인하는 것이다)이며, 다른 한편, 그것들이 (어휘 차원이 아니라 보다 상부의 차원에서) 원시 슬라브어로 재구성했을 때 상대적으로 가치가 낮다는 점이다. 텍스트를 선택하기 위해 긴 예비 단계를 거치는 것을 특징으로 하는 전통이, 전송되는 과정에서 슬라브 토양에 반영되었다는 사실은 16세기의 달마티아(크로아티아 공화국의 지방) 문학사뿐 아니라 근세의 수많은 슬라브 문학에서도 중요한 의미가 있다. 여기서 특별한 경우로 대두되는 것은, 전송 과정에서 텍스트의 상부 차원이 지니는 성격은 근본적으로 달라진 반면, 하부 차원(가령, 도상적 차원)의 일련의 본질적 자질은 그대로 보존될 때이다. 예컨대, 동슬라브의 이교 신들이 정교의 성자들과 동일시되는 경우(이런 동일시는 하부 차원에서 발생하는데, 특정 청중들에게는 그것이 가장 중요한 것으로 여겨진다)가 이에 해당한다(볼로스 volos/블라시Vlasij의 쌍과 모코시Mokoshi/파라스케바 피야트니차 Paraskeva Pjatnitsa의 쌍, 고대의 쌍둥이 숭배 경향이 플로라Flora와 라브라Lavra의 형상에 반영되는 것이 그 예다).[14] 슬라브적인 것과 비슬라브적인 것 간의 접촉, 그리고 이와 관련된 전송의 문제는 고려 대상이 되는 문화 전체에 관한 확장된 이해를 요구한다. 즉 관례, 일상적 삶의 양식, (상업을 포함한) 각종 기술과 같은 '하위 언어적 체계'에 대한 이해를 포함해야 하는 것이다. 여기서 하위 언어적이라 불리는 것은, 그 요소들 각각이 자연언어 단어(혹은 단어 조합)의 지시체 자체가 되는 기호학적 체계를 말한

---

14 [옮긴이 주] 여기서 말하고 있는 것은 과거의 문화 전통이 새로운 문화 체계 속에 스며들어 존속하게 되는 흥미로운 경우이다. 러시아가 기독교화(988)되고 난 이후 과거의 이교 신들은 두 가지 운명을 가질 수 있었다. 한편으로 악마와 동일시됨으로써 부정적인 방식으로 존속하거나 아니면 그들을 기능적으로 교체한 다른 기독교 성자들과 결합되었던 것이다(즉, 악마로서는 이름까지 보존하고 성자로서는 기능만을 보존할 수 있었던 것). 가령, 가축의 신이었던 볼로스-벨로스는 악마 볼로사틱volosatik으로 변하기도 했지만 동시에 성(聖) 블라시이, 성 니콜라이, 성 게오르기로 변하기도 했다. 모코시는 동명의 악마로 남기도 했지만 성 파라스케바-피야트니차와, 심지어는 성모 마리아와 동일시되기도 했다.

다. 그리고 이런 영역(그리고 그와 직접 연관된 언어학적 용어의 영역)에서 보다 뚜렷하게 드러나는 비슬라브적인 영향은 오직 그 후의 단계에서만 이차적인 상위 언어적 체계 내에서 발견될 수 있다. 이 이차적 체계에서 선명하게 드러나는 것은 '하위 언어적' 체계와의 원칙적인 차이로서, 자연언어의 기호와 텍스트에 기초해 구축되지 않은 후자는 자연언어로 바꾸어 말해질 수 없다.

서구 문화 영역들과 뒤늦게 접촉한 경우의 특징이라 할 이런 법칙들과 달리, 일찍이 비잔틴과의 접촉은 무엇보다도 먼저 2차 모델링 체계의 영역에서 나타난다.

7.1. 단일한 문화적 전통 내에서 텍스트를 전송하는 경우는, 다양한 전통에 속하는 텍스트를 번역하는 경우와는 유형학적으로는 유사하지만, 다른 것이다. 슬라브 문화 세계에서는 순전히 언어적 원인(즉, 다양한 차원에서 유지되는 공통성과 교회슬라브어의 특별한 역할) 때문에 종종 번역이 재구축과 동일시된다. 이는 명백한 어휘적·음운적 대응에만 해당되는 이야기가 아니다. 가령 『서슬라브인의 노래』에서 본능적으로 두 가지 전통(동슬라브와 세르보-크로아티아 전통)을 대조해놓았던 푸시킨의 리듬 체계를 통해 원시 슬라브어 운율 체계를 재구축할 것을 기대하는 현상 또한 이와 관련된 것이다. 어휘적 대응 현상에 기대는 것을 의식적으로 거부하고, 폴란드 시의 경계 내에서 러시아어의 음성적 구조를 모델링하려 시도했던 투빔J. Tuwim의 실험도 이에 비견될 만하다. 상술한 개념에 비춰볼 때, 크리자니치Krizhanich의 역사적 공적을 지적하는 것이 타당할 것이다. 또 오늘날에 보다 가까운 예로 슬라브어들 사이의 대응을 음성학적 번역에 해당하는 것으로 간주했던 보두앵 드 쿠르트네Baudouin de Courtenay의 특징적인 접근법을 들 수 있을 것이다.

8. 문화적 기능이란 것이 어떤 하나의 기호 체계(하물며 체계의 한 차원) 내에서 실현될 수 없다는 견해는, 문화 체계 내에서의 텍스트의 삶이나 내적 구조의 작용을 기술하고자 할 때 개별 차원의 내적인 조직화를 묘사하는 것으로는 충분치 않다는 점을 전제한다. 즉, 서로 다른 차원의 구조들 간의 관련성을 연구해야 하는 과제에 직면하게 되는 것이다. 그와 같은 관련성은 매개적 차원의 출현이나 이따금씩 다양한 차원에서 관찰되는 구조적 이질동상성에서 드러날 수 있다. 이질동상성의 발생 덕택에 한 차원에서 다른 차원으로 이동할 수 있게 된다. 형식화된 기술의 초기 단계에 존재했던 내재적 기술과는 대조적으로, 본 논문에서 요약하는 접근법의 특징은 한 차원에서 다른 차원으로 이동할 때 반드시 재코드화perekodirovka를 고려해야만 한다는 것이다. 이런 관점에서 보면, 소쉬르의 '아나그램'이 형식주의 문예학의 초기 단계에서 시도된 순전히 내재적인 작업들보다 훨씬 더 현대적이다.

8.1. 한 차원에서 다른 차원으로의 이동은 치환 법칙(다시쓰기의 법칙)의 도움으로 발생할 수 있다. 그 경우 상위 차원에서 하나의 상징으로 제시되는 요소는 하부 차원에서는 온전한 하나의 텍스트로서 전개될 수 있다(과정을 반대로 뒤집으면 보다 넓은 맥락에 포함된 개별 기호를 얻게 된다). 현대 언어학에서 제시된 다른 경우와 마찬가지로, 여기서 텍스트의 공시적 통합체의 작동 과정을 기술하는 규칙은 통시적 발전의 규칙과 일치한다(단어 형태의 공시적 통합체의 규칙이 슬라브어 고유명사의 역사적 기술에 나타나는 통시적인 탈어원화 현상에 부합하는 경우와 비교하라). 통시적 기술이든 공시적 기술이든 우선시되는 것은 맥락에 결부

된 법칙이다. 거기서 각각의 상징 x에는 맥락 A-B가 제시되며, 그 맥락 안에서 x는 텍스트 T로 교체된다.

$$x \rightarrow T(A-B)$$

8.2. 최근 몇 년간 구조 시학 전문가들의 관심은 차원들 상호 간의 관계를 연구하는 일에 집중된 바 있다. 그래서 가령 의성어를 연구한다면 의미와 관련 없이 접근하는 것이 아니라 의미와의 관련성 속에서 연구한다. 재코드화의 과정은 통합된 텍스트의 일부를 기호로 단순화하는(이는 실제로 음성적·시각적 기호들 속에서 구현된다) 상이한 단계의 결과를 서로 뒤섞는다. 예술 텍스트의 통합 과정에서 상이한 단계를 시험적으로 분절할 수 있는 가능성은 여전히 확실치 않다. 왜냐하면 이때 형식적 제한에 의해 규정되는 표면적 구조가 심층의 형상적 구조에 영향을 미칠 수 있기 때문이다. 특히 이는 $\beta \leq \gamma$ 관계 시학에서 제시된 비율을 따른다고 할 수 있는데, 즉 시적 형식에 부과된 제한의 정도를 표시하는 계수 β가 증가할수록, 시 언어의 유연성을 결정하는 숫자 γ, 다시 말해 비유적·형상적 언어 표현이나 비일상적인 단어 조합 등을 통해 얻어지는 유의어적 대체구의 숫자 또한 반드시 증가한다. 따라서 슬라브 비교 시학의 연구에서 형식적 제한의 정도를 밝혀내는 일, 각 슬라브어에서 유연성 γ나 엔트로피 H와 같은 정보-이론적 매개변수를 구축하는 일, 하나의 슬라브어를 다른 슬라브어로 번역할 수 있는 가능성과 과제를 명료화하는 일 등은 동일한 문제의 서로 다른 측면임이 판명된다. 그리고 이 문제는 각 개별 영역에서의 예비적 연구를 기초로 해서만 탐구될 수 있을 것이다.

9. '문화'라고 불리는 단일한 기호학적 총체로 다양한 차원과 하부 체계를 결합시키는 데는 서로 대립되는 두 가지 메커니즘이 동시에 작동한다.

a) 다양성을 향한 경향: 서로 다르게 조직화된 기호학적 언어들을 증가시키려는 경향, 즉 문화의 '복수 언어주의'를 향한 경향이 작동한다.

b) 단일성을 향한 경향: 자기 자신과 그 밖의 문화를 엄격하게 조직화된 단일한 언어로서 해석하려는 지향이 작동한다.

첫번째 경향은 문화의 언어들이 끊임없이 새롭게 창조되며, 그 내적 조직화가 균등하지 않다는 점에서 드러난다. 문화의 갖가지 영역은 내적 조직화의 정도가 각기 다르다. 내부에 극단적으로 조직화된 핵심부가 만들어지지만, 문화는 그저 구조를 닮아 있을 뿐인 무정형의 조직체 또한 필요로 한다. 이런 점에서 특징적인 것은, 역사적으로 실재하는 문화의 구조 내에서 문화 자체의 조직화를 위한 모델의 역할을 수행하는 영역을 체계적으로 추출할 수 있다는 것이다. 이때 특히 흥미로운 연구 대상은 극단적인 질서화를 지향하는 각종 인위적 기호 체계들이다(이를테면, 표트르 대제와 그 후계자들의 '규범화된' 정부 조직에서 관직, 훈장, 휘장 등이 행한 문화적 기능이 바로 그 예이다. '규범성'이라는 이념 자체가 그 시대의 단일한 문화적 총체의 일부가 되어 당대의 실제 삶이 보여준 선명한 무질서함을 보충한다). 이런 관점에서 커다란 관심을 끄는 것은 메타텍스트에 관한 연구이다. 이는 각종 훈령, '규정,' 법령으로서, 문화가 자신에 관해서 창조한 체계화된 신화라고 할 수 있다. 여기서 특기할 만한 것은, 질서화하고 '규칙화'하는 각종 텍스트를 위해 문화의 다양한 단계에서 일종의 규범적 모델로서 기능하는 것이 다름 아닌 언어 문법이라는 점이다.

9.0.1. 구조 언어학이나 기호학과 같은 지식 분야의 발전에서, 인공언어나 수리 논리학이 행하는 역할은 '질서화의 핵심부'가 창조되는 한 사례로서 기술될 수 있을 것이다. 동시에 이런 학문 분야 자체가 20세기 문화의 보편적 맥락 속에서 유사한 역할을 수행한다.

9.0.2. 문화의 다양한 차원과 하부 체계에 단일성을 부여하는 본질적인 메커니즘은 〔문화 발전의〕 일정한 단계에서 발생하는 문화의 자체 신화, 즉 다름 아닌 그 자신에 관한 모델이다. 이는 전체 문화의 구조에 적극적인 영향력을 행사하는 자기 규정성의 창조에서 잘 드러난다(가령, 고전주의 시대의 전형이라 할 부알로의 『시학』과 같은 유형의 메타텍스트가 그 예가 될 수 있다).

9.0.3. 통합을 위한 또 다른 메커니즘은 문화의 지향성이다. 특정한 부분적 기호 체계가 지배적 의미를 획득하게 되고 그 구조적 원칙이 다른 구조들, 나아가 문화 전체에 침투하게 된다. 즉, 문자성(텍스트)을 지향하는 문화와 구어를 지향하는 문화, 말을 지향하는 문화와 그림을 지향하는 문화를 논하는 것이 가능하다. 문화를 지향하는 문화와 문화 외적 영역을 지향하는 문화도 존재할 수 있다. 합리주의 시대나 20세기 중반에 나타났던 수학을 향한 문화의 지향을 낭만주의나 상징주의기에 나타났던 시를 향한 지향과 대조해보는 것도 가능하다.

특히, 영화를 향한 지향은 20세기 문화의 특징인 몽타주 원칙의 득세와 관련이 있다(이는 무성 영화에서 몽타주 기법이 승리하기 이전에 이미 회화나 시에서 나타났던 큐비즘적인 구성에서 시작되었다. 시에서 의식적으로 몽타주 영화의 형식을 따르고자 했던 시도(산문에서의 '영화-눈kino-glaz') 역시 마찬가지다. 영화와 현대연극, 산문(가령 불가코프의 소설) 모두에서 상이한 시간적 단편의 몽타주와 다양한 시점의 병치 현상,[15] 그리고 클로즈업을 통해 제시되는 디테일을 향한 지대한 관심[16]이 특징적으로 발견된다.

9.1. 학문적 탐구는 문화 연구의 도구일 뿐 아니라 그 자신 연구 대상의 일부이기도 하다. 학문적 텍스트는 문화의 메타텍스트인 동시에 텍스트로도 간주될 수 있다. 따라서, 모든 중대한 학문적 사유는 문화를 이해하기 위한 시도인 동시에 문화의 생성 메커니즘을 말할 수 있게끔 하는 문화적 삶의 사실 자체로도 여겨질 수 있는 것이다. 이런 관점에서 보면, 현대의 구조-기호학적 연구를 슬라브 문화의 현상(즉 체코, 슬로바키아, 러시아 등의 문화 전통이 행하는 기능) 중 하나로서 상정할 수도 있을 것이다.

1973

---

15 이런 경향과 더불어 산문에서의 스카즈(화자 서술) 기법, 의사 직접(자유 간접) 화법, 내적 독백 등이 각별히 중요해진다. 일련의 연구자들에게 분명히 인식되고 있는바, 시점의 중요성이 산문 이론뿐 아니라 회화 언어와 영화 이론에서도 똑같이 드러난다는 사실은 실제의 예술적 실천에서 확인된다.
16 산문에서의 환유적 경향, 그리고 이런 경향과 관련해 탐정 소설과 같은 대중문학 장르에서 슈제트 구성의 열쇠로서 기능하는 디테일의 의미가 탐구될 수 있다.

신화-이름-문화[1]

I

1. 세계는 물질이다.
   세계는 말[馬]이다.

이중 하나의 문장은 분명 신화적인 텍스트(『우파니샤드』)에 속하는 반면, 다른 하나는 그와 상반된 텍스트 유형에 속한다. 문장 구성에서 뚜렷한 형식적 유사성이 있음에도 불구하고, 이 두 구문 사이에는 근본적인 차이가 있다.

a) 논리적 의미에 있어 동일한 계사인 "-이다"는 전적으로 상이한 의미 작용을 한다. 첫번째 경우에는 모종의 상응(예컨대 부분과 전체의 상응, 전체 집합에의 포함 등으로 이해될 수 있는)을 의미하는 반면, 두번째 경우에는 직접적인 동일시를 말하고 있다.

b) 술어에도 차이가 있다. 근대적 의식의 관점에서 볼 때, 제시된 문장 구성의 "물질"과 "말"은 논리적 기술의 서로 다른 층위에 속한다. "물질"이 메타언어의 층위를 가리키는 반면, "말"은 대상-언어의 층위를 향한다. 실제로, 첫번째 경우가 메타기

---

1 이 논문은 보리스 우스펜스키 Б. Успенский와 함께 썼다.

술의 범주, 즉 모종의 추상적인 기술(記述)의 언어(다시 말해, 그러한 기술의 언어 밖에서는 이미 의미를 지니지 않는 모종의 추상적 구조)를 향한 지향이라면, 두번째 경우는 대상 자체를 향한 지향, 즉 위계질서상 더 높은 자리에 위치하는 원-대상, 한마디로 대상의 원형상(原形相)을 향한 지향이다. 첫번째 경우, 묘사되는 세계와 묘사의 체계 사이에는 원칙적으로 이질동상성이 존재하지 않지만, 두번째 경우에서는 그러한 이질동상성이 원칙적으로 인정된다. 두번째와 같은 기술의 유형을 '신화적인' 유형으로, 첫번째의 유형을 '비신화적인'(혹은 '묘사적인) 유형'으로 부르고자 한다.

추론: 첫번째 경우(묘사적 기술)는 **메타언어**(즉, 범주나 메타언어적 요소)를 향한 지향과 관계한다. 두번째 경우(신화적 서술)는 **메타텍스트**를 향한 지향, 즉 주어진 대상과의 관계에서 메타언어적인 기능을 수행하고 있는 [또 다른] 텍스트를 향한 지향을 보여준다. 후자의 경우, 기술되고 있는 대상과 기술하고 있는 메타텍스트는 동일한 언어에 속한다.

결론: 따라서 신화적 기술은 원칙적으로 단일-언어적이다. 즉, 이 세계의 대상들은 자신과 **동일한 방식으로 구축된 동일한** 세계를 통해 기술된다. 한편 비신화적인 기술은 명백하게 복수-언어적이다. 메타언어를 향한 지향은 그것이 **다른** 언어를 향한 지향이기 때문에 중요한 것이다(이 다른 언어가 추상적 구성의 언어인지 외국어인지는 중요하지 않다. 중요한 것은 번역-해석의 과정 자체이다). 마찬가지 의미에서, 첫번째 경우의 이해가 어떤 식으로든 (넓은 의미의) 번역과 관련되어 있다면, 두번째 경우 그것

은 동일시(를 통한) 인식과 관련되어 있다. 실제로, 비신화적 텍스트의 경우 정보가 대체로 번역을 통해 정의된다면(반대로, 번역은 정보를 통해 정의된다), 신화적 텍스트에서는 대상의 **변형**이 문제시되며, 그러므로 그것의 이해는 그러한 변형의 과정 자체를 이해하는 것과 관련되어 있다.

결국, 이 문제는 원칙적으로 단일 언어적인 의식과 (상이한 방식으로 구축된 최소 둘 이상의 언어가 필수적인) 또 다른 의식 사이의 대립으로 수렴될 수 있다. 신화적인 기술을 지속하는 의식을 우리는 '신화적인' 의식으로 지칭하고자 한다.

주석: 오해를 방지하기 위하여, 반드시 다음과 같은 사실을 강조해야만 한다. 본 논문에서는 특정한 서사 텍스트로서의 신화의 문제에 별다른 관심을 두지 않으며, 따라서 신화적 슈제트의 구조에도 주의를 기울이지 않는다(즉, 신화를 하나의 체계로 간주하고 그에 입각해 신화적 요소들의 계열축에 주의를 집중하는 접근법과도 거리를 둔다). 신화 혹은 신화주의를 말하며 항시 염두에 두고 있는 것은 다름 아닌 의식의 현상으로서의 신화인 것이다(텍스트로서의 신화 특유의 일련의 슈제트적 상황에 주목하는 경우가 있더라도, 이는 그것이 무엇보다도 신화적 의식의 연장으로서 관심을 끌기 때문이다).[2]

---

2 [옮긴이 주] 여기서 로트만이 사용하는 신화 혹은 신화주의라는 용어를 통상적 의미와 구분해야만 한다. 로트만이 의미하는 신화란 특정한 '서술 텍스트' 혹은 '언어적 체계'로서의 신화가 아니다. 글로 쓰인 텍스트로서의 신화는 이미 '번역된' 텍스트, 그러니까 일종의 혼합물이며 따라서 '특정한 의식의 현상'으로서의 신화와 원칙적으로 구별된다. 그런 점에서 로트만의 신화론은 신화적 서사 텍스트의 '문법'을 추출하는 것에 강하게 정향되어 있는 프랑스 구조주의-기호학(레비-스토로스, 바르트, 그레마스 등의 신화론)과 구별될 뿐 아니라 프로프V. Propp의 학문적 유산을 상당 부분 계승하고 있는 동시대 소비에트의 구조주의적 민속학 연구(대표적으로, 멜레틴스키E. M. Meletinsky의

2. 신화적 의식의 눈으로 제시된 세계는 아래와 같은 대상으로 이루어졌다고 간주될 것이다:

1) 단일 계층적인 대상들(논리적 위계의 개념은 원칙상 이런 의식 유형의 외부에 있다).

2) 속성들로 분리되지 않는 대상들(모든 사물들은 완전한 전체로서 간주된다).

3) 일회적인 대상들(사물이 반복된다는 개념은 이미 그것을 모종의 일반적인 집합에 포함시킬 수 있다는 것을 의미하며, 이는 이미 메타기술 차원의 존재를 전제하는 것이다).

역설적인 것은, 신화적 세계가 논리적 위계의 측면에서는 단일 계층적이지만 의미론적 차원에서는 고도로 위계적이라는 점이다. 즉, 신화적 세계는 자질들로는 나뉘어지지 않지만, 엄청난 정도로 많은 부분(즉, 물리적인 구성 부분)으로 분할될 수 있다. 마지막으로, 신화적 대상의 일회성은 신화적 의식이 다양한 대상, 그러니까 비신화적 사유의 관점에서 보기에 완전히 이질적인 대상들을 **하나로** 보는 것에 배치되지 않는다.

주석: **우리**(비신화적 의식)의 관점에서 보기에, 신화적 사유는 역설적인 것으로 간주될 수 있다. 그러나 그것은 절대로 원시적이지 않다. 신화적 사유는 매우 복잡한 분류화 작업을 수행할 수 있다. 우리에게 친숙한 논리적인 조작과 신화적 사유의 분류화 메커니즘을 비교해보면, 〔그것들 사이의〕 일정한 기능적 대응을

민담의 구조적 기술 방법론)로부터도 거리를 둔다.

확인할 수 있을 것이다.

결국,

메타언어적 범주들의 위계에 대응되는 것은 신화적 세계 속에 놓인 실제 대상들 사이의 위계, 궁극적으로는 세계들 자체 간의 위계이다.

한편, 여기서 변별적 자질로의 분할에 대응되는 것은 '부분'으로의 분할이다(신화에서 '부분'은 비신화적 텍스트의 '자질(속성)'에 해당하지만, 동시에 그것의 메커니즘상 자질과는 분명하게 구분된다. 왜냐하면 여기서 부분은 전체를 **특징짓는** 것이 아니라, 전체와 **동일시**되고 있기 때문이다) :

신화에서 종(種)의 논리적 개념(일정한 대상의 집합)에 대응하는 것은, 비신화적 관점에서 볼 때 여럿인 대상을 하나로 간주하는 관념이다.

3. 위와 같이 묘사된 신화적 세계에는 매우 독특한 유형의 세미오시스가 작동하고 있다. 그것은 일반적으로 **명명**(命名)의 과정으로 수렴될 수 있다. 신화적 의식 속에서 기호는 고유명사와 비슷하다. 이와 관련하여, 고유명사의 일반적 의미는 원칙적으로 동어반복적이라는 점을 상기할 필요가 있다. 이런저런 이름은 변별적 자질을 통해 특징지어지지 않으며 단지 해당 이름이 귀속되어 있는 대상 자체를 의미하고 있을 뿐이다. 다시 말해 동일한 이름을 지니는 대상들의 집합은 그 이름을 지녔다는 특성 이외에는 그 어떤 특별한 자질([특징])도 공유하지 않는 것이다.[3]

---

[3] 로만 야콥슨의 다음과 같은 지적과 비교하라: '고유명사는 [……] 언어학적 코드에서 특별한 위치를 차지한다. 고유명사의 일반 의미는 코드에 대한 지시 없이는 정의될 수

그렇기 때문에, '이반은 – 인간이다'라는 문장은 신화적 인식에 속하지 않지만, 그것을 '이반-인간'으로 바꾸면 신화적인 것으로 만들 수 있게 된다. 후자의 경우 인간이라는 단어는 고유명사로 나타나는바, 즉 그것은 대상의 인격화에 상응하는 것으로서, '인간 일반'으로(즉 '호모 사피엔스'의 이런저런 자질로)[4] 수렴될 수

없다. 영어의 코드 안에서 '제리Jerry'는 제리라는 이름을 가진 사람을 의미한다. 여기서 순환성은 명백하다. 이름은 바로 그 이름이 부여된 사람 자신을 의미하고 있는 것이다. 강아지pup는 어린 개를 의미하고, 잡종mongrel은 피가 섞인 개를, 사냥개hound는 사냥하는 데 쓰이는 개를 의미한다. 하지만 피도Fido라는 개 이름은 그 이름을 갖는 개 이외의 그 어떤 것도 의미하지 않는다. 강아지, 잡종, 사냥개와 같은 단어의 일반적 의미는 강아지스러움pupihood, 잡종성mongrelness, 혹은 사냥개적임houndness과 같은 추상화를 통해 지시될 수 있는 반면, 피도Fido의 일반 의미는 이런 식으로 기술될 수 없다. 러셀B. Russell의 말을 바꿔 말하자면, 피도라는 이름을 지닌 개는 많지만, 그들은 피도이즘, 즉 피도다움Fidoness이라는 그 어떤 공통의 속성도 공유하지 않는 것이다.'(야콥슨 P. O. Якобсон「전환사, 동사 범주와 러시아어 동사 Шифтеры, глагольные категории и русский глагол」, 『언어의 유형학적 분석의 원칙들 Принципы типологического анализа языков различного строя』, М., 1972. 96쪽. cp. Jakobson R. Shifters, Verbal Categories and the Russian Verb, *Selected Writings*. The Hague; Paris, 1971. Vol. 2. 131쪽). 〔옮긴이 주〕요컨대, 피도라는 개 이름은 '피도이즘' 즉 피도다움이라는 그 어떤 일반적 속성(유적(類的) 자질)과도 무관한 것으로서, 단지 피도라고 불리는 '바로 그 개' 자체만을 지시하고 있을 뿐이다. 언어학적 범주로서 고유명사를 특징짓는 이와 같은 '순환성'과 '개별성'을 철학적 차원에서 재성찰하고자 한 최근 시도로 가라타니 고진(柄谷行人)의 논의가 참고가 될 만하다. 고진이 말하는 '단독성singularity'의 모델, 즉 특수성에서 일반성으로 이어지는 유적(類的) 회로에 포섭되지 않는 단독성-보편성의 고리는 로트만이 말하는 신화적 세계상, 즉 '고유명사'의 존재론과 크게 다르지 않다. 고진에 따르면, 고유명사는 어떤 언어에 가지고 간다고 해도 그대로라는 점에서 '보편적'인 것이지만 그것이 결코 교환(대체)될 수 없는, 즉 번역될 수 없는 것이라는 점에서 '단독적'이고 '개별적'인 것이다. 특수성이 일반성의 관점에서 파악된 개별성이라면, 단독성은 그것과 대립되는 것으로서 더 이상 일반성의 영역에 속할 수 없고, 반복될 수 없는 개별성이다. 이것은 '그것 이외의 다른 어떤 것도 아닌 바로 그것'으로서 고진은 이러한 '단독성'만을 주체에 의해 내면화될 수 없는 진정한 '타자성'으로 간주한다. 고진이 말하는 바, 개별성-일반성의 회로(랑그)에 완전히 회수되지 않는 잔여물을 갖는 고유명사의 패러독스는 곧 로트만이 암시하는 신화적 의식의 '타자성'에 연결될 수 있다. 고진의 '고유명사론'에 대해서는, 가라타니 고진, 『언어와 비극』(2004, 도서출판 b), 339~61쪽, 가라타니 고진, 『트랜스크리틱』(2005, 한길사), 169~87쪽을 참고.

4 이와 관련해 "이 사람을 보라ecce homo"라는 성경 표현(「요한복음」 19:5)(빌라도가 가시면류관을 쓴 그리스도를 가리켜 한 말—옮긴이)의 역사는 흥미롭다. 유력한 증거

없는 것이다.

한편, 다음과 같은 유사한 예와 비교해보자. '이반은 - 헤라클레스이다'라는 문장과 '이반-헤라클레스'라는 문장이 있다. 첫번째 경우 '헤라클레스'는 보통 명사로 나타나는 반면, 두번째 경우에는 다른 영역에 속하는 구체적인 인물과 관련된 고유명사가된다. 후자의 경우 문제시되는 것은 이반을 특정한 부분적 자질로서 (예컨대, 육체적 힘의 자질을 통해서) 특징짓는 것이 아니라 완전한 전체로서, 즉 명명의 과정을 통해 특징짓는 일이다. 물론 현실 속의 구체적인 인물을 신화 속의 인물과 동일시하는 일은 어렵기 때문에 위의 예가 다소 인위적인 성격을 지닌다는 점에는 쉽게 동의할 수 있다. 후자의 경우는 특정한 문화·역사적 시기와 관련된 것으로 여겨질 수 있을 것이다. 그러나 여기 완전히 실제적인 또 하나의 예가 있다.

18세기 러시아에서 표트르 대제의 반대자들은 그를 '적그리스도'라고 불렀다. 어떤 사람들에게는 이러한 명명이 표트르의 성격과 행위들을 특징짓는 방법이었지만, 또 다른 사람들은 표트르가 **정말로** 적그리스도라고 믿었던 것이다. 이처럼 하나의 텍스트는 완전히 다른 방식으로 기능할 수 있다.

이렇듯, 위에서 살펴본 서술 구문의 예에서 보통명사가 어떤 추상적 개념과 관련된 것으로 나타난다면, 그에 상응하는 고유명사의 예에서는 특정한 동일시(즉, 다른 영역에 속하는 이질동상적 대상과의 상호 관계)가 문제시된다. 관사를 지닌 언어에서 그

에 따르면 실제로 이 구절은 아람어로 말해졌으며, 그 뜻은 단지 '여기 그가 있다'라는 정도였다. 즉, 당시 아람어에서 '사람'의 개념을 표현하는 단어는 현대 독일어에서처럼 대명사적인 의미로 쓰였던 것이다. 이후에 해당 구절이 재의미화된 것은 '사람'이라는 단어(성경 텍스트의 번역에 상응하게 제시된 이 단어)가 일반적으로 고유명사와 유사한 것으로 이해되기 시작한 것, 다시 말해 해당 단어의 신화화와 연관된다.

러한 변형은 술어의 역할을 수행하고 있는 이름에 정관사를 붙임
으로써 달성되곤 한다. 실제로 정관사는 지시되는 대상을 잘 알
려진 구체적인 것으로 제시함으로써 단어(더 정확하게는 정해진
단어-결합)를 이름으로 바꿔놓는다.[5]

주석: 강조해야 할 것은 신화적 세계의 명명적 특성과 몇몇 전
형적인 슈제트 상황과의 관련성이다. 예컨대, 이름을 지니지 않
는 사물에 '이름을 붙이는' 상황(이는 일종의 창조 행위로 간주
된다.[6] 환생이나 부활로 간주되는 이름 바꿔 부르기(改名)의 상
황, 언어(가령, 새나 짐승의 언어)를 구사할 수 있게 되는 상황,
진짜 이름을 알게 되거나 혹은 발견하게 되는 상황 등이 그러하
다.[7] 고유명사에 부과되는 각종 금기들 역시 흥미롭다. 예컨대,

---

[5] 고유명사와 정관사로 표현되는 규정성의 범주 사이의 관계는 아랍의 토착 문법에서 드러난다. 거기서 고유명사는 의미론적 성격으로 인해서 본래적인 규정성을 지니는 단어로서 간주된다. 가부찬Г. М. Габучан 『관사의 이론과 아랍어 통사론의 문제Теория артикля и проблемы арабского синтаксиса』, М., 1972. 37쪽을 참고하라. 표도르 막시모프의 『슬라브 문법Грамматика словенская』, СПб., 1723. 179~80쪽에서, 교회 슬라브 텍스트의 단어에 신성한 의미를 부여하는 것으로 알려진 생략 부호가 그리스어 정관사에 비유되고 있는 점은 흥미롭다. 이 둘은 모두 단독성의 의미를 전달한다.

[6] 이바노프В. В. Иванов「명명에 관한 고대인도 신화와 그리스 전통의 대응물 Древнеиндийский миф об установлении имен и его параллель в греческой традиции」, 『고대 인도Индия в древности』, М., 1964.; 트론스키М. И. Тронский, 「고대 언어 사상의 역사로부터Из истории античного языкознания」, 『소비에트 언어 사상Советское языкознание』, Л., 1936. Вып. 2. 24~26쪽을 참고하라. [옮긴이 주] 창조 행위와 명명 행위가 동일시되는 가장 전형적인 경우는 흔히 '아담의 언어'로 불리는 구약의 에피소드다. 아담의 언어란 태초에 에덴동산의 아담이 동식물을 각자의 본성에 들어맞게 명명함으로써 다스릴 수 있었다는 언어다("아담이 어떻게 이름을 짓나 보시려고 그것들을 그에게로 이끌어 이르시니 아담이 각 생물을 일컫는 바가 곧 그 이름이라" (「창세기」 2:19)). 이 언어는 표현 형식과 표현 내용이 일치하며 기표와 기의가 필연적으로 일치하는 언어, 즉 '이름하는 언어Namensparache'다. 사물과 이름이 본연적 유사성으로 묶여 있던 이 언어를 잃어버린 이후의 상태(이 상실은 흔히 '타락'으로 간주된다), 말과 사물 간의 근원적 유대가 끊어진 상태를 (아담의 언어에 빗대) 흔히 '바벨의 언어'라는 말로 부른다.

[7] 또 하나 전형적인 신화적 의식으로 세계를 책으로 간주하는 관념이 있다. 여기에서 인

(동물이나 질병의 이름과 같은) 보통명사를 고유명사로 사용하지 못하도록 하는 금기는 분명 그 이름들이 신화적 세계 모델 속에서 고유명사로 인식되고 기능하고 있다는 점을 보여주는 것이다.[8]

결국, 고유명사의 보편적 의미를 극단적으로 추상화하면, 그것은 신화로 수렴된다고 말할 수 있다. 신화적 관념에 특징적인 말과 지시 대상 간의 동일시가 발생하는 것은 다름 아닌 고유명사의 영역에서다. (고유명사와 관련된) 모든 가능한 금기와 고유명사의 제의적 변형이 바로 그 증거이다(아래 Ⅲ. 2.를 보라).

또한 이름과 대상 간의 이와 같은 동일시는 고유명사의 비관례적인 성격, 즉 그것의 존재론적 본질을 결정한다.[9] 바로 그렇기 때문에, 신화적 의식은 세미오시스의 보다 발달된 관점에서 볼 때 탈기호적인 것으로 해석될 수 있다.[10]

식은 곧 독서와 등가가 되는바, 이런 의식은 다름 아닌 해독과 동일시의 메커니즘에 기초한다. 이 책에 실린 논문 「문화의 기호학적 메커니즘에 관하여」를 참고하라.

8 예컨대, 질병의 이름을 (소리 내어) 말하는 것은 곧 그것을 부르는 것으로 해석될 수 있다. 병이 자신의 이름을 듣고 찾아올 수 있는 것이다(이와 관련된 일상적 표현으로 "재앙이나 병을 부르다naklikat'"가 있다). 이와 관련된 방대한 자료를 모은 단행본 연구로는 젤레닌Д. К., Зеленин「동부 유럽과 남아시아 민족의 언어적 터부Табу слов у народов Восточной Европы и Северной Азии」, 『인류학과 민족지학 문집Сборник музея антропологии и этнографии』, Л., 1929. 8권 1~144쪽. (Ч. 1); Л. 1930. 9권 1~166쪽. (Ч. 2)이 있다.

9 이름의 본연적인 정확성에 관한 고대 그리스의 관념과 비교하라(트론스키И. М. Тронский, Ук. Соч. 25쪽). 〔옮긴이 주〕 이름과 대상 간의 동일시가 비관례적인 성격을 띤다는 것은 일차적으로 표현과 내용 사이의 관계가 조건적이거나 자의적이지 않다는 것(가령, 신에 의해 주어졌다는 것)을 뜻할 수 있다. 그러나 이는 다른 한편으로 표현(이름)과 내용(대상) 사이에 유사성의 관계가 존재한다는 것, 즉 신화적 세계 속의 기호('고유명사')가 '도상적 원칙'에 따라 구성되어 있다는 점을 시사하는 것이기도 하다. 신화적 세계의 세미오스시스가 '공간성'과 더불어(이어지는 Ⅳ절 참고) '도상성'을 핵심적인 자질로 삼고 있다는 점은 각별한 주목을 요한다.

10 〔옮긴이 주〕 '세미오시스의 보다 발달된 관점'이란 신화적 의식 이후 혹은 그것 외부의 관점이란 뜻으로, 앞서 말한 '아담의 언어' 이후의 상태, 즉 표현과 내용, 이름과 대상 사이의 근원적이고 본연적인 결속이 끊어진 이후의 상태를 뜻하는 것으로 볼 수 있다(주 6 참고). 다시 말해 그것은 언어 기호의 '관례성,' 즉 기표와 기의 간의 조건적 관계가 당연한 것으로 간주되는 상태, 한마디로 '기호학적' 의식의 단계다. 기호학적 의식의 관

결국 이름과 신화는 본질적으로 직접 관련되어 있다. 일정한 의미에서 그들은 상호 규정적이며 서로에게 수렴된다. 신화는 ──개인적(즉, 인칭적)이며, 이름은── 신화적이다.[11]

3.1. 이제까지의 논의를 바탕으로, 고유명사의 체계는 단순히 자연언어의 한 영역을 이루고 있을 뿐만 아니라 그것의 독특한 신화적 층위를 이룬다고 할 수 있다. 일련의 언어적 상황 속에서 고유명사가 보여주는 행태는 여타의 언어적 범주에 속하는 단어의 그것과 너무도 확연히 구분되기 때문에, 상이한 방식으로 구축된 다른 inoi 언어가 자연언어의 영역에 통합되어 있다는 생각이 들 정도다.

자연언어의 신화적 층위가 직접적으로 고유명사로 수렴되는 것은 아니지만, 그럼에도 고유명사는 그것의 핵심을 구성한다. 일련의 전문적인 언어학 연구가 보여주는 것처럼(오늘날 이 방향의 연구는 S. M 톨스토이와 N. I. 톨스토이에 의해 수행되고 있다), 대개의 언어에는 비범한 음성학적 특징과 (해당 언어의 관점에서) 예외적인 것으로 간주될 수 있는 특별한 문법적 자질을 특징

점에서 볼 때 신화적 의식은 탈기호적인 asemiotic 것으로 간주된다.
11 신화적 세계에서 사물을 지칭하는 보통명사가 곧 그것의 개별적인 고유명사가 된다는 주장은 여러 텍스트에서 확인되는 바이다. 예컨대 『젊은 에다 Younger Edda』에서 오딘이 어떻게 시(詩)의 꿀을 획득하게 되었는지에 관한 이야기를 보면, "벨베르크는 라티라는 이름을 가진 천공기를 얻었다"라는 구절이 등장한다. 편집자의 주석에는 "[라티라는] 이 이름은 천공기를 뜻한다"라고 되어 있다. 『젊은 에다 Младшая Эдда』 / Подгот. О. А. Смирницкой и М. И. Стеблин-Каменского. Л. 1970. 59쪽: 72쪽과 79쪽에도 비슷한 지적이 있다. 또한 이런 측면에서 호메로스의 언어를 특별히 분석한 연구 저서, 알리만 М. С. Альман 『호메로스의 고유명사에 나타나는 종족 체계의 자취 Пережитки родового строя в собственных именах у Гомера』. Л. 1936. 와도 비교하라. 더불어 기사도 소설에서 전형적으로 볼 수 있는, 기사의 칼에 고유명사가 부여되는 상황 역시 이런 경향의 발현이다. 롤랑의 칼은 듀렌달 Durendal, 지그프리트의 칼은 발뭉 Balmung이다.

으로 하는 특수한 어휘적 층위가 존재한다. 이에 속하는 것으로 의성어, 다양한 형태의 표현적 어휘, 이른바 유아어,[12] 동물을 부르거나 쫓는 소리의 형태 등이 있다. 해당 언어 사용자에게 언어의 이런 층위는 일차적이고 자연스러운, 즉 비기호적인 것으로 여겨진다. 이와 같은 요소들은 아이들과의 대화(유아어), 동물과의 대화(가령, 머리털 색깔에 따라 동물을 지칭하는 것), 그리고 종종 외국인과의 대화 상황에서 사용된다는 특징을 가지고 있다. 이런 유형의 단어들이 형태상의 공통점뿐 아니라 고유명사의 사용이라는 점에서도 공통점을 지닌다는 사실은 시사적이다. 러시아어에서 유아어는 축약된 고유명사를 모델로 형성된다(가령, kisa(고양이)와 bjaka(나쁜 일), 늑대volk를 칭하는 vova, 수탉 petux을 뜻하는 petja가 그러하다). 또한 각종 동물을 부르는 말("cyp-cyp," "kis-kis," "mas'-mas'")은 (각기 닭, 고양이, 양을 뜻하는 cyp, kisa, masja에 따라) 호격 형태로 되어 있다. 여기서 발견되는 유아어와의 공통점 역시 흥미로운데, 이는 유아의 세계에서 고유명사가 행하는 독특한 역할, 즉 사실상 모든 단어가 잠재적인 고유명사로 나타나는 이 세계의 법칙으로서 설명될 수 있다(아래 I. 5.를 보라).

4. 공간에 대한 특수한 이해는 신화적 세계의 본질이다. 공간은 어떤 질적인 연속체가 아니라 고유명사를 지니는 개별적 대상들의 총체처럼 제시된다. 이때 공간은 마치 개별 대상들 사이에서 끊어져 있는 듯하며, 따라서 우리의 관점에서 볼 때 〔공간의〕 기본적인 자질이라 할 수 있는 연속성 같은 것을 지니지 않는다.

---

[12] 여기서 말하는 것은 어린아이와 이야기할 때 어른이 사용하는 특별한 어휘적 형태이다.

이에 따른 결과 중 하나는 신화적 공간의 '파편적' 성격이다. 하나의 장소locus로부터 다른 장소로의 이동은 마치 시간 외부에서 이루어지는 듯한데, 즉 고유명사로 지칭되는 장소 안에서, 공간은 시간의 흐름과 관련하여 제멋대로 축소되거나 팽창되기도 한다. 또한, 대상은 새로운 장소에 위치함으로써 이전 상태와의 관련성을 잃어버리고 다른 대상이 된다(대체로 이에 상응하는 것이 이름의 교체이다). 신화적 공간이 공간적이지 않은 다른 관계들(의미론적, 가치론적 관계 등)을 모델링할 수 있는 능력을 갖는 것은 이 때문이다.[13]

신화적 공간이 고유명사로 가득 차 있다는 점은 그 공간 내부의 대상들에 제한적 성격을 부여하고, 스스로에게도 폐쇄성의 자질을 부여한다. 이런 점에서, 신화 자체에서는 우주적 규모의 이야기가 펼쳐질 수 있음에도 불구하고, 신화적 공간은 언제나 별로 크지 않은 닫힌 세계로서 나타난다.[14]

---

13 [옮긴이 주] 여기서 말하는 독특한 '신화적 공간 이해'가 앞선 논문 「문화를 유형학적으로 기술하기 위한 메타언어에 관하여」에서 지적한 이론적 개념인 '공간적 모델링spacial modelling'을 연상시킨다는 점을 간과하기란 사실상 불가능하다. 본질상 비공간적인 개념들 (가치 있는/가치 없는, 내 것/남의 것, 접근 가능한/접근 불가능한, 필멸의/불멸의)을 공간적인 관계의 언어(고/저, 좌/우, 원/근, 개/폐, 연속적/불연속적)를 통해 모델화할 수 있는 가능성은 다름 아닌 신화적 세계 구조 속에서 명백한 현실이 된다.
14 인간이 장소locus에 의존한다는 관념은 파우스토스 부잔드의 『아르메니아의 역사』에 기록된 중세 초기 아르메니아 전설에 분명하게 표현되어 있다. 이 전설은 신화적 관념의 프레임 내에 머물면서도 매우 독창적인 방식으로 한 장소에서 다른 장소로 이동함으로써 생겨나는 인간의 이중적 행위 가능성을 드러낸다. 아르메니아가 비잔틴과 페르시아 사이에서 분할되어 있었던 4세기에 동쪽(페르시아쪽) 아르메니아 지역에서는 아르샤크 황제의 아르메니아 왕국이 페르시아 왕국에 복속되었으며, 아르샤크는 조국의 독립을 위해 투쟁했다. 페르시아의 황제 샤푸흐는 봉신(封臣) 아르샤크의 비밀스러운 의중을 파악하기 위해 움막의 절반은 아르메니아의 흙을, 나머지 절반은 페르시아의 흙을 깔도록 지시했다. 그는 아르샤크를 움막으로 초대해 손을 잡고서 구석구석을 산책했다. 그들이 산책을 할 때, 페르시아의 땅으로 들어가 그가 말했다. "아르메니아의 황제 아르샤크여, 너는 어째서 나의 적이 되었는가, 나는 너를 친아들처럼 사랑하고 내 딸을 시집보내려 했건만 어찌 너는 나에게 반기를 들어 적이 되었는가……" 아르샤크는 대답

신화적 세계의 폐쇄성에 관해서 또 하나 지적할 수 있는 것은, 복수의 상이한 지시체를 가진다는 것은 원칙적으로 고유명사의 본성에 위배된다는 점(이는 커뮤니케이션에 본질적인 곤란을 야기할 것이다)이다. 반면, 보통명사의 경우 복수의 지시체의 현전은 대개 일반적인 현상이다.

주석: 텍스트로서의 신화의 슈제트는 흔히 주인공이 '어두운' 닫힌 공간을 횡단하여 무한한 외부 세계로 이동하는 이야기로 나타난다. 그러나 이런 슈제트를 만들어내는 메커니즘의 근본에는 작은 '고유명사들로 이루어진 세계'라는 관념이 깔려 있다. 이런

했다. "저는 죄를 지었고 당신 앞에서 죄인입니다. 비록 제가 당신의 적을 무찌르고 그들로부터 승리를 획득하여 당신께 은덕을 기대했더라도 말입니다. 하지만 적들은 저를 혼란케 했고, 저는 당신께 겁먹고 도망쳐버렸습니다. 하지만 당신께 올린 제 서약이 저를 당신께로 이끌었고 지금 제가 여기 당신 앞에 있습니다. 저는 당신의 종이니 당신 뜻대로 하십시오. 원하신다면 저를 죽이셔도 좋습니다. 왜냐하면 전 당신께 죄를 지었고 죽어 마땅하기 때문입니다." 그러나 샤푸흐 황제는 순진을 가장하며 또다시 그의 손을 잡고 아르메니아의 흙이 깔린 곳으로 이끌었다. 그러자 아르샤크는 극도로 오만하고 반항적인 어조로 말을 바꾸었다. "내게서 떨어져라. 이 악한이여. 너는 주인을 배반한 종이니라. 나는 너와 네 후손을 용서치 않을 것이며 내 선조들의 원수를 갚겠노라." 아르샤크의 이런 행동 변화는 텍스트에서 아르메니아의 흙과 페르시아의 흙을 번갈아 밟을 때마다 여러 차례 반복된다. '그(샤푸흐 황제)는 아르샤크를 아침부터 저녁까지 여러 차례 시험했던 바, 아르샤크는 아르메니아 땅에 들어설 때마다 매번 거만해져서 위협을 일삼았고 그 지역(페르시아) 땅을 밟을 때마다 사죄를 표명했다'. (파우스토스 부잔드 Павстос Бузанд, 『아르메니아의 역사История Армении』, Уреван, 1953. 129~30쪽). 반드시 강조되어야 할 것은 여기서 '아르메니아 땅'과 '페르시아 땅'이라는 개념이 '아르메니아'와 '페르시아'라는 개념과 이질동상이라는 점, 즉 그것들은 현대적 의식의 관점에서만 환유로 받아들여질 수 있다는 점이다(러시아 중세 텍스트에서 사용되는 '러시아 땅'이라는 표현도 이와 유사한 경우라 할 수 있다. 샬라핀이 외국에 갈 때 여행 가방 안에 러시아 흙(땅)을 담아간 것은 물론 시적 메타포가 아닌 신화적 동일시의 기능을 한 것으로 보아야 한다). 결국 아르샤크의 행동은 그가 어떠한 이름을 따르는지에 따라 달라지는 것이다. 아울러 지적할 수 있는 것은 중세 때 복종을 다짐하는 행위에 수반되는 소유권의 포기와 재획득은 기호학적으로 소유자 이름을 변경하는 것으로 해석될 수 있었다는 점이다(영지를 새로 구입할 때 그것의 이름을 바꾸는 일은 러시아 봉건 시기에 널리 퍼진 관례였다).

종류의 신화적 슈제트는 주인공이 인간에게 이름이 알려지지 않은 대상들의 세계로 건너가는 것으로 시작된다. 이로부터 파생되는 전형적인 슈제트가 바로 비인간적인 명명의 체계를 모른 채 외부 세계로 나간 인물이 파멸하는 것, 그리고 기적적인 방식으로 이 지식을 깨우친 인물이 살아남는 것이다. 신화에서 '낯선' 세계가 열린 공간으로 나타난다는 사실 자체가 이미 제한성의 자질을 지니는 공간, 즉 고유명사를 지닌 대상으로 가득 차 있는 '나의' 공간이 존재함을 전제하는 것이다.

5. 지금까지 살펴본 신화적 의식은 유아의 세계에서 직접적으로 관찰 가능하다. 모든 단어를 고유명사로 간주하려는 경향,[15] 인식을 명명의 행위와 동일시하는 것, 시간과 공간에 대한 독특한 지각(가령 체호프A. Chekhov의 단편 「그리샤」의 다음 구절과 비교하라. "이제까지 그리샤가 알고 있었던 것은 오로지 사면으로 된 세계였다. 한쪽 구석에는 침대가, 다른 쪽 구석에는 유모의 트렁크가, 세번째 구석에는 의자가, 그리고 네번째 구석에는 성상-램프가 타고 있었다."[16]), 그리고 신화적 의식에 상응하는 그 밖의 많은 특징은 유아의 의식을 전형적인 신화적 의식으로 간주할 수 있게끔 한다.[17] 특정한 발달 단계를 밟고 있는 유아의 세계에는 고유

---

15 이와 관련해, 호격 표현은 '유아어 nursery-words'에서 형태론적으로 보다 일차적인 것이 된다. 가령, 신을 뜻하는 'bozha'나 'bozja'는 분명 호격 표현 'bozhe(신이여)'에서 나온 것이다. 마찬가지로 'kisa(고양이)'는 'kis-kis(고양이를 부르는 말)'로부터 나온 것으로 간주될 수 있다.
16 강조는 인용자의 것이다.
17 이와 관련해 『사고와 언어 Мышление и язык』에서 비고츠키가 말한 유아의 '복합적 사유'를 떠올릴 수 있다(비고츠키 Л. С. Выготский, 『심리학 연구 선집 Избранные психологические исследования』, М., 1956. 168쪽). 〔옮긴이 주〕여기서 유아의 의식은 인간 '개체'의 초기 단계로서 신화적 의식이라는 인류('계통')의 초기 단계에 대응되는 것으로 볼 수 있다.

명사와 일반명사 간의 구분이 존재하지 않으며, 이런 대립 자체가 적절하지 않을수도 있다.

이와 관련해 다음과 같은 야콥슨의 중대한 관찰을 지적하는 것이 적절한 것이다. 고유명사는 유아가 가장 먼저 획득하는 것인 동시에 실어증 증상에서 가장 나중에 사라지는 것이기도 하다. 아울러, 어른들의 담화에서 대명사의 형태— 대명사는 야콥슨의 관찰에 따르면 가장 뒤늦게 습득되는 것이다—를 배운 아이가 그것을 마치 고유명사처럼 사용하려 한다는 사실은 주목할 만하다. '예컨대, 그(아이)는 일인칭 대명사를 독점하려고 한다. "나라고 부르지 마, 나만 나야. 너는 너고."'[18]

이와 비교할 만한 것으로 다양한 민족지학의 관찰 지역에서 지켜지는, 대명사('그,' '저것' 등)의 사용에 관한 금기의 체계가 있다. 이 체계에서 악마나 숲의 정령·집의 정령 등을 부를 때나 혹은 아내나 남편을 부를 때(부부가 서로를 고유명사로 부르는 것은 금지된다) 대명사는 사실상 고유명사처럼 기능하게 된다.[19]

이에 못지않게 흥미로운 것은 유아의 담화에서 행위가 의미하는 바이다. 성인이라면 동사를 사용할 만한 위치에서도, 아이는

---

18 Jakobson, "Shifters, Verbal Categories, and the Russian Verb," 133쪽. 성경에서 신의 말씀과 비교하라. '나는 말하는 바로 그 사람이다: 나는 바로 나다'(이사야 52: 6, 출애굽기 3: 14). 이는 『우파니샤드』의 구절과도 비교할 수 있다. '태초에 이 세계는 인간의 형상을 한 영혼Atman일 뿐이었다. 그는 주변을 둘러보아도 자신밖에 발견할 수 없었다. 그는 처음으로 '나는 존재한다'라고 말했다 그러자 '나'라는 이름이 생겨났다. 그렇기 때문에 오늘날에도 누군가가 물으면, 먼저 "그건 나입니다"라고 대답하고 나서 "자신의 이름"을 말하는 것이다'(Brihad-Aranyaka Upanishad, А. Я. Сыркин. М. 1964. 73쪽). 『우파니샤드』에서 'Atman'이라는 단어는 '나,' '자신'을 뜻하는 대명사로 쓰인다는 점을 지적해야 할 것이다(앞의 책, 168쪽과 라드하크리슈난 С. Радхакришнан, 『인도 철학Индийская философия』. М., 1956. 1권 124쪽 참고).

19 젤레닌 Д. К. Зеленин, 『동부 유럽과 북부 아시아 민중들의 언어적 터부Табу слов у народов Восточной Европы и Северной Азии…』 Ч. 2. 88~89, 91~93, 108~09, 140쪽.

감탄사와 같은 단어 조합을 만들어내면서 행위의 준언어학적[20]인 묘사에 호소하게 될 것이다. 바로 이것이 유아어에 특징적인 서술의 형식이다. 아이들의 이야기에 가장 근접하는 모델을 가정해본다면, 그것은 대상의 명명이 고유명사로 이루어지고, 행위의 묘사가 영화 숏의 몽타주와 같은 식으로 배열되는, 어떤 인공적인 텍스트가 될 것이다.[21]

동사적 의미가 특별한 생생함을 지닌 채 전달되는 그와 같은 방식에서 사유의 신화주의가 모습을 드러낸다. 여기서 행위는 대상으로부터 추상화되지 않고 그 행위의 담지자와 혼연일체를 이루기 때문이다. 말하자면 그것은 고유명사의 상태로 나타나게 되는 것이다.

결국 다음과 같은 가정이 가능하다. 존재론적으로 조건화된 신화적 층위는 의식(그리고 언어) 안에 뿌리내리고 있으며, 그것이 결국 신화적인 지각의 축과 비신화적 지각의 축 사이의 긴장을 창출하면서, 의식과 언어를 이종적(異種的)인 것으로 만들어 준다.

5.1. 반드시 강조해야 할 것은 완벽하게 합법칙적인 신화적 사

---

20 〔옮긴이 주〕 준언어paralanguage는 의미를 수정하거나 감정을 전달하기 위해 사용하는 모든 비언어적 의사소통의 요소로서, 말의 고저, 크기, 억양을 비롯한 각종 제스처를 포함한다. 이런 준언어적 요소들에 관한 연구를 준언어학paralinguistic이라 부른다.
21 이와 유사한 유형의 서술은 제의적 춤에서도 발견할 수 있다. 〔옮긴이 주〕 유아어에 특징적인 서술의 형식으로 '준언어학적인 수단을 동원한 묘사(描寫)'를 제시하고, 이를 명명 및 몽타주와 관련짓는 로트만의 언급은 최소한 두 가지 측면에서 의미심장하다. 이는 신화적 세미오시스의 원칙적인 '비관례적(도상적)' 성격을 드러내는 것이면서 동시에 영화적 재현이 갖고 있는 근본적인 '신화적(고유명사적)' 성격을 지시하는 것이기도 하다. 영화는 '클로즈업'이라는 형식을 통해서 (언어에 있어서의) 고유명사에 해당하는 고유한 이름 붙이기, 말하자면 사물에 대한 '도상적 명명 작업'을 수행하는 매체로서, 근본적으로 '신화적 언어'의 성격을 띠고 있다고 볼 수 있다. 유리 로트만, 『영화기호학』(박현섭 옮김, 민음사, 1994) 참고.

유의 '순수' 모델은 현존하는 그 어떤 민속학적 자료나 유아 관찰에서도 확인될 수 없다는 점이다. 두 경우 모두 연구자가 실제로 맞닥뜨리게 되는 것은 나름의 복잡한 조직화를 거친 텍스트와 이미 어느 정도 이종적인 의식이다. 이는 물론 관찰자의 의식이 개입한 탓으로 설명될 수도 있겠지만, 다른 한편으로는 신화적 단계라는 것이 너무도 이른 발전 단계에 해당하여 원칙상 통시적인 관점에서 실제로 관찰될 수 없는, 즉 실제적인 접촉이 불가능한 것이라는 점으로도 설명 가능하다. 결국 유일한 연구 수단은 재구(再構)뿐이다. 그러나 이와는 다소 다른 식의 설명도 충분히 가능하다. 즉, 이종성이라는 것 자체가 인간 의식에 본질적인 자질이며, 그것의 메커니즘을 위해서는 최소 둘 이상의 상호 번역 불가능한 체계의 존재가 필수적이라는 설명이 가능한 것이다.[22]

첫번째 접근법에서는 신화주의의 본질에 대한 단계적 설명(사실상 이는 종종 가치 평가적인 설명으로 귀결된다)이 전면화되는 반면, 두번째 접근법에서는 신화주의가 유형학적으로 보편적인 현상으로 해석된다. 두 접근법은 상호 보충적이다. 다만 지적할 것은 순전히 형식적인 관점에서 보자면, 신화적 의식을 시공간적으로 국부화하려는 원칙 자체(즉, 그것을 인류 문화 발전의 특정한 단계와 연결 짓거나 특정한 민속학적 장소와 관련짓고자 하는 것)가 앞서 지적한 신화적 공간 개념에 상응한다는 점이다. 하지만 이에 반해 신화주의를 유형학적으로 보편적인 현상으로 인정

---

22 〔옮긴이 주〕 인간의 의식 자체가 이종적이며 상호 번역 불가능한 둘 이상의 체계를 필수적으로 요구한다는 이 주장은 후기 로트만 기호학의 가장 중요한 핵심 테제인 (문화의) 원칙적인 '복수 언어주의' 개념으로 이어진다. 1970년대 내내, 그리고 1980년대 초반까지 지극히 다양한 측면과 양상-인간 두뇌의 양반구적 구조에서 문화의 이원적 구조에 이르기까지-을 통해서 반복적으로 확인되는 '기호학적 비단종성(혼종성)' 개념은 1973년 발표된 본 논문에서 '최초로' 명료하게 정식화되었다.

하는 입장은 조건적-논리적인 세계상에 온전히 대응되는 것이다.

반드시 염두에 두어야 할 것은, 선명한 신화적 사유의 표현을 특징으로 하는 민속학적 집단, 즉 문화 발달의 매우 이른 단계에 놓여 있는 집단에서도, 전체적으로 논리적 유형을 띠는, 놀랄 만큼 복잡하고 세밀한 분류화 능력이 관찰된다는 사실이다(가령, 호주 원주민 부족에게서는 고도로 추상적인 특질에 따른, 식물/동물계에 대한 다채로운 분류가 관찰된다[23]). 이들 경우에서는 신화적 사유가 논리적 혹은 기술적인 사유와 공존하고 있다고 말할 수 있을 정도이다. 반면, 때로는 현대 문명사회의 일상적인 담화 행위 속에서도 얼마든지 신화적 사유의 요소를 발견할 수 있는 것이다.[24]

---

23 P. Worsley, Groote Eyland totemism and 'Le totemisme aujoud'hui,' *The Structural Study of Myth and Totemism*, Ed. by E. Leach, Edinburgh, 1967. 153~54쪽. 저자는 호주 원주민들의 사유를 비고츠키의 용어를 빌어 정식화하면서 다음과 같이 지적한다. "우리가 관찰해본 토템적 분류는 '개념적 사유'가 아니라 '복합적комплексный 사유,' 혹은 '집합적 사유мышление в коллекциях'(이는 비고츠키의 용어[Л. С. Выготский, 『심리학 연구 선집Избранные психологические исследования』, 168~80쪽 참고]로, 그에 따르면 집합에 기초한 통합은 '복합적' 사유의 한 변종이다 - 로트만/우스펜스키)에 기대고 있다. 그러나 나는 원주민들이 개념적 사유를 하지 못한다고 말하려는 게 아니다. 반대로, 그들이 토템적 분류법과 무관하게 만들어낸 식물지(誌)와 동물지의 체계는 원주민들의 개념적 사유 능력을 잘 드러낸다. 한 연구에서 나는 원주민들에게 잘 알려져 있는 분류법적 그룹에 따라 체계화된 수백 종의 동식물을 열거한 바 있다. 가령, jinungwangba(땅에 사는 커다란 동물들), wuradjidja(새를 포함해서 나는 것들), augwalja(물고기와 여타의 해양 동물) 등이 그러하다. 아울러 그 밖의 많은 종류가 생태학적으로 연관된 그룹을 형성한다." 바로 이런 이유로, (자연과학자로 교육받은) 도널드 톰슨Donald Tomson은 북부 퀸슬랜드 원주민에게서 발견되는 이와 유사한 식물/동물지의 체계가 '린네의 간단한 분류법과 모종의 공통점을 지닌다'고 주장할 수 있었던 것이다. 워슬리P. Worsley는 이런 분류법 체계의 원칙적인 논리적 성격을 강조하면서 이를 '원(原, proto)-과학'적인 것이라 지적한다. 그의 결론으로는, "따라서 우리는 하나가 아닌 몇 가지의 분류법을 대하게 되는 바, 토템적 분류가 원주민들의 의식 속에서 주변 세계의 대상을 조직화하기 위한 유일한 수단이라고 여긴다면 잘못일 것이다."

24 비고츠키는 '복합적 사유'의 요소를 대부분 아이들에게서 발견했지만, 그것은 성인의 일상적 발화에서도 관찰된다(비고츠키Л. С. Выготский, 『심리학 연구 선집Избранные

6. 이제까지의 논의에서 나올 수 있는 결론은, 신화적 의식이란 원칙적으로 다른 차원의 기술로 번역될 수 없다는 것, 즉 그것은 자신 속에 닫혀 있으므로 외적으로는 파악 불가능하며 오직 내적으로만 파악될 수 있다는 것이다. 이 점은 신화적 의식의 언어학적 대응물이라 할 독특한 유형의 세미오시스, 즉 고유명사의 번역 불가능성에서 이미 일부 유추될 수 있는 것이었다. 이렇게 볼 때, 만일 의식의 이종성, 즉 신화적 언어와 이질동상적인 어떤 층위를 자신 내부에 담고 있는 인간 의식의 이종성이 없었더라면, 현대적인 의식의 담지자가 신화를 묘사(기술)할 수 있는 가능성 자체가 의심스러운 것이 되었을 것이다.

결국, 우리 사유의 이종적 성격 자체가 내적인 경험에 의거하여 신화적 의식을 재구할 수 있도록 해준다. 이런 점에서, 신화주의에 대한 이해는 곧 회상(回想)에 상응하는 것이 된다.[25]

психологические исследования』, 169, 172쪽). 그의 지적에 따르면, 가령 접시나 옷에 대해 말하면서 성인도 종종 그에 합당한 추상적 개념이 아니라 구체적인 사물의 집합을 염두에 둔다(하지만 이런 경향은 일반적으로 아이의 특징이다).

[25] 〔옮긴이 주〕이렇게 보자면 '타자적인 것'으로서의 신화적 의식은 결국 우리 자신(의 의식) 안에 존재론적으로 조건화된 '내부의 것'이라고 볼 수 있다. 즉 그것을 '낯선' 자아, 단지 억압되어 망각되었을 뿐인 '내적 타자'로 볼 수 있는 것이다. 바로 그런 점에서 신화에 대한 이해는 (이미 알고 있는 어떤 것을) 다시 떠올리는 행위, 즉 '회상'에 해당할 수 있다. 한편, 신화적 이해의 이와 같은 순환적-재귀적 성격(이미 아는 것을 다시 떠올림)은 '고유명사'의 특징이면서 동시에 로트만의 주요 개념 중 하나인 '자기커뮤니케이션autocommunication'의 특징이기도 하다.

II

1. 비신화적인 문화 유형에서 신화적인 텍스트가 지니는 중요성은 다음의 사실에서 어느 정도 증명된다. 신화적인 텍스트를 비신화적인 문화 유형의 언어로 번역하려는 시도는 끊임없이 존재해왔다. 이것이 학문의 영역에서 신화적 텍스트의 논리적 버전을 창출한다면, 예술의 영역—그리고 자연언어의 단순 번역—에서는 **은유적인 구성**을 만들어낸다. 비록 은유가 신화를 오늘날의 의식에 보다 친숙한 형태로 번역한 것에 해당하지만, 신화와 은유 사이에는 원칙적인 차이가 있음을 강조해야 한다. 엄밀히 말해서, 신화적 텍스트에서는 은유라는 것이 불가능하다.

2. 비신화적인 의식의 범주로 번역된 은유적 텍스트는 대개 상징적인 것으로 지각된다. 그와 같은 유형의 상징[26]은 신화를 후대의 기호학적 의식의 관점에서 읽어낸 결과인데, 즉 그것은 도상 기호이거나 혹은 유사-도상 기호로 재해석될 수 있는 어떤 것이다. 여기서 지적해야 할 것은, 도상 기호가 어느 정도 신화적 텍스트와 가까운 것은 사실이지만, 그럼에도 그것은 관례적 기호 유형과 마찬가지로, 원칙상 새로운 [비신화적] 의식과 관련된 사실이라는 점이다.

상징을 신화와 관련지어 말할 때는, 신화적 의식에 의해 직접

---

[26] 여기서 말하는 상징은 퍼스의 분류법에 따른 것이 아니다. [옮긴이 주] 기호의 유형을 도상icon, 지표index, 상징symbol의 세 가지로 구분하는 퍼스의 분류법에 따르면, 상징은 대상과 기호가 관습적이거나 자의적인 관계로 맺어져 있는 경우에 해당한다. 여기서 로트만이 말하는 상징은 그와 같은 의미의 상징이 아니라 오히려 표현과 내용 사이에 모종의 내적 결속이 가정되는 (일반적 의미에서의) 상징이다.

만들어진 기호 유형인 상징과, 신화적 상황을 전제하고 있는 것에 불과한 기호 유형인 상징을 구분할 필요가 있다. 마찬가지로 텍스트로서의 신화에 의지하는 상징과 장르로서의 신화에 의지하는 상징도 구별되어야 한다. 후자의 경우, 상징은 창조적인 원칙에 복무하면서 신화적 상황의 창조를 자임할 수 있다.

상징적 텍스트가 일련의 신화적 텍스트들과 관련을 맺을 때, 후자는 전자와의 관계에서 **메타텍스트**로 나타나고, 상징은 이 텍스트의 구체적인 요소에 해당하게 된다.[27] 반면 상징적 텍스트가 장르로서의 신화, 즉 특정한 신화적 상황과 관련을 맺는 경우, 세계의 신화적 모델은 기능적인 변화를 겪으면서, **메타언어**의 역할을 수행하는 **메타체계**로서 등장하게 된다. 이 경우 상징은 메타텍스트의 요소와 관련되는 것이 아니라 메타언어의 범주와 관련된다. 앞서 내린 정의(I.1. 항목을 보라)에 따를 때, 첫번째 의미에서의 상징이 대체로 신화적 의식의 경계를 넘어서지 않는 반면, 두번째 경우에서는 비신화적 의식(즉, '신화적' 기술이 아닌 '묘사적' 기술)에 속하게 된다.

신화적 의식과 관련되지 않는 상징주의의 예는 예컨대 러시아 '상징주의자들'의 텍스트와 같은 20세기 초반의 몇몇 텍스트이다. 이들에게서 신화적 텍스트의 요소들은 비신화적 원칙에 따라, 심지어 거의 과학적인 방식에 따라 조직되어 있다고 말할 수 있다.[28]

---

27 물론 '기호-사건sign-event'이 아니라 '기호-디자인sign-design'적인 의미에서 그러하다. R. Carnap, *Introduction to Semantics*, Cambridge, Mass.: Harvard University Press, 1946. §. 3.를 참고하라.
28 [옮긴이 주] 20세기 초반의 러시아 상징주의 미학 운동은 '신(新)신화주의'의 보편적 경향을 배경으로 자신들의 창작에서 적극적이고 체계적인 '신화시학mythopoetic' 프로그램을 실행한 바 있다. 로트만은 이와 같은 미학적 지향이 (표면상 명백하게 신화를 지향하고 있음에도 불구하고) 본질적으로는 비신화적인 원칙에 따르는, 이성적이고 합리

3. 근대의 텍스트에서 신화적인 요소들이 합리적으로 변모(즉, 비신화적으로 조직)된다면, 바로크 텍스트에서는 완전히 상반되는 상황이 발견될 수 있다. 즉, 거기서는 추상적인 구성이 신화적인 원칙에 따라 조직되는 것이다. 요소와 자질이 마치 신화적 세계 속의 인물처럼 나타날 수 있다. 이는 바로크가 종교 문화를 배경으로 출현했다는 사실을 통해 설명될 수 있을 것이다. 반면 근대의 상징주의는 우리에게 보다 익숙한 합리적 의식을 배경으로 하여 생겨났다.

주석: 따라서, 바로크가 고양된 가톨릭적 사유의 반향이며 역사적으로 볼 때 반개혁적인 현상에 해당한다는 주장과, 반대로 그것이 르네상스기의 '리얼리즘적'이고 '낙관적인' 예술 현상에 해당한다는 주장 사이의 논쟁은 본질적으로 아무런 의미가 없는 것이다. 바로크 문화는 일종의 중간적 유형으로서, 이 두 문화 모두에 동시에 관련되어 있다. 르네상스 문화가 대상들의 체계에서 나타난다면, 중세 문화는 관계들의 체계 속에서 드러난다 (비유적으로 말해, 르네상스 문화가 명사의 체계를 규정한다면, 중세 문화는 동사의 체계를 규정한다 하겠다).

4. 앞서 지적한 대로 비신화적 의식의 상황에 처해진 신화적 텍스트가 은유적 구성을 만들어내듯이, 신화주의를 향한 지향은 완전히 반대 방향의 과정을 통해서도 실현될 수 있다. 은유의 실현, 즉 은유적인 것을 글자 그대로 받아들이는 방식(이는 텍스트

적인 기획이었음을 지적하고 있다.

의 은유성 자체를 파괴하게 된다)이 바로 그것이다. 이런 기법은 초현실주의 예술의 특징으로, 결과적으로 이는 신화적 의식의 외부에서 신화를 모방하는 것이라 할 수 있다.

III

1. 구체적인 실현 양태는 너무나 다양하지만, 신화주의는 지극히 다양한 문화 속에서 발견되며 문화사의 전체적인 과정에서 놀랄 만한 안정성을 보여준다. 그것은 유물의 형태를 취하거나 재생의 결과물로 나타날 수도 있다. 또 그것은 의식적인 것일 수도 있고 무의식적인 것일 수도 있다.

주석: 개인적이고 사회적인 의식 내부에서 자발적으로 생성되는 신화적 층위와, 이런저런 역사적 원인에 따라 비신화적 사유를 통해 신화적인 의식을 흉내 내고자 하는 의식적인 시도를 구별할 수 있어야 한다. 비신화적 의식의 관점에서는 후자에 속하는 텍스트가 **신화로 여겨질 수 있다** (심지어 그것은 신화와 구별되지 않을 수도 있다). 하지만, 이들 텍스트가 근본적으로 비신화적 텍스트의 범주에 속한다는 점, 따라서 비신화적인 문화의 언어로 완벽하게 번역 가능하다는 점은 그와 같은 합치의 허구성을 증명해준다.

1.1. 신화적 텍스트의 안정성은 기호학적 관점에서 해명될 수 있다. 신화는, 기호들이 등록되기보다는 인지되는, 그리고 사물의 이름을 붙이는 행위 자체가 사물을 인식하는 행위와 동일시되

는 특수한 명명(命名)적 세미오시스의 결과이다. 이어지는 역사의 발전 과정에서, 신화는 **기호적 사유에 대한 대안**으로 받아들여지기 시작한다(앞선 I. 3.을 보라). 기호적 의식은 자신 내부에 사회적 관계들을 축적하기 때문에, 각종 사회적인 악에 맞서는 투쟁은 흔히 문화사에서 (자연언어와 같은 포괄적인 체계를 비롯한) 개별 기호 체계를 부정하거나 아니면 기호성의 원칙 자체를 부정하는 형태로 표출되곤 한다. 그런 경우에 신화적인 사유(대개는, 신화적 사유와 더불어 유아적 의식)에 호소하는 것은 문화사에서 흔히 있는 사실이다.[29]

2. 모든 문화 텍스트에 불가피하게 이종성이 깃들어 있음은 분명하지만, 그럼에도 유형학적인 관점에서 신화적 사유를 지향하는 문화와 비신화적 사유를 지향하는 문화를 구분하는 것은 유용하다. 신화적 사유를 지향하는 문화는 고유명사를 지향하는 문화로 정의될 수 있다.

'고유명사의 언어' 내부에서 일어나는 변화의 특성과 신화적 사유를 지향하는 문화 내부에서 일어나는 변화의 특성 사이에 일

---

[29] 〔옮긴이 주〕 신화가 기호적 사유에 대한 '대안'으로 받아들여질 수 있는 이유는 기존의 사회적 관계를 비판하려는 문명 비판적 의도가 결국은 문화적 관례의 요체인 '기호(성)' 자체를 비판의 표적으로 삼게 되기 때문이다. 기호, 더 근본적으로 우리의 '기호적 의식' 자체가 사회적 관계와 문화적 관례의 발생기이자 산물이라 할 때, 후자에 대한 급진적 비판('문화비판')은 필연적으로 전자에 대한 거부('기호파괴')로 귀결되기 마련이다. 이때 전기호적 혹은 비기호적 의식으로서의 신화는 이와 같은 거부를 위한 적절한 '대안'으로서 등장한다. 가령, 바르트R. Barthes의 스투디움studium 대 푼크툼punctum 대립은 그 예가 될 수 있다. 제도적이고 관습적인 학습을 통한 일반적 의미, 그런 점에서 문화에 의해 '길들여진' 평균적인 감정 상태를 뜻하는 스투디움과 달리 그것을 깨뜨리기 위해 오는 소통 불가능한 개인적 의미(바르트는 다른 곳에서 이를 '제3의 의미' 또는 '무딘 의미obtuse meaning' 라 부르기도 했다))는 결국 문화 '밖'에서 펼쳐지는 의미, 곧 기호(학)적 언어의 관점으로는 파악되지 않는 전(/비)기호적 의미를 뜻하게 된다. 롤랑 바르트, 『카메라 루시다 – 사진에 관한 노트』(열화당, 1986) 참고.

정한 대응을 관찰할 수 있다. 고유명사의 하위 체계가 언어 사용자에 의해 변화될 수 있다는 점, 즉 고유명사가 자연언어 체계 내에서 의식적(인공적)인 수정이 가해질 수 있는 특수한 층위에 해당한다는 상황 자체가 이미 충분히 의미심장하다.[30] 자연언어 체계 내의 의미론적 움직임이 점진적인 발달의 성격을 지니는 반면, '고유명사의 언어' 체계는 서로 첨예하게 단절된, 의도적인 명명과 재(再)명명 행위의 사슬로서 작동한다. 즉, 새로운 이름은 새로운 상황에 대응하는 것이다. 신화적 관점에서 볼 때, 하나의 상황에서 다른 상황으로의 변화는 '나는 새로운 하늘과 새로운 땅을 보았다'와 같은 형식으로, 즉 모든 고유명사를 완전히 바꾸는 행위로서 간주되는 것이다.

3. 신화적 의식을 향한 지향은 종종 과거의 관념을 거부하는 것과 관련된다. 이를 보여주는 비교적 최근 사례로, 표트르 대제 시대의 자아 관념과 그 결과로서 18세기에서 19세기 초반을 거치는 동안 러시아에서 생겨난 시대관을 들 수 있을 것이다. 표트르 대제의 동시대인들이 자신의 시대를 이해하는 양상에서 무엇보다 주목을 끄는 것은, 놀라울 정도로 빠르게 형성된 신화적 카논이다. 이 카논은 후대 사람들은 물론 이후의 역사가들에게도 해당 시대의 실제 사건들을 코드화하는 수단이 되었다. 언급해야 할 가장 중요한 것으로 국가의 완전하고 총체적인 재건에 대

---

30 이름 바꿔 부르기(재명명)의 시도가 개별적인 보통명사에까지 미치는 경우(가령, 표트르 대제 치하의 러시아)는 보통명사가 고유명사의 신화적 영역 속으로 포함될 수 있다는 것, 즉 신화적 의식의 팽창 가능성을 분명하게 증명해준다. 〔옮긴이 주〕 표트르 대제에 의해 추진된 서구화 개혁은 사실상 국가 정체성의 재명명에 해당하는 급진적인 것이었다. 표트르 개혁의 성과와 결과에 대해서는 「문화의 기호학적 메커니즘에 관하여」의 주 4 참고.

한 깊은 확신이 있다. 이런 확신은 자연스럽게 표트르의 마법적 역할, 즉 새로운 세계의 창조주로서의 그의 역할을 두드러지게 부각시킨다.

> 표트르의 영명한 교시를 소중히 하니,
> 그로써 우리가 갑자기 이미 새로운 민족이 되었기 때문이다.
> ―칸테미르

표트르 대제는 이 새로운 세계의 유일한 창조자 역할을 수행하는 자로 등장한다.

> 그는 신이다, 그는 너의 신이다, 러시아여!
> ―로모노소프

로마 황제 아우구스투스는 임종 시에 다음과 같은 말이 자신에 대한 극도의 찬미라 생각했다. "나는 벽돌로 지어진 로마를 창건했지만 이제 대리석의 로마를 남기고 간다." 그러나 우리의 높으신 군주에 관한 한 그런 말은 전혀 상찬이 아닐 것이다. 그분은 나무로 된 러시아에서 황금으로 된 러시아를 창조했다고 말해야 한다.

> ―페오판 프로코포비치

'새로운' '황금빛' 러시아의 창조는 새 이름을 지어주는 것으로, 즉 이름의 완전한 교체로 이해되었다. 국가의 이름을 바꾸고, 수도를 이전하고, 새 수도에 '외국식' 이름을 지어주고, 국가 원수의 칭호를 바꾸고, 관등의 명칭과 제도를 변경하고, 일상생활 속에서 '나의' 말과 '타자의' 말을 바꾸어놓고,³¹ 그리고 이 모든 것과 관련하여 세계 그 자체에 전혀 새로운 이름을 부여하는 것³²이

---

31 푸시킨이 지적한 언어 현상(그들의 입에서 모국어는/외국어로 바뀌지 않았던가?)은 조직적인 노력과 의식적인 지향의 직접적인 결과였다. 다음의 격언과 비교하라. "마치 외국인과 이야기할 때처럼, 기분 좋고 예절 바른 언어로 고상하게 자신을 소개할 줄 알아야한다"(『젊은이들의 참된 거울 혹은 표트르 대제의 명에 따라 여러 저자들이 모은 세속 에티켓령 Юности честное зеркало, или Показание к житейскому обхождению, собранное от разных авторов повелением Е. И. В. Государя Петра Великого』. СПб., 1767. 29쪽). 또한 『철자법에 관한 대화 Разговор об орфографии』에서, 트레지야코프가 18세기 중엽 러시아 사회에서 외국어 억양이 지니는 특별한 사회적 의미에 관해 언급하는 다음 대목과도 비교할 수 있다. "당신의 억양에 관한 믿을 만한 법칙이 발견된다면, 우리 모두는 당신의 언어를 훌륭하게 말할 수 있게 될지 모릅니다. 하지만 그런 완벽함으로 인해서 우리는 외국인이 될 수 있는 특권을 잃게 될 것입니다. 제게는 이 특권이 당신의 완벽한 말보다 분명 더욱 좋습니다"(『트레지야코프의 저작들 Сочинения Тредиаковского』, СПб., 1849. 3권 164쪽). '페테르부르크 시기' 러시아 문화에 팽배했던 이런 보편적 지향은 19세기 중반 슬라브주의적 분위기에 젖어있던 사회 그룹들에서 특히 강력하게 감지된다. 예컨대, 1855년 악사코프는 일련의 진보적인 저술이(『해양 선집 Морский Зборник』에) 수록된 것에 대해, 일기체 기록에서 다음과 같이 반응했다. "마치 다른 나라에 대해서 읽는 것마냥, 너는 더 기쁘게 숨쉰다"(『악사코프의 일기 1854-1855 Дневник В. С. Аксаковой, 1854-1855』, СПб., 1913. 67쪽. 키타예프В. А. Китаев, 『프롱드당에서 보호주의까지: 1850~60년대 러시아 자유주의 사상의 역사로부터 От фронды к охранительству: Из истории русской либеральной мыслии 50-60-х годов XIX века』, М., 1972. 45쪽. 또한 참고하라).

32 표트르 이후에 확립된 관례로서, 칙령에 따라 전통적인 지명을 교체하는 일이 이와 관련된다. 강조해야 할 것은 논의의 초점이, 실체는 불변하는 상황에서 기호만의 교체를 허용하는, 지리적 장소와 이름 간의 조건적인 관계가 아니라는 점이다. 오히려 초점은 그들 간의 신화적 동일시인데, 왜냐하면 여기서는 이름의 교체가 곧 이전 대상의 파괴와 새로운 것의 창조(과거의 것이 파괴된 자리에 나타난 이 새것은 이런 이름 바꾸기를 실행하는 주체의 요구에 더 잘 부응하는 어떤 것이 된다)이기 때문이다. 그와 같은 작업의 일상성은 비테의 회상기에 묘사된 한 이야기에서 잘 드러난다. 비테가 '학생 때 살았던' 오데사의 한 거리는 예전에 귀족 거리라 불렸는데, '시 의회의 결정에 따라 비테 거리로 개명되었다'(비테 С. Ю. Витте, 『회상록 Воспоминания』, М., 1960. 3권 484쪽). 비테가 쓰기를, 1908년에 흑색 백인조(黑色百人組) 시 의회는 다시 '내 이름을 딴 거리를 표트르 대제 거리로 개명했다'(같은 책, 485쪽). 니콜라이 2세에 아첨하려는 바람 이외에 (거리의 명칭을 황실 일원의 이름을 따 붙이려는 모든 계획에 대해 틀림없이 황제는 알고 있었을 텐데, 왜냐하면 그런 일은 황제가 친히 결정하지 않고서는 실행될 수 없기 때문이다), 여기서 명백하게 감지되는 것은 거리 이름을 바꾸는 이 행위가 비테 자신을 없애버리려는 의도와 관련된다는 점이다(당시에 이미 의회는 비테를 암살하려는 몇 차례의 시도를 감행했었는데, 흥미로운 것은 회고록의 저자 자신이 이 두 행위를, 동일한 의미를 갖는 것으로 간주하고 있다는 점이다). 그런데 여기서 비테는 비

바로 그것이다. 이와 동시에 고유명사의 영역이 엄청나게 팽창했는데, 이는 사회적으로 능동적인 대다수의 보통명사가 사실상 기능적으로 고유명사의 범주로 이동했음을 의미한다.[33]

4. 한편, 18세기에는 신화적 의식의 또 다른 명백한 표현이 정반대의 사회 계층에서 나타났다. 그 특징은 참칭자의 현상에서 특히 잘 드러난다. 가령, '표트르 3세와 푸가초프[34]' 중에서 어떤

테라는 거리 이름 자체도 개명 절차를 거친 결과라는 사실을 언급하고 있지 않다(혁명 이후에 이 거리는 '코리테른 거리'로 개명되었다가 전쟁 후에 다시 '표트르 대제 거리'라는 이름으로 복원되었다). 한편 비테는 또 하나의 선명한 예를 들고 있다. 알렉산드르 3세 치하의 모스크바 도지사였던 돌고루코프 공작이 과오를 저질러 도지사 자리를 세르게이 알렉산드로비치 대공에게 내주었을 때, 모스크바 시 의회는 돌고루코프의 시대가 알렉산드로비치의 시대로 바뀌었다는 것을 드러내고자 '도지사의 저택을 거쳐가는 돌고루고프 골목의 이름을 세르게이 알렉산드로비치 골목으로 바꿀 계획을 수립했다(오늘날 이 골목은 '벨린스키 거리'로 불린다)'. 물론 이 개명 계획은 실현되지 못했다. 알렉산드르 3세는 '너무 비열하다'는 이유로 그런 결정을 거부했던 것이다(앞의 책, 487쪽).

33 표트르 치하의 러시아 사회에 '신화화'의 경향이 그토록 뚜렷하게 침투했던 이유는, 정작 그 사회 자신이 스스로를 반대 방향을 향해 움직이고 있다고 간주했기 때문이다. '정상성'의 이상은 법령을 따르는 '올바른' 국가 기계를 수립하는 과제를 내포했다. 즉, 이 국가 기계 안에서 고유명사의 세계는 수치화된 질서화로 대체되었던 것이다. 거리(와 운하)의 이름을 숫자로 바꾸려는 시도(숫자로 표기된 페테르부르크 바실리 섬의 거리들linia), 그리고 관등의 위계 체계에 수치화된 질서를 도입하려는 시도(관등표)는 이런 점에서 특징적이다. 숫자를 향한 지향은 페테르부르크 문화에 전형적이다. 이를 모스크바 문화와 대비하면서 뱌젬스키는 이렇게 썼다. '야르무트 경은 20세기 초반에 페테르부르크에 있었다. 그는 다섯번째 페테르부르크 체류에 관해 말하며, 16번 라인에 거주하는 6등 계급의 사랑스러운 부인의 거처에 자주 들렀다고 언급했다.'(뱌젬스키 П. А. Вяземский, 『옛 수첩 Старая записная книжка』, Л., 1929. 200쪽.; cp. 326쪽). 서로 상반되는 경향(강력한 신화화의 경향과 '정상성'을 향한 실제적 지향—옮긴이)의 이와 같은 뒤섞임이 이후에 지극히 모순적인 현상, 즉 표트르 이후의 국가 관료주의를 만들어냈던 것이다.

34 〔옮긴이 주〕에멜리안 푸가초프 E. I. Pugachov는 예카테리나 여제 치하인 1773년에 대규모 코사크 농민 반란('푸가초프의 난')을 일으킨 주역이다. 그는 예카테리나의 죽은 남편 표트르 3세를 참칭하며 모든 민중에게 자유를 돌려주기 위해 예카테리나에 맞선 전쟁을 선포했다고 주장했다. 우랄에서 시작된 반란은 급속도로 러시아 전역으로 퍼져 '스텐카 라진의 난'(1670~71) 이래 러시아 최대의 농민 전쟁으로 발전했으나 결국 2년 만에 진압되었다. 민중 봉기에 관심을 가져 직접 『푸가초프 반란사』를 쓰기도 했던

이름이 '진짜'인가라는 식의 문제 설정 자체가, 이미 이름의 문제를 향한 전형적인 신화적 태도를 드러낸다(다음과 같은 푸시킨의 메모와 비교하라. '내가 피야노프에게 물었다. "도대체 어떻게 푸가초프가 당신 결혼식의 대부가 된 건지 말해주세요." 피야노프가 성을 내며 대답하기를, "자네에게는 그저 푸가초프일지 모르지만, 나에게 그는 위대한 군주 표트르 페도로비치였다네."). 푸가초프의 몸에 그 악명 높은 '황제의 징표'가 새겨져 있다는 이야기[35] 또한 마찬가지로 특징적이다.

하지만 무엇보다 가장 생생한 사례는 모스크바 역사 박물관에 전시된 푸가초프의 초상화일 것이다. 이 초상화는 한 무명 화가가 예카테리나 2세의 초상화 위에 덧칠해 그린 것이라는 사실이 증명되었다.[36] 초상화가 회화의 영역에서 고유명사에 해당하는 것이라는 점을 고려하면, 초상화를 겹쳐 새로 그리는 작업이란 결국 새 이름을 부여하는 것과 같다. 이런 사례는 얼마든지 더 열거될 수 있을 것이다.

5. 상이한 여러 문화에서 고유명사가 실제로 기능하는 영역들을 비교 기술해 보는 것은 흥미로운 작업이 될 것이다. 고유명사 층위의 문화적인 능동성의 정도와, 그것이 언어의 전체 층위와 맺는 관계, 다른 한편으로는 그것의 반대편 극단이라 할 해당 문화의 메타언어 영역과 맺는 관계를 살펴볼 수 있을 것이다.

작가 푸시킨은 소설 『대위의 딸』(1836)에서 이 역사적 사건을 작품의 직접적인 배경으로 삼은 바 있다.

35 치스토프K. В. Чистов, 『러시아의 민중적 사회-유토피아 전설Русские народные социально-утопические легенды』, М., 1967. 149쪽. и др. 를 보라.

36 바벤치코프М. Бабенчиков, 『역사 박물관에 있는 푸가초프 초상화Портрет Пугачева в Историческом музее』, Лит. наследство. М., 1933. 9/10권.

IV

1. 고유명사의 '신화적인' 언어와 과학의 기술적인 언어 사이의 대립은 외견상 또 하나의 안티테제, 즉 시와 과학 간의 대립을 떠올리게 할 것이다. 신화는 일반적으로 은유적 담론과 관련되고, 그를 통해 언어 예술과 연결된다. 하지만 지금까지 살펴본 바에 비춰볼 때, 이러한 연관성은 의심스럽다. 만일 고유명사의 언어 체계, 그리고 그와 관련된 신화적 사유의 존재 가능성을 가설으로나마 가정할 수 있다면, 그로부터 나올 수 있는 명백한 결론은 다음과 같다. 시는 신화적 단계에서는 존재할 수 없다. 시와 신화는 서로 상반항으로서, 각기 상대방을 부정함으로써만 존재할 수 있다.

1.1. 콜모고로프A. N. Kolmogorov[37]의 저명한 명제를 상기해 보자. 이 명제는 다음과 같은 공식을 통해, 언어 N의 정보량을 정의하고 있다.

$$N = n1 + n2$$

이 공식에서, n1은 상이한 의미를 지니는 정보들을 모두 전달할 수 있는 다양성을 의미한다. n2는 언어의 유연성을 표현하는 다양성, 즉 갖가지 수단을 통해 동일한 내용을 전달할 수 있는

---

[37] 〔옮긴이 주〕콜모고로프(1903~1987)는 구소련의 저명한 수학자로서, 확률론을 공리화하여(『확률론의 기초개념』(1936)) 현대 확률론을 확립했다. 항공기 기체역학, 경제학의 새 조류인 '복잡계 경제학'의 선구자이기도 하다. 시를 비롯한 예술 영역에도 관심이 많아 시학과 관련된 연구도 남긴 바 있다.

잠재력, 다른 말로 언어학적 엔트로피를 표현하는 다양성이다. 콜모고로프는 넓은 의미에서의 언어학적 동의어, 즉 n2가 시적 정보의 원천이라고 지적했다. n2가 0일 경우에는 시는 존재할 수 없다.³⁸ 하지만 고유명사로 구성된 언어 체계(즉, 보통명사가 고유명사로 기능하는 언어 체계), 즉 고유한 이름을 표상하는 유일무이한 사물들의 세계를 가정해본다면, 거기에 동의어를 위한 자리가 존재하지 않는다는 점은 자명하다. 신화적인 동일성은 결코 동의어의 한 사례가 아닌 것이다. 동의어는 하나의 대상을 지칭하는 갖가지 서로 다른 이름을 교체할 수 있다는 것, 그리고 그 이름들을 상대적으로 자유롭게 적용할 수 있다는 것을 전제로 한다. 반대로 신화적인 동일성은 사물로부터 그것을 지칭하는 고유의 이름을 분리해내는 것이 불가능하고, 동일한 의미를 지니는 이름들을 대체하는 것 역시 불가능하며, 오직 대상 자체의 변형만이 가능하다고 전제한다. 각각의 이름은 변형의 특정 측면과 연관되어 있고, 동일한 맥락 내에서 다른 이름으로 대체될 수 없다. 이름은 변화하는 사물의 각기 다른 상태ipostas'를 나타내기 때문에 서로 대체될 수 없으며, 그런 점에서 이들은 서로 동의어가 될 수 없다. 하지만 동의어가 없다면 시는 이미 존재할 수 없는 것이다.³⁹

---

38 콜모고로프의 개념에 관한 해설로는, 레브진И. И. Ревзин, 「수학적 방법론을 적용한 예술 문학 언어 연구에 관한 컨퍼런스Совещание в г. Горьком, посвященное применению математических метов к изучению языка художественной литературы」, 『구조-유형학적 연구Структурно-типологические исследования』, М., 1962. 288~89쪽과 졸콥스키А. К. Жолковский, 「시어 연구 컨퍼런스[발표문 리뷰]Совещание по изучению поэтического языка[Обзор докладов]」, 『기계번역과 응용언어학 Машинный перевод и прикладная лингвистика』, М., 1962. Вып. 7. 93~94쪽.
39 시가 동의어와 관련된다면, 신화는 정반대의 언어 현상, 즉 애매성amonimia에서 실현된다(신화와 애매성의 원칙적인 연관성에 관해서는 알트만М. С. Альтман의 책, 『호메로스의 고유명사에서 부족 체계의 자취Пережитки родового строя в собственных

1.2. 신화적 의식의 파괴에는 격렬한 과정이 동반된다. 가령 신화적 텍스트를 은유적으로 재해석하는 것, 완곡어법적인 장황한 표현 대신 유의어의 사용이 증가하는 것 등이 그것이다. 이런 과정을 통해 '언어의 유연성'이 가파르게 증가하고, 시의 발달을 가능케 하는 조건이 형성된다.

2. 지금껏 묘사해온 양상은, 비록 수많은 고대 텍스트가 증명해주고는 있지만, 원칙적으로 재구축의 결과(즉, 그 어떤 텍스트에도 직접 기록된 바 없는, 지극히 먼 과거의 시기를 재건한 것)이며, 그런 점에서 여전히 가설적이다. 하지만 이런 양상은 통시적인 관점뿐 아니라 공시적인 관점에서도 바라볼 수 있다. 즉, 자연언어 체계를 공시적으로 조직화된 구조로 볼 때, 그것의 의미론적인 양 극단에는 각기 1) 고유명사(고유명사와 기능적으로 동등한 단어 그룹(이에 관해서는 앞선 I.3.1.항에서 설명했다))와 2) 메타언어가 자리하게 될 것이다.[40]

2.1. 아리스토텔레스에서 데카르트에 이르는 서구 유럽의 과학 전통 속에서 교육 받은 우리의 의식은, ('구체적-추상적'이라

именах у Гомера』, Л., 1936. 10~11쪽 и след를 참고하라).
[40] 흥미로운 것은 신화적 의식을 직접적으로 반영하고 있는 텍스트에서 본질적으로 이와 유사하게 시를 이해하는 대목이 발견된다는 점이다. 『젊은 에다Младная Эдда』에서 시에 대해 다음과 같은 정의를 내리는 부분을 보라. '어떤 종류의 언어가 시에 적합한지요? / 시적 언어는 세 가지 방식으로 만들어진다 / 어떻게요? / 〔우선〕 모든 사물은 그 자신의 이름으로 불릴 수 있다. 시적 표현의 두번째 유형은 – 바뀐 이름으로 불리는 것이다(동의어를 말한다 – 로트만/우스펜스키). 세번째 유형은 완곡 대칭법(代稱法)이라 불린다. 우리가 '하나'나 '토르Top' 혹은 신이나 요정 중 어느 누군가를 말하고 난 다음, 불린 이름에 또 다른 요정, 그리고 그의 행위의 어떤 특징을 대입하는 경우가 그러하다. 그렇게 되면 모든 호칭은 이름 불린 자가 아니라 이 또 다른 존재를 따라가게 된다(메타포의 특별한 유형을 말하는 것이다 – 로트만/우스펜스키). 알트만M. C. Альтман, 『호메로스의 고유명사에서 부족 체계의 자취 Пережитки родового строя....』, 60쪽.

는 도식을 따르는) 두 단계의 기술을 떠나서는 인지적 사고의 흐름이 불가능하다고 자연스레 가정한다. 하지만 증명된 바에 따르면, 고유명사의 언어 체계는 추상적 범주에 해당하는 개념을 충분히 잘 표현할 수 있는 능력을 갖고 있다. 구레비치 A. Gurevich의 저서 『중세 문화의 범주들』을 예로 들어보자. 저자는 고대 스칸디나비아의 텍스트들에서 발견되는 문체의 독특성과, 대명사와 고유명사의 결합으로 이루어진 독특한 어법을 지적하고 있다. 구레비치는 카츠넬슨의 의견에 동의하면서, 여기서 문제가 되는 것은 고유명사로 지칭되는 몇몇 씨족 집단들의 문제라고 결론짓는다.[41] 개개의 사람을 나타내는 기호로서의 고유명사가 여기서는 씨족의 이름, 즉 우리라면 전혀 다른 차원의 메타용어를 도입해야만 할 대상을 나타내는 기능을 수행하고 있는 것이다. 이와 유사한 예로는 폴란드 기사도에서의 문장(紋章)의 사용이 있다. 문장은 본질상 개인을 나타내는 기호이다. 그것은 살아 있는 한 사람이 가족을 대표하여 착용하는 것이고, 그 대표자가 죽은 후에야 비로소 다음 사람에게 상속될 수 있는 것이다. 그러나 고관의 문장은 개인을 나타내는 기호로서의 의미를 유지한 채, 그의 휘하에서 싸우는 무리 일체를 가리키는 메타기능을 수행하기도 한다.

2.2. 직접적인 관찰의 차원과 논리적인 추론의 차원이 분리 불가능한 상황에서, 고유명사(개별적인 사물)는 구체성의 특성을 유지하는(즉, 그 자신인 채로) 동시에 추상적인 개념을 대신하는 랑그의 차원으로 상승하게 된다. 이런 특성은 직접적으로 지각

---

41 구레비치 A. Я. Гуревич, 『중세 문화의 범주들 Категории средневековой культуры』, М., 1972. 73~74쪽; 카츠넬슨 С. Н. Кацнельсон, 『역사-문법 연구 Историко-грамматические исследования』, М.; Л., 1949. 80~81, 91~94쪽을 참고.

가능한 모델 구축 방식에 기초한 사유에 매우 유용한 것으로 판명된다. 아마도 이는 고대 문화의 거대한 업적, 예컨대 우주 모델의 구축과 천문학적·기상학적 지식의 축적 등과 관련이 있을 것이다.

2.3. 고유명사의 언어 체계, 그리고 이와 관련된 신화적 사유는, 논리적-삼단논법의 사유를 발전시키지 않고서도 동일성·유비·등가성 등을 구축할 수 있는 능력을 자극해왔다. 예컨대, 고대적 의식의 담지자는 전 우주와 사회, 그리고 인간의 신체를 서로 이질동상인 세계로 간주하는, 전형적인 신화적 모델을 만들어낸 바 있다(이런 이질동상성은 개별 행성, 광물, 식물, 사회적 기능, 그리고 인간 신체의 부분들 간의 유비 관계를 확증하는 수준으로까지 확장될 수 있다). 이런 식으로 이질동상성의 관념이 정련되는데, 그것은 현대 수학 뿐 아니라 과학 일반을 위한 가장 기본적인 개념에 다름 아니다.[42]

신화적 사유의 특징은, 신화적 단위들의 동일시가 이름의 차원이 아니라 대상 자체의 차원에서 발생한다는 점이다. 따라서 신화적 동일시는 구체적인 시공간에서 발생하는 대상의 변형을 전제로 한다. 이와 반대로, 논리적 사고는 구체적인 시공간의 외부에 존재하는, 즉 상대적으로 자율성을 갖고 있는 말을 기반으로 작동한다. 이질동상성의 개념은 신화적 사고와 논리적 사고 모두에 적용될 수 있지만, 본래의 단위를 조작할 수 있는 상대적 자유는 논리적 사고 차원에서만 가능하다.

---

42 [옮긴이 주] 자연계의 유사성을 인식하고 재현하는 (미메시스적인) 능력, 즉 (언어의) '모방적 능력'을 적극적으로 옹호하고자 했던 벤야민은 점진적으로 감퇴해버린 이런 '비감각적 유사성unsinnliche Ahnlichkeit'의 감각을 보여주는 예로 고대 점성술을 제시한 바 있다. 발터 벤야민, 「언어의 모방적 성격」, 『발터 벤야민의 문예이론』(반성완 역, 민음사, 1983) 참고.

3. 지금까지 살펴본 바에 따르면, 인간 문화가 최초의 신화적 시대로부터 이후의 논리적인 과학의 시대로 이동해왔다는 전통적 관념은 논쟁의 여지가 있다. 시적인 사고는 사실상 공시적으로도, 또 통시적으로도 신화적 사고와 논리적 사고의 중간 지점을 차지한다. 물론 위와 같은 단계 구분의 조건적 성격을 지적해야만 할 것이다. 문화가 발생한 순간부터, 하나의 체계 안에 대립적으로 조직화된 구조들이 공존하는 상황(즉, 사회적 커뮤니케이션의 다(多)채널성)은 불변의 법칙이 되어왔다. 오직 특정 문화 모델의 우세, 혹은 그것을 향한 문화 전체의 주관적 지향만이 있을 뿐이다. 이렇게 보자면, 시 또한 과학과 마찬가지로 인류 문화의 전 과정에 걸쳐 우리와 함께 해왔다고 말해야 한다. 그리고 이는, 문화 발전의 어느 한 시기가 특정한 유형의 세미오시스를 표방하면서 진행될 수 있다는 또 다른 사실과 모순되지 않는다.

1973

기호학적 체계의 역동적 모델

> 건축가가 버린 돌을 내게
> 보여주시오! 그것이 주춧돌이오.
> ─ 성 토마스 70

1.0. 일찍이 소쉬르가 정식화한 기호학 이론의 근본 원칙들을 발전시키려는 시도를 개괄해보면 다음과 같은 역설적인 결론을 만나게 된다. 근본 원칙들을 재고해보려는 시도는 그 [원칙들의] 견고함을 결정적으로 증명해주었던 반면, 기호학적 방법론을 안정화하려는 노력은 숙명적으로 가장 근본적인 원칙들을 재고하게끔 귀결되었다. 로만 야콥슨의 작업들, 특히 제9차 언어학 학술 대회의 성과를 총괄하는 그의 발표문은 현대 언어학 이론이, 심지어 그와 반대되는 것으로 변형될 때조차, 얼마나 있는 그대로 남아 있게 되는지를 훌륭하게 보여주었다. 뿐만 아니라 야콥슨은 매우 정당하게도 이론이 지니는 유기성과 생명력을 항상성과 역동성의 결합 속에서 보았다. 이런 능력을 갖춘 이론은 자신의 고유한 내적 조직화뿐 아니라 그것이 다른 학제들과 맺고 있는 상호 관계의 체계 역시도 재고할 수 있다. 즉 '헤겔의 용어를 사용해 말하자면, 전통적 테제들의 안티테제는 부정의 부정, 즉 인접한 과거와 먼 과거 간의 진테제로 이끌게 된다.'[1]

언급한 사항들은 기호학적 체계들 속에서의 정적인 것과 동적

---

[1] 야콥슨 P. O. Якобсон, 「제9차 언어학 대회 결산 Итоги девятого конгресса лингвистов」, 『언어학의 새로운 연구들 Новое в лингвистике』, М., 1965. Вып. 4. 567쪽.

인 것의 문제에 온전히 적용된다. 이 영역에 뿌리박힌 일련의 개념을 재고해보는 것은 기호학적 체계를 구조적으로 기술(記述)하기 위한 근본 원칙들이 얼마나 공고하게 구축된 것인지를 역으로 증명해줄 것이다.

1.1. 기호학적 체계의 공시적 측면과 통시적 측면 사이의 상호관계에 접근하는 데는 처음부터 일정한 이원성이 내재해 있었다. 언어를 기술하면서 이 두 측면을 구분한 것은 제네바학파의 커다란 업적이었다. 그러나 이미 「프라하 언어 학파의 테제들」에서, 그리고 이후의 프라하학파의 작업들에서, 이러한 측면을 절대화하려는 경향이 갖는 위험성, 다시 말해 그러한 대립이 원칙적인 것이 아니라 상대적인 것이며, 그런 점에서 오히려 발견학습법적인 성격을 지닌다는 점이 지적되었다. 야콥슨에 따르면, "정태인 것과 공시적인 것을 동의어로 간주하는 것은 심각한 실수이다. 정적인 절단면이라는 것은 허구이다. 이것은 존재의 특별한 양태가 아니라 단지 학문적 기술에 도움을 주는 기법에 불과하다. 우리는 영화의 인지를 통시적인 것으로 뿐 아니라 공시적인 것으로도 간주할 수 있다. 그러나 영화의 공시적 측면이란 결코 영화로부터 잘라낸 개별 숏들에 해당하는 것이 아니다. 영화의 공시적 측면에서도 움직임의 인지는 존재한다. 언어도 마찬가지이다."[2]

프라하학파의 일련의 연구에서 발견되는 주장은, 통시성은 **체계의 진화**이기 때문에, 개별 국면에서의 공시적 조직화의 본질을 부정하기보다는 해명해준다는 것이며, 다른 한편으로는 이들 두 범주가 서로 뒤바뀔 수 있다는 것이다.[3]

---

[2] R. Jakobson, "Prinzipien der historishen Phonologie," *TCLP*. 1931. Vol. 4. 264~65쪽.

그러나 이러한 비판은 기호학적 체계를 기술하기 위한 두 가지의 근원적인 접근법의 대립 자체가 갖는 방법론적 가치를 의문시한 것은 아니다. 이후의 논의들은 이미 오래전에 표명된 바 있는 이런 사고들, 그리고 그와 더불어 문화-기호학적 모델들에 관한 티냐노프Yu. N. Tynjanov와 바흐친의 사상을 발전시키려는 목적을 지닌다.[4]

1.2. 우선 가정할 수 있는 것은, 기호학적 기술 전반에 걸쳐 계속해서 감지되는 정적인 성격이란 것이 개별 학자들의 불충분한 노력 탓이 아니라 기술의 방법론 자체가 지니는 근본적인 특수성에 기인하는 것이라는 점이다. 어째서 기술한다는 사실 자체가 역동적인 대상을 정적인 모델로 바꾸어놓는지에 관한 철저한 분석 없이는, 그리고 이에 따라 과학적 분석의 방법론 자체에 일정한 수정을 가하지 않고서는, 역동적 모델을 향한 지향이란 단지 좋은 의도 이상의 것이 되기 어렵다.

2.0. 체계적인 것 - 체계 외적인 것

구조적 기술이란 기술되는 대상이 아무리 변형되더라도 변치 않는 체계와 관계의 요소들을 도출해냄에 기초한다. 바로 이 불변체적 구조가 기술의 관점에서 볼 때 유일한 현실이 되는 것이다.[5] 이에 대립하는 것은 기술의 과정에서 제거되어야만 하는,

---

3 R. Jakobson, "Remarques sur l'evolution phonologique du russe comparee a celle des autres langues slaves," *TCLP*, 1929. Vol. 2. 15쪽.
4 티냐노프의 논문 「문학적 사실Литературный факт」과 「문학적 진화에 관하여О литературной эволюции」(티냐노프 Ю. Н. Тынянов, 『문학사, 영화 История литературы. Кино』, М., 1977)를 보라. 문학적 진화의 합법칙성에 관한 바흐친의 일련의 생각들은 라블레에 관한 그의 책과 논문 「언어 예술 작품에서 내용 질료 형식의 문제」(М. М. Бахтин, Вопросы литературы и эстетики. М., 1975)에 표명되어 있다.
5 '구조' 개념에 대한 분석으로는 벤베니스트의 『일반언어학Общая лингвистика』, М.

불안정성과 불규칙성을 특징으로 하는 체계 외적인 요소들이다. 기호학적 대상을 연구할 때, 일련의 '중요하지 않은' 대상의 자질을 추상화를 통해 분리해야 할 필요성은 이미 소쉬르가 지적한 바 있다. 그는 언어의 단일한 공시적 기술의 내부에서 '덜 중요한' 통시적 변화를 구분해내는 것이 중요하다는 점을 지적했다. "'완전한 상태'는 변화의 부재로 정의된다. 그러나 언어는 언제나 어떤 상황에서도 변화하고 있기 때문에, 언어를 공시적으로 연구한다는 것은 사실상 덜 중요한 변화들을 무시한다는 말과 같다. 이는 마치 수학자들이 특정한 공정, 예컨대 대수를 계산하면서 무한소를 무시하는 것과 마찬가지이다."[6]

이처럼 대상을 구조적으로 기술하는 과정에서 발생하는 대상의 단순화에 관해서는 원칙적으로 반론을 제기할 수 없다. 그것은 학문 자체가 지니는 보편적인 특성이기 때문이다. 단지 잊지 말아야 할 것은, 구조적 기술의 과정에서 대상은 그저 단순화되는 것이 아니라 **과도하게 조직화된다는 점**, 즉 실제보다 훨씬 더 엄격한 방식으로 조직화된다는 사실이다.

예컨대, 18세기에서 19세기 초반까지 러시아의 훈장 체계를 구조적으로 기술하려는 과제를 상정해보자(이 대상은 여러 면에서 매우 적절한데, 왜냐하면 그것은 문화론적 사실이고, 본질상 완전히 기호학적이며, 또한 의식적으로 체계를 구축하려는 창조자들의 의지의 산물로서 인위적으로 발생한 것이기 때문이다). 이때 고려해야 할 것이 훈장들의 위계와 그 변별적 자질들이라는 점은 분명하다. 우리는 각각의 훈장과 그것들의 체계 전체를 일종의

1974, 60~66쪽을 보라.
6 소쉬르Ф. де. Сюссюр, 『일반언어학 강의Курс общей лингвистики』, М., 1933, 104쪽.

불변체적 조직화로 제시하면서, 질서로 느껴지지 않는 일련의 변체를 고려의 범위에서 당연히 제외한다. 이를테면, 오랜 세월 동안 훈장의 별 장식과 메달을 어떻게 만들 것인가 하는 문제는 국왕으로부터 훈장을 달 수 있는 영예를 부여받은 훈장 수혜자 자신의 처분에 맡겨져 있었다. 때문에 훈장 메달의 크기와 거기에 장식된 보석의 숫자는 그것을 받는 사람의 부와 기호에 따라 결정되었고, 따라서 아무런 내적-기호학적 의미도 지니지 못했던 것이다.

하지만 이런 변체들을 무시할 때조차, 훈장의 조직화를 구조적으로 기술한다는 행위 자체는 그것의 체계성을 증가시킨다. 이는 구조적인 기술이 모든 비구조적인 것들을 존재하지 않는 것으로서 배제하기 때문만이 아니다. 또 다른 이유가 있다. 기술과 관련된 가장 근본적인 질문 중 하나는 훈장들 간의 위계(서열)에 관한 정의이다. 이는 당연히 제기되어야 할 문제인데, 현실적으로 위계의 문제는 체계의 실제적인 기능과 관련되어 있기 때문이다. 이는 배치의 문제, 즉 훈장들을 어떤 순서로 어떻게 달아야 하는지에 대한 일상적인 물음과 상당 부분 직결된다. 러시아 제국의 모든 훈장을 단일한 러시아 경기병 훈장으로 바꿔놓으려고 했던 파벨 1세의 시도는 잘 알려져 있다. 거기서, 기존의 모든 훈장들은 단지 '이름표'나 계급으로서만 인정되었다.

그러나 러시아 훈장을 위계적인 체계로서 기술하려는 시도는 불가피하게 개별 요소들의 위계적 가치의 비결정성과 항시적인 동요를 도외시할 수밖에 없다. 그런데 이런 동요 자체는 중대한 구조적 자질이었을 뿐 아니라 러시아 훈장을 특징짓는 유형학적 지표이기도 했다. 결국 기술은 대상 자체보다 더욱 조직화될 수밖에 없는 것이다.

2.1. 그러나 이처럼 대상을 기술함으로써 생겨나는 왜곡은 통상적인 것이며 모든 과학적 방법론이 또한 그러하기 때문에, 원칙적으로 문제 삼을 수 없다. 오히려 주목할 것은 다른 측면, ─ 훨씬 더 심각한─다른 결과이다. 정적인 모델을 구축하는 경우에 모든 체계 외적인 요소를 제거하는 이런 기술 방식이, 일련의 계수적인 정정을 요구할 뿐 완전히 정당화될 수 있다면, 역동적인 모델을 구축하는 경우에는 원칙적인 난점들이 야기된다. 기호학적 구조가 갖는 역동성의 근원 중 하나는, 체계 외적인 요소들을 끊임없이 체계성의 궤도 내부로 끌어들이고, 동시에 체계적인 것들을 계속해서 체계 외부의 영역으로 추방하는 과정이다. 체계 외적인 것들의 기술을 거부하고 학문적 대상의 경계 너머로 몰아내는 것은 역동성의 싹을 잘라내는 것을 의미한다. 말하자면 그것은 해당 체계를, 진화와 항상성 사이의 모든 종류의 유희를 원칙적으로 배제하는 어떤 형상으로서 제시하는 것과 다르지 않다. 이미 안정된 체계를 구축한 건축가가 자신의 관점에서 잉여적이고 불필요한 것으로 간주하여 내던진 돌은 다음 단계의 체계를 위한 주춧돌이 된다.[7]

체계 외적인 질료에서 나타나는 모든 견고하고 감지 가능한 차이들은 역동적 과정의 다음 단계에서 구조적인 요소가 된다. 앞서 말한 러시아 훈장의 자의적 장식의 예로 돌아가보면, 다음과 같은 사실을 상기할 필요가 있다. 1797년부터 보석을 이용해 훈

---

[7] 〔옮긴이 주〕 본 논문의 에피그라피로 사용된 이 성경 구절("건축가가 버린 돌을 내게 보여주시오. 그것이 주춧돌이오.")은 논문의 전체적인 요지를 집약한다. 엄격한 공시적 기술의 관점에서 체계 외적인 요소로서 제외(배제)되는 것들은 (체계의 '주변'에 비축됨으로써) 문화사의 다음 단계에서 구조적인 지배소가 되어 재등장한다. 버려진 그 '돌'은 바로 이런 체계 외적 주변으로서, 구조주의의 정태적 모델이 버린 이것은 로트만의 역동적 모델에서는 다음 시기의 문화 구축을 위한 '주춧돌'이 되는 것이다.

장을 마음대로 장식하는 것이 중단되었는데, 이후 다이아몬드 장식만이 포상의 높은 수준을 표현하는 적법한 징표가 되었다. 분명한 사실은, 이 경우의 다이아몬드가 포상이 갖는 어떤 높은 가치를 표현하기 위해 도입된 것이 아니라는 점이다. 반대로 그것은 체계의 경계 밖에 존재하다가, 체계 내부로 도입되면서 특정한 내용적 의미를 획득하게 된 것이다. 체계 외부에 존재하는 것, 즉 표현 차원에서의 변이체적 질료들이 점진적으로 축적되게 되면, 그것은 결국 체계적이고 내용-변별적인 것의 창조를 위한 자극제가 된다.

2.2. 체계 외적인 것을 기술해야 할 필요성은 원칙적으로 커다란 방법론적인 난점에 직면하게 된다. 한편으로 체계 외적인 것은 원칙상 분석적인 사유를 벗어나는 것인데, 다른 한편으로 기술의 과정 자체는 불가피하게 그것을 체계의 사실로 바꿔놓게 된다. 결국, 구조를 둘러싸고 있는 체계 외적인 질료를 구조적 기술의 영역으로 끌어들여야 할 필요성을 정식화하는 것은 마치 불가능한 것을 가능한 것으로 가정하는 것과 같다. 그러나 체계 외적인 것이 결코 혼돈(카오스)의 동의어가 아니라는 점을 기억한다면, 문제는 다소 다르게 보일 수 있을 것이다. 체계 외적인 것이란 체계적인 것의 보충적 개념이다. 그들 각각은 결코 동떨어진 개별적 소여(所與)가 아니며 서로 상호 관계 속에서만 의미의 충만함을 획득할 수 있다.

2.3. 이런 관계 속에서, 체계 외적인 것은 다음과 같은 유형들로 제시될 수 있다.

2.3.1. 이미 언급했듯이, 기술은 조직화의 정도를 증가시키기 때문에, 모든 기호학적 체계의 자기 기술, 즉 체계 스스로가 창조한 문법은 체계의 자기 조직화를 위한 강력한 수단이 된다. 주

어진 언어, 넓게는 문화사의 특정 국면에서, 기호 체계의 중심으로부터 특정한 하위 언어(텍스트들의 하위 그룹)가 구분되면서 돌출된다. 그리고 이 하위 언어는 체계 자체의 기술을 위한 메타언어로 간주된다. 예컨대, 고전주의 시대에는 예술 작품을 위한 체계의 기술로 볼 수 있는 많은 예술 작품이 창작되었다. 강조하건대, 이 경우에 기술이란 곧 자기 기술에 다름 아니며, 메타언어는 체계 외부로부터 도입되는 것이 아니라 체계의 하위 구조들 중 하나이다.[8]

이러한 자기 조직화 과정에서 본질적인 측면은, 보충적인 질서화의 과정에서 질료의 일정 부분이 체계 외적인 위치로 옮겨지며, 자기 기술의 해당 프리즘을 통해 볼 때 마치 '존재하지 않는 것'처럼 여겨질 수 있다는 점이다. 이렇듯, 기호학적 체계의 고도의 조직화는 체계의 수축을 동반하는바, 극단적인 경우 메타체계는 너무도 경직된 나머지(메타체계가 기술할 것을 지향하는) 실제의 기호학적 체계와 거의 교차하지 않는 정도에까지 이를 수도 있다. 하지만 이런 경우에조차도 '올바름'과 '실제 존재함'의 권위는 메타체계에 남겨지는 반면, 사회적 세미오시스의 실제적 층위는 '올바르지 못함'과 '비존재'의 영역으로 온전히 전이된다.

예컨대, 파벨 1세[9]의 군사-관료주의적 유토피아의 관점에서 유일하게 존재하는 것은 극단적인 잔악함에까지 이르는 질서정연한 열병식이었다. 당대 러시아의 실제 정치 현실은 단지 '옳지

---

8 〔옮긴이 주〕문화사의 경우 이런 현상은 흔히 확인된다. 특정한 문화적 방언의 부분 문법이 문화 자체의 기술을 위한 메타언어가 되는 것이다. 예를 들어 르네상스기에 피렌체 지방의 방언은 이탈리아의 문학어가 되었고 로마의 법 규범은 전체 제국을 위한 규범이 되었으며, 루이 14세 시대의 궁중 에티켓은 전 유럽의 궁중 에티켓이 되었다.
9 〔옮긴이 주〕러시아의 황제 파벨 1세에 관해서는 「문화의 기호학적 메커니즘에 관하여」의 주 6 참고.

못한 것'으로 간주되었을 뿐이다.

2.3.2. '존재하지 않는 것'(즉, '체계 외적인 것')의 자질은 이렇게 해서 (체계의 내적 관점에서 파악된) 체계 외적인 질료의 자질임과 동시에 체계 자체의 구조적 자질들의 부정적인 지표임이 판명된다. 예컨대, 그리보예도프A. S. Griboedov는 비극『로다미스트와 제노비야』의 초안에서 데카브리스트 운동[10]의 정치적 성과를 개괄하면서, 이 운동의 관점에서 민중이 하나의 정치적 힘으로서 '존재하지 않는다'는 점을 귀족 혁명주의의 구조적 자질로 지적했다(물론 그리보예도프가 로마 점령기 시대의 고대 아르메니아 역사를 배경으로 한 이 비극을 쓸 때 관심을 기울였던 진짜 대상은 1820년대의 러시아 모반가들의 행위였다). 그는 '대체로 민중들은 그 일에 참여하지 않았으며, **마치 존재하지 않는 것과 같았다**'는 점을 지적해야만 할 것이다'[11]라고 적었다. 한편, 궁정식 사랑에 관한 중세풍의 유명 전문 서적『사랑론 De amore』을 쓴 작가 앙드레 르 샤플랭Andre le Chapelain에 관해 말하면서, 시시마로프B. Shishmarov는 이렇게 지적했다. "이 궁정 작가는 친구로 상정된 책의 독자에게, 농부 아가씨들의 경우에는 설사 폭력에 의존했다고 할지라도 자신의 행위를 부끄러워할 필요가 없다고 충고했다."[12]

이런 충고는 쉽게 해명될 수 있다. 앙드레 르 샤플랭의 견해에 따르면, 시골 농부 처녀는 오직 '자연적 사랑'에만 해당되기 때

---

10 〔옮긴이 주〕데카브리스트 운동에 관해서는「문화를 유형학적으로 기술하기 위한 메타언어에 관하여」의 주 20 참고.
11 그리보예도프А. С. Грибоедов,『전집 Соч』, М., 1956. 340쪽.
12 시시마로프В. Ф. Шишмаров,「중세 로맨스 이론의 역사에 관해 К истории любовных теорийроманского средневековья」,『선집 Избр. стати: Фр. лит』, М.; Л., 1965. 217쪽. M. Lazar, *Amor courtois et fin' amors dans la litterature du XII siecle*. Paris, 1964. 268~78쪽.

문에, 궁정식 사랑의 영역 내에서 그녀는 '마치 존재하지 않는 것과 같다.' 따라서 이런 유형의 인간을 대상으로 하는 행위는 역시 마찬가지로 존재하지 않은 것으로 간주될 수 있는 것이다.[13]

이 경우 명백해지는 것은 체계적 요소('존재하는 것')의 기술은 동시에 체계 외적인 요소('존재하지 않는 것')의 본질을 가리키는 지표가 된다는 점이다. 아마도 우리는 체계 외적 요소들의 위계와 그 관계, 즉 '체계 외적인 것의 체계'에 관해 말할 수 있을 것이다. 이런 관점에서, 체계 외적인 세계는 뒤집힌 체계, 즉 체계의 대칭적인 변형으로 간주될 수 있다.[14]

2.3.3. 체계 외적인 것은 상이한 체계, 즉 다른 체계에 속하는 것이 될 수 있다. 문화의 영역에서는 항상 낯선 언어를 언어가 아닌 것으로 간주하려는 경향이 있다. 혹은 그보다 덜 극단적인 경우로, 자신의 언어를 올바른 것으로, 낯선 언어를 올바르지 못한 것으로 간주한다. 후자의 경우, 두 언어 사이의 차이는 '올바름'의 정도에 따라, 즉 '질서화'의 정도에 따라 설명된다. 외국어로 말하는 것을, 기존 체계의 훼손된 버전인 '올바르지 못한 것'으로 지각하는 사례는 톨스토이의 『전쟁과 평화』에서 찾아볼 수 있다. '프랑스어 Krench로는 이렇게 말하는 거야(* Krench는 French의 잘못된 발음) ─ 사슬에 묶인 병사들이 말했다. ─ 어이, 시도로프! ─ 시도로프는 윙크를 하고 프랑스 사람들에게로

---

13 〔옮긴이 주〕 자연적 사랑의 영역에 속하는 시골 농부 처녀는 궁정식 사랑의 체계 내에서 마치 존재하지 않는 것과 같으므로 그녀를 대상으로 한 행동(가령, 강간) 역시 존재하지 않는 것으로 간주된다는 뜻이다.
14 〔옮긴이 주〕 체계 외적인 세계가 체계의 뒤집힌 형태, 즉 체계의 거울상이 되는 이런 경우의 예는 중세 문화 유형에서 찾아볼 수 있다. 중세적 유형의 문화에서는 올바른 텍스트의 용량이 정해져 있고 옳고 그른 것 사이에 거울상과 같은 대응의 개념이 존재하기 때문에, 성스러운 텍스트로부터 역으로 부정적인 텍스트를 구성해내는 것이 가능하다. 이에 관한 예는 「문화의 기호학적 메커니즘에 관하여」 주 24 참고.

돌아서며 빠르게 이해할 수 없는 말들을 지껄이기 시작했다. 카리, 말라, 타푸, 사피, 무터, 카스카'"[15]

외국어를 '언어가 아닌 것'으로 간주하는 예는 무수히 많다. 예컨대, '유르가 사람들은 말을 못하는 자들이다'라는 문장, 그리고 '독일인nemets'이라는 단어의 어원적 측면이 그렇다.[16] 한편, 자신의 체계를 '올바르지 못한 것'으로 간주하는 뒤집힌 인식 또한 가능하다.

미소 없는 장밋빛 입술과도 같이,
문법적인 실수가 없는 러시아어 표현을 나는 좋아하지 않는다.
— 푸시킨, 『예브게니 오네긴』, 32장 28절

때로는 자신의 (자국의) 언어가 '말할 능력이 없는' 경우에 비유될 수도 있다. 슬라브어의 발달이 미약한 것을 개탄한 크리자니치 Y. Krizhanich는 『정치학 Politica』에서 이렇게 썼다. "다른 언어들이 갖고 있는 아름다움, 장대함, 풍부함 때문에, 그리고 우리 언어의 빈약함의 결과로, 우리 슬라브인은 마치 축제에 참여한 벙어리와도 같다."[17]

2.3.4. 이런 경우 기술되는 대상과 그를 둘러싼 체계 외적인 것은, 서로 멀리 떨어져 있기는 하지만 공히 구조적인 현상으로서 간주된다. 따라서 그것들을 기술하기 위해서는 충분히 멀리

---

15 톨스토이 Л. Н. Толстой, 『선집 Собр. соч. В 14 т.』, М., 1951. 4권 217쪽.
16 〔옮긴이 주〕 러시아에서 독일인은 예로부터 외국인의 대명사처럼 여겨졌다. 어원적으로 독일인을 뜻하는 'Nemets'는 귀머거리를 뜻하는 'nemoi'와 관련된다. 한편, 귀머거리 nemoi는 발음상 '내 것이 아닌'이라 번역될 수 있는 'ne moi'와도 일치한다. 즉 내 것이 아닌 외국인은 귀머거리와 마찬가지인 것.
17 크리자니치 Ю. Крижанич, М., 1965. 467쪽. 원본 'Budto szlower njem na piru' (114쪽).

떨어져 있는, 즉 그것들을 마치 같은 종류인 것처럼 기술할 수 있을 정도로 멀리 떨어져 있는 메타언어가 필요해진다.

이런 입장에서는, 고전주의나 낭만주의 문화에서 정련된 자기 기술의 장치들이 연구자의 메타언어로 사용될 수 없다는 점이 명백해진다. 고전주의 문화의 관점에서 볼 때, 부알로의 『시학』, 혹은 수마로코프A. Sumarokov의 『작가가 되고자 하는 사람들을 위한 입문서』와 같은 유형의 자기 기술은 분명 메타 차원의 텍스트로서 그 시대의 경험적 문화와의 관계에서 다음과 같은 기능을 수행하게 된다. 그것은 (1) 대상의 조직화의 정도를 증대시키고, (2) 체계 외적 등급으로 옮겨진 텍스트들을 제거한다. 그러나 해당 시대를 연구하는 현대 연구가의 관점에서는, 이런 (제거된) 텍스트들이 기술의 대상이 될 수 있음은 물론이고 당시 문화의 모든 그 밖의 텍스트와 동등한 차원에 놓일 수 있다. 만일 연구자가 연구를 위한 메타언어로서 연구 대상 시기의 자기 기술의 언어를 상정하게 될 경우, 그는 불가피하게 당대 사람들이 논쟁을 목적으로 제외시켜버린 것들을 자신의 시야 밖에 남겨두게 될 것이다.[18]

2.3.5. 또 한 가지 염두에 두어야 할 것이 있다. 자기 기술의 일정한 체계가 창조되면서 발생하는 대상의 '과도한 조직화'와 ('잉여적인 것들'이 배제되면서 발생하는) 단순화는 공시적인 상황에서만 일어나는 것이 아니다. 자기 기술은 통시적인 상태에서도 작용한다. 즉, 그것은 스스로의 관점에서 파악된 역사를 창

---

18 〔옮긴이 주〕 이것은 문화연구가가 과거의 특정 시대를 연구할 때 당대의 역사적 도큐먼트를 어떻게 취급할 것인지의 문제와 직결된다. 연구자가 무엇보다 먼저 해야 할 일은 해당 시기가 '제외해버린' 비사실들의 목록을 파악하는 일이다. 즉, 그는 현실의 어떤 거대한 층위가 사실로 간주되지 못한 채 기록에서 빠져버렸는지를 먼저 파악해야만 하는 것이다. 「문화의 기호학적 메커니즘에 관하여」에서 주 12 참고.

조한다. 새로운 상황과 새로운 자기 기술 체계의 성립은 이전 단계의 상황을 재조직하게 되는데, 말하자면 역사에 관한 새로운 개념을 창조하는 것이다. 이는 이중적인 결과를 낳는데, 잊혀졌던 선행자들과 문화적 행위자들이 새롭게 발견되는 한편, 이로 인해 전 시대 역사가들의 무지가 비난받게 된다. 해당 체계에 선행하는 사실, 즉 해당 체계의 용어를 통해 기술되는 [과거의] 사실은 오직 해당 체계로만 수렴되며 오직 그 안에서만 단일성과 정의를 획득할 수 있다. [가령] '전기 낭만주의'라는 개념은 바로 그런 방식을 통해 생겨났다. 이전 시대의 문화적 사실들 중 '낭만주의'로 수렴될 수 있고, '낭만주의'라는 구조 안에서 그것과 통합될 수 있는 것들이 추출되는 것이다. 이런 접근의 특징은 역사의 전개가 구조적 상태가 교체하는 양상이 아니라 무정형(즉 '구조적 요소들'을 포함하고 있지 않은)의 상태로부터 구조성의 상태로 이동하는 형태로 제시된다는 점이다.

이런 접근의 또 다른 결과로 나타나는 것이, 역사란 전적으로 해당 문화가 자기 기술을 발생시키는 순간부터 시작된다는 주장이다. 18세기 후반에서 19세기 초반까지 문학 학파와 사조가 예외적으로 빠르게 교체되었던 러시아에서는, '우리에게 문학은 없다'라는 사고가 각기 다른 입장에서 여러 차례 반복되었다. 예컨대, 카람진N. Karamzin은 창작 과정의 초반기에 「시Poeziya」라는 작품에서, 자신에 선행하는 러시아 문학의 전 역사를 통째로 부정하고, 러시아의 시는 가까운 미래에 나타날 것이라고 예견했다. 1801년, '친교 문학 모임'에서 투르게네프A. Turgenev는 오히려 카람진을 염두에 두고, 러시아에는 문학이 부재한다고 단언했다. 내용은 제각각이었지만, 동일한 견해가 큐헬베케르, 폴레보이, 나데쥬닌, 푸시킨, 그리고 벨린스키에 의해 주장되었다.

이렇듯, 특정한 역사 시기의 문화를 연구하는 작업은, 문화의 구조에 관한 역사가의 기술을 포함해야 할 뿐 아니라 해당 문화의 〔공시적〕 자기 기술, 나아가 그 문화가 스스로를 최종적인 결과물로 표상하는 모종의 역사적 전개에 관한, 해당 문화의 〔통시적〕 기술 또한 역사적 기술의 언어로 번역해낼 수 있어야 한다.

3.0. 단의미적인 것 – 양가적인 것

이원 관계는 모든 구조의 가장 기본적인 조직화 메커니즘 중 하나이다. 하지만 이원적 대립의 양 극점 사이에는 종종 넓은 구조적 중립지대가 존재한다. 이곳에 축적되는 구조적 요소들은 그것을 둘러싼 구성적 맥락과의 관계에서 단의적이 아닌 양가적인 성격을 띠게 된다. 〔한편〕 그로 인해 생겨난 체계 내적 질서의 불충분함을 제거해주는 것은 언제나 엄격한 공시적 기술이다. 하지만 체계의 유연성과 행위에 있어서의 증대된 예측 불가능성을 가져다주는 것은 바로 질서화되지 못한 이 여분이다. 결국 대상의 내적인 정보성(숨겨진 무한한 가능성)은 기술을 통해 드러난 지표에 비해 훨씬 더 크다고 할 수 있다.

이런 높은 수준의 조직화의 예로 다음과 같은 경우는 텍스트 연구자들에게 익숙하다. 시인은 때로 작품을 창조하면서, 특정한 변체를 선택하지 못하고 그들 모두를 가능성으로 남겨둘 때가 있다. 이런 경우 작품 텍스트는 변이 가능성을 보존하고 있는 예술적 세계가 된다. 우리가 출판된 서적의 페이지에서 보게 되는 '완결된' 텍스트는 인쇄술이라는 질서화 메커니즘을 통해 보다 복잡한 작품 텍스트를 기술한 결과이다. 이런 기술의 과정에서 텍스트의 질서화 정도는 증가하며 그것의 정보성은 저하된다. 따라서 텍스트의 요소들이 원칙적으로 단의적인 일관성을 갖지 않고 독자들에게 선택의 자유를 남겨두는 다양한 사례는 주목할 만하다. 이 경우 작가는 마치 독자(그리고 자신의 텍스트의 일정 부분)를 보다 높은 차원으로 옮겨놓는 듯하다. 이런 상부의 메타적 관점하에서 텍스트의 나머지 부분에 부여된 관례성의 정도가 노출된다. 즉, 그것이 현실의 환영이 아닌 텍스트로서 나타나게 되는 것이다.

예를 들어, 코즈마 프루트코프K. Prutkov의 시「나의 초상화」에서,

군중 속에서 너는 한 남자를 만나게 될 것이다,
벌거벗고 있는 그를.

이라는 구절에 뒤이어 "변이형: 프록코트를 입고 있는"이라는 작가의 언급이 따라 나올 때, 분명 여기서 도입되고 있는 것은 문헌학적인 '출판인의 차원'이다(물론 여기서는 패러디된 상태로 도입된다). 메타텍스트적 관점을 흉내 내고 있는 그것은 변이형들을 서로 동등하게 느껴지게끔 만든다. 대안적인 변이형이 동일한 텍스트 안에 포함될 때는 더욱 복잡해진다. 푸시킨의 『예브게니 오네긴』을 보자.

……마음 편히 안일에 젖는 자여.
주막에 든 취객처럼,
혹은 좀더 부드럽게 말해서
봄날의 꽃에 달라붙은 나비처럼……

여기서 〔푸시킨은〕 텍스트 안에 문체론적 대안들을 도입함으로써,[19] 사건에 관한 이야기를 이야기에 관한 이야기로 바꿔놓고 있다. 또 만델시탐의 시 「나는 전쟁의 과꽃을 위해 마신다」에서,

나는 마실 것이다,—하지만, 아직 결정하지 못했다.—둘 중 하나를 고르리라:
즐거운 아스티 스푸만테Aste Spumante[20]인가, 아니면 교황청의 와인?

이처럼 플롯상의 두 가지 변이형이 주어지는데, 여기서 독자는 작가가 시가 어떻게 끝나게 될지를 '아직 결정하지 못했다'는 경고를 받게 된다. 〔이와 같은〕 비종결성과 비결정성이 독자에게 일깨우는 것은 그가 마주하고 있는 것이 현실이 아니라 여러 가지 방식으로 '고안될 수' 있는 어떤 것, 즉 텍스트라는 사실이다.

이렇듯 실제 생성의 과정이 얼마든지 텍스트상에 표현될 수 있고, 이런 현상은 현대 영화에서 널리 사용된다. 가령, 특정한 사건에 관한 여러 버전을 어느 하나에 치우침 없이 있는 그대로 보여줄 경우, 이는 특히 명백하게 나타난다.

한편 주의를 기울여야 할 또 다른 측면은, 모든 실제 텍스트는 불가피하게 '올바르지 못함'이란 성질을 갖는다는 사실이다. 여기서 말하는 것은 화자의 의도나 지향이 발생시킨 '올바르지 못함'이 아니라, 말 그대로의 실수이다. 예컨대, 푸시킨이 『예브게

---

19 〔옮긴이 주〕 '주막에 든 취객'과 '봄날의 꽃나비'라는 대조적인 문체가 병렬되고 있음을 말하는 것이다.
20 〔옮긴이 주〕 이탈리아 와인의 한 종류.

니 오네긴』에서 사용한 구조적 원칙이 내적 모순이라는 것이 사실일지라도, 소설에서는 분명 단지 '앞뒤가 제대로 맞지 않는' 경우들이 존재한다. 3장 31절에서 푸시킨은 타치야나의 편지가 작가의 서고에 보관되어 있다고 단언한다.

타치야나의 편지는 내 앞에 놓여 있다.
나는 그것을 귀중하게 간직하고 있다.

그러나 8장 20절에서는, 이 편지를 오네긴이 갖고 있다고 명백히 언급하고 있다.

그녀, 지금도 그가 보관하고 있는 편지에서
자신의 속마음을 털어놓았던……

한편, 불가코프의 소설 『거장과 마르가리타』에서 두 주인공은 두 번씩 죽는다(두 죽음은 동시에 발생한다). 한번은 '아르바트 거리 근처 골목길의' 지하 골방에서 둘이 함께, 그리고 또 한번은 따로따로—즉 거장은 병원에서, 마르가리타는 '고딕 하우스'에서—죽는다. 이런 '모순'은 명백히 작가의 의도에 포함된 것이다. 하지만 이후에 독자는 마르가리타와 몸종 나타샤가 "소지품을 남겨둔 채 사라졌"으며, 그들이 납치된 것인지 도망친 것인지를 확인하기 위해 조사가 착수되었다는 말을 듣게 된다. 이미 여기서는 작가의 부주의함을 확인할 수 있다.
그러나 이런 기술적 차원의 명백한 부주의는 결코 완전히 무시할 수 있는 것이 아니다. 이들이 다양한 텍스트의 구조적인 조직화에 영향을 끼치게 되는 예는 무수히 많다. 하나만 예를 들어보자. 푸시킨의 육필 원고를 살펴보면, 분명 펜이 미끄러진 상황이 이후의 '운'을 유발함으로써 시의 이후 전개에 영향을 미치게 되는 경우를 발견할 수 있다. 예컨대, 본디S. Bondi는 「모든 것이 고요하다, 카프카스로 밤의 어둠이 찾아온다……」의 육필 원고를 분석하면서 두 가지 사례를 찾아냈다.

(1) 푸시킨은 Легла(눕다, 떨어지다)라는 단어에서 e를 둥근 테 없이 썼다. 그래서 우연하게도 단어의 모양이 Мгла(어둠)와 일치하게 되었다. 시인을 변이체 идет ночная мгла로 이끈 것은 바로 이 우연한 펜의 미끄러짐이 아니었을까?

즉,
모든 것이 고요하다—카프카스에 밤 그늘이 내려앉았다
Vce t'iho—na Kavcas nochnaiya t'en **legla**.

—는 표기법의 기술적 실수의 결과 다음과 같이 변형된다.

모든 것이 고요하다—카프카스로 밤의 어둠이 찾아온다.
Vce t'iho—na Kavcas nochnaiya t'en' **mgla**.

(2) 단어 нет(아니다)은 лет(년)처럼 보이게끔 씌어졌다. 이리하여, 푸시킨은 (앞선 легла-мгла의 경우처럼) 단어 нет을 올바르게 고치는 대신에 многих **нет**을 многих **лет**으로 수정했다.

이런 예들이 증명해주는 것은, 기술적 차원의 왜곡이 예비의 예비(텍스트의 체계 외적 주변부의 예비)로 나타날 수 있다는 사실이다.

3.1. 문화-기호학적 현상으로서의 양가성은 바흐친의 저작에

서 최초로 지적된 바 있다. 바흐친의 연구에서 양가적 현상에 관한 많은 예를 찾아볼 수 있다. 이 다의미적인 현상의 모든 측면을 지적하는 대신, 다음과 같은 사실 하나만을 언급하고자 한다. 내적 양가성의 증가는 체계가 역동적인 상태로 변모하는 국면에 상응하는바, 이 과정에서 증대된 구조적 비결정성은 다음 단계의 새로운 조직화의 영역 내에서는 이미 단일한 새 의미를 획득하게 된다. 이렇게 해서, 내적인 단의미성의 증가는 항상성의 경향이 강화되는 것, 양가성의 증대는 역동적 도약의 국면을 향해 접근함을 나타내는 지표로 간주될 수 있다.

3.2. 결국, 하나의 체계는 경화(딱딱한) 상태와 연화(완화된) 상태 모두에서 존재 가능하다. 여기서 기술은 체계를 두번째 상태로부터 첫번째 상태로 바꿔놓을 수 있다.

3.3. 양가성의 상태는 두 가지 방식을 취할 수 있다. 첫번째 방식은 텍스트가 현재 작동하고 있지 않은 어떤 체계, 즉 작동하지는 않지만 문화적인 기억 속에 보존되고 있는 어떤 체계와 관련을 맺는 것이다(이는 일정한 조건하에서 합법적으로 용인되는 규범의 위반이라 할 수 있다). 두번째 방식은 텍스트가 상호 관련되지 않는 두 가지 체계와 관련을 맺는 경우이다. 후자의 경우, 텍스트는 하나의 체계의 관점에서는 허용될 수 있는 것으로, 또 다른 체계의 관점에서는 금지된 것으로 나타나게 된다.

이런 상태가 가능한 이유는, 문화의 기억(즉, 개인을 포함한 모든 문화 집단의 기억) 속에는 단지 하나의 메타-체계만이 보존되는 것이 아니라 행위를 조정하는 메타-체계의 집합 전체가 보존되기 때문이다. 이 체계들은 서로 관련되지 않을 수도 있고 각기 다른 정도의 현실성을 지닐 수도 있다. 그렇기 때문에 우리는 특정한 텍스트가 현실성과 필연성의 척도상에서 차지하는 위치를 변경함으로써, 텍스트를 올바르지 못한 것에서 올바른 것으로, 혹은 금지된 것에서 허용된 것으로 번역할 수 있게 된다. 요컨대 문화의 역동적인 메커니즘으로서 양가성이 행하는 역할은 다음과 같은 사실에 있다. 텍스트를 금지시키는 체계의 기억은 체계 조정 장치의 주변부에 보존될 뿐 결코 사라지는 것이 아니다.

이런 식으로, 한편으로 메타 차원에서 텍스트를 옮기고 재배치함으로써 그에 대한 해석을 변경하는 것이 가능하며, 다른 한편으로는 메타체계를 따라서 텍스트 자체를 재배치하는 것이 가능하다.

4.0. 중심 - 주변

구조의 공간은 균등하게 조직화되어 있지 않다. 구조는 언제나 중핵적인 구성물과 구조적인 주변부를 포함한다. 이것은 고도로 복잡한 언어, 즉 본질상 혼종적일 뿐 아니라 상대적으로 (즉, 구조적/기능적으로) 독립적인 하부 체계들을 포함하고 있는 언어의 경우 특히 명백하다. 구조적인 중핵과 주변부의 관계를 더욱 복잡하게 만드는 것은, 역사적인 지속성을 갖는 충분히 복잡한 구조(/언어)는 모두 **기술된** 것으로서 기능한다는 사실이다. 이 관계는 외부 관찰자의 관점을 통한 기술일 수도 있고 자기 기술일 수도 있다. 두 경우 모두에서 언어는 기술되는 순간 이미 사회적 사실이 된다고 말할 수 있다. 하지만 기술은 어쩔 수 없이 변형(왜곡)되게 마련이다(바로 이런 사실 때문에 모든 기술은 단순한 기록을 넘어 문화적으로 창조적인 행위, 즉 언어 발전의 단계가 된다). 이런 변형의 모든 측면을 고찰하는 대신 한 가지 사실만을 지적하자면, [기술을 통한] 변형은 반드시 주변부를 부정하게 되는바, 즉 주변부를 비존재의 층위로 번역하는 결과를 낳게 된다. 이와 더불어 명백한 또 하나의 사실은 기호학적 공간에서 단의성과 양가성이 균등하게 배치되지 않는다는 점이다. 조직화의 엄격성은 중심에서 주변부로 갈수록 약화되는데, 언제나 중심부가 기술의 자연스러운 대상이 된다는 점을 상기하면, 이는 놀랍지 않다.

4.1. 유리 티냐노프의 연구에서 구조적인 핵심부와 주변부 간의 상호 교체의 메커니즘이 지적된 바 있다. 구조적 형식이 축적되기에 주변부의 보다 유연한 메커니즘이 보다 적합한 것으로 판명되고, 이렇게 주변부에 축적된 구조적 형식들은 이후의 역사적 단계에서 지배적인 것으로서 체계의 중심부로 이동하게 된다. 중심과 주변의 항상적인 교체는 구조적 역동성의 메커니즘 중 하나이다.[21]

4.2. 모든 문화 체계에서 중심-주변 간의 관계는 상부-하부 관계라는 보충적인 가치론적 특징을 획득한다. 따라서 기호학적 유형의 체계는 역동성의 측면에서 항상 상부-하부, 가치 있는 것-가치 없는 것, 존재하는 것-존재하지 않는 것, 기술될 수 있는 것-기술될 가치가 없는 것 등의 교체 현상을 동반하게 된다.

5.0. 기술되는 것 - 기술되지 않는 것

우리는 기술이 조직화의 정도를 증가시키고 체계의 역동성을 저하시키게 된다는 점을 지적했다. 이로부터 알 수 있는 것은,

---

21 [옮긴이 주] 문화 체계의 전개를 '중심'과 '주변'의 역동적인 교체로 설명하는 이러한 모델은, 로트만이 밝히고 있듯이 문학사의 진화를 다룬 형식주의자 티냐노프의 견해(「문학의 진화에 관하여 О литературной эволюции」(1927))를 따른 것이다. 정태적 구조의 관점에서 볼 때 불필요한 잉여로 간주될 수 있는 것들을 역동성의 근원이 되는 구조의 예비 자원으로 간주하는 이런 입장은 (야콥슨과 더불어 티냐노프도 관여했던) 프라하 구조주의 학파의 영향을 분명하게 보여준다.

기술을 향한 요구가 언어의 내적 발전의 특정 국면에서 발생하게 된다는 점이다. 고도의 복잡성을 띠는 기호학적 체계를 사용한다는 것은 말하자면 두 경향 사이의 진자 운동의 메커니즘으로 간주될 수 있다. 하나의 언어로 말하려는 경향과 다양한 언어의 도움을 받아 이야기하려는 경향이 바로 그것이다. 후자의 경우, 그 언어들은 서로 일부만 교차될 뿐인데, 따라서 그것은 일정한 정도의, 때로는 거의 미약한 정도의 이해만을 보장해줄 뿐이다. 복잡한 기호 체계가 실제적으로 기능하는 양상은 결코 백 퍼센트의 이해를 전제하지 않으며, 차라리 이해와 비이해 간의 긴장을 전제한다. 한편 이들 각각은 체계의 역동적 상태의 일정한 국면에 상응한다.

5.1. 기호 체계의 사회적 기능은 일차적인 것과 이차적인 것으로 구분될 수 있다. 일차적인 기능이 특정한 사실에 관한 전언이라면, 이차적인 기능은 이미 '나에게' 알려져 있는 사실에 관한 다른 견해라고 할 수 있다. 첫번째 경우 커뮤니케이션 행위의 참여자들은 정보의 확실성에 관심을 둔다. 여기서 '다른 사람'은 내게 아직 알려지지 않은 것을 알고 있는 또 다른 '나'이다. 일단 정보를 수용하면, '우리'는 완전히 동등하게 된다. 정보의 발신자와 수신자의 공통의 관심은 이해의 어려움을 최소화하는 것, 그 결과 전언에 대해서 두 사람이 공통의 관점을 갖게 되는 것인바, 그들은 하나의 공통 코드를 사용할 것을 지향한다.

보다 복잡한 커뮤니케이션의 상황이라면 '나'는 상대자가 반드시 '타자'가 될 것을 지향한다. 왜냐하면 그 경우 정보의 불충분함을 보충해줄 수 있는 것은 오직 전언에 대한 상이한 관점들이 만들어내는 입체성뿐이기 때문이다. 이 경우에는 상호 이해의 용이함이 아니라 어려움이 보다 유용한 자질이 된다. 그런 어려움은 전언 속에 '타자의' 관점이 담겨져 있다는 사실을 뜻한다. 결국, 이렇게 해서 커뮤니케이션 행위는 단순히 고정된 전언을 전달하는 것이 아니라 일정한— 때로는 매우 의미심장한— 어려움을 극복해가는 번역과 유사해지며, 이 과정에서 '나'는 타자적인 관점이 담긴 텍스트를 통해 풍부해질 수 있게 된다. 그 결과, '나'는 자기 자신에 대해서도 '다른 사람'이 될 수 있는 가능성을 얻는 것이다.

5.1.1. 발신자와 수신자가 서로 일치하지 않은 커뮤니케이션이 암시하는 것은, 그 참여자들의 '인격lichnosti'을 서로 일치하지는 않는, 하지만 일정한 공통점을 갖는 코드들의 집합으로 간주할 수 있는 가능성이다. 여기서 코드들의 교차 영역은 낮은 수준의 이해를 위한 모종의 필수적 차원을 보장한다. 한편 교차하지 않는 영역은 상이한 요소들 사이의 대응을 구축해야 할 필요성을 불러일으키며, 바로 그것이 번역의 기반을 창조한다.

5.1.2. 문화의 역사는 언제나 기호 체계들의 개별화를 적극적으로 지향한다(복잡할수록 더욱 개별적이다). '개인적인' 코드의 집합 내에서 코드가 교차하지 않는 각각의 영역은 더욱 복잡해지고 풍부해진다. 동시에, 이런 과정은 개별 주체의 각 전언을 보다 이해하기 힘든 것, 즉 사회적으로 보다 가치 있는 것으로 만든다.

5.2. (개인 혹은 집단의) 특정 언어의 복잡성이 구조적 평형상태의 한계를 넘어서게 될 때, 다시금 모두에게 보편적인 이차적인 코드화 체계를 도입해야 할 필요성이 생겨난다. 사회적 세미오시스의 이런 이차적인 통일화 과정은 불가피하게 체계의 단순화를 가져오지만, 동시에 그것은 복잡화의 새로운 단계를 위한 기반을 창조하면서 체계의 단일성을 현실화한다. 바로 이런 식

으로, 현란하고 다양한 언어 표현 수단이 발달한 이후 단일한 민족 언어 규범의 창조가 뒤따른다. 즉 고전주의가 바로크 시대를 계승하게 되는 것이다.

5.3. 다양하고 역동적인 언어 상황에서 정적인 요소와 체계의 항상적인 자기 동일성을 추출해내는 일, 말하자면 안정화의 필요성을 자연스럽게 충족시키는 것은 메타적 기술이다. 이후, 이 메타적 기술은 메타언어적 영역에서 언어의 영역으로 전이되면서 실제 발화를 위한 규범, 나아가 이후의 개별화를 위한 기반이 된다. 언어적으로 기술될 수 없는 역동적 상태와 자기 기술의 정적인 상태 사이의 진자 운동은 기호학적 진화의 메커니즘 중 하나를 이룬다.

6.0. 필수적인 것 - 잉여적인 것

구조적 기술의 문제는 정적인 관점에서 잉여적인 것으로 간주되는 요소와 관계들을, 필수적인 것들, 즉 실제로 작동하고 있으며 체계의 공시적 상황에서 그것 없이는 체계 자체가 존재할 수 없는 것들과 구분해내는 작업과 긴밀하게 관련되어 있다. (교통신호와 같은 가장 간단한 것에서, 예술의 언어와 같은 가장 복잡한 것에 이르기까지) 언어의 위계를 살펴본다면, 가장 먼저 눈에 띄는 것은 잉여성이 증대하는 현상이다. 많은 언어적 메커니즘은 모든 구조적 단계에서 요소들 간의 상응성 및 상호 대체 가능성을 증대시키는 방향으로 작동한다. 그러나 공시적 관점에서 불필요한 잉여로 간주되는 것이 역동적인 관점에서는 상이한 양태를 갖게 되는바, 즉 그것은 구조적 예비를 형성하는 것이다. 그 자신인 채 변화할 수 있는 언어의 능력과, 그 언어에 본질적인 극단적인 잉여성 사이에는 모종의 관련성이 존재한다고 가정할 수 있다.

7.0. 역동적 모델과 시적 언어

이제까지 상술한 이율배반은 기호학적 체계의 역동적 상태를 특징짓는다. 이는 체계로 하여금 변화하는 사회적 맥락 속에서 변모되는 동시에 그 자신으로서 남을 수 있도록, 즉 항상성을 보유할 수 있도록 해준다. 그러나 여기서 어렵지 않게 감지할 수 있는 것은 이러한 이율배반이 시적 언어에 역시 본질적이라는 점이다. 이러한 대응은 우연한 것이 아니다. 일차적인 커뮤니케이션 기능에 정향된 언어는 정적인 상태에서 작동할 수 있다. 일반적인 기능을 수행하는 데 있어서, 그것은 사회적 '변화의 메커니즘'을 지녀야 할 필요가 없다. 그러나 보다 복잡한 커뮤니케이션 유형을 지향하는 언어의 경우에는 사정이 다르다. 끊임없는 구조적 쇄신을 위한 메커니즘이 부재한다면, 그것은 발신자와 수신자 사이의 탈자동화된 관계를 언어로부터 제거하게 되고, 이는 하나의 전언 속에서 계속적으로 증가하는 다른 관점들에 주목할 수 있게 하는 중대한 수단을 잃게 됨을 의미한다. 언어가 다른 발화자의 전언과 그를 통한 '나' 자신의 전언의 변형을 강하게 지향할수록, 분명 언어의 구조적 쇄신은 더욱 빨리 이루어진다. 예술 언어는 이런 경향의 가장 극단적인 실현에 다름 아니다.

7.1. 실재하는 기호학적 체계 대다수는 언어의 정적인 모델과 역동적인 모델 사이의 구조적 스펙트럼 위에 구축되며, 이들 양극단 사이를 왔다갔다 한다는 결론을 상술한 사항들로부터 도출할 수 있다. 하나의 경향이 극도로 단순화된 인공언어 속에서 완벽한 방식으로 구현된다면, 다른 하나는 예술 언어에서 극단적인 실현을 얻게 된다. 따라서 시적 언어를 포함한 예술 언어에

관한 연구는 언어학의 좁은 기능 영역에 국한될 수 없다. 그것은 언어 자체의 역동적인 과정을 모델화하기 위한 시도의 중심에 자리한다.

학술원 회원 콜모고로프[22]는 아무런 동의어도 갖고 있지 못한 인공언어 체계 속에서는 시를 짓는 것이 불가능하다고 지적한 바 있다. 마찬가지로, 자연언어, 혹은 그 밖의 더욱 복잡한 기호학적 체계들은 시를 포함하지 않고서는 결코 존재할 수 없다.

8.0. 이렇게 해서, 두 가지 유형의 기호학적 체계를 구분할 수 있다. 일차적인 정보를 지향하는 체계와 이차적인 정보를 지향하는 체계가 그것이다. 첫번째 체계가 정적인 상태에서 기능한다면, 두번째 체계에서는 역동성의 존재, 즉 역사의 존재가 그것이 '작동하기' 위한 필수적인 조건이 된다. 마찬가지로 첫번째 경우에서는 역동적인 예비의 역할을 수행하는 체계 외적 주변부의 필요성이 대두되지 않는 반면, 두번째 경우에 그것은 필수적이다.

앞서 지적했듯이, 시는 두번째 유형의 전형적인 예이며, 그런 유형을 대표하는 나름의 모델로서 연구될 수 있다. 그러나 실제의 역사적 길항 과정 속에서는, 시 학파들이 일차적인 정보 소통 체계에만 관심을 기울이는 경우가 가능하며, 또 그 반대의 경우도 있을 수 있다.

8.1. 두 가지 유형의 기호학적 체계를 대립시키면서, 이러한 안티테제를 절대화하려는 경향을 피해야만 한다. 핵심은 이들이 이상적인 두 극점, 즉 상호 영향의 복잡한 관계에 놓여 있는 두

---

22 〔옮긴이 주〕 러시아의 수학자 콜모고로프에 관해서는 「신화-이름-문화」의 주 37 참고.

극점이라는 사실이다. 이 두 극점 사이의 구조적인 긴장 속에서 단일하고 복잡한 기호학적 전체, 즉 문화가 움직여간다.

1974

집단적 지성으로서의 문화와
인공지능의 문제

이 논문에서는 기호학적 문화론에 관한 현대적 연구의 결과들과 인공지능의 문제에서 그것이 갖는 의미를 살펴볼 것이다. 집단적 지성으로서의 문화의 기호학적 구조를 관찰하고 '문화의 기억,' 나아가 새로운 정보 산출의 메커니즘을 분석함으로써, 한편으로 문화와 개별적 지성 사이에, 다른 한편으로 문화와 인공적 사유의 조직체들 사이에 유사 관계를 구축할 수 있을 것이다.

1. 단일한 기호학적 메커니즘으로서 문화를 고찰함으로써, 우리는 문화의 내부에서 지능적 유형의 대상을 발견할 수 있다. 총체로서의 문화는 집단적 기억의 특수한 기제를 지니는 동시에 새로운 언어로 이루어진 완전히 새로운 전언을 산출할 수 있는 메커니즘, 말하자면 **새로운 사유idea**를 창조할 수 있는 메커니즘을 가진다. 이와 같은 특성들의 집합은 문화를 **집단적인 지성**으로 간주할 수 있게 한다.

1.1. 집단적 지성과 개별적 지성 사이의 상호 관계는 지금껏 연구되지 않았을 뿐더러 아직 온전하게 제기되지도 못한 문제이다. 여기서 일단 언급할 수 있는 것은 집단적 지성이 개별적 지성에 비해 이차적이라는 것(물론 역사적인 면에서가 아니라 구조적인 면에서), 고로 전자는 후자의 존재를 전제하고 있다는 것이다. 이 둘은 물리적인 면에서는 심오한 차이를 지니지만 기능적

인 면에서는 명백한 이질동상성을 가지므로 이들을 대비하는 작업은 특히 생산적이다. 이처럼 이들을 대비시킬 때, 지능적 활동이라는 개념은 [지능의] 구체적인 실현체에서 그것의 기능적 모델에 이르기까지 폭넓은 개념으로 이해될 수 있다.

1.2. 이런 상황은 인공지능이라는 문제에 있어 특별한 중요성을 갖는다. 목표가 되는 인공지능과 비교할 수 있는 대상이 단 하나의 자연적 대상, 즉 개별 인간의 지능에 그치지 않는다는 점이 중요하다. 개별 인간의 지능과 물리적으로는 상이하지만 기능적으로는 동일한 두 가지 종류의 대상이 더 존재한다는 사실에서 이미 문제는 명확해지는 것이다. 말하자면 그것은 다음의 질문들로 요약될 수 있다. 지능적 활동의 본질을 구성하는 것은 무엇인가? 결국 사유하는 것으로 정의될 수 있는 조직체를 규정하는 본질은 무엇인가?

1.2.1. 반드시 강조해야 할 것은, 집단적 지성이 개별적 지성과 비교했을 때 오히려 인공지능의 견본으로서 적합한 일련의 장점을 지닌다는 점이다. 인류 역사가 만들어낸 조직체로서, 그것은 (개별 지성에 비해) 훨씬 더 명시적이다. 즉, 그 메커니즘은 인간 두뇌의 숨겨진 언어와는 달리 문화의 언어 속에 표현되어 있고, 수많은 텍스트를 통해 구현되어 있다. 문화에 대한 선행 연구의 과정에서 엄청난 양의 자료가 축적되었고, 이것들은 해석 과정에서 각별히 흥미로운 지능적-기억술적 메커니즘을 드러낼 수 있다.

1.2.2. 인류 문화의 역사에서 어떤 시기와 현상은, 명백한 병리학적 성격으로 인해 지성으로서의 문화라는 정의에 위배되는 것처럼 보일 수도 있다. 이와 관련하여 지적할 수 있는 것은, '미칠' 수 있는 능력이란 지능의 훌륭한 기능적 자질이라는 점이

다. 이런 점에서, 사유하는 조직체는 이성적 행위에 대한 대안으로서 미친 행동을 수행할 수 있는 잠재력을 지닌 것, 그리고 이 두 가지 전략 사이에서 항시적인 선택을 실현할 수 있는 능력을 지닌 것으로 정의될 수 있다. 이렇게 볼 때, 광기는 넓은 맥락에서 문화적 사실로 간주될 수 있는데, 그러한 광기의 테마를 야기하는 문화적 기능의 병리학적 국면들('역사는 광인의 자서전이다'[1])은 문화를 집단적 지성의 메커니즘으로 정의할 수 있는 가능성을 부정하기는커녕 오히려 그것을 역설적으로 확증해준다.[2]

2. 기호학적 문화론의 관점에서 본 지능적 행위의 본질

2.1. 지능적 행위에 관한 만족할 만한 공인된 정의는 존재하지 않는다. '이성적인 것'과 '인간적인 것'을 동일시할 수는 없다(주지하다시피, 튜링A. Turing의 정의에 따르면 지능적 반응이란 인간과의 장기간의 교제를 거친 이후에 더 이상 인간적인 것과 구분할 수 없게 되는 어떤 것에 해당한다[3]). 이성적인 것과 인간적인 것을

---

1 게르첸 А. И. Герцен, 『전집: 30권 Собр. соч.: В 30 т.』, М., 1955. 4권 264쪽.
2 〔옮긴이 주〕 문화적 기능의 병리학적 국면들을 문화를 특징짓는 필수적인 기능적 자질로 간주하는 로트만의 이런 입장은, '지능intellect'이나 '인성personality'의 측면에서 문화에 접근하기 시작하면서 달라진 그의 관점을 잘 보여준다. 가령, 1968년 발표한 논문「문화를 유형학적으로 기술하기 위한 메타언어에 관하여」에서 로트만은 다음과 같이 적었다. "하나의 의식 내에서 서로 관련이 없는 두 개별 텍스트가 기능하는 경우도 가정할 수 있다(이때 두 텍스트 사이에는 독특한 균열이 발생한다). 예컨대, 지능의 병리학적 자질이나 (연령이나 인종학적 의미에서) 지능의 초기 단계를 기술할 경우, 그런 상황에 부딪히게 된다. 이 경우들이 문화 유형학의 범위를 넘어서는 것이며, 따라서 이 과제와 직접적인 관련이 없다는 점은 분명하다." 한편, 로트만은 그의 마지막 저서 『문화와 폭발Культура и взрыв』(1993)에서 별도의 장을 할애해 '광기'의 문제를 본격적으로 다룬 바 있다.
3 튜링A. Turing, "Computing Machinery and Intelligence," *Mind*, 59. 1950. 433~60쪽. 〔옮긴이 주〕 튜링은 기계가 지능을 갖고 있는지의 여부를 결정할 수 있는 일종의 사고실험으로 하나의 테스트를 제안한 바 있는데, 이것이 바로 튜링 테스트Turing Test이다. 피험자는 통신을 받는 사람이 기계인지 사람인지 모른 채 기계와 얘기를 주고받도록 (가령, 편지로) 되어 있다. 피험자가 자신의 질문에 대한 응답을 보고서 그것이 기계로부터 온 것인지, 아니면 사람으로부터 온 것인지를 결정하지 못한다면, 기계는 텍스트를

동일시할 경우, 구체적인 이성의 형태에 따르는 일련의 결점을 인간적인 것의 필수 불가결한 특성의 범주에 넣어야만 할 것이다. 〔한편〕 이성을 정의하려는 시도 자체를 거부하려는 경향을 일련의 저술에서 볼 수 있는데, 그에 따르면 이성 안에는 어느 것 하나 독자적으로는 이성을 특징짓지 못하는 다양한 능력과 습관들의 집합이 있을 뿐이다. 이 경우에 '그것 없이는 지능이 존재할 수 없는 어느 하나의 본질'을 찾아내려는 시도를 거부하는 것은, 이미 한 걸음의 전진으로 받아들여지곤 한다.[4] 그러나 이 또한 동의하기 어렵다. 그럴 경우 인공지능을 모델링하는 우리가 마치 동화 속의 주인공과 같은 상황('어디로 가는지도 모른 채 가서, 무엇인지도 모른 채 어떤 것을 구해올 것')에 처하게 되기 때문만은 아니다. 그렇게 되면 지능과 유사한 개별적인 작동 모델이 최종적으로 단일한 이성에 수렴될 수 있으리라는 아무런 확신을 가질 수 없게 되기 때문이다.

일반적으로 받아들여지는 이성에 관한 지엽적인 정의에 따르자면, 그것은 현저하게 가변적인 상황(즉, 해당 주체의 의식 안에 해독을 위한 스테레오 타입이 존재하지 않기 때문에 간단한 조작을 통해 그러한 스테레오 타입으로 수렴시킬 수 없는 상황) 속에서 한편으로는 새롭고, 다른 한편으로는 목적의식적으로 행동할 수 있는 능력으로 간주될 수 있다. 만일 이런 요구를 기호학의 언어로 옮겨본다면, '새로운 상황'은 언어가 알려지지 않았음에도 해독이 요구되는 텍스트로, '주어진 과제'는 새로운 언어를 창조할

통과한 것으로 간주된다. 그러나 이 개념은 상대적인 단순성으로 인해 이후 많은 비판을 받게 된다. 영화 「블레이드 러너Blade Runner」에서 복제 인간을 구분하는 반응 테스트나 자동으로 녹음되는 스팸을 예방하기 위한 체크 프로그램, 발전된 형태의 채팅 로봇chatting robot 등은 모두 튜링 테스트와 관련된 것이다.
4 아르비프 M. Арбиб, 『은유적 뇌Метафорический мозг』, M., 1976. 137쪽.

수 있는 능력으로 정식화할 수 있을 것이다. 또한 목적의식적이면서 동시에 새로운 행위란, 새로우면서도 동시에 올바른 텍스트의 창조로 해석될 수 있을 것이다.

2.2. 이와 관련해 새로운 텍스트(전언)의 성격에 관한 물음은 특별한 의미를 지닌다. 새로운 텍스트라는 말은 최초의 전언과 일치하지 않으며, 그로부터 자동적으로 추출할 수 없는 전언을 의미한다. 따라서 최초의 텍스트에 대한 모든 올바른(즉, 사전에 주어진 일정한 법칙에 따라 구현된) 변형은 새로운 전언을 만들어 낼 수 없다. 왜냐하면 최초의 텍스트와 그것의 여하한(올바른) 변형은, 본질상 동일한 전언으로 간주될 수 있기 때문이다. 이렇게 해서, '새로운' 텍스트라는 개념과 '올바른' 텍스트라는 개념 사이에 모순이 발생하게 된다. 그러나 새로운 텍스트(예컨대, 어떤 행위)는 변화하는 환경에 효과적으로 적응해야 한다는 점에서, 반드시 올바른 것이어야만 한다. 이런 경우 그것의 근간에서 새로운 규칙들이 형성될 수 있다. 말하자면, 그것은 새로운 텍스트를 완전히 합법칙적인 것으로 보이게끔 하는 새로운 규칙이다. 결국 이렇게 창조되는 텍스트는 주어진 언어의 경계 내에서는 올바르지 못한 것으로 나타나지만, 어떤 새로운 언어의 틀 안에서는 올바르고 유용한 것으로 나타나는 어떤 것으로 해석될 수 있다.

상술한 사항으로부터 내릴 수 있는 결론은 다음과 같다. 지능성을 가정하는 모든 조직체는 이후의 전개에 있어 단의적인 사전 결정성을 갖지 않는 텍스트이다. 따라서 그것은 변형되었다가 다시 되돌렸을 때, 원래의 전언을 재구하는 것이 불가능한 텍스트를 창출할 수 있는 메커니즘을 지녀야만 한다.

2.3. 모스M. Mauss와 레비-스트로스C. Levi-Strauss의 민속

학에서 정보이론, 언어학, 기호학에 이르기까지, 광의의 인간학은 인간 사이의 교제가 커뮤니케이션 행위에 기초한다는 전제에서 출발한다. 즉, 그것은 서로 상응하는 본질들 사이의 교환으로 간주될 수 있다. 상업의 과정에서는 상응하는 상품이, 집단 간의 혼인을 통한 접촉에서는 여인이, 그리고 기호학적 소통의 구조 안에서는 상응하는 기호가 교환된다. 이 다양한 소통의 양상들은 야콥슨의 저명한 체계에서 아래와 같이 정식화된 바 있다.

맥락

메시지

발신자 ------------------------------------ 수신자[5]

접촉

코드

이처럼, 커뮤니케이션의 본질은 일련의 암호화된 정보가 다시 해독된 결과 발신자로부터 수신자에게로 전달되는 것에 있다. 여기서 커뮤니케이션 행위의 기본은 발신자가 전송한 것과 동일한 (혹은 어떤 주어진 규칙에 따라 완전히 그에 상응하는) 전언을 수신자가 획득하는 것이다. 이러한 커뮤니케이션의 고리가 기능하는 데 있어 상응성의 파괴는 결점으로 나타난다. 모든 종류의 잡음으로부터 자유로운 체계, 말하자면 커뮤니케이션 행위의 본질을 제공할 수 있는 이상적인 관계의 체계는, 발송된 것과 똑같은 전언을 〔수신자가〕 획득할 것을 보장한다.

여기서 쉽게 알아차릴 수 있는 것은, 이런저런 집단 내에 이미

---

5 R. Jakobson, "Linguistics and Poetics" *Style in Language*, Ed. by T. A. Sebeok, Mass. 1964. 353쪽.

존재하는 전언들을 순환시키는 메커니즘을 표방하고 있는 커뮤니케이션 체계의 기능적 차원이 '발신자로부터 수신자에 이르는'의 사슬의 내부에서 새로운 정보를 발생시킬 수 있는 가능성을 설명해주지 못한다는 점이다. 뿐만 아니라, 그것은 오히려 그런 가능성에 정면으로 대치되고 있다. 결국, 단일한 커뮤니케이션 사슬 내부에서 전언들의 순환을 분석하고자 하는 모든 학문적 시도는 정보의 전달과 축적, 보관의 형식에 관한 우리의 생각을 보완해주지만, 새로운 전언의 발생, 즉 지능적 행위의 핵심에 관한 우리의 기존 지식에는 아무런 새로운 것도 더해주지 못한다.

2.4. 문화기호학은, 스스로를 독자적인 학문 분야로 인식하기 시작한 순간부터, 문화의 복수 언어적 구조의 기능적인 필연성을 설명해야 할 필요성에 직면하게 되었다. 문화의 자료에 기호학적 방법을 적용하려는 시도는 첫 단계에서 '사회적 삶의 내부에서 기호들의 삶을 연구하는 과학'이라는 소쉬르의 유산을 실현하는 것으로서 구현되었다. "우리는 이를 기호학이라 부를 수 있을 것이다"[6]라고 소쉬르는 결론지었다. 이 단계는 문화의 다양한 '언어'를 언어적-기호학적 방법론을 통해 기술하려는 과제에 역점을 두었다. 그 결과, 기호학적 대상인 사회적 커뮤니케이션의 다양한 체계를 아우르는 모종의 단일체를 구축하려 했다(1966년 캬에리구에서 열린 2차 모델링 체계 연구에 관한 2차 여름학교에서 레브진I. I. Revzin이 제안한 정의와 비교하라. "기호학은 언어학의 도움으로 기술될 수 있는 대상을 연구하는 과학이다"). 그렇게 해서, 주요한 관심은 다양한 체계의 단일성을 드러내는 것, 문화의 다양한 언어를 메타 차원에서 단일한〔대문자〕언어로 나타내려

---

6 소쉬르Ф. де Соссюр, 『일반언어학 강의Курс общей лингвистики』, М., 1933. 40쪽.

는 것에 집중되었다. 이 단계에서 문화 연구는 단지 흥미로운 예증을 제공하는 영역이었을 뿐, 독자적인 학문 분과가 되지는 못했다.

문화기호학의 자기규정은 상이한 기호학적 체계들의 기능적인 상호 의존성, 즉 그들의 구조적인 비대칭성과 그들 상호 간의 번역 불가능성의 본질에 관한 물음을 제기하는 것과 관련된다. 개별적인 기호학적 체계가 바로 그들 간의 이종성 때문에 구조적 총체로서 구성될 수 있다는 사실이 명백해진 순간부터, 고립된 커뮤니케이션 체계를 다루는 기존의 기호학에는 적합하지 않은 특별한 연구 대상의 윤곽이 잡혔다. 『2차 모델링 체계에 관한 제4차 여름학교의 제안서』에는 다음과 같이 명시되어 있다. "기호적 체계 각각은, 설사 그것들이 내적으로 조직화된 구조로 나타날지라도, 오직 서로 의존하면서, 총체의 내부에서만 기능할 수 있다. 그 어떤 기호적 체계도 고립된 채 기능할 수 있도록 보장하는 메커니즘을 지니지 않는다." 이로부터 도출되는 결론은 기호학적 순환 과정을 다루는, 상대적으로 독립적인 일련의 과학을 정립할 수 있도록 하는 접근법과 더불어 또 다른 접근법이 가능하다는 것이다. 후자의 접근법에 따르면, 모든 개별적인 사례는 상이한 기호적 체계들의 기능적 상관관계를 연구하는 단일한 학문, 즉 문화기호학의 개별적인 측면들로 간주될 수 있다.[7]

이런 의미에서, 문화기호학은 다양한 기호학적 체계의 통일성과 그들 상호 간의 필요 불가결성의 메커니즘을 연구하는 이론적 분야로 생각될 수 있다. 예컨대, 그것이 관심을 갖는 문제는 다음과 같다. '도상적 기호의 체계'와 '조건적 기호의 체계' 사이의

---

[7] 「테제들Тезисы докладов」, 『2차 모델링 체계에 관한 4차 여름학교IV Летней школы по вторичным моделирующим системам』, Тарту, 1970. 3쪽.

대립과 같은, 문화의 보편적 대립 유형을 설명할 방법, 혹은 문화의 기호학적 메커니즘의 최소한의 내적 다양성과 그들 상호 간의 내적인 번역 불가능성, 그리고 이러한 번역 불가능성의 극복에 관한 물음 등이다. 그러나 또 다른 접근법도 가능하다. 해당 문화의 내적 메커니즘을 또 다른 인류 문화의 넓은 맥락과 대조함으로써 드러내 보이는 일이 그것이다. 이런 접근법은 유형학적 모델을 구축하는 일과 관련된다(이 또한 문화기호학에 직결되는 것이다).

2.5. 총체로서의 문화가 지니는 특징 중 하나는 그 통일성을 보장하는 내적 관계들이 기호학적 커뮤니케이션을 통해, 즉 언어의 도움을 받아 실현된다는 점이다. 이런 의미에서 문화는 복수 언어적인 메커니즘이 된다. 초-생물학적인 개인성이라 할 수 있는 문화를 여타의 모든 생물학적 개인성, 즉 기호학적 커뮤니케이션이 아닌 생물학적 커뮤니케이션을 통해 내적 관계들을 실현하는 유형들로부터 구별 짓는 것이 바로 이 점이다. 기호학적인(기호적인) 커뮤니케이션은 두 개의(혹은 다수의) 완전히 자족적인 단위체 사이의 관계이다. 전(前) 기호학적인 커뮤니케이션이 결코 독자적으로 존립할 능력이 없는 부분들을 단일한 총체로 결합시킨다면, 기호적 체계는 완전히 독립적인, 즉 구조적으로 자족적인 조직체들을 서로 결합시킨다. 여기서 (이 자족적 조직체들은) 개별적으로 존재할 수 있으나, 다만 더욱 복잡한 총체성 안으로 진입함으로써, 낮은 차원에서 지녔던 자족성을 상실하지 않은 채 부분으로서의 이차적 자질을 획득하게 된다.

총체의 관점에서 보자면, 기호학적 관계는 상대적으로 효율이 떨어지는 체계처럼 보일 수 있다. 생화학적이고 생체 물리학적인 성격을 갖는 전(前) 언어적인 충동과 달리, 언어 기호는 받아들여질 수도 있고, 받아들여지지 않을 수도 있으며, 거짓일 수도 진실일 수도 있고, 올바르게 이해될 수도, 잘못 이해될 수도 있다. 〔반면〕 전 언어적 커뮤니케이션에서는 전달자가 거짓 정보를 수신자에게 전달하거나 혹은 수신자가 전언을 왜곡되게 해석하는 등의 전형적인 언어적 상황이 존재하지 않는다. 이렇게 보자면, 언어는 사용하기에 문제가 많은 도구인 듯하다. 그러나 잘 알려져 있듯이 기호학적 커뮤니케이션의 등장은 인류 전체의 안정성과 표현성을 향한 거대한 진보에 해당하는 것이다. 이를 이해하기 위해서는, 사이버네틱스적 유형의 고도로 복잡한 체계를 위한 절대적 법칙으로 나타나는 몇 가지 특성에 주의를 기울일 필요가 있다. 즉, 그에 따르면 전체의 안정성은 체계의 내적 다양성과 더불어 증가한다. 다양성은 체계의 요소들이 한편으로는 (체계의 부분으로서) 특화되면서, 다른 한편으로는 (독립적인 구조적 조직체로서) 증대된 자족성을 획득하게 되는 것과 관련이 있다. 그러나 이 과정이 끝이 아니다. '그 자체로서' 자족적인 체계의 여러 요소들은 전체의 입장에서는 동일한 것, 즉 서로 간에 완전히 대체 가능한 것으로 나타난다. 여기서 다시 새로운 메커니즘이 작동한다. 자연 상태에서 변체(變體)들이 자연스럽게 '흩뿌려짐'으로써, 결국 동일한 구조적 요소들이 변체의 형태로 실현되는 것이다. 다만 이런 변이 가능성은 아직 구조적 요소가 되지 못하며 구조 자체의 입장에서는 존재하지 않는 것과 같다.

그러나 다음 단계에서 양상은 복잡해진다. 요소들 사이의 관계는 기호적 커뮤니케이션을 통해 실현되고, 이는 요소들의 독립성을 자극한다. 결국 이로 인해 개별적인 차이는 구조적인 차이로 바뀌고, 요소들 자체는 인격(人格)적 개체로 바뀐다.

이 과정은 다음의 예를 통해 보다 선명해질 수 있을 것이다.

가장 단순한 형태의 생물학적 증식은 단세포 조직의 분열이다. 이 경우에 분열된 각각의 세포는 완전히 독립적이라 서로를 필요로 하지 않는다. 다음 단계는 생물학적 형식을 두 개의 성적(性的) 그룹으로 나누는 것인데, 여기서 종의 존속을 위해서는 첫 번째 그룹에서 뽑아낸 하나의 요소(개체)와 두번째 그룹에서 뽑아낸 하나의 요소(개체)만 있으면 충분하다. 한편, 동물 기호학적 체계의 출현과 더불어 개체들 간의 개별적 차이를 의미 있는 것으로 간주할 필요성이 제기되고, 이는 고등 동물의 교배 관계에 선택성이라는 요소를 도입한다. 물리적으로 가능한 행위들에 금지라는 보충적 체계가 부여되고, 이로써 문화가 발생한다. 한편, 교배에 관한 복잡한 금지의 체계가 구조적으로 의미심장한 체계의 위반들과 결합하게 되면, 교배 커뮤니케이션의 발신자와 수신자가 인격적 개체로 바뀌게 된다. 즉, 자연에 의해 주어진 '남성과 여성'이 문화에 의해 주어진 '오직 그 남자와 오직 그 여자'로 교체되는 것이다. 여기서 개별적인 인간-개체들이 문화의 복잡한 조직체 속에 포함된다는 사실, 바로 그것이 그들을 전체의 부분인 동시에 반복 불가능한(즉, 그들 간의 차이가 일정한 사회적 의미를 담지하는) 개인성으로 만들어준다.

상술한 예는, 체계가 복잡해짐에 따라 체계의 부분들이 지니는 자족성이 또한 증가된다는 점, 그리고 고도로 복잡한 체계의 경우, 이 과정은 '구조적 단위'의 개념을 '인격'으로 교체하게 된다는 점을 예시해준다. 그렇다면 자연스럽게 다음과 같은 질문이 도출된다. 이 과정은 체계의 효율성에 어떤 영향을 미치는가?

체계를 항상성과 더불어 일정한 지능적 잠재력을 지니는 총체로 간주할 경우, 다음과 같은 사실이 분명해진다. 지능적 체계가 가장 근본적인 어려움을 겪는 것은 정보가 불충분하게 주어진 상황에서 활동해야만 할 때이다. 불충분한 정보하에서 효율적으로 행동하려는 노력은 다양성을 통해 그 불완전함을 보상하려는 지향으로 귀착된다. 효율적인 활동을 위해 꼭 필요한 정보 중 단지 적은 양의 정보만을 지녔을 경우, 체계의 절대적인 관심은 이 정보가 질적으로 다양한지, 그리고 정보의 입체적인 성격을 통해 그것의 불충분함을 보완할 수 있을지의 여부에 놓이게 된다.

바로 이와 관련된 특성이 문화의 원칙적인 복수 언어주의이다. 그 어떤 문화도 단 하나의 언어에 만족할 수 없다. 최소한의 체계를 구성하는 것은 나란히 존재하는 두 개의 언어, 가령, 말로 된 언어와 조형적 언어의 세트이다.[8] 이후 단계에서, 문화의 모든 역동성은 기호학적 커뮤니케이션 세트의 증식 메커니즘을 포함하게 된다. 복수의 언어로 된 텍스트를 통해 번역된 외적 세계의 이미지는 이 언어들의 모델링 작용에 처해지기 때문에, 단일한 유기체로서의 체계는 각각의 외적 대상에 관한 모델들의 전체 세트를 자기 수중에 얻게 되고, 바로 이를 통해서 대상에 관한 자기 정보의 불충분함을 보완한다. 각 언어의 특수성이 더욱 예리하게 표현될수록(그 결과, 해당 텍스트를 다른 언어로 번역하기는 점점 더 어려워진다) 모델화 수단은 더욱 독특해지고, 결과적으로 이는 체계 전체를 위해서 보다 유용해진다.

2.6. 문화의 입체경적인 성격은 복수 언어주의만으로는 달성되지 않는다. 발화자와 청자의 인성 구조가 복잡해질수록, 즉 인

---

8 〔옮긴이 주〕'말로 된 언어'와 '조형적 언어' 사이의 대립과 상호 작용은 로트만 기호학의 초창기부터 계속해서 이어져 내려온 가장 일관된 문제의식 중 하나다. 때로는 '조건적' 기호 체계와 '도상적' 기호 체계, '분절적' 체계와 '비분절(연속적)' 체계 등으로 바꿔 불리는 이 대립은 여기서 '복수 언어적' 체계로서의 문화를 구성하는 가장 기초적인 단위로 간주되고 있다. 요컨대, 말과 그림 간의 대립, 텍스트와 이미지는 두 언어로 구성된 문화 메커니즘의 가장 명징한 표현이 되는 것이다.

격 내부에서 의식의 내용을 구성하는 코드의 세트가 점점 더 개별화될수록, 전언의 발신자와 수신자가 동일한 언어를 사용한다는 주장은 더욱더 신빙성을 잃게 된다. 발신자는 특정한 코드 세트의 도움으로 전언을 암호화하는데, 이 코드 중 일부만이 암호를 해독하는 수신자의 의식에 현전한다. 따라서 제아무리 발달된 기호학적 체계를 사용하는 경우라 할지라도, 모든 이해는 부분적이고 근사치적인 것이다. 그러나 강조할 것은 일정한 정도의 비(非)이해는 단순한 '잡음'(이때의 잡음은 이상적인 도식하에서는 있을 수 없는, 체계의 구성적 불완전성의 결과이다)으로 간주될 수 없다는 점이다. 비이해 혹은 부정확한 이해는 커뮤니케이션 체계 내의 기술적인 결함을 증명하는 것이 아니라 그 체계가 지니는 복잡성, 즉 보다 복잡하고 중요한 문화적 기능을 수행할 수 있는 능력을 말해주는 징표가 된다.9 복잡성의 정도에 따라 거리 신호등의 언어로부터 시 언어에 이르는 모든 사회적 커뮤니케이션 체계들을 나열한다면, 코드 해독시의 중의성의 증가를 단지 해당 커뮤니케이션 유형의 기술적인 결함이라 볼 수 없음이 명백해진다.

결국, 커뮤니케이션 행위란 (그것이 충분히 복잡하며, 따라서 문화적으로 가치 있는 경우에) 어떤 전언이 자기 동일적인 채로 발신자의 의식으로부터 수신자의 의식으로 이동하는 것으로 간주될 수 없다. 그것은 어떤 텍스트를 나의 언어인 '나'로부터 너

---

9 〔옮긴이 주〕 커뮤니케이션상의 비이해나 부정확한 이해는 해당 체계의 복잡성, 나아가 기능적 중요성을 증명한다. 즉 소통의 어려움과 기능적 중요도는 비례하는바, 문화적으로 중요한 의미를 지니는 전언일수록 이해의 난관을 동반하는 복잡한 체계를 통해 전달되어야만 한다. 이런 명백한 역설('가장 중요한 것을 가장 어렵게!')은 당연히 다음과 같은 질문을 유발하게 된다. "대체 어떤 이유로, 꼭 해야만 하는 일을 가장 단순한 방식이 아니라 고도로 복잡한 방식으로 행해야만 하며, 또 그것은 왜 그토록 중요한가?"

의 언어인 '너'로 번역하는 일이다. 물론 이런 번역의 가능성 자체는 커뮤니케이션의 두 참여자의 코드가 비록 동일하지는 않지만 교집합을 이루고 있다는 사실로부터 온다. 그러나 이와 같은 번역 행위에서는 언제나 전언이 일정 부분 잘려 나가게 되고, '내'가 '너'의 언어로 번역되는 과정에서 변모에 처해지기 때문에, 결국 손실되는 것은 다름 아닌 발신자의 고유한 독특성, 말하자면 총체의 관점에서 전언의 가장 커다란 가치를 구성하는 어떤 것이 된다.

이런 상황에서, 만일 수신되는 전언 안에, 손상된 부분을 재건하기 위해 청자가 어떻게 자신의 인성을 변화시켜야 하는지를 지시하는 모종의 표식이 포함되어 있지 않았다면, 상황은 절망적인 것이 되었을 것이다. 커뮤니케이션 당사자들 사이의 불일치는 그런 불일치의 사실 자체를 수동적인 전달에서 투쟁적인 유희로 바꿔놓는다. 이 유희의 과정에서 각각은 상대편의 기호학적 세계를 자신의 모범에 따라 재구축하려고 애쓰는 동시에, 상대자의 고유한 독특성을 보존하는 것에 관심을 기울인다.

문화 조직체의 내부에서 기호학적 다양성을 증대시키려는 지향은 결국 다음과 같은 결과를 낳는다. 즉, 의미를 지니는 모든 구조적 조직체의 단위가 각기 나름의 '문화적 인격'이 되려는 경향을 드러내기 시작하는 것이다. 여기서 문화적 인격이란, 자신만의 고유한 내적 구조와 기호학적 조직성, 나름의 기억, 개별적인 행위와 지적 능력, 그리고 자가발전의 메커니즘을 지니는 닫힌 내재적 세계를 말한다. 결과적으로 총체적인 유기체로서의 문화는, 개별 인격들의 범례를 따라 구축된 구조-기호학적 조직체들과 그들 사이의 (커뮤니케이션) 관계의 체계가 결합된 어떤 것으로서 나타난다.[10]

다양한 양태를 지니는 닫힌 조직체의 증가는 문화 메커니즘의 본성 자체와 관련된다. 그것은 해당 문화 내부에서 순환되는 정보의 양을 증가시키고, 그 결과 효과적인 세계 이해를 도모한다. 그러나 동시에 그것은 문화를 상호 대립하는 수많은 '문화적 인격'으로 쪼개놓는 결과를 낳을 수도 있다. 말하자면 그것은 '문화의 정신분열증'을 야기할 수도 있는 나름의 위험을 내포한다. 즉, 문화적 복수 언어주의의 상황은 해당 문화의 세미오시스를 '바벨탑'과 같은 상황으로 이끌 수도 있는 것이다.

2.7. 이런 위협이 현실이 되지 않도록, 문화는 정반대의 메커니즘을 지닌다.

이미 문화의 구조적 단위들 간의 커뮤니케이션 관계 체계와 그들 간의 항시적인 번역 필요성은 반대되는 유형의 조직화를 위한 기반을 형성한다. 총체적 질서의 이름으로 부분들의 다양성을 '제거하고자' 하는 단일한 구조의 조직화가 바로 그것이다. 이런 경향의 보다 완전한 실현은 메타언어적이고 메타텍스트적인 조직체(이것 없이는 아무런 문화도 존재할 수 없다)의 미분(微分)화된 체계에서 찾아볼 수 있다.

해당 문화가 일정한 구조적 성숙에 도달하는 순간, 즉 문화의 개별적이고 부분적인 메커니즘의 자족성이 모종의 정점에 이르는 순간, 해당 문화가 자신의 고유한 모델을 창조해야만 할 필요

---

10 [옮긴이 주] 1970년대 후반 이후 로트만 기호학의 가장 중요한 특징은 기호학을 '인간화' 하려는 의식적인 지향이다. 후기의 저작들에서 기호학적 체계에 '인격personality'의 자질을 부여하려는 다양한 시도와 모색이 두드러진다. '문화적(기호학적) 인격'이라는 새로운 규정은 이전의 중심적인 문제의식(문화 체계의 '내적 혼종성' 및 '복수 언어주의')을 이으면서, 동시에 인격과 결부된 몇 가지 핵심 자질을 끌어들이게 된다. 가령, 창조적 지능의 특성, 행위 선택에 있어서의 개별성, 우연적 계기의 도입 등이다. 한편, 로트만은 이와 같은 기호학적 인격의 개념을 (라이프니츠의) '단자' 개념에 빗대어 해명하고자 시도하기도 했다(논문 「주체이자 그 자신에게 객체인 문화」 참고).

성, 즉 자기 기술의 필요성이 발생한다.

자기 기술은 해당 문화를 위한 메타언어의 발생을 요구한다. 그리고 이를 기반으로 문화가 이상적인 자화상을 건설하게 되는 메타 차원이 발생한다.[11] 문화의 자기 기술은 문화의 발전 과정에서 합법칙적인 단계이다. 그것이 갖는 의미는, 부분적으로, 기술(記述)이라는 사실 자체가 보다 강한 조직성을 띠는 쪽으로 기술 대상을 변형시킨다는 점에 있다. 문법을 획득한 언어는 문법 이전의 단계와 비교할 때 더 높은 구조적 조직화의 차원으로 번역된다. 문법적 기술의 출현이라는 것이 언어 연구사의 사실(史實)일 뿐 아니라 언어사 자체의 사실이기도 한 것처럼, 문화의 메타기술의 발생 역시 학문적 사유 과정을 증명하는 것일 뿐 아니라 문화 자체가 일정한 단계에 도달했음을 증명해주는 것이기도 하다(보다 정확하게 말해, 단일한 과정의 상이한 양상들을 자기 기술의 앞 단계와 뒤 단계에서 확인할 수 있다). 메타 차원에서 문화 이미지가 출현하는 것은 해당 문화가 이차적인 구조화에 돌입했음을 의미하는 것이다. 문화가 보다 엄격한 조직성을 부여받게 되면서, 그것이 가진 일련의 측면은 비구조적인 것, 다시 말해 '존재하지 않는 것'으로 선언된다. 이렇게 해서, 문화의 기억으로부터 '올바르지 못한' 텍스트들이 대규모로 제거되는 일이 발생한다. 남아 있는 텍스트들은 정전화되면서 엄격한 위계 구조에 복속된다.[12]

---

11 〔옮긴이 주〕흥미로운 것은 여기서 말하는 메타언어가 체계 외부로부터 도입된 것이 아니라 체계의 하위 구조들 중 하나가 메타 차원으로 상승한 결과라는 점이다. 즉 언어사, 넓게는 문화사의 특정 국면에서 기호체계의 중심으로부터 특정한 하위 언어가 구분되어 돌출하며, 이 도드라진 하위 언어가 체계 자체의 기술을 위한 메타언어로 간주되기 시작하는 것이다(르네상스기 피렌체 지방의 방언이나 루이 14세 시대의 궁중 에티켓이 그 예다).

이 과정은 문화의 일정한 빈곤화를 동반한다(이 점은 카논(정전)으로부터 제외된 텍스트들이 실제로 파괴되는 경우에 특히 뚜렷하게 감지된다. 그런 경우에 문화의 모델은 역동성을 상실하게 되는데, 왜냐하면 체계 외적인 텍스트들은 언제나 미래의 체계를 구축하기 위한 비축물을 형성하기 때문이다. 체계적인 텍스트들과 체계 외적인 텍스트들 사이의 유희는 문화의 발전 메커니즘의 근본을 구성한다). 그러나 외전(外典)으로 선언된 텍스트들이 단지 문화의 주변 지대로 자리를 옮김으로써 '마치 존재하지 않는 것'처럼 된 경우, 이 빈곤화는 상대적인 성격을 띠게 된다. 문화 발전의 다음 단계에서, 새로운 메타모델의 관점에 따라, 외전적인 것은 다시금 개방되고 정전이 될 수 있다.

문화의 메타메커니즘은 자족성을 지향하는 부분들을 아우르는 단일성을 회복시키며, 결국 문화 내적 소통을 가능하게 하는 언어가 된다. 그것은 개별적인 구조적 단위들을 통일성의 방향으로 재구축할 수 있는 능력을 지닌다. 바로 그런 능력의 도움으로, 문화의 총체와 부분들 사이의 이질동상성이 발생한다.

한편, 문화의 메타메커니즘에 기반한 이차적인 질서화는 개별 구조들의 자족성을 새롭게 심화시키려는 충동을 만들어내게 되는데, 이는 다시 메타구조를 새로이 강화한다. 문화 메커니즘 안에서 서로 대립하는 경향들의 또 다른 예를 들어보자. 문화의 다양한 하부 체계들은 역동적 단계의 완결을 위한 상이한 속도를 갖는다. 이를 이해하려면 언어와 같은 안정된 체계와 패션 유행

---

12 [옮긴이 주] 이 과정 역시 독특한 '역설'에 해당한다. 문화가 이상화된 '자화상'이라 할 수 있는 특정한 이미지를 갖게 된다는 것은 조직화의 진전에 따른 분명한 성취로 볼 수 있다. 그런데, 바로 그런 성취 때문에 문화는 내적 빈곤의 상황(역동성의 상실)에 처해지게 되는 것이다.

과 같은 유동적인 체계를 비교해보는 것으로 충분하다. 유형학적으로 유사한 계열에 속하는 개별 예술들도 진행 속도를 서로 달리한다. 그 결과, 문화의 여하한 공시적 단면은 다양한 지점에서 통시성의 상이한 국면을 제공하게 마련이다. 문화의 모든 순간에는 상이한 시대가 공존하고 있다. 메타 차원에서는 이런 다양성이 사라져버린다. 게다가, 메타메커니즘은 문화의 공시적 상태에 관한 일정한 정전을 창조할 뿐더러 나름의 통시적 발달 버전 또한 만들어낸다. 그것은 현재에서뿐만 아니라 문화의 과거 상태에서도 적극적으로 텍스트를 추려낸다. 그 결과, 메타메커니즘은 문화의 역사적 진행에 관한 자기 나름의 (단순화된) 모델을 규범적인 것으로서 확증하게 된다. 물론 여기서 단지 부정적인 측면만을 본다면 잘못일 것이다. 바로 그런 단순화 덕택에, 문화는 과거 시대와 커뮤니케이션적 관계를 맺을 수 있는 공통의 언어를 획득하는 것이다.

2.8. 이렇듯, 문화의 내적 메커니즘은 개별 언어들뿐 아니라 닫힌 단위라 할 '인격들'의 특화를 전제한다. 이것은 개별 언어로 된 텍스트들 간의, 혹은 인성적 세계를 조직화하는 세계 모델들 서로 간의 번역 불가능성의 상황을 야기한다. 각종 요소들 간에 상호 단의적인 대응이 존재할 수 없기 때문에, 원칙상 정확한 번역이란 불가능하다. 이렇게 해서, 예술적 번역이라는 특수한 유형의 상황이 발생한다. 번역 불가능성의 상황에서 번역이 요구될 때 임의적이거나 혹은 은유적인 성격을 지니는 대응이 구축된다. 번역되는 텍스트의 한 요소가 일련의 집단적 요소들과 대응될 수도 있고, 그 반대도 가능하다. 이런 대응은 언제나 선택을 전제하게 되는바, 즉 난관을 동반함으로써 발견이나 통찰의 성격을 띠게 된다. 바로 그와 같은 번역 불가능한 것의 번역이

새로운 사유의 발생 메커니즘을 이룬다. 그 기반에는 단의적인 변형이 아니라 근사치의 모델, 즉 유사나 은유가 놓여 있다.[13]

2.8.1. 바로 이 대목에서 집단적 의식의 메커니즘으로서의 문화와 인간의 개별 의식 사이에 존재하는 놀라운 이질동상성을 볼 수 있다. 여기서 우리가 염두에 두고 있는 것은 인간 두뇌의 원칙적인 비대칭성, 즉 좌반구와 우반구의 활동에서 확인되는 기호학적 특화에 관한 사실이다.[14] 이바노프V. V. Ivanov는 대뇌 구조의 이 특징을 인류 문화의 비대칭성과 관련시켜, 타르투 국립대학의 기호학 세미나에서, 언어와 같은 인간 의식의 몇몇 근원적인 특징의 출현은 인간 대뇌의 특화가 발생한 시기로 거슬러 올라갈 수 있을 것이라는 견해를 피력한 일련의 논문을 발표한 바 있다.

원칙적으로 '독백적인'(즉, 단일 언어적인) 조직체는 새로운 전언(사유)을 발생시킬 수 없다. 사유하는 조직체는 원칙상 (최소한의 체계에 있어) 대화적인 (즉, 이중 언어적인) 구조를 지녀야

---

13 〔옮긴이 주〕원칙적으로 상이한 방식으로 구축된 두 체계, 가령 분절적 텍스트와 비분절적(연속적) 텍스트 간의 완전한 번역은 불가능하다. '창조적 사유'의 본성은 결코 완벽하게 번역될 수 없는 것들 사이에서, 그럼에도 불구하고 이루어지는 모종의 '대응'의 구축에 있다. 단지 중심과 주변이 교체되면서 의미가 갱신되는 것이 아니라 원칙적으로 '새로운' 의미가 생성되기 위해서는 그 어떤 '도약'의 과정이 불가피하다. 임의적 '대응'을 통한 불충분한 번역, 로트만의 표현을 빌자면 '변칙적인 번역незакономерный'은 이미 본래대로 돌이킬 수 없는 '다른' 결과를 낳는다.

14 데긴В. Дегин, 「기능적 비대칭─인간 대뇌의 특성Функциональная асимметрия─уникальная особенность мозга человека」, 『과학과 삶Наука и жизнь』, 1975. No. 1.; 이바노프Вяч. Вс. Иванов, 「기호체계의 선사К предыстории знаковых систем」, 『2차 모델링 체계에 관한 연합 세미나 자료집Материалы Всесоюного симпозиума по вторичным моделирующим системам. 1. (5)』, Тарту, 1975; 이바노프Вяч. Вс. Иванов, 『소련 기호학사Очерки по истории семиотики в СССР』, М., 1976. 22~23쪽.; 밀러П. Миллер, 『인상학적 심리학Физиологическая психология』, М., 1973.; H. Jackson, "On the nature of the duality of the brain," *Selected writings*. Vol. II. London, 1932.

만 한다. 이런 결론은 대화적 텍스트의 구조에 관한 바흐친의 근본적인 사유에 얼마간 새로운 의미를 부여해준다.[15]

상술한 사항들은 개별 의식과 집단적 의식의 연구 문제를 하나로 묶어줄 뿐 아니라, 인공지능의 문제에 새로운 접근법을 제공해준다.

한편으로, 텍스트의 예술적 구조나 예술적 번역의 메커니즘, 혹은 은유적인 의식의 본성 등과 같은 고도로 인문학적인 영역을 대상으로 한 연구가, 다른 한편으로, 공간적이고 신화적인 모델과 같은 다양한 형식의 기호학적인 세계 모델, 기호학적 복수 언어주의의 본질과 오랜 시간 인류에 의해 창조된 기호학적 모델들의 비대칭성에 관한 연구 등이 상술한 사항들의 견지에서 보다 넓은 보편 과학적 전망에 포함되는 동시에 완전히 새로운 의미를 부여받게 된다.

2.9. 문화의 비대칭성과 대뇌의 비대칭적 구조 간의 유비는 분절적인 언어와 비분절적인 언어의 관계, 그리고 각각의 언어로 이루어진 텍스트의 상호 대응의 문제를 전면화한다. 반드시 지적해야 할 것은 비분절적인 언어는 그것을 기술할 수 있는 기제가 없었을 뿐 연구의 초기 단계부터 이미 발견되는 것이었다는 점이다. 그러나 그들이 행하는 역할은 ('우반구적' 의식이 그런 것처럼) 결코 보조적인 차원에 머물지 않는다. 인공적 체계가

---

15 [옮긴이 주] 로트만은 여기서 '사유하는 조직체думающиее устройство'의 개념을 설명하는 술어로 '대화적 구조'라는 바흐친의 용어를 도입하고 있다. 로트만의 맥락에서 단일 언어적인 구조가 '독백적' 구조에 해당한다면 이중 언어 혹은 복수 언어적인 구조는 대화적 구조에 해당한다. 로트만 후기 사상에 미친 바흐친의 영향 혹은 로트만에 의한 바흐친 사상의 전유 문제는 별도의 특별한 고찰을 요하는 중대한 사항이다. 바흐친 사상의 생산적 자극과 그로 인해 발생한 로트만 기호학의 변모 문제와 더불어 두 사람의 근본적인 시각차를 확인하는 일이 매우 중요하다. 이에 관해서는 김수환, 「바흐친과 로트만: '대화'에 관한 대화」, 『기호, 텍스트 그리고 삶』(월인, 2005)을 참고.

'사유하는 것'이 되려면, 반드시 '신화 발생적 메커니즘'이나 '유아적 의식의 권역'이라 부를 수 있는 모종의 조직체를 자신 안에 구축해야만 한다.[16] 그와 같은 조직체에서 만들어지는 텍스트들은 논리적이고 분절적인 사유 메커니즘과 양극적 대립을 형성하여, 그것을 번역하는 데 은유적 성격이 불가피해지고, 그 결과 새로운 정보가 발생할 수 있게 된다.

3. 집단의 문화적 기억의 본성 역시 긴요한 문제이다. 이는 또한 개인적 기억의 생리적 메커니즘, 사회적 기억의 구조, 그리고 기계적 기억을 위한 최적의 형식을 발전시키는 과제 등을 포괄한다.[17]

3.1. 역사적 발전 과정에서는, 기억되어야 할 텍스트의 수가 개별 인간의 기억 가능성을 초과하는 순간이 찾아오게 마련이다. 그렇게 해서 문자 문화, 즉 무한정한 텍스트를 집단의 기억 속에 고착시킬 수 있는 가능성을 만들어내는 문화가 발생한다. 문자적 기억이 지니는 의미는 너무나도 거대한 것이어서, 책과 도서관의 이미지는 그 자체로 사람들의 의식 속에서 기억의 개념과 동일시되었다. 그러나 다른 한편으로, 문자성의 세기가 가져온 결과는 가장 간결하지 못한 기록의 수단, 다시 말해 준비된 텍스

---

16 [옮긴이 주] 논문 「신화-이름-문화」에서, '신화적 사유'의 메커니즘이 많은 부분에서 '유아적 의식'과 유사한 패턴을 보여준다는 점을 확인한 바 있다.
17 [옮긴이 주] '문화적 기억cultural memory'의 문제는 주지하다시피 로트만 문화기호학의 핵심적인 이론적 대상 중 하나다. 일찍이 로트만은 문화를 "비유전적인 정보의 총체, 즉 전 인류 혹은 그보다 제한된 어떤 집단의 공통 기억"으로 정의한 바 있다. 기억은 '개체적 지성'으로서의 인간과 '집단적 지성'으로서의 문화가 공유하는 공통의 메커니즘으로서, 창조적 사유 기제의 핵심적 자질이라 할 수 있다. 기억의 (기호학적) 메커니즘을 해명하는 과제는 그런 의미에서 인간과 문화, 그리고 인공지능의 문제 모두와 관련된다.

트들을 단지 결합할 뿐인 기록의 수단이 득세하게 된 것이다. 문화가 어떤 방식을 통해서 과거의 정보들을 자신 안에 농축시키는지를 분석해보면, 기술적 효용성의 관점에서 완전히 예외적이라 할 수 있는 기억의 구조들에 직면하게 된다.[18] 문화적 기억의 메커니즘은 특별한 재구성의 힘을 지닌다. 이는 다음과 같은 역설적인 상황으로 표현 가능한데, 즉 문화적 기억에 투입된 것보다 더 많은 것이 그로부터 도출될 수 있는 것이다. 회고적으로 기억을 증폭시킬 수 있는 이러한 능력은, 지금껏 인공지능의 조직체에 적용되어 왔던 것과는 원칙적으로 다른, 문화의 조직체에 관해 말해주고 있다.

3.2. 문화의 기억이 인간 두뇌의 구조나 문화의 모델과 마찬가지로 이중 언어적이라고 가정할 수 있는 근거는 충분하다(보다 정확하게 말하면, 그것은 근원적인 이중 언어성에 기반하고 있는 다중 언어적인 구조이다). 문화의 기억을 구성하는 두 가지 유형의 기억은 모두 텍스트가 아니라 코드의 고착을 지향한다. 그들의 차이는 코드의 본질에서 기인한다. 하나가 논리적인 유형의 조

---

18 〔옮긴이 주〕 문화적 기억에 관한 논의는 기억 매체의 문제를 다루지 않을 수 없다. 문자 매체에 대한 로트만의 생각은 문자 '이전'의 단계, 즉 구술문화의 잃어버린 잠재력에 관심을 집중했던 대부분의 연구자들과 크게 다르지 않다. 우리가 문자성literacy을 얻은 대신에 구술성orality을 잃어버렸다는 생각, 되찾아야 할 것은 문자 '이전'과의 근원적인 유대 관계이며, 어쩌면 (디지털로 대변되는) 문자 '이후'가 그러한 회복의 가능성이 될지도 모른다는 생각은, 월터 옹W. J. Ong에서 맥루한M. H. McLuhan에 이르는 대부분의 매체 이론가들이 공유했던 생각이었다. 로트만은 집단적 기억이라는 문화의 본질적 역할에 있어 '글로 쓰여진 것'의 기능적 한계에 주목하는데, 여기서 글로 쓰여진 것, 기록되어 남겨진 것만이 전달되고 기억된다는 언어적 의식의 통상적 관념은 역전된다. 세계의 법칙성과 질서, 행위의 규범은 쓰여지고 읽혀짐으로써 배워지는 것이 아니라, 춤, 노래, 그림, 각종 상징으로 이루어진 '행위'의 총체, 즉 '제의'의 형식으로 익혀진다. 특정한 상황에 대한 관념, 감정, 행위의 규범은 이른바 비언어적 형식의 수단을 통해 집단의 구성원들의 의식 속에 각인되고, 기억되며, 전승되는 것이다. 로트만 Ю. М. Лотман 『사유하는 세계들 속에서Внутри мыслящих миров』, 2000, СПб-искусство, 3장, 「대안적 변체: 비문자적 문화 혹은 문화 이전의 문화?」를 참고.

직체를 산출하는 것에 가깝다면, 다른 하나는 총체적인 모델, 즉 홀로그래피적 이미지에 가깝다. 또한 문화의 기억을 조직화하는 데, 메타모델(문화의 과거 경험에 대한 자기 기술)은 특히 적극적인 역할을 수행한다.

3.3. 문화적 기억의 구조와 유기적으로 관련된 또 다른 사항은, 유용하고 목적의식적인 기억 메커니즘 중 하나인 망각이다. 이에 관한 연구 또한 지능에 관한 일반 이론에 특별한 통찰을 제공할 수 있다.

3.4. 지적 조직체로서의 문화를 살펴봄으로써 우리가 확신할 수 있는 것은 문화가 부동의 저장 장치가 아니라는 점, 즉 그것은 새로운 (비록 과거를 향한 것이긴 해도) 모델링을 위한 항시적이고 적극적인 메커니즘이라는 사실이다.

1977

문화 현상

'지능'과 '지능적 행동'에 대한 만족스러운 보편적 정의는 존재하지 않는다. '지능적인 것(이성적인 것)'은 '인간적인 것'과 완벽하게 일치하지 않으며, 또한 '논리적인 것'과 동일시될 수도 없다. 튜링의 정의는 전자의 예이다. 그에 따르면, 지능적 반응이란 우리가 오랜 접촉의 과정을 통해서 더 이상 인간적인 것과 구별할 수 없게 되는 어떤 것으로 정의될 수 있다.[1] 한편, 후자에는 인공지능의 모델을 구축하려는 수많은 시도들이 해당될 것이다. 이들이 기초하고 있는 것은 일련의 단순하고 근원적인 논리적 행위(가령, 과제의 해결이나 가설의 증명과 같은 행위)를 복잡화함으로써 인공지능의 모델을 구축할 수 있다는 것이다. 명백하고 최종적인 정의를 내리는 대신, 유용한 실천적 형식을 구축해보는 것에 과제를 한정하고자 한다면, 사유하는 대상이라는 것은 다음과 같이 정의할 수 있을 것이다.

1) 정보를 저장하고 전달할 수 있으며(커뮤니케이션 및 기억의 메커니즘을 지닌다), 언어를 갖고 있고, 올바른 전언을 구성할 수 있다.

---

1 〔옮긴이 주〕 튜링 테스트에 관해서는 「집단적 지성으로서의 문화와 인공지능의 문제」의 주 3 참고.

2) 이들 전언을 규칙에 맞게 변형시키기 위해 알고리듬적인 조작을 수행한다.
3) 새로운 전언을 구성한다.

　두번째 항목에서 언급되고 있듯이, (알고리듬적인) 조작의 결과로 만들어진 전언은 새로운 전언이 아니다. 그것은 단지 원래의 텍스트가 일련의 규칙에 따라 변형된 것일 뿐이다. 어떤 의미에서는, 원-텍스트를 법칙에 맞게 변형시킨 결과로 얻어지는 모든 전언은 사실상 동일한 텍스트로 간주될 수 있다.
　그러므로 새로운 텍스트란 '법칙에 맞지 않는 것,' 이미 존재하는 규칙의 관점에서 볼 때 '올바르지 못한 것'이 된다. 하지만 문화의 보편적 관점에서 보게 되면, 그것은 유용하고 필수적인 것임이 드러난다. 바로 그것에 기초해서, 발화를 구성하기 위한 미래의 법칙들이 형성되기 때문이다. 주어진 일련의 규칙에 따라 텍스트가 형성될 뿐만 아니라, 규칙 자체도 모종의 보편적인 텍스트에 기초해 형성될 수 있다는 가정이 성립한다(우연적으로 구성된 텍스트, 타문화로부터 도입된 텍스트, 그리고 시 텍스트가 바로 그런 역할을 담당한다). 이런 경우 다루어야 할 것은, '올바르지 못한' 텍스트이거나 의미를 지닌 것으로 추정되기는 하지만 이해되지는 않는 텍스트이다.
　처음 두 항목(1, 2)을 특징짓는 사유의 처리 방식과 세번째 항목(3)에서 이야기되는 처리 방식 사이에는 모순이 존재한다. 커뮤니케이션 관계란 일정한 체계 내에서 특정한 정보를 전달하는 형식으로 실현된다. 그리고 그와 같은 전달의 목적은 전언을 발신자로부터 수신자에게로 이동시키는 것이다. 당연히 여기서 가장 이상적인 경우는 전달 과정 중 의미의 손실이나 변동이 전혀 발생하지 않고, 발송된 텍스트와 수신된 텍스트가 완전히 일치할 때이다. 전달의 과정 중에 텍스트에 발생하는 모든 변화는 왜곡, 말하자면 기술적 결함이나 채널상의 잡음의 결과로 간주된다. 코드화encoding와 코드 해독decoding의 과정은 서로 대칭적이며, 모든 변화는 표현의 영역에서만 일어난다.

두번째 항목에서 말하는 정보 변환의 조작은 일정한 알고리듬 규칙에 의거해 이루어진다. 이는 조작의 방향을 뒤집었을 때, 본래의 텍스트를 얻게 됨을 의미한다. 즉 텍스트의 변형은 가역적(可逆的)이다(되돌릴 수 있다).

새로운 전언을 얻기 위해서는 원칙적으로 상이한 유형[의 모델]이 요구된다. 새로운 전언이란, 단의적(單意的)인 변형의 결과로 발생할 수 없는 것, 다시 말해 사전에 주어진 변형의 규칙을 원본 텍스트에 부여함으로써 자동적으로 추출될 수는 없는 종류의 전언이다. 가령, 다음과 같은 유형의 체계가 있다고 하자.

외적 대상(현실의 텍스트) → 자동 사진 장치 → 텍스트(사진)

위와 같은 체계는 아무리 양적으로 복잡해진다고 하더라도, 본질상, (우리가 말하는) 새로운 전언을 만들어낼 수 없다. 심지어 '자극-반응'의 체계가 부여된다 하더라도 그것은 사고 작용을 모델링할 능력을 갖고 있지 않다.

오직 창조적인 의식만이 새로운 사유를 생산해낼 수 있다. 그런데 창조적인 의식을 재구성해내기 위해서는 완전히 다른 종류의 모델이 필요하다.

서로 완전히 다른 방식으로 구축되었기 때문에 전혀 상호 번역이 불가능한 것으로 드러나는 언어 1과 언어 2를 가정해보자. 예컨대 그중 하나가 분절적인 기호 단위체로 이루어졌으며 고정적인 의미를 지닌, 그리고 텍스트의 통사론적인 조직화에 있어 선형적인 순차성을 갖는 언어라고 하자. 한편, 다른 하나의 언어는 비분절성과 함께 요소들의 공간적인(즉 연속적인) 조직화를 특징으로 한다. 이렇게 되면, 이들 언어들의 내용 역시 원칙적으로 상이한 방식으로 구축될 것이다. 만일 언어 1로 된 텍스트를 언어 2를 통해 전달해야 할 경우, 정확한 번역이란 불가능하다. 최선의 결과는 모종의 문화적 맥락과 관련해서 첫번째 텍스트에 (조건적으로) 상응하는 것으로 간주될 수 있는 어떤 다른 텍스트일 뿐이다.

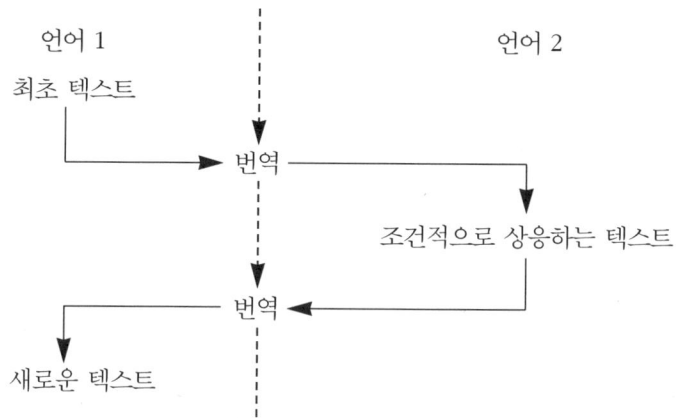

문자로 된 자연언어를 19세기 회화의 도상 언어로 번역하는 경우를 생각해보자. 그 후 원래의 언어 1로 재번역했을 때 본래의 텍스트를 얻을 수 없는 것은 당연하다. 그 텍스트는 원래의 전언에 비춰볼 때 새로운 전언이 될 것이다.

조건적으로 상응하는 번역의 구조는 창조적인 지적 과정의 축약된 모델 중 하나가 될 수 있다.

상술한 사항으로부터 알 수 있는 것은, 그 어떤 사유하는 조직체도 단일 구조적이고 단일 언어적일 수 없다는 점이다. 그것은 반드시 상호 번역이 불가능한 다언어적인 기호학적 조직체들을 포함해야만 한다. 모든 지적 구조의 필수적인 조건은 내적인 기호학적 이종성(異種性)이다.

단일 언어적인 구조는 이미 형성된 모종의 전언들이 순환하는 과정에 연관된 커뮤니케이션 체계를 설명해줄 수는 있지만, 새로운 전언의 형성 과정을 설명하지는 못한다. 새로운 전언, 혹은 낡은 전언에 대한 새로운 독해의 본질을 구성하는 것은 적절하면서도 합법적인 비합법성이다. 그리고 이런 비합법성을 발생시키기 위한 최소한의 필수적인 구조가 바로 이중 언어 구조이다. 또 다른 견지에서 이것은 인류 문화, 나아가 모든 지능적 조직체의 이종성과 복수 언어주의라는 수수께끼 같은 현상을 설명해준다. 인류 문화의 구조적 이원론에 있어 가장 보편적인 자질은 말로 된— 분절적 언어와 도상적 언어의 상호 공존 현상이다. 도상적 언어의 체계에서 다양한 기호는 사슬을 형성하는 것이 아니라 동질동상의 관계 속에서 서로 닮아 있는 상징으로 나타난다(예컨대 인간의 몸과 사회, 나아가 우주의 구조 사이의 동질동상을 가정하는 신화적 관념과 비교하라).[2] 비록 인류 문화의 여러 상이한 단계에

---

2 〔옮긴이 주〕「신화-이름-문화」에서 이미 살펴본 대로, 신화에서 '부분'은 비신화적 텍스트의 '속성feature'에 해당하지만 메커니즘상 속성과 분명하게 구분되는 것이다. 신화에서 부분은 전체를 특징짓는 것이 아니라, 전체와 동일시되기 때문이다. 전체의 단편으로서 부분이 그 자체로 전체와 동일시되는 이런 메커니즘(부분 · 전체)을 설명하기 위해서 로트만이 자주 드는 비유는 소위 '깨어진 거울'에 관한 중세적 메타포이다. 얼굴 전체를 비추는 거울은 깨어져 수많은 파편들로 쪼개졌을 경우에도 조각난 각각의 파편이 동일한 영상(얼굴 전체)을 반영한다. 즉, 표현면은 부서졌어도 내용면은 부서지지 않은 전체로 남아 있으며, 때문에 내용의 관점에서 보면 부분은 전체와 동등한 의미를 갖는 것이다. 내용과 형식의 통일에 있어, 부분은 전체의 구성소가 아니라 전체를 '대표(/대신)'한다. 말하자면 여기서 부분은 '대우주'(전체)를 자신 속에 반영하면서 그것과 동일시되는 '소우주'로 간주될 수 있다.

서 이런 보편적인 언어 체계 중 어느 하나가 우세함을 주장하고 실제로 지배적인 위치를 차지할 수 있지만,[3] 그러나 문화의 이항적인 조직화 자체는 파괴되지 않으며, 단지 보다 복잡하고 이차적인 형식을 취할 뿐이다. 나아가 사유하는 메커니즘의 모든 차원—인간 대뇌의 양반구적 구조에서 문화의 모든 조직화의 차원에 이르기까지—에서 기호학적 조직화를 위한 최소한의 구조로서 양극성을 발견할 수 있다.

한 가지 예를 통해 이를 살펴보기로 하자. 신화적인 의식을 특징짓는 것은 시간에 대한 폐쇄적이고 순환적인 관계이다. 한 해의 순환은 하루의 그것과 유사하고, 인간의 삶은 식물의 그것과 유사하다. 탄생-죽음-부활의 법칙은 모든 것을 지배한다. 이런 세계의 보편 법칙은 모든 것에 대한 모든 것의 유비로서, 조직화를 위한 중심적인 구조적 관계는 동질동상의 관계이다(가을＝저녁＝노년 / 임신＝땅에 씨 뿌림＝어둡고 폐쇄적인 장소로 들어가는 모든 행위들＝죽은 자의 매장＝식사). 이렇게 해서 '죽은 자＝씨앗＝곡물'의 등식이 가능하다("＝" 기호는 '유사하다'로 읽는다). 싹을 틔우려면 씨를 뿌려야 하듯이, 재생을 위해서는 죽음이 필수적이다. 육체를 분해하는 것, 즉 그것을 여러 부분으로 뜯어서 땅 위 여기저기에 던져놓는 것—혹은, 그것을 뜯어 먹는 것—이 파종과 마찬가지의 행위로, 부활과 재생을 가능케 한다는 관념은 유추적 사유만이 설명해줄 수 있다. 이런 유형의 사고의 근저에 깔린 강력한 유비화의 경향은, 실제 세계의 다양한 현상들

---

[3] 예컨대 17~19세기 유럽 문화에서는 명백하게 언어적-분절적 체계가 지배적이어서, 자연언어와 논리적 메타언어가 문화 자체의 모델이 되었다. 그러나 특정 체계가 지배적인 것으로 나타나는 이런 시대에서 더욱 분명히 판명되는 것은 그 지배적 체계가 유일한 것이 될 수 없다는 사실이다.

을 단 하나의 현상의 [상이한] 기호들로 보도록 만든다. 즉, 그것은 같은 범주에 속하는 대상들의 모든 다양성을 **단일한 (대문자) 대상**으로 간주하게끔 한다.[4] 인간적 대립의 모든 다양성은 남성과 여성이라는 주된 대립 쌍의 역사로 수렴된다. 여성은 자신의 유일무이함에 힘입어 어머니도, 유일한 남성의 아내도 된다. 남성은 순환적으로 수태 행위 속에서 죽고, 출산 행위를 통해 다시 태어나 그 자신의 아들이 된다.

우리에게 알려진 모든 신화 텍스트는 변형의 결과라는 점을 염두에 두어야 한다. 즉, 그것들은 신화적인 의식을 문자적이고 선형적인 언어와 선형적이고 시간적인 역사 의식의 축으로 번역한 결과로서 우리에게 전해진 것이다(살아 있는 신화는 도상적-공간적이다. 그것의 기호적 실현은 행위들 속에서, 그리고 그림의 범시간적인 존재태 속에서 구현된다. 예컨대, 동굴 벽화에는 정해진 선형적 질서가 없다). 이로부터 세대와 단계에 관한 관념이 도출되는바, 즉 우리에게 익숙한 기록이나 이야기를 조직화하는 이 모든 '시작'과 '끝'이란 신화 자체에 속하는 것이 아니라 그것을 비신화적 언어로 번역한 것에 해당한다. 선형적 사유의 언어로 번역되는 과정에서 순차적인 연속성으로 변형되어버린 것은, 본래 신화적 세계에서는 서로 동질동상의 관계를 맺고 있는 동심원 속에 산재하고 있던 존재들이다. 한편, 이는 한 동심원 안에서의 단일한 인물이 또 다른 동심원에서는 서로 다투는 대립적 인물들

---

4 [옮긴이 주] 논문 「신화-이름-문화」에서 이미 다루어진 내용이다. '세계는 말[馬]이다'와 같은 신화적 유형의 텍스트에서는 추상적인 기술(記述) 언어를 향한 지향 대신에 '대상 자체를 향한 지향'이 나타난다. 즉, 위계질서상 더 높은 자리에 위치하는 원-대상, 한마디로 대상의 원형상(原形相)을 향한 지향이 나타나는 것이다. 이 경우 신화적 의식의 관점에서 다양한 대상, 그러니까 비신화적 사유의 관점에서 보기에는 완전히 이질적인 대상들을 하나로 보는 것이 가능하다.

로 분화될 수 있는 가능성을 배제하지 않는다.⁵ 그러나 신화적 세계는 인간 사회의 그 어떤 존립 단계에서도 인간 의식의 유일한 조직자가 될 수는 없다(이는 어떤 단계에서도 사람들이 오직 시만을 사용할 수는 없었던 것, 혹은 시의 사용에 관해 완전히 무지할 수는 없었던 것과 마찬가지다). 심오한 순환적 법칙의 세계 속에서는 대응물을 갖지 못하는 다양한 사건의 세계, (신화의 관점에서 볼 때는) 우연적이라고 해야 할 인간적 활동의 다양한 사건이 존재하는 것이다. 이와 같은 과다한 여분의 세계는 언어적 형식을 띠는 이야기의 형태, 즉 선형적이고 시간적인 연속성을 통해 조직화된 텍스트의 형태로 축적된다. 무엇이 일어나야만 하는지를 이야기해주는 신화와 달리, 그것은 실제로 무엇이 일어났는지를 이야기했다. 그것은 신화의 범시간성에 실제로 흘러가는 시간을 대립시켰다. 신화는 깊은 순환적 세계 속에서 대응물을 갖지 못하는 실제 사건의 특징들을 마치 존재하지 않는 것처럼 간주했다. 반면, 연대기적이고 역사적인 세계는 실제로 관찰되는 사건들에 모순되는 심층의 법칙들을 폐기해버렸다. 바로 이런 선형적이고 시간적인 축 위에서 연대기, 세태 이야기, 그리고 역사가 자라났다.⁶

이 두 모델링 언어 사이의 첨예한 대립과 끊임없는 투쟁에도 불구하고, 세계 구조에 대한 인간의 실제적 체험은 이 두 극점

---

5 로트만 Ю. М. Лотман, 「유형학적 조망에 따른 슈제트의 발생 Происхождение сюжета в типологическом освещении」, 『문화 유형학에 관한 논문들 Статьи по типологии культуры』, Тарту, 1973을 보라.
6 〔옮긴이 주〕 로트만에 따르면, "현대의 슈제트 텍스트는 유형학적으로 보편적인 두 개의 근원적인 텍스트 유형 간의 상호 작용과 교접의 결과"인데, 그 하나가 원칙적으로 순환적cyclical 시간성에 종속되는 '신화 발생적 텍스트 구조'라면 다른 하나는 선형적linear 시간성과 관련된 텍스트 구조이다. 슈제트적 서사의 역사적인 근원이 되는 연대기나 세태 이야기, 실록과 같은 역사적 텍스트들이 두번째 유형에서 발전돼나왔다.

사이의 구조적 긴장의 장 안에서 작동하고 있는 텍스트들의 끊임 없는 내적 번역과 혼합의 체계로 구축되어 있다. 첫번째 경우에 서로 달라 보이는 현상들 간의 유비적 동일시의 능력이 발견된다면(닮음, 즉 동질 혹은 이질동상성을 발견하는 이 능력은 시적 사유, 때로는 수학적이고 철학적인 사유에서 본질적이다), 두번째 경우에서는 내러티브 텍스트와 논리적이고 경험적인 부류의 과학을 특징짓는 순차적인 연속성, 인과적 관계, 연대기적이고 논리적인 관계들이 계발된다. 그렇기 때문에, 전적으로 신화적인 것이라 할 유아적 의식의 세계는 성인의 정신 구조 안에서 사라지지 않고, 또 사라져서도 안된다. 그것은 연상의 발생기로서 계속해서 기능하는바, 적극적인 모델링 메커니즘의 하나인 그것을 무시한 채 성인의 행동을 이해한다는 것은 불가능하다.

인간의 지적 활동의 모든 차원에서 나타나는 양극적 조직화의 양상을 관찰해보면 일정한 대립 쌍을 분별해낼 수 있다. 한쪽 극점에서는 분절적이고 선형적인 조직화의 단초가, 다른 쪽 극점에서는 동질동상적이고 연속적인 조직화의 단초가 우세하다. 그리고 이는 다시 개별 인간 사유의 좌반구적 원칙과 우반구적 원칙에 일정하게 대응될 수 있다.

이런 대립의 체계는 계속해서 열거될 수 있을 것이다. 강조할

것은, 기호적인 세계 전유의 모든 가능한 층위에서, 위에 제시된 계열에 기입될 수 있는 대립이 확인된다는 점이다. 즉 이런 대립 없이는 해당 기호학적 메커니즘은 내적인 역동성을 상실하게 되고, 단지 정보를 전달할 뿐 정보를 만들어내지는 못하게 될 것이다.

분절적인 언어와 비분절적-연속적인 언어 상호 간에 정확한 번역이 불가능하다는 것은, 이들이 원칙적으로 상이한 조직체라는 점에 기인한다. 분절적인 언어 체계 속에서 텍스트는 기호에 비해 이차적인바, 즉 텍스트는 명확하게 기호로 분절될 수 있다. 즉, 최초의 기본적인 단위체로서 기호를 분리해내는 일은 전혀 어렵지 않다. 한편 연속적인 언어에서 일차적인 것은 기호로 분할되지 않는 텍스트 자체이다. 여기서 텍스트는 스스로 기호가 되거나 기호와 이질동상이 된다. 여기서는 기호들의 결합 규칙이 아니라 리듬과 대칭(이에 상응하여 비리듬과 비대칭)이 능동적인 요소가 된다. 모종의 기초적인 단위체를 추출할 경우, 그것은 변별적 자질로 분할되지 않는다. 예컨대 모르는 사람의 얼굴을 식별해야 할 경우(가령, 개인적으로 알지 못하는 두 사람의 사진을 분간할 경우), 우리는 개별적인 특징들을 병치시켜볼 수 있을 것이다. 그러나 비분절적인 텍스트(가령, 아는 얼굴)는 (개별 특징들로) 변별될 수 없는 전체적인 앎을 통해 식별된다. 꿈속에서 이미지의 의미를 식별하는 경우도 마찬가지다. 꿈속에서 흔히 있는 온갖 변형에도 불구하고 우리는 이런저런 현상에 어떤 의미를 부여해야 하는지 정확히 알고 있다.[7] 푸시킨의 시 「주술

---

[7] 톨스토이가 꿈을 묘사하는 대목과 비교해보라. '노인네는 머리를 눈 더미에 부딪치고 있다: 그는 노인이 아니라 토끼다. 그는 우리를 피해 달아난다. 모든 개가 그 뒤를 쫓는다. 조언자는—그는 표도르 필리프이치인데—모두들 빙 둘러 앉으라고 말했다.

zaklinanie」과 비교해보자.

> 나타나거라, 사랑에 빠진 그림자
> 이별 앞에서 너는 어떠했던가,
> 창백하고, 차가운, 마치 겨울날처럼
> 마지막 고통에 일그러진.
> 이리로 오라, 먼 곳의 별처럼
> 가벼운 소리 혹은 부는 바람처럼
> 혹은 끔찍한 꿈처럼
> 아무래도 좋다: 이리로, 이리로!

여기서 말해지고 있는 것은 조건적인 기호가 아니다. 조건적 기호라면, '먼 곳의 별,' '가벼운 소리,' '부는 바람,' '끔찍한 꿈' 등은 모두 '너'라는 내용과 단지 관례적인 연관을 맺고 있을 뿐인 표현이 될 것이다. 그러나 여기서 이 모든 외양은 외면과 내용이 직접적으로 관련을 맺고 있는 본체이다. 즉 위상기하학에서 입방체가 전혀 닮지 않았음에도 구(球)인 것과 마찬가지로,

---

[……] 그러나 노인네는 노인이 아니고 물에 빠져 죽은 이다.' (톨스토이 Л. Толстой, 『선집 Собр. соч. в 14 т.』, М., 1951. 2권 252~53쪽). 여기서 기호-형상들은 관례적인 기호가 아닌데, 왜냐하면 그 표현은 무조건적으로 내용과 관련되어 있기 때문이다. 동시에 그것들은 도상적인 기호도 아니다(도상적 기호의 경우, 외적 형상의 변화는 곧 다른 기호로의 급격한 이동을 의미하기 마련이다: '토끼,' '익사자'와 '노인,' 그리고 '조언자'와 '표도르 필리프이치'는, 만약 그들을 도상적 기호로 읽는다면 서로 다른 기호가 된다. 그러나 여기서 '토끼-노인-익사자'는 우리에게 동일한 하나로 인식된다). 관례적 기호와 도상적 기호가 있다는 사실 자체가 분절적 체계 내부에 '분절성' 대 '비분절성'의 이원주의가 반영되어 있음을 뜻하는 것이다. 문화의 근본적인 기호학적 이원성이 이처럼 그것의 한 부분으로 이전되는 상황 아래서, 문자적 유형의 기호들은 이중화되어(즉, 분절성의 분절적인 반영이 되어), 사실상 메타적인 단일체가 되기에 이르고, 다른 한편 도상적인 기호들은 혼종적인 조직체가 되기에 이른다. 즉, 그것은 비분절성의 분절적 반영이 되는 것이다.

이 모든 외양은 곧 '너'가 된다. 분절적 언어에서 기호가 다른 기호와 결합된다면, 연속적 언어들에서 기호는 그것의 또 다른 발현으로 변형되거나, 그것에 대응되는 다른 차원의 의미론적 지점과 유사해진다.

언어들의 구조가 그토록 현저한 차별성을 보여주는 상황에서, 번역의 정확성은 당연히 의미론적 상응의 문제로 대체될 수밖에 없다.

그러나 각각의 언어의 특수성을 강화함으로써 그들 상호 간의 번역을 극도로 어렵게 만드는 이런 경향은 지능적 총체를 구성하는 복잡한 과정의 한쪽 측면일 뿐이다. 사유하는 구조는 반드시 인격을 형성해야만 한다. 즉, 그것은 서로 대립하는 기호학적 구조들을 단일한 전체로 통합해야만 하는 것이다. 모종의 단일한 구조적 총체 속에서 대립적인 경향이 제거되어야 한다. 이런 단일성은 언어 1과 언어 2 사이의 표면적인 번역 불가능성에도 불구하고 그와 같은 번역이 항시적으로 수행되고 또 긍정적인 결과를 도출하게끔 하기 위해서 반드시 필요하다. 주어진 언어들 사이의 교환이 불가능해져버릴 때, 해당 차원의 문화적 인격은 와해되어버리는바, 즉 그것은 기호학적으로(때로는 물리적으로도) 존재하기를 중단하게 되는 것이다.

두 가지 종류의 통합 메커니즘이 존재한다.

첫번째는 메타언어의 블록이다. 메타언어적인 기술은 '지능적 총체'의 필수 불가결한 요소이다. 그것은 서로 다른 두 언어를 마치 하나인 것처럼 기술하면서, 주관적인 관점에서 전체 체계를 어떤 단일체로 받아들이게끔 한다. 해당 메타기술을 지향하기 시작하면서, 체계는 메타기술의 관점에서 볼 때 존재해서는 안 되는 요소를 버리고 강조해야 할 요소에 집중하며 자기 조직화된다. 메타기술은 창조되는 순간에는 언제나 미래에 기대되는 어떤 것으로 존재하지만, 다음 단계에서는 해당 기호학적 총체의 규범이 되면서 현실로 변모한다.

동시에 메타언어적인 자기 기술은 해당 총체에 특정한 행위의 단일성을 부여함으로써, 외적 관점에서 그것을 모종의 단일체로 받아들이게 하고, 보다 넓은 문화적 맥락에서는 하나의 총체로서 바라보게끔 한다. 한편, 이런 기대 자체가 다시 해당 총체의 자기 인식과 행위에 있어서 단일성을 촉진하게 된다.

두번째로, 매우 폭넓게 진행되는 언어들 간의 크레올화를 지적할 수 있다. 완전히 상이한 문법을 지녔음에도 불구하고, 한 언어의 원칙들이 다른 언어에 심오한 영향을 주는 것이 가능하다. 실제로 기능함에 있어 두 언어의 혼합이 가능하지만, 그것은 항상 발화 주체의 의식에서 벗어난다. 발화 주체 자신이 스스로의 언어를 메타언어의 프리즘을 통해 받아들이기 때문이다. 그런데 이 메타언어란 것은 흔히 언어-구성물 중 어느 하나에 기초해 발생하는 것으로서, 여타의 (다른) 언어들을 무시하게 된다. 예컨대, 현대 러시아어는 분명 구어와 문어의 혼합으로서 기능하는데, 여기서 이런 혼합성, 즉 그것이 본질적으로 상이한 언어들의 혼합이라는 사실은 좀처럼 감지되지 않는다. 언어적인 메타의식이 〔구어를 제외한 채〕 문어적 형식을 언어 그 자체와 동일한 것으로 간주하기 때문이다.

이와 관련해 영화의 예는 특별히 흥미롭다. 애초부터 영화는 이중 언어적인 현상으로서 실현되었다(무성영화 = 활동사진 + 문어 텍스트이며, 유성영화 = 활동사진 + 구어 발화이다. 또한 선택적이긴 하지만, 널리 퍼진 세번째 언어로 음악이 있다). 그러나 그것은 지각하는 자의 의식 속에서는 단일 언어적인 것으로 기능한다. 이런 점에서 특징적인 것은, 시네마토그래프와 연극 연출이 언어 텍스트와 제스처, 포즈 그리고 행위 언어의 혼합이라는 점에서는 동일한 유형이지만, 관객에게 연극은 무엇보다 먼저 말로 받아들여지는 반면, 영화는 전적으로 행위로서 인식된다는 점이다. 연극의 '대본,' 즉 희곡이 기본적으로 말을 기록하고 행위와 제스처는 연기의 재량에 맡기고 있는 반면(말하자면 언어 텍스트가 불변체이고 제스처-행위 텍스트는 변이체이다), 영화의 대본인 시나리오는 무엇보다도 행위, 사건, 제스처를 기록한다. 여기서 대부분의 경우 말은 '대사 전문가,' 즉 '대사 작가'에게 맡겨지거나 아예 이 영역에서 광범위한 변형이 감독에게 전적으로 허용되곤 한다. 따라서, 학문적 메타기술이 연극에서는 항상 말(대사)을 연구하는 반면, 영화에서는 언어의 가시화된 요소들을 연구한다. 연극은 메타언어의 기초로서 문학에 이끌리는 반면, 영화는 사진에 이끌린다.

그러나 우리의 관심을 끄는 것은 이 점이 아니라 영화를 구성하는 언어-구성인자 간의 폭넓은 크레올화 현상이다. 무성 몽타주 영화 시기에 문자언어의 영향력은 영화적 질료를 '말,' 즉 '구문'으로 명확하게 분절하려는 경향, 다시 말해 도상 기호의 영역 속으로 표현과 내용 사이의 조건적(관례적) 관계라는 언어적 원칙을 도입하려는 경향을 통해서 드러났다. 바로 이것이 몽타주 시학을 만들어냈던바, 말하자면 그것은 미래주의로 시대의 언어 예술의 원칙들을 묘사의 영역에 옮겨놓은 것이라 할 수 있다. 활동사진의 언어는 구조적으로 낯설 수밖에 없는 시 언어의 요소를 받아들임으로써 영화예술의 언어가 되었다.

한편, 유성 영화의 시기에 영화언어는 언어적 발화 원칙에서 적극적으로 '해방'되었다. 그러나 동시에, 그와는 반대 방향의 움직임 또한 광범위하게 발생했다. [당대] 영화필름의 기술적 조건은 짧은 텍스트를 요구했다. 이런 상황에서 영화미학은 미메시스적 제스처 시학을 거부하는 격변을 겪었고, 이는 연극적 발화나 문자/문학적 발화가 아닌 구어적 발화를 향한 지향으로 이끌었다. 영화필름의 속성은, 영화의 지층에서 특정한 층위를 추려냄으로써 영화언어의 구조에 영향을 미쳤다. 이제 보다 '영화적인 것'은 속어, 말하자면 과감하게 생략된 구어체 언어가 되었다. 동시에 이러한 발화 층위를 영화예술로 도입하는 것은 문화 전반에 걸쳐 그 위상을 상승시켰고, 이는 문화적으로 문자성에 상응하는 필수적인 기록성의 자질을 영화에 부여했다(이점에서 영화는 원칙적으로 문학과 구분된다. 모든 문학 작품은 구어를 재현하지만, 그것은 구어의 문자적이고 문체론적인 형상을 제시하는 것이다. 반면에 영화는 구어를 '본래적인' 상태 그대로 포착하고, 재생한다). 이는 이미 영화의 경계를 넘어서는 광범위한 결과를 낳게 된다. 우선, '올바르지 못한' 발화를 향한 의식적인 지향이 발생한다. 이전에 올바르게 말하는 것이 '책에서처럼 말하는 것'이나 '연극에서처럼 말하는 것'('예술에서처럼'), 그러니까 '문어적으로' 말하는 기술을 의미했다면, 오늘날 '영화에서처럼 말하는 것'('예술에서처럼')은 많은 경우 '진짜 말하는 것처럼 말하는 것,' 다시 말해 강조된 눌변으로, 비문법적으로, 생략해가면서, 속어적인 표현을 사용해 말하는 것이 되었다. 발화의 의도적인 '비문어성'은 '현대적인' 스타일의 일부분이 되었다. 이때 구어적인 발화는 일종의 문화적 규범으로서 더욱 강화되는 경향을 보인다. 그 외에도 다양한 형태의 언어적 간섭 현상을 보여주는 예는 많이 있다. 실제로 기능하는 대부분의 언어(즉 모델이나 메타기술이 아닌 실제 기능하는 언어)는 사실 언어들의 혼합이며, 따라서 그것은 두 개, 혹은 그 이상의 기호학적 (언어) 구성 인자로 분할될 수 있다.

　이처럼, 문화 지층 속에서는 두 가지 대립적인 과정을 확인할 수 있다. 일단 작동하기 시작한 이원성의 메커니즘은 적극적인 문화적 활동을 수행하는 모든 개별 언어를 계속해서 두 개로 분할하게 되며, 그 결과 문화를 구성하는 언어의 전체 숫자가 눈덩이처럼 불어나게 된다. 그런 식으로 발생한 모든 언어는 내적으로 닫힌 자족적인 총체가 된다. 동시에 반대 방향의 작용도 발생한다. 언어 쌍은 총체적인 기호학적 구성물로 통합된다. 결국, 그렇게 작동하는 언어는 자족적인 언어인 동시에 보다 일반적인 문화 맥락(전체)에 포함되는 부분, 즉 하부 언어가 되기도 한다. 한편, 이처럼 보다 높은 질서인 전체의 부분으로서의 하부 언어는 문화의 토대에 자리한 근본적인 비대칭의 관점에서 볼 때, 보충적인 특수성을 획득한다. 다음과 같은 대립의 예를 보면,

예술적 산문 ◄─────────► 시
비예술적 산문 ◄─────────► 예술적 산문

　첫번째 쌍의 '예술적 산문'이 두번째 쌍의 그것과 동일하지 않다는 것은 명백하다. 왜냐하면 첫번째 경우에서 강조되는 것은 분할성, 분절성, 선형성 등과 같은, 모든 언어적 발화에 고유한 자질로서, 여기서 예술적 산문은 텍스트의 통합을 지향하는 시에 대립되는 것이다. 한편 두번째 경우, 예술적 산문은 시와 더불어 예술적 발화의 부분을 이루며, 그것이 비예술적 산문과 구분된다는 사실 때문에, 시와 함께 '해당 언어로 된 산문적 발화'의 구조 속으로 통합될 수 있다. 오직 서로 동일하지 않은 것만

이 통합될 수 있다. 문화사에서 항시 확인되는바, 기호학적 독자성을 강화하려는 경향은 결국 개별 언어를 단일한 문화로 통합시키기 위한 자극제가 된다.

앞에서 지적했듯이, 언어들의 모든 통합된 기호학적 쌍은 커뮤니케이션에 임하여 정보를 보존할 뿐만 아니라, 더욱 본질적으로는 새로운 정보를 창출할 수도 있는 능력을 갖고 있다. 나아가 그것은 사유하는 조직체로서, 특정한 관계 속에서 '문화적인 개별성'으로 나타날 수도 있다.[8] 점점 더 차원을 높여가는 과정에서 상호 통합되면서, 이들 '문화적인 개인성'은 정점에 이르러 문화 그 자체의 개인성을 형성하게 된다.

* * *

문화의 본성은 개별 인간 사이의 신체적-심리적 차이라는 사실 외부에서는 이해될 수 없다. '인간'이라는 개념을 모종의 추상적인 개념적 단일체로서 도입하는 수많은 이론은, 인간의 개념이 사회문화적인 모델을 구축하기 위해 필요한 모든 본질적인 것을 포함하는 불변체적 모델이라는 생각에서 출발한다. 한 사람을 다른 사람으로부터 구분해주는 어떤 것은, 그 차이의 본성과 더불어 항상 무시되곤 한다. 그와 같은 생각의 근저에는 인간들 사이의 차이란 변체적인 것, 체계 외적인 것, 인식론적 모델의 관점에서 봤을 때 비본질적인 것의 영역에 속한다는 사고가 깔려 있다. 예컨대 커뮤니케이션의 가장 기초적인 도식을 살펴볼 때, 발신자와 수신자가 완전히 동일한 코드적 본성을 지닌다

---

[8] 이 책에 실린 논문 「집단적 지성으로서의 문화와 인공지능의 문제」를 보라.

는 가정은 지극히 자연스러운 것으로 받아들여진다. 그와 같은 도식이 실제 커뮤니케이션 행위의 본질을 훨씬 더 정확하게 모델링한다고 전제하는 것이다. 물론, 모든 문화사가는 한 사람이 다른 사람의 복사본이 될 수 없다는 사실, 각자 심리적·신체적 특성, 개인적 경험, 외양, 성격 등에서 모두 다르다는 사실을 잘 알고 있을 것이다. 그러나 여기서 또 하나의 전제는, 이는 '생산 가능성'이 지닌 한계 때문에 반복 행동을 산출할 수 없는 자연의 '기술적 결함'일 뿐이며, 따라서 개인의 가변적 영역에 할당되는 모든 것은 사회-문화적 현상으로서의 인간의 본질 자체와는 아무런 관련이 없다는 사고이다. 이런 견해는 고대까지 거슬러 올라가는 것이지만 18세기의 사회학자들에 의해 특별히 강력하게 형성된 바 있고, 지금껏 수차례에 걸쳐 비판에 처해졌지만 암묵적 전제처럼 오늘날에도 여전히 작용하고 있다.

우리는 이와는 상반된 가설에서 출발했다. 그에 따르면 개인적인 차이(그리고 그 위에 덧씌워진 문화-심리적 층위라는 집단적인 차이)는 문화-기호학적 대상으로서, 인간 존재를 특징짓는 근본 자체에 속하는 것이다. 인간적 개성의 [다양한] 변이형, 문화사 전체를 통해 고무되고 발전해온 바로 그 변이형이야말로 인간의 수많은 커뮤니케이션적·문화적 행위의 근본에 놓여 있는 것이다.

모든 외적 자극에 대해 두 가지 방식으로 반응할 수 있는 모종의 유기체(기제)를 상상해보자. 예컨대 빛의 강도에 따라 어떤 일이 낮에 발생했는지 밤에 발생했는지를 기록할 수 있는 능력을 지닌 기구가 있다고 하자. 두 가지 상황을 구분함으로써 그것은 두 가지 행동을 취할 수 있다. '밤'의 신호에 따라 불을 켜고, '낮'의 신호에 따라 불을 끄는 것이다. 한편 이 기구를 다른 기구와 연결하여 '밤'과 '낮'의 신호를 전달함으로써, 수신자[다른 기구] 측에서도 램프가 켜지거나 꺼질 수 있게 만든다고 해보자.

이렇게 만들어진 기제는 다음과 같은 특성을 지니게 될 것이다.

1. 완벽한 지식: 주변 상황에 대한 완벽한 지식이 아니므로 그 지식은 비효율적이고 빈곤한 것이기는 하지만, 주어진 알파벳의 경계 내에서는 절대적인 것이다. 위의 기구는 구조적으로 미리 예비된 하나의 질문에 언제나 답할 수 있는 능력을 갖고 있다. '모른다'와 같은 대답은 이 기구에게는 불가능하다. 어떤 상황에서도 그것은 '빛'과 '빛의 부재'라는 매개 변수를 분별할 수 있고, 그 밖의 모든 것은 비본질적인 것으로서 제외한다.

2. 의심과 주저함의 부재: 외적 환경의 상태에 관한 분석과 (그에 대한) 반응 사이의 관련성이 자동적이기 때문에, 해당 기구는 행위의 선택에 있어 결코 주저할 수 없다. 행위가, 해당 유기체가 생존하는 데 비효율적이더라도, 어쨌든 그 행위는 확실하게 보장된다. 환경에 대한 일의적인 정의는 일의적인 행위를 수반한다.

3. 신호의 발신자와 수신자 사이의 완벽한 이해: 기구의 발신자와 수신자를 연결하는 단일한 체계('코드화-해독')는 발신된 텍스트와 수신된 텍스트 간의 완벽한 일치를 보장한다. 몰이해는 오직 연결 채널상에서 기술적 결함이 발생했을 때만 가능하다.

그러나 이 기구가 생존 능력을 향상시키는 방향으로 진화해야만 한다고 가정해보자. 이 경우, 먼저 기구가 반응할 수 있는 외적 환경의 매개 변수의 목록을 최대한 늘리는 것이 자연스럽다. 그러나 이 과정에서 해당 반응 기구가 의식으로 바뀌는 질적 도약이 발생하지 않을 것이라는 점은 명백하다.

의식이란, 모종의 알파벳을 통해 외부 세계를 재현하는 기구 내에(이 알파벳의 도움으로 유기체는 외적 환경의 상태를 내적인 코드와 합치시킨다), 미래, 즉 아직은 식별되거나 명명되지 않은 외적 상태를 위한 빈 공간을 비축할 수 있을 경우에만 언급할 수 있다. [그렇게 될 때] 외적 세계를 분절하는 일, 외적 세계의 상태를 해독하고 자신의 코드 언어로 번역하는 일은 마침내 그저 주어진 것이기를 그치게 되고, 이와 같은 질서화의 모든 새로운 체계에서 인식되지 못한 것들, 즉 앞으로 인식되고 정의되고 의미화되어야만 할 것들이 여분으로 남겨진다.

이러한 '텅 빈 공간'의 도입을 통해 이 기구의 반응 메커니즘은 의식의 자질을 얻게 된다. 즉, 외적 상황을 재현할 수 있는 보다 효과적인 모델을 만들어내면서 유연성, 자가발전의 능력, 향상된 효율성을 획득하는 것이다. 그러나 동시에 그것은—그 어떤 물음에도 자동적인 해답을 갖고 있는— 완전한 지식을 상실하게 되며, 도입되는 외적 정보와 행위 사이의 자동적인 관계, 즉 주저 없음이란 자질 또한 상실하게 된다. 후자의 상황은 기계적인 자동화에서 의식적인 행위로 나아가는 또 다른 결정적인 진전과 관련되어 있다. 즉, 이전에는 모든 외적 자극에 대해 하나의, 오직 하나의 자동적인 반응만이 연결될 수 있었다면, 이제 그것은 최소한 두 개의 반응, 즉 일정한 관계 속에서 동일한 가치를 지니는 두 개의 반응과 연결된다. 그리고 그것은 가치 평가와 선택의 메커니즘을 필수 불가결하게 만드는바, 즉 반응을 행위로 바꿔놓음으로써 그것에 자동적인 성격이 아니라 정보 면에서 내용적인 성격을 부여하게 되는 것이다.

행위에 있어 극도로 향상된 효율성과 행위에 있어서의 **자신만의 고유성**, 그리고 반응들 사이에서의 선택의 가능성은 필수적으로 주저함의 국면을 포함하게 된다.

이렇게 해서, 해당 기구가 지능을 지니는 어떤 것으로 인정될 수 있을 정도로 복잡하게 조직화될 때, 그것은 주변 세계의 변화에 유연하고 효과적으로 대응/적응하고, 자신의 지능 안에 훨씬 더 효율적인 모델을 구축하지만, 동시에 끊임없이 증가하는 무지와 불신의 상황에 처하게 된다.[9] 인공지능의 문제를 연구하는 사람이라면 누구나 다음과 같은 사실을 잊어서는 안 된다. 만일 정말로 사유하는 기구(물론 인간적 지능의 단순한 보충물로서, 지적인 자립성을 갖지 못한 경우가 아니라면)가 창조된다면, 그것은 즉시 노이로제의 포로가 될 것이다. 이 노이로제는 정보적 차원에서 느껴지는 자신의 불완전함, 과연 어떤 행위의 전략을 선택해야할지 확신할 수 없는 상황에 기인한다.

사유 현상은 본질적으로 자족적일 수 없다. 여타의 위대한 성취나 발명과 마찬가지로, 현존하는 난관을 제거하는 새로운 고안은 그 자신이 더 크고 새로운 난관의 원인이 되어 또 다른 새로운 고안을 필요로 하게 된다. 사유 현상의 거대한 도약은 주변 세계 속에서의 생존력과 내구성을 현저하게 향상시켰으나, 의식의 존재로 야기되는 난관들을 해결할 수 있는 새로운 발견을 요구하게 되었다.

한편으로, 자연스레 전지전능한 보호자적 존재에 의탁함으로써 무지와 불신의 증가를 보완하려는 지향이 있을 수 있다. 사유 현상의 출현과 종교의 발생이 단계상 일치하는 것은, 〔이 점에

---

[9] 〔옮긴이 주〕 커뮤니케이션 기구가 보다 복잡해지고 그에 따라 더욱 유연해지는 진전의 과정이 오히려 무지와 불신, 이해의 난관을 불러오게 되는 이런 경우는 또다시 전형적인 '역설'의 상황이다. 언제나 그렇듯이 로트만에게 이런 식의 역설은 결점이 아닌 커다란 장점으로 사유된다.

서] 물론 우연이 아니다. 그러나 이 문제는 완전히 별개의 것으로, 현재의 주제에서 벗어난다. 그 외에도 집단적인 지성, 즉 문화에 호소하는 방식을 통해 이 난관을 극복할 수도 있다. 초개인적인 지성으로서의 문화는 개인적 의식의 결점을 메워주는 메커니즘이며, 이런 점에서 그것의 필수 불가결한 보충이 된다.

이런 의미에서 문화의 메커니즘은 다음과 같은 형태로 묘사될 수 있을 것이다. 사유하는 개인성에 허용되는 정보의 불충분함은, 그것이 자신과 유사한 또 다른 개체와 관계하지 않을 수 없게끔 한다. 만일 완전한 정보의 상황에서 기능하는 어떤 존재가 있다면, 그것은 결정을 내리는 데 그와 같은 필요성을 느끼지 않을 것이다. 그러나 인간에게 보다 일반적인 상황은 정보가 불충분한 조건에서 활동하는 경우이다. 우리가 아무리 광범위한 지식 정보를 획득한다 하더라도, 정보의 필요성은 과학의 발전 속도를 추월하며 더욱 증가하게 될 것이다. 따라서 지식의 증가하면서 무지가 줄어들기는커녕 오히려 증가하게 될 것이며, 행위는 보다 효율적이 되면서 쉬워지기는커녕 더욱 어려워질 것이다. 이처럼 정보가 불충분한 조건하에서, 그것을 보충해주는 것은 정보의 입체경적인 성격, 즉 동일한 현실에 대한 완전히 상이한 형상을 얻을 수 있는 가능성, 그것을 완전히 다른 언어로 번역할 수 있는 가능성이다. 커뮤니케이션에 있어 파트너의 가치는 그가 **타자**라는 점에 있다. 커뮤니케이션 행위에 참여하는 사람들의 집단적인 효용은 외적 세계를 각자의 의식 속에 담아낼 때 사용되는 형식, 즉 모델의 비동일성을 발전시킬 수 있다는 점에 있다. 이는 그들의 의식을 구성하는 코드가 서로 합치되지 않음으로써 이루어진다. 서로 간에 이득이 되기 위해서는 커뮤니케이션의 참여자들이 '서로 다른 언어로 말해야만 한다.' 이렇게 해서, 문화의 발전과 함께 체계의 전적으로 단순한 3항, 즉 커뮤니케이션 참여자들 간의 상호 이해의 호응성은 상실된다. 나아가, 하나의 개인성에게 또 다른 개인성을 필수 불가결한 것으로 만드는 문화의 전체 메커니즘은 그들 각각의 고유함을 증대시키는 방향으로 작동하고, 이는 결국 자연스럽게 교제의 어려움을 수반하게 된다.[10]

이렇듯 새롭게 발생하는 난관을 보상하기 위해서는, 한편으로는 메타언어적인 메커니즘이 창조되어야 하며, 다른 한편으로는 두 개로 분화된 개별적인 하부 언어가 서로 섞여야, 즉 공용어가 발생해야만 한다. 개별적인 개인성은 자신의 개별성과 독자성을

---

10 [옮긴이 주] 타자의 필요성과 효용성을 관점의 '차이'에서 찾는(그의 눈은 내 것과 다르다!) 로트만의 이런 생각은 사실 바흐친의 용어들로 충분히 재(再)기술될 수 있는 것들이다. 가령, 바흐친의 초기 저술에서 커다란 의미를 갖는 '외재성 вненаходимость'의 개념은 타자가 나의 외부에 자리한다는 것, 그렇기 때문에 내가 갖고 있지 못한 '시선의 잉여'를 갖는다는 통찰에 기초하고 있다. 바흐친에 따르면, 타인의 입장에 최대한 접근하는 것, 그와 융합해 '그의 관점에서 세계를 바라보는 것'은 결코 생산적이지 않다. 오히려 타자는 나와 다른 것을 보기 위해서 계속해서 나의 바깥에 머물러야만 한다. "만일 타자가 나와 뒤섞여버린다면 나는 과연 무엇을 얻어낼 수 있겠는가? 그는 내가 이미 보고 안 것만을 보고 알 것이며, 나 자신의 삶의 불가피한 폐쇄적 원환을 단지 그의 내부에서 반복하게 될 것이다. 차라리 그를 나의 외부에 그대로 내버려두자."(바흐친, 「미적활동에서의 작가와 주인공」, 『말의 미학』(김희숙·박종소 옮김, 길, 2006)). 하지만 로트만과 바흐친의 이와 같은 관점의 근접 현상은 앞서 지적했듯이 매우 세심한 접근을 요하는 주제다. 이 단계에서 로트만이 '타자의 존재는 다름 아닌 나 자신을 위해 필수적이다'라는 바흐친의 사유를 나름의 방식으로 내면화하고 있는 것은 분명하지만, 그것은 결코 두 사상가 사이에 가로놓인 본질적인 인식론적-방법론적 거리(차이)를 넘어서는 것은 아니다. 철학적-인류학적 경향을 지니는 인문-문화론자 바흐친과 의미작용의 메커니즘을 탐구할 것을 목표로 하는 문화-기호학자 로트만 사이의 '거리'는 결코 무시될 수 있는 성질의 것이 아니다. 이 점은 '로트만 기호학에 미친 바흐친의 영향'이라는 문제 설정에 있어서도 역시 간과될 수 없다. 하지만 또다시 그 '거리(/차이)'는 대화의 무용함을 뜻하는 것이 아니라 반대로 그것의 생산성을 증명하는 것이다. 단지 중요한 것은 우리 앞에 놓인 대상이 일방적인 '흡수'가 아닌 생생하고 복잡한 '대화'라는 사실을 분명하게 의식하는 일이다. 로트만의 지적처럼, 일정한 차이가 전제되지 않는 대화란 무의미하며, 반면 완전하고 절대적인 차이의 상황 속에서 대화란 본질적으로 불가능하다.

보존하면서 이차적 차원의 보다 복잡한 개인성, 즉 문화에 포함되는 것이다.

다양한 언어(기호학적 구조)를 보다 상위의 단일체 안에서 결합시키는 바로 그 관계의 체계가 다양한 개인성을 사유하는 전체로 결합시킨다는 점은 명백하다. 구조적으로 동일한 유형의 이런 두 가지 메커니즘의 통합이 초개인적 지성, 곧 문화를 구성한다.

* * *

초개인적 단일체로서의 문화가 보다 저차원적인 초개인적 단일체(가령, '개미집'의 유형)와 구별되는 것은, 개별적인 개인성들이 전체에 속하는 부분이면서도 각자 전체이기를 그치지 않는다는 점이다. 따라서 부분들 간의 관계는 자동적인 성격을 띠는 것이 아니라 매번 기호학적 긴장과 때로 드라마틱한 성격을 띠는 대립을 전제한다. 앞서 살펴본 구조 형성 원칙은 두 가지 방향으로 작동한다. 그것은 한편으로 문화 발전의 과정에서 인간의 개인적 의식 내부에서 상호 간에 고도로 복잡한 커뮤니케이션적 관계를 맺고 있는 심리적인 '인격들'을 발생시키게 되고, 다른 한편으로 개별 인격들은 기호학적 단일체로 강력히 통합된다.

풍부한 내적 충돌은 집단적 지성으로서의 문화에 특별한 융통성과 역동성을 부여해준다.

1978

두뇌— 텍스트— 문화— 인공지능

> 우리에게 말하지. 미치광이, 공상가라고.
> 하지만, 우울한 구속에서 벗어나서,
> 세월이 지나면 사색가의 노련한 두뇌는
> 인공적으로 사색가를 창조하게 될 걸.
>
> ─ 괴테, 『파우스트』, 2장 (번역. B. 파스테르나크)

1. 인공지능의 모델링이라는 문제는 '지능'이라는 개념 자체가 불명확한 탓에 현저히 복잡해진다. 여기서 안드레이 벨르이 A. Bely[1]가 말한 에피소드가 자연스럽게 떠오른다. 저명한 수학자였던 그의 아버지 부가예프는 어느 날 동물의 지능에 관한 논문 발표회에서 사회를 보게 되었다. 그는 발표자에게 지능이 무엇인지 아느냐는 질문을 던졌고, 발표자가 모르고 있음이 판명되자, 첫번째 줄에 앉아있던 청중에게 묻기 시작했다.

─ 당신은요?

─ 당신은요?

아무도 몰랐다. 그는 말했다. "지능이란 것이 무엇인지 아무도 모르고 있으므로, 동물의 지능에 관해서 말한다는 것은 불가능합니다. 폐회를 선언합니다."[2]

---

1 [옮긴이 주] 안드레이 벨르이(본명: B. N. Bugaev)는 20세기 초반 러시아 상징주의를 대표하는 시인·소설가이며, 문학이론가이자 상징주의 철학자이다. 대표작으로 『페테르부르크』(1916)가 있다.

2 벨르이 A. Белый, 『두 세기의 경계에서 На рубеже двух столетий』, М.; Л., 1931. 71~72쪽.

이 질문에 관해 오늘날까지도 팽배해 있는 불명확함은 다음과 같은 사실과 깊이 관련되어 있다. 즉, 현실적으로 주어진 유일한 지능적 대상이 인간의 개별적인 의식 메커니즘뿐이라는 점이다. 그것이 특정한 종류의 계열에 속하는 것이 아니라 유일하고 독특한 것으로 남아 있기 때문에, 그에 대한 연구는 지극히 어려워진다. 대상 내부의 그 무엇이 의식 자체에 귀속되는 것이고, 무엇이 우연적이고 부분적인 형식으로서 제외되어야 하는지 사실상 해명되지 않은 채이다. '지능'이라는 근본적인 개념을 둘러싼 불명료함은 일련의 결과를 수반한다. 예컨대, 사유 과정의 기초적인 개별 단계들을 모델링하거나 논리적 의식의 개별 측면들을 형식화할 때, 과연 인공적인 자율 지능을 수립하는 데 얼마만큼 가까워졌는지는 여전히 모호하다. 개개의 벽돌을 쌓아나가다 보면 (물론 이는 그 자체로 의심할 바 없는 학문적 가치를 지닌다), 결국 '사유하는 조직체'를 얻을 수 있는 것일까? 아니면 우리가 얻게 되는 것은 단지 좀더 완벽해진 인간 지능의 보조물일 뿐인가?

2. 인류 문화 속에서 실제로 나타나는 커뮤니케이션과 텍스트의 형태들을 고찰할 때, 두 가지 상황 그룹을 구분할 수 있다.

a) 커뮤니케이션 행위의 목적이 정해진 정보를 전달하는 것인 상황이다. 이 경우 체계의 모든 가치는, 텍스트가 발신자에서 수신자에게로 얼마나 잘 (즉, 손실이나 왜곡이 없이) 전달되느냐에 따라 결정된다. 결국 모든 체계는 최대한의 이해를 지향하며, 화자 코드와 청자 코드 간의 불일치(이는 몰이해의 원천이다)는 잡음으로 간주된다. 이런 경우 텍스트는 투입된 의미를 담아내는 수동적인 담지체가 된다. 즉, 그것은 애초부터 존재했던 의미를

손실이나 변형 없이(모든 변형은 곧 손실을 의미한다) 전달하는 기능을 수행하는, 일종의 포장과 같은 역할을 하는 것이다. 구조적 관계에서 보자면 이때의 텍스트는 언어의 실현이 된다. 언어에 부합되지 않는 모든 것은 텍스트 속에서 우연적인 것으로 취급되어 의미의 담지체가 되지 못한다.

이 경우, 커뮤니케이션 과정에서 발생하는 텍스트의 변형은 합법칙적인 것과 합법칙적이지 못한 것으로 나뉜다. 첫번째 것은 커뮤니케이션 구조 안에 미리 기입된 알고리듬에 맞추어 진행되며, 따라서 가역(可逆)적인 성격을 띤다. 그 어떤 변형 형식으로부터도 동일한 텍스트를 원형 그대로 얻을 수 있다. 실수나 오기(誤記)에 해당하는 두번째 것은 커뮤니케이션상의 기생충, 말하자면 비구조적인 것으로서 '제거된다.' 언어의 근본적인 구조는 텍스트를 왜곡으로부터 보호하는 내구성의 메커니즘이 된다. 합법적이지 못한 변형의 경우에 해당하는 것은 모든 종류의 소음과 더불어 모든 종류의 몰이해이다. 온전한 이해를 어렵게 만드는 코드화 기제의 개인적인 변이 가능성 또한 저속한 잡음으로 간주되며, 이를 제거하기 위한 언어적 내구성의 작동이 요구된다.

이런 유형의 커뮤니케이션의 가장 이상적인 형태는 메타언어를 통한 소통이나 인공언어를 사용하는 소통이다. 즉, 가장 이상적인 텍스트는 메타언어 혹은 인공언어로 된 텍스트인 것이다. 한편, (자연언어로 된 텍스트나, 특히 예술 언어로 된 텍스트와 같은) 모든 여타의 텍스트는 이 점에서 '비효율적인' 것으로 간주된다.

b) 커뮤니케이션 행위의 목적이 새로운 정보를 만들어내는 것

인 상황이다. 여기서 체계의 가치는 발신자로부터 수신자에게 텍스트가 이동하는 과정에서 발생하는 범상치 않은 의미 변이에 의해 결정된다. 여기서 범상치 않은 것이란 일의적인 예측이 불가능한 것, 즉 텍스트를 변형시키는 특정 알고리듬을 통해 사전에 미리 예측하는 것이 불가능한 종류의 의미 전이를 말한다. 이런 전이의 결과로 얻어진 텍스트를 우리는 **새로운** 것이라 부르고자 한다. 새로운 텍스트를 구성할 수 있는 가능성은 우연이나 실수에 의해서뿐 아니라 원(原) 텍스트의 코드와 재코드화의 방향성 간의 차이, 그리고 그들 간의 번역 불가능성에 의해서도 결정된다. 만일 원래 텍스트의 코드와 번역된 코드 사이에 일의적인 대응이 존재하지 않고 단지 조건적인 상응(이것이 없이는 애초에 번역 자체가 불가능하다)만이 존재할 뿐이라면, 이런 변형의 결과 발생하는 텍스트는 일정한 관계 속에서는 예측 가능하지만 동시에 (다른 관계에서는) 예측 불가능한 것이 될 수 있다. 여기서 코드는 엄격한 체계로서가 아니라 나름의 복잡한 위계로서 나타난다. 즉 이 위계에서 어떤 층위들은 공통적인 것으로서 교집합을 형성해야 하겠지만, 또 다른 차원에서는 상이한 정도의 조건성을 갖는 다양한 규칙 사이에 번역 불가능성이 증대될 것이다. 이는 역방향으로 재번역할 때 본래의 텍스트를 다시 얻을 수 있는 가능성을 제거하는바, 곧 새로운 텍스트의 발생 메커니즘을 이룬다.

이런 경우 커뮤니케이션과 텍스트의 개념 자체가 상이한 내용을 담게 되리라는 점은 쉽게 예측할 수 있다. 첫번째 경우, 커뮤니케이션은 단일 언어적인(즉, 단일 채널의) 체계로, 텍스트는 모종의 **단일한** 언어의 실현으로 여겨진다. 두번째 경우, 최소한의 조건이 되는 것은 서로 다른 두 언어의 현전인바, 여기서 두 언어는 번역이 가능할 정도로 충분히 가까워야 하며, 동시에 이 번역이 사소한 것이 되지 않을 정도로 멀어야만 한다. 또한 이 경우, 텍스트는 다중 코드화된 다언어적 조직체가 되는데, 이 조직체는 언어들로부터 개별적으로 추출된 어떤 단일 언어의 범주 내에서는 단지 부분적으로밖에 드러날 수 없다. 'b'의 상황에 포함되는 텍스트는 그 어떤 단일 언어보다 더욱 풍부하며 복잡하다. 왜냐하면 그것은 자신 내부에 서로 병치, 충돌하는 복수의 언어를 갖는 조직체이기 때문이다.

3. 두번째 의미에 따른 텍스트는 기호학적 이종성(異種性)을 지닌다. 그 결과 새로운 전언을 생성할 수 있는 능력 또한 갖게 된다. 텍스트의 그와 같은 역할을 특징짓는 것은 적극성이다. 즉 그것은 언제나 본래의 전언보다 '더 많이 알고 있는' 것이다.

'a'의 상황에서 정보 과정은 다음과 같은 도식을 따른다고 할 수 있다. 특정 언어 체계의 도움으로 '의미'가 코드화되고, 그것은 텍스트의 형태를 통해 물리적인 존재성을 얻게 된다. 수신자에게 텍스트가 전달되고, 수신자는 해당 체계에 따라 그것을 해독함으로써 본래의 의미를 얻는다. 그러나 'b'의 상황에서는 이와 다른 형태의 도식이 적용되는바, 가장 간단한 형식은 다음과 같다. 커뮤니케이션 상황 속으로 가장 단순한 유형의 텍스트, 가령 텍스트 T1이 도입된다. 그것은 '범상치 않은 번역권(圈)(BNT)' 속으로 진입하고, 거기서 T1'로 변형된다. 범상치 않은 번역권이란 언어들의 상응성에 관한 유연한 규칙을 갖는 이중 언어적 조직체를 말한다. 실제로 우리에게 주어진 BNT 중 하나는 텍스트 T2, 즉 두번째 의미에서의 텍스트이다. 텍스트 T2의 예로 들 수 있는 것은 예술 텍스트이다. 예술 텍스트는 각종 하부 텍스트(즉, 어떤 하나의 언어를 배경으로 두드러지게 드러나는 구조적 측면)들이 복잡하고 의미심장한 관련성을 맺고 있는 복수 언어적 조직체로 볼 수 있다. 텍스트 T2는 커뮤니케이션 관계 밖에서는 '작동되지 않는다.' 그렇기 때문에 그것을 커뮤니케이션 구조 속에 투입시키고, 외적 정보를 그 속에 투과시켜볼 필요가 있다. 그럼 그것은 새로운 의미의 발생기로서 작동하기 시작할 것이다. 즉, 책장에서 『햄릿』을 뽑아 읽거나 그것을 무대에 올림으로써, 독자나 관객을 그것에 접속시켜볼 가치가 있는 것이다. 그렇게 해서 텍스트 『햄릿』은 작가와의 관계에서, 그리고 청중과의 관계에서, 나아가 그 자신과의 관계에서 새로운 전언을 창출하는 발생기로 기능하게 될 것이다. 이 마지막 자질은 너무나도 중대한 동시에 충격적이기 때문에 숙고해볼 가치가 있다.

텍스트 T1과 텍스트 T2 간의 차이점 중 하나는, 후자의 경우 체계적인 것과 체계 외적인 것 사이의 구별이 현저히 상대적인 성격을 띤다는 점이다. 나아가 텍스트 T2는 텍스트의 발생기로 나타날 뿐 아니라, 텍스트의 개별 자질을 복수 언어주의를 위한 새로운 비축물로 바꿔놓음으로써, 결국 언어의 발생기로 나타나게 된다. 즉 'a'의 상황에서 언어가 텍스트를 산출한다면, 'b'의 상황에서는 (반대로) 텍스트가 새로운 언어를 만들어낼 수 있는 것이다. 실제 문화사에서는 텍스트의 발생이 언어의 발생에 선행하고, 전자가 후자를 자극하는 경우가 매우 흔하다.[3]

---

3 〔옮긴이 주〕 언어와 텍스트 간의 이런 역전된 관계는 사실 언어학적 접근법에서 받아들여지는 보편적인 공리에 역행하는 것이다. 그 공리란 '언어학자는 언어학적 구조(즉 랑그)의 연구를 일차적인 관심사로 삼아야 하며 언어의 다른 모든 표현(파롤)을 그것과 관련지어야 한다'는 소쉬르의 명제를 따른다. 그에 따르면 '언어(학적 구조)'는 '텍스트'를 통해 실현됨으로써 물리적인 존재태를 구현하는 어떤 일차적 본질로서 간주된다. 즉, 언어는 텍스트에 선행하고 텍스트는 언어로부터 이차적으로 생겨나는 것이다(이때 언어는 '닫힌' 공시적 체계로 이해되는 반면 텍스트는 시간축 위에서 무한히 펼쳐질 수

4. 반드시 강조해야 할 것은 T2 유형의 텍스트가 지적인 조직체의 자질을 드러낸다는 점이다. 그것은 기억을 지니며, 자신에 선행하는 의미들을 기억 속에 응축시킬 수 있다. 동시에 그것은 커뮤니케이션 사슬에 투입되면서 범상치 않은 새로운 전언들을 만들어낼 수 있는 능력을 드러내기 시작한다. 만일 이성적 영혼에 관한 헤라클레이토스의 정의('자가 증식하는 로고스는 영혼 psyche에 본질적이다')를 받아들인다면, 텍스트 T2는 바로 그와 같은 자질을 지니는 대상 중 하나로 볼 수 있다.

'텍스트의 기억'에 관한 문제는 예외적인 복잡성에도 불구하고, 고찰의 특정 단계—비록 아직은 시작 단계에 불과하지만—에서 이미 발견되는 것이다(가령, 바흐친에 의해 도입된 '장르의 기억' 개념과 비교해보라). 그런데 이보다 더욱 놀라운 것은 생각하는 구조로서의 텍스트라는 관념이다. 이 관념을 반대하는 대표적인 견해로, 텍스트는 그 자체로, 즉 홀로 고립되어서는 결코 새로운 전언을 만들어낼 수 없으며, 이를 위해서는 어떤 다른 텍스트가 그 속에 투입되어야만 한다는 지적이 존재한다. 가령, 새로운 전언의 창조는 특정한 선행 정보를 기억 속에 보유하고 있는 독자가 텍스트에 '접속'되었을 경우에만 실현 가능해진다는 주

있는 '열린' 것으로 간주된다). 반면, 로트만이 말하는 'b'의 경우에는 일정한 자료(텍스트)가 먼저 주어지고 그에 기초해 차후에 언어(코드)가 추론되는 역전된 상황이 발생한다. 이런 경우는 흔히 생각하는 것보다 훨씬 더 일반적일 수 있다. 가령, '미지의 언어로 된 어떤 텍스트를 해독하고자 하는 경우'를 가정해보자. 여기서 '미지의 언어로 된 텍스트'는 현대적 맥락으로부터 완전히 절연된 고대 문명의 유물 텍스트일수도 있고, 아직까지 전혀 알려진 바 없는 완전히 새로운 방식으로 쓰인 예술 작품 텍스트일수도 있다. 어떤 경우이던 수신자는 그것들을 '텍스트'로서 인지하며, 동시에 그 텍스트가 어떤 방식으로든 '코드'화되어 있다고 가정한다. 하지만 그 코드 자체는 아직 알려져 있지 않기 때문에 수신자는 주어진 텍스트에 근거해 그것을 추론해내야만 하는 것이다. 즉, 이 경우 언어(코드)는 텍스트로부터 이차적으로 추출되는 것이다.

장이 그 예가 될 수 있다.

하지만 이런 반론은 쉽게 거부될 수 있는 것이다. '자가 생성하는 로고스'는 고립을 전제로 하지 않을 뿐 아니라 애초부터 그런 가능성을 배제하는 것이다. 생각하는 구조는 홀로 작동할 수 없다. 이 점은 ('자연언어'라는 용어에 빗댄 의미로서 사용된) 개별적인 '자연적 지성' 뿐 아니라 문화라는 이차적이고 집단적인 지성을 통해서도 확인될 수 있는 바이다. 인간 집단으로부터 완전히 격리된 채 성장한 아이에 관한 모든 학문적 사례가 확신시켜주듯, 물리적으로 완전히 정상적인 사유 기계도 완벽히 고립된 상황에서는 온전히 작동하지 못한다. 개별적인 의식을 운동 상태로 이끄는 점화 장치의 역할을 담당하는 것은 외부에서 도입되는 텍스트이다. 이런 점에서 '의식에는 또 다른 의식이 선행한다'라는 역설은 간명한 진리처럼 들린다. 이 문제는 사실상 이미 프로스타코바 부인이 농노 재봉사 트리시카와 논쟁하는 장면에서 상세하게 다뤄진 바 있다.

프로스타코바 부인 : 재봉사는 또 다른 재봉사에게 배웠고, 그는 또 다른 재봉사에게 배웠다면, 그럼 최초의 재봉사는 대체 누구에게 배운 거지? 말해봐, 이 돼지 같은 것아.
트리시카 : 그 최초의 재봉사는 아마 나보다도 못할 걸요.[4]

즉 '최초의 재봉사'는 아직 재봉사가 아니었던 것이다. '재봉사'가 나타나기 위해서는 그 사람 이전에 이미 다른 '재봉사'가 있

---

4 폰비진 Д. И. Фонвизин, 『선집 Собр. соч. В 2 т』, М.; Л., 1959. 1권 108쪽. 〔옮긴이 주〕 18세기 러시아의 극작가 폰비진의 대표작 『미성년』(1782)에 나오는 한 구절이다.

어야만 한다. 여기서 두 가지 대안이 나타난다. 첫번째는 소량의 축적이라는 대안이다(의식의 발생 과정에서 그것이 갖는 성격은 아직까지는 다분히 미지의 영역으로 남아 있다). 두번째 대안은 외부 텍스트의 도입을 통해 촉발되는 지적 발달의 급속한 연쇄 반응이다. 첫번째와 두번째 대안의 템포는 상호 비교가 불가능할 정도로 다르다. 하지만 여기서 또 다른 문제를 지적하는 것이 중요하다. 외부로부터 어떤 체계(내적 구조상 사유하는 것으로 간주될 수 있는 체계)의 내부로 텍스트를 도입할 수 있는 가능성이 출현하기 위해서는, 최소한 다음 두 가지 조건이 필수적이다. 첫째, 해당 텍스트가 존재해야 하고 둘째, 체계가 이 텍스트를 식별할 수 있는 능력을 갖춰야만 한다. 요컨대, 체계와 체계 외부로부터 도입되는 텍스트 사이에 **기호학적 상황**이 펼쳐져야만 하는 것이다. 그리고 이는 자연의 상태에서 문화의 상태로 급격히 변동됨을 전제로 한다. 점진적으로 완벽을 향해가던 기계가 어느 순간 '갑자기,' '스스로' 사유하기 시작한다는 관념은 그 반대의 관념, 즉 외부의 텍스트가 수동적인 구조의 내부에 도입되어 사유 현상을 만들어낸다는 관념만큼이나 허구적인 것이다. 사유란 교환 행위이며, 따라서 양방향의 적극성을 전제로 한다. 외부에서 도입되는 텍스트는 의식을 자극하고 그것의 '스위치를 켠다.' 그러나 이런 점등(點燈)이 이루어지기 위해서는, 불이 켜진 조직체가 자신의 기억 내부에 기호학적 경험을 축적하고 있어야만 한다. 즉, 그런 행위는 결코 '최초의' 것이 될 수 없는 것이다. '정적인 상태→ 시동(始動) → 행동'의 모델에 대립되는 것은 순환적이고 상호 자극적인 교환의 모델이다. 실제 인간 집단 안에서 이를 성립시키는 것은 구성원 간의 지적 · 육체적 · 감정적 비(非)등가성이다. 지적인 역동성을 보장하는 것은 절대적인 '통달'이 아니라 양극단 사이의 거리의 정도다. 이런 현상은 집단적 의식의 차원에서도 확인된다. 여기서 앞서 정식화한 역설을 다음과 같이 바꿔 말할 수도 있을 것이다. '발달된 문명에는 반드시 발달된 (또 다른) 문명이 선행해야만 한다.' 고고학자들은 '최초의' '고대' 문명을 발견한 이후에 매번 얼마 지나지 않아서 해당 문명에 앞선, 더 오래된 문명(문자 그대로 더욱 고대적인 지층에 속하는 문명)이 있었음을, 때로는 훨씬 더 발달된 문명이 앞서 존재했음을 인정해야만 했다.[5] 수세기 동안 평형상태에 머물러있는 원시적·원형적인 문화에서 텍스트를 산출할 수 있는 역동적인 문명으로 이동했다는 견해 역시도 [이를 뒷받침하는] 중

---

5 [옮긴이 주] '의식'의 존재 자체가 이미 또 다른 의식의 존재를 전제한다는 로트만의 생각('의식에는 의식이 선행해야만 한다')은 '존재한다는 것은 곧 대화한다는 것이다'로 요약되는 바흐친의 사유를 내면화한 결과로 볼 수 있다. 그러나 의식에는 또 다른 의식이, 텍스트에는 또 다른 텍스트가, 문화에는 또 다른 문화가 선행해야만 한다는 이 생각은, 보다 직접적으로 20세기 초 러시아의 저명한 생물학자인 베르나츠키V. I. Vernadsky의 영향하에 굳어진 것이다. 로트만은 동료인 우스펜스키에게 보낸 편지에서 이렇게 썼다. "놀라움과 함께 베르나츠키를 읽으면서, 나는 그에게서 나 자신의 많은 사유들을 발견합니다. [⋯⋯] 당신도 아시다시피, 언젠가 모스크바에서 열린 세미나에서 나는 '텍스트는 오직 그것에 다른 텍스트가 선행할 때에만 존재할 수 있으며, 모든 발달된 문화에는 그것에 선행하는 또 다른 발달된 문화가 있어야만 한다'는 자신의 신념을 용기를 갖고 입 밖에 낸 적이 있지요. 그리고 나는 지금 베르나츠키에게서 천체 지질학의 거대한 연구 경험에 깊숙하게 기초한 다음과 같은 사유를 발견합니다. 생명이란 오직 생명으로부터만, 즉 그것에 (또 다른) 생명이 선행했을 때만 발생할 수 있다는 사실이 바로 그것입니다." 로트만Ю. М. Лотман, 「우스펜스키에게 보낸 로트만의 편지 중에서 '1982년 3월 19일' Из письма Ю. М. Лотмана Б. А. Успенскому '19 марта 1982 г.'」, 『기호계Семиосфера』, 683~84쪽. 텍스트에 텍스트가, 문화에 문화가 선행해야 한다는 이런 역설적인 주장, 결과가 다시 시초를 근거지우는 이 끝없는 순환 논리를 '결국 최초는 무엇인가?'라는 궁극적 물음("최초의 재봉사는 누구에게 재봉 기술을 배웠는가?")으로 환원하는 것은 '신화'의 영역은 될 수 있을지언정 '학문적 입장'에서는 의미가 없는 것이다. 왜냐하면 재봉사라는 개념 자체가 이미 오랜 재봉 기술의 역사적 산물이기 때문이다. 주지하다시피 로트만의 가장 널리 알려진 이론적 개념 중 하나인 '기호계semiosphere'는 '모든 살아 있는 생명체들의 유기적 통일성과 그들의 삶을 지속하기 위한 조건'을 의미하는 베르나츠키의 '생물계biosphere' 개념에 빗대어 창안된 것이다. 로트만의 기호계 개념에 관해서는, 「기호계에 관하여 О семиосфере」, 『선집 Избранные статьи』, Таллинн, 1992. 참고.

간 지대를 발견하지 못했다.

5. 앞서 언급된 것들에 근거해서, 우리는 최소한 세 가지 그룹의 지적 대상을 구분할 수 있다. 첫째, 인간(즉, 개별 인간 단위)의 자연적 의식, 둘째, (두번째 의미에서의) 텍스트, 그리고 마지막 세번째로, 집단적 지성으로서의 문화[6]가 그것이다.

이 세 가지 대상 사이에는 구조적·기능적인 유비가 가능하다. 구조적인 관계에서 그들 모두를 특징짓는 것은 기호학적 이종성이다. 대뇌의 우반구와 좌반구, 텍스트의 다언어적인 하부 텍스트들, 문화의 원칙적인 복수 언어주의(최소한의 모델로서의 이중 언어)는 단일한 불변체적 모델을 구성한다. 즉, 지적인 조직체는 두 개(혹은 그 이상)의 통합된 구조로 이루어져 있는바, 그 구조들은 원칙상 상이한 방식으로 외적 현실을 모델링한다. 진화의 관점에서 볼 때, 이 현상은 감각 기관의 이중성에 기인한 것일지도 모른다. 이중적 감각 기관은 외적 자극을 동일한 유형으로 변형하지만, 동시에 공간적으로 상이한 방식으로 배치되면서, 서로 다른 관점에 따라 세계를 '관찰한다.' 바로 이점이 그들이 만들어낸 세계상에 입체경적인 성격을 부여해주는 것이다.

구조적 관계의 다음 단계는 구조적 대립쌍이 출현하는 것이다. 하나의 대상을 향한 상이한 두 가지 관점을 통합하는 일은 세계에 관한 시각적 이미지와 청각적 이미지를 통합하는 일에 비해 훨씬 수월하다. 하지만 이런 상이한 이미지들은, 논리적으로 상호 번역될 수 없으며 그들의 통합이 더 큰 긴장을 요구한다는 바로 그 사실로 인해, 대뇌의 비대칭 구조의 발생을 위한 중요한

---

[6] 이 책에 실린 논문 「집단적 지성으로서의 문화와 인공지능의 문제」와 「문화 현상」을 참고하라.

단계가 된다. 여타의 의미 형성 체계의 구조 또한 이와 유사하다.

이 모든 체계의 불변체가 되는 것은 한쪽 극단에 비분절적인 텍스트의 발생기가 위치하고, 다른 쪽 극단에 분절적 텍스트의 발생기가 자리하는, 모종의 양극적 구조이다. 이 텍스트들은 체계의 출구에서 하나의 다층적인 텍스트(이 텍스트 안에서는 상호 번역 불가능한 코드들이 다채롭게 섞여든다)를 형성하면서 서로 섞인다. 이런 체계를 특정 텍스트가 통과할 때, 의미는 마치 복잡하게 뒤얽힌 미로와도 같이 자가 증식한다. 아울러 그와 같은 조직체에, 특정 규칙에 상응함으로써 '적합한 것'으로 인정된 일련의 새로운 전언과 그 전언을 보존할 수 있는 기억의 구조를 부착하게 되면, 해당 유형의 체계의 불변체적 프레임워크를 얻을 수 있다.

서로 다른 텍스트 발생 구조 사이에 존재하는 결정적인 차이 중 하나는 텍스트의 용량을 증가시키는 방식이다. 분절적 텍스트의 발생기가 단편들의 선형적 결합 원칙에 의거해 텍스트를 증가시키는 반면, 비분절적인 텍스트 발생기는 상사적(相似的) 확장의 원칙(가령, 동심원이나 마트로시카⁷의 유형)을 따른다. 이런 차이는 본질적인 결과들을 수반한다. 먼저, 텍스트의 '시작'과 '끝'을 갖는 선형적 조직화는 선형적인 시간의 개념, 역사성의 법칙, 역사주의의 감각을 비롯해 문화 유형 전반을 위한 많은 근본적인 관념들을 낳는다.

---

7 〔옮긴이 주〕 내부에 점점 작아지는 다수의 축소 모형을 담고 있는 전통적인 러시아의 목각 인형을 말한다. 신화적 유형의 서술을 다룬 한 글에서, 로트만은 이런 유형을 '양배추 잎'에 비유하기도 했다. "신화적 유형의 서술은 문학 텍스트에 특히 전형적인 연쇄의 원칙에 따라 구축되지 않는다. 그것은 모든 개별 잎들이 일정한 변형을 이루며 다른 잎들의 유형을 반복하는 양배추처럼, 핵심적인 심층의 슈제트를 무한 반복하면서 자라난다." 로트만Ю. М. Лотман「문학과 신화Литература и Мифология」, 『기호체계 문집Труды по знаковым системам』 제13권, Тарту 1981.

한편, 닮음의 사유는 순환적 시간, 그리고—'세계는 상응으로 가득 차 있다'거나 '유비는 유비로서 인식된다'와 같은 신비주의적 테제에서 이질·동질동상과 같은 수학적 개념에 이르기까지— 유비적 사유의 각종 다양한 형식과 관련된다. 이런 점에서, 선형적 사유가 역사적 사유에 자연스러운 것만큼이나 위상학적 사유는 유비적 사유에 지극히 자연스럽다.

이들 상이한 개념 사이의, 그리고 상이한 텍스트 유형 사이의 명백한 상호 번역 불가능성에도 불구하고 다음의 사실은 분명하다. 창조적인 사유, 즉 새로운 텍스트를 창조할 수 있는 사유를 발생시키는 것은 다름 아닌 이 번역 불가능한 것들의 상호 교차이다.

6. '생각하는 구조'의 불변체를 분별해내는 일은 인공지능의 구조에 관한 문제를 새롭게 제기한다. 이때, 논의의 대상이 되어야 할 것은 인간의 행위를 연상시키는 어떤 부분적인 지적 활동의 원자적 다양성이 아니라, 지적 불변체 자체를 모델링하는 문제이다. 이와 관련해 현 단계의 과학에서, '텍스트와 문화'의 고리를 모델링하는 문제는 특별한 의미를 지닌다. 인간 두뇌 활동의 연구와는 달리, 이 경우에는 훌륭하게 보존된 방대한 실증적 자료가 존재하기 때문이다. 아직은 제한된 실험적 자료를 통해 연구할 수밖에 없는 대뇌 연구자들에게는 여전히 도달 불가능한 영역인 지적 활동의 심층에까지 파고들 수 있는 것은 바로 이 방대한 자료들 덕분이다.

이런 점에서, 인문학적 지식이 지니는 보편 과학적 의의는 현저히 증가한다. 정밀과학에 종사하는 '진지한 사람들,' 나아가 새로운 기술을 만들어내는 사람들이 예술적이고 문화적인 대상을 구조적으로 모델링하는 문제에는 절대적으로 문외한일 수 있다는 생각이 널리 퍼져 있지만, 그런 생각은 학문적·기술적 발전을 저해하는 실질적인 위협이 될 수도 있다.

7. 생각하는 구조의 근본에는 구조적인 모순이 가로놓여 있다. 새로운 정보를 발생시킬 능력을 갖춘 구조는 단일하면서 동시에 이중적인 것이 되어야만 한다. 이것이 의미하는 바는, 이원적 구조의 각 항이 그 자체로 총체이면서 동시에 총체의 부분이어야 한다는 것이다. 가장 이상적인 모델은 삼원체triedinstvo이다. 이는 내부를 이루는 각각의 총체가 더 높은 단계의 총체를 이루는 부분이 되고, 동시에 모든 부분은 더 낮은 층위에서의 총체가 되는 모델이다. 여기서 구조의 결합은 차츰 새로운 단위를 덧붙여 가는 방식이 아니라, 해당 단위를 보다 상위 차원의 총체를 형성하는 부분으로 상승시키거나 반대로 그 부분들을 각기 독자적으로 기능하는 내재적 구조로 바꾸어놓는 식으로 이루어진다(한편 이 내재적 구조들은 다시 내적으로 조직화되어 독자적으로 기능하는 하부 구조들로 분할된다). 매 차원의 부분들이 모두 총체로서 기능할 수 있고, 모든 총체가 또한 부분으로 기능할 수 있는 이런 능력은 정보의 응집성을 높이고, 사실상 새로운 의미를 형성하는 고갈되지 않는 여분을 제공한다.

둘 사이에 번역 불가능성의 관계를 맺고 있는, 최소 두 가지의 상이한 코드화 체계가 의미 형성의 모든 차원에 존재하기 때문에, 하나의 체계에서 다른 체계로 텍스트를 변형할 경우 완벽한 예측이 불가능해진다. 또한 변형되는 텍스트가 상위 차원의 체계를 위한 행위 프로그램이 될 경우, 그 행위는 당연히 자동적인 예측이 불가능한 성격을 갖게 된다. 두 하위 체계의 코드 사이에 일의적인 대응이 존재하지 않기 때문에, 텍스트를 재코드화하는 과정에서 단 하나의 번역이 아니라 '올바른(가능한)' 번역의 일정한 **세트**가 형성되고, 이는 다시 교정 메커니즘의 존재를 필수적인 것으로 만든다. 의미 형성의 과정이 여러 차원에서 이루어지기 때문에 텍스트의 선택과 교정의 메커니즘은 다층적인 성격을 띤다.

이런 종류의 조직체가 새로운 텍스트를 창출할 수 있으며 그것의 행위가 자동적인 알고리듬이 아닌 두 개 혹은 그 이상의 대안 가운데서 선택에 따라 조정된다는 점(즉, 행위가 자유롭다는 점)은 해당 조직체를 사유하는 것으로 만들어준다. 사유(가능)성은 구조가 '적합한' 결정, '올바른' 결정, 혹은 '도덕적인' 결정을 내리는 데 있는 것이 아니라 그것이 **선택을 한다는 사실** 자체에 있다. 이들 자격 요건 중 어떤 것이 적용될 수 있고, 어떤 것이 적용될 수 없는지는 교정 메커니즘의 완벽도에 달려 있다. 다만 한 가지 지적할 것은 역사의 전 시기에 걸쳐서 여전히 인류는 자연적 지능의 차원에서 이 메커니즘을 만족스럽게 조정해낼 수 없었다는 점이다. 그러나 적합하거나 올바른 혹은 도덕적인 행동을 할 수 없다고 여겨지는 바보, 범죄자, 심지어 미친 사람조차도 그런 사실로 인해서 독자적인 지성과 행위 능력을 상실한 자동 기계가 될 수는 없다. 그들의 의식 안에서 수행되는 대안적 결정의 세트가 빈곤하거나, 우리의 관점에서 그들의 선택이 올바르지 않다고 말할 수는 있다. 하지만, 주어진 행위의 알고리듬으로부터 벗어날 능력을 지니지 않는 자동 기계의 행위와 그들의 행위 사이에는 분명한 차이가 있음도 인정하지 않을 수 없다.

변형의 메커니즘과 그 뒤를 이은 교정의 메커니즘 간의 차이는 '규칙성'과 '규범'이라는 언어학의 용어를 통해 손쉽게 기술될 수 있을 것이다.

8. 의식 과정의 탈자동화와 최종 텍스트의 예측 불가능성의 정도는 두 가지 대안적 하부 구조의 코드들이 서로 얼마나 멀리 떨어져 있는지에 달려 있다. 결국 그것은 번역 행위 자체의 탈자동성, 즉 동등한 가치를 지니는 '올바른' 변형의 가능성이 얼마나 되는지에 달려 있다고 할 수 있다. 이것이 야기하는 결과는, 다음과 같이 병치 불가능한 것들이 서로 섞이는 다양한 예이다. 우뇌와 좌뇌 코드의 특화 경향, 각종 상이한 예술 언어와 문화의 서로 다른 기호학적 하부구조가 탈중심적으로 확장되고 그들 상호 간의 거리가 확장되는 경향, 혹은 텍스트 차원에서는 바로크나 아방가르드 문화에서 종종 발견되는 빛-음악이나 언어-회화 같은 유형이 바로 그 예이다.

이와 같은 차별화의 극단적인 예로, 한쪽 극점에 자연언어 코드가 조직되고 다른 쪽 극점에 비분절적 코드 체계가 조직되는 경우가 가능하다. 여기서 반드시 지적해야 할 것은, 우리가 항상 꿈이나 비몽타주적인 영화, 몇몇 종류의 재현 예술, 발레나 판토마임과 같은 유형의 텍스트(이런 [비분절적] 텍스트들의 의심할 바 없는 기호성에도 불구하고, 그것들을 분절적 기호로 분절하기는 어렵다)를 접하고 있음에도 불구하고, 비분절적인 기호 체계를 묘사하려는 시도는 여전히 만족할 만한 성과를 내지 못하고 있다는 사실이다. 대뇌의 우반구가 행하는 활동은——그 중요성이 이미 의심할 바 없음에도 불구하고——여전히 불명확한 것으로 남아 있다.[8]

이런 어려움은 명백히 다음의 사실에 기인한다. 비분절적인 기호 체계를 묘사하는 데 사용될 수 있는 모든 현존하는 방식은 그것을 분절적 메타언어를 통해 바꿔 말하는 것과 관련되어 있다. 이런 방식은 대상 자체의 근본적인 변형을 수반하며, 결국 비합리적 성격을 띠게 된다. 그런데 분절적-언어적('좌반구적') 텍스트가 합리적이고 지적인 성격을 띠는 반면에, 비분절적('우반구적')인 텍스트는 비합리적인 성격을 갖는다는 관념은 수정될 필요가 있다. 두 종류의 텍스트는 각각 그 자신의 문법을 갖고 있는바, 즉 스스로의 관점에서 보아 논리적이며 정합적이다(물론, 논리의 성격 자체가 상이할 수는 있다). 비합리성은 어떤 유형의 텍스트를 또 다른 유형의 언어로 번역하고자 할 때 발생하는데, 이때 발생하는 것은 근본적인 번역 불가능성의 상황이다. 각각의 텍스트는 모두 내적으로 '그 자신에게' 합리적이며, 다른 텍스트 유형의 관점에서는 비합리적이다. 그러나 학문의 메타언어(최소한 유럽 문명의 전통 내에서의 메타언어)는 자연언어의 원칙에 따라 주어지고 자연언어를 기초로 구축되기 때문에, 비분절적인 텍스트에 대한 연구 자체가 자연언어에 대한 '타자적' 관점을 전제하는 것처럼 보인다. 그 결과, 이 텍스트들을 애초부터 존재론적으로 비합리적인 것처럼 표상하는 착오가 발생하는 것이다.⁹

---

8 〔옮긴이 주〕 명백하게 비분절적인 기호 현상들의 존재와 현대 문화의 맥락에서 그것들이 지니게 된 압도적인 영향력 앞에서 우리는 여전히 그에 대한 만족스러운 해명과 고찰을 내놓지 못하고 있다. 비분절적(연속적) 체계와 관련된 기호학의 이 나머지 반쪽을 해명하는 문제, 가령, 비주얼 리터러시Visual Literacy나 이미지의 수사학Rhetoric of Image 혹은 뉴미디어의 언어Language of New media 따위의 구호로 제시되곤 하는 이 미답의 영역은 현대 기호학을 포함한 예술/문화론의 핵심 과제이다.

9 〔옮긴이 주〕 가령, 말과 그림, 텍스트와 이미지 사이의 대립이라는 문화의 거대-내러티브를 그것의 다양한 역사적 변천 과정 속에서 이른바 '타자성'의 문제와 연결할 수 있는 것은 바로 이 지점에서다. 즉, 분절적 체계에 기초한 근대 문화(유럽 문명의 전통)의 프레임 내에서 비분절적 체계(예: 이미지)는 일종의 '타자'적 표상으로 간주될 수 있는 것이다. 그리고 부정성의 기호를 부여함으로써 교묘히 그것을 배제하거나 혹은 초월적으로 신비화하는 '타자화'의 일반 전략은 여기서도 여전히 유효하다. 이렇게 볼 때 텍스

9. 메타언어는 학문에 속하는 것이다. 따라서 우리가 의식(텍스트, 문화)을 인식하는 학문에 관해 논한다고 했을 때, 메타언어는 반드시 이들 현상의 외부에 자리해야 한다. 그러나 학문의 메타언어는 (학문 자체가 그렇듯이) 단지 부분적으로만 이들의 외부에 위치할 뿐, 어떤 의미에서는 그 내부에 자리하는 것이다. 이미 언급했듯이, 체계는 스스로를 여러 하부 구조로 분할하고, 그 하부 구조들 사이의 교환을 어렵게 만드는 메커니즘을 포함하고 있다. 이 과정은 반대의 과정을 통해 상쇄될 필요가 있다. 즉, 통합의 메커니즘, 그러니까 분할된 것들을 하나의 총체로 결합시키고 부분들 간의 교환을 용이하게 하는 메커니즘이 바로 그것이다. 첫번째 경우, 개인성(이 개념에 관해서는 이후에 밝힐 것이다)이 모종의 전체를 자족적인 부분들로 분할한 결과로 발생한다면, 두번째 경우 개인성의 형성은 자립적인 부분들을 보다 높은 질서에 속하는 전체로 합류시키는 것과 관련된다.

　메타언어는 체계가 기호학적으로 기능하기 위한 필수적인 조건이다. 오직 그것의 도움을 통해서만 체계는 스스로를 인식하고 그 자신을 총체로서 식별할 수 있다. 기호 체계들의 경계를 명시하고 그들을 단일한 체계로 바꿔놓으면서, 메타언어적 구조는 두 가지 방향으로 작동하게 된다. 한편으로 메타언어적 구조는 혼종적인 기호학적 세계를 보다 경직된 형태로 과도하게 조직화하는데, 이때 그것을 자신의 언어로 번역하는가 하면 그것을 자신의 경계 밖으로 몰아내버리기도 한다. 바로 이 과정에서, 문화의 '합리적인' 외양과 그에 대립되는 '반문화'의 비합리적인 외

―――――――――
트와 이미지가 공존하며 대립하는 오랜 역사를 일종의 '기호 전쟁'(우열 논쟁paragone)으로 파악하고, 그 전쟁의 이데올로기적 측면을 고찰하려는 시도는 분명 흥미롭다.

양이 형성된다. 후자는 종종 체계의 진화론적 예비 지대에 비축되면서 체계에 역동성을 부여해준다. 다른 한편으로, 실제로 우리에게 주어진 그 어떤 텍스트도 단 하나의 생성 메커니즘의 결과일 수는 없다. 그런 텍스트는 새로운 의미의 발생기로서 쓸모가 없을 것이다. 심지어 '순수한' 메타언어의 경계 내에서 인식되어야만 할 학문 텍스트조차도 유비, 이미지, 낯선 타자적 기호 영역에서 차용된 많은 것들로 인해 '난잡해져'있다. 학문 텍스트 이외의 텍스트의 경우, 그들의 혼종성은 두말할 나위가 없다. 그들 모두는 분절적 언어와 비분절적 언어, 메타언어의 혼합 kreolizatziya의 산물로서, 단지 특정한 방향이 보다 우세한 것일 뿐이다.

예를 들어보자. '서구' 문명이 '동양' 문명을 문화적으로 '존재하지 않는' 어떤 것이 아니라 일종의 파트너로서, 즉 '세계 문화'라는 이름의 단일한 총체에 포함되는 것으로서 마주치게 될 때, 서구 문명은 자신에게 익숙하지 않은 텍스트들을 무엇보다도 먼저 그 자신의 철학과 학문의 메타언어를 통해 바꿔 말하게 된다. 그 텍스트들은 체계에 맞게 번역되지 않기 때문에 비합리적 성격을 띠게 된다. 결국, 합리적인 서구와 비합리적인 동양이라는 패러다임이 형성되는 것이다(여기서 서구의 전통 중 비합리적인 개념들이 선별되어 망각되는가 하면, 동양의 전통 내부에 존재하는 그토록 풍부한 합리적 전통 또한 선별되어 망각된다). 동시에 이들 문화적 전통이 혼합됨으로써, 다수의 혼종적 텍스트가 발생한다. 각각의 문화적 전통의 관점에서 봤을 때, 그것들은 새로운 것으로 간주될 수 있는 텍스트를 발생시키는 모종의 다층적 문화 공간continuum을 형성하게 된다.

또 다른 예로 프로이트가 연구했던 꿈을 들 수 있다. 그의 작업 방식은 꿈을 언어로 재기술하는 것이었는데, 그럼에도 그는 이 과정에서 본래의 연구 대상이 과연 얼마만큼 변형되는지에 관해 묻지조차 않았다. 그런데 이 경우 메타언어가 합리적인 것이 될수록, 재기술되는 대상, 다시 말해 상이한 문화적 차원에 자리한 대상은 더욱 비합리적인 것이 될 수밖에 없다. 그러므로 (프로이트의 경우에) 꿈이 의식 저편의 영역으로 자리를 옮기게 되는 것은 놀랍지 않다. 반면, 판타지 서사(특히 고골이나 불가코프 류의 소설)나 꿈에서 많은 것을 차용하는 현대 영화의 서사 텍스트 유형은, 꿈을 '무의식적인 것'이 아니라 다른 의식의 매우 본질적인 형식으로서 열어 보인다.

10. 의식은 '상대자' 없이 존재할 수 없다. 그렇다면 그런 파트너십의 본질은 무엇인가라는 물음이 자연스럽게 제기된다. 상대자는 의식의 주체와 다른 위계의 차원에 자리할 수도 있고, 동일한 차원에 자리할 수도 있다. 첫번째 경우, 그것은 항상 문화적이고 기호적인 구조로 나타난다. 즉, 대화의 상대자가 나의 부분으로서 '나' 자신의 내부에 자리하거나, '나' 자신이 부분이 되어 상대자의 내부에 자리하는 것이다. 그러나 이들 간의 대립을 고찰하는 것은 탐구의 본 주제가 아니다. 보다 본질적인 것은 동일한 차원에서 펼쳐지는 소통의 경우이다. '타자적인 것'은 결국 나 자신의 고유성을 위해 필요한 것이다. '타자'가 필요한 이유는, 오직 그것만이 동일한 현실에 관한 또 다른 모델, 즉 모델링을 위한 다른 언어, 동일한 텍스트의 또 다른 변형을 제공해줄 수 있기 때문이다. 결국, 코드화 기제의 개별화는 해당 체계의 내적 다양성을 증가시키게 된다(개체는 내적 다양성 없이는 사유하는 것이 될 수 없다). 이로써 알 수 있는 것은 의식의 현상이

개체화라는 인자와 관련되어 있다는 점이다. 체계가 '지능적인 것'이 되기 위해 그것은 개체화되어야만 하며, 개체로 이루어져 있어야만 한다. 코드화 구조의 모종의 세트와 기억을 지니고 있는 그와 같은 개체성, 즉 여타의 유사한 조직체와 공통적이면서 (이는 교환의 조건이다) 동시에 개별적인(이는 교환을 어렵게 만드는 동시에 그것을 지능 측면에서 생산적으로 만드는 조건이다) 것이기도 한 그런 개체성을 기호학적 인격이라 정의할 수 있다. 사유하는 구조는 그 자신 기호학적 인격이 되어야만 하며, 동시에 또 다른 기호학적 인격을 필요로 한다.

만일 생각하는 구조를 지능 기계로 정의할 수 있다면, 그것의 가장 이상적인 경우는 반복성과 비반복성을 결합하는 역설적 과제를 완벽하게 수행하는 예술 작품이 될 것이다.¹⁰ 사실상 살아 있는 유기체가 의식에 이르는 진화의 과정은, 각 개별자의 의미심장한 개체화가 점점 더 심화되는 동시에 그것들이 초개인적인 구조에 포함되면서 탈개체화가 진행되는 과정으로 기술될 수 있

---

10 [옮긴이 주] 지능 기계의 가장 이상적인 모델을 자연언어가 아닌 예술 작품으로 삼는 이런 입장은 여러 가지 면에서 숙고해볼 가치가 있다. 일반적인 경우에 간단명료하면서 확실한 기준점standard의 위상을 갖는 것은 자연언어이다. 예술 작품은 자연언어를 변형한 보다 복잡하고 불명확한 이차적 사태로 여겨진다(가령, 러시아 형식주의에서 일상어와 시어의 관계가 그러하고, 2차 모델링 체계라는 로트만의 초기 개념도 마찬가지다). 이런 입장이 암묵적으로 전제하는 것은 기준점이 되는 사태가 보다 '정상적인normal' 모델이라는 것이다. 가령, 우리가 자연언어에서 출발해야 하는 이유는 그것이 정상이고 기준이기 때문이다. 이런 입장은 또한 데카르트가 『방법서설』에서 표명했던 '제3의 법칙'에 상응하는 것이기도 하다. 그에 따르면, 우리는 가장 단순하고 이해하기 쉬운 대상에서 시작해 점점 더 복잡하고 어려운 대상으로 나아가야만 하는바, 즉 가장 원자적인 요소를 기초로 하여 이후의 모든 것을 그것과의 일치라는 관점에서 연구해야 하는 것이다. 지능의 이상적 모델을 예술 작품으로 간주하는 로트만의 관점은 이런 일반적 접근법에 비춰볼 때 분명 예외적인 것이다. 몰이해가 체계의 결점이 아닌 장점으로 작용했던 창조적 커뮤니케이션의 경우와 마찬가지로, 여기서도 예술 작품의 역설은 가장 중요한 강점이 된다. 즉, 지능 기계가 추구해야 할 정상적인 상태는 동일성의 모델로서의 자연언어가 아니라 '잡음'과 '몰이해'를 포함한 차이의 모델인 예술 작품인 것이다.

을 것이다.

11. 지금껏 언급한 사실로부터 알 수 있는 것은, 설사 인간이 완벽한 인공적 지능을 만들 수 있다 하더라도, 이 지능이 인간의 지능을 완벽하게 복제한 어떤 것이 되는 것은 우리의 관심사가 아니라는 점이다. 충분히 오랫동안 교제한 끝에, 더 이상 인간과 구분할 수 없게 되는 어떤 조직체라는 튜링의 정의는 그의 인간중심주의를 감안할 때 심리적으로 이해할 만하지만 이론적으로는 신빙성이 희박하다. 다양한 형식의 지능적 혹은 유사-지능적 행위(동물 기호학과 기호학적 문화론은 예술 텍스트의 이론과 더불어 이 학문 분야에서 중요한 자리를 차지한다)를 비교학적으로 모델링해보아야 할 진정한 필요성이 여기서 대두된다. 오직 그럼으로써만 인공지능의 탐구는 '어딘지 모를 그곳으로 가서, 무엇인지 모를 그것을 가져오라'는 지시를 받은 동화 속 주인공과 같은 처지에서 벗어날 수 있을 것이다. 그리고 만일 그렇게 되어, 오늘날 부가예프가 인공지능 컨퍼런스에서 사회를 보았다면, 아마도 그는 폐회를 선언하지 않아도 되었을 것이다.

1981

문화들의 상호 작용 이론의 구축을 위하여
(기호학적 측면)

문학 연구가 민족적 자료의 경계를 넘어서게 된 것은 신화주의 학파의 영향이며, 또한 인도유럽어에 대한 지식이 증대된 것과도 관련이 있다. 지금껏 공통점이 있으리라고 짐작조차 하지 못했던 여러 텍스트에서 다양한 차원의 놀랄 만한 대응이 발견되었고, 이는 커다란 자극이 되었다. 그 뒤를 이은 모든 학파──'영향 학파,' 문화-역사주의 학파, 마르N. Marr-단계주의 학파 등──는 모두 동일한 문제에 골몰했다. 그것은, 문화적으로, 그리고 역사적으로 서로 동떨어진 문학 작품, 신화, 민속-시 전통에서 이름, 모티브, 슈제트, 이미지의 상응이 발견되는 현상을 어떻게 설명할 것인지의 문제이다. 이 문제는 오늘날 중심적인 연구의 대상이다. 한 세기 반이 넘도록 진행될 탐구를 결산하는 개념은 지르문스키V. M. Zhirmunsky와 콘라드N. Konrad[1]의 저작에서 무엇보다 분명하게 표현된 바 있다.

이들의 저작에서 비교문학 연구의 문제는 분명한 방법론적 형식을 취하고 있다. 즉, 텍스트와 그 개별 요소들 간의 발생학적인 접근 현상과 유형학적인 접근 현상의 차별성이 고찰되고 있는

---

1 〔옮긴이 주〕 일러 사전의 편찬자로 널리 알려져 있는 니콜라이 콘라드(1891~1970)는 러시아 내에서 일본 연구 학파를 창시했고 중국 및 동양 문화권에 대한 많은 저작을 남긴 동방학 연구의 대가이다.

것이다. 또한 테일러가 이미 제기한 바 있는 단계적 단일성의 사유가 그 중심에 자리 잡고 있으며, '세계 문학'에 관한 괴테의 사유가 실현될 가능성이 점쳐지고 있다. 단계적 단일성에서는 연구자에게 유형학적 비교를 허용하는, 그리고 연구의 대상인 역사-문화적 '영향'과 '차용'을 가능케 하는 원칙적인 조건들이 고찰된다. 콘라드가 일본 기사도 문화나 중국 르네상스에 관해 말하며 염두에 두었던 것은, 문화 발전의 범세계적인 역사 단계가 서로 지극히 먼 문화 지역에서 유형학적으로 유사한 현상을 발생시킨다는 점이었다. 지르문스키의 지적에 따르면, '그러나 다양한 민족 문학에서 나타나는 유형학적으로 유사한 현상을 구체적으로 비교 분석해보면, 문학적 과정의 단계적-유형학적 유사 현상은 반드시 또 다른 중대한 문제, 즉 문학의 국제적 상호 관계라는 문제에 직면할 수밖에 없음이 드러난다. 이 문제를 완전히 외면할 수 없음은 명백하다. 인류의 역사는 사실상 완벽하게 고립된 문화(/문학) 발전의 예, 즉 직접적이거나 다소 멀리 떨어진 상호 작용, 그리고 개별 참여자들 간의 상호 영향 없이 발전한 예를 알지 못한다.'[2]

이와 같은 상호 작용은 단계적인 단일성이 '계급 사회의 발전'을 특징짓는 '불평등, 모순, 지체' 등의 현상과 결합함을 전제로 한다(지르문스키의 주장에 따르면, 이런 현상은 '사회-역사적 발전이 불균등'하다는 조건하에서 발생한다). 한편으로는 '산업적으로 보다 발전된 국가는 덜 발달한 국가에 자신의 미래를 보여줄 뿐'이라는 마르크스의 저명한 주장에 기대고, 다른 한편으로는, 학술원 회원 베셀롭스키A. N. Veselovsky가 주창한 '합류론(合流

---

2 지르문스키 В. М. Жирмунский, 『비교 문예학: 서양과 동양 Сравнительное литературоведение : Запад и Восток』, Л., 1979, 20쪽.

論)'에 근거하여, 지르문스키는 모든 외적 영향은 문학의 내재적 발전을 가속화하는 인자가 될 뿐이라는 테제를 정식화한다.

지금껏 간략히 논한 테제는 당대의 비교 문화학적 연구에 획기적인 한 획을 긋는 것이기도 했지만, 오늘날에도 여전히 가치를 지니고 있다. 하지만 물론 그것이 학문적 발전의 현 단계가 이 정도에 머무를 수 있다는 것을 의미하지는 않는다.

무엇보다 먼저 지적해야 할 것은, 상호 작용의 상당수가 (단계적·슈제트-모티프적·장르적) 유사함이나 근접이 아닌 차이에서 비롯되지만, 이들이 여전히 연구자의 관심 밖에 놓여 있다는 점이다. 어떤 사물이나 사상에 대해 관심을 가지게 하고, 그것을 획득하고 전유하고자 하는 욕망을 불러일으키는 추동 요인은 두 가지가 있다. 첫번째는 이해할 수 있고, 익숙하기 때문에, 즉 그것이 내게 잘 알려진 관념과 가치에 부합하기 때문에 필요한 경우이다. 두번째는 이해되지 않고 낯설기 때문에, 즉 그것이 내게 잘 알려진 관념과 가치에 부합하지 않기 때문에 필요한 경우이다. 첫번째 경우를 '나 자신을 찾는' 일이라 정의할 수 있다면, 두번째는 '타자적인 것'을 찾는 일로 정의할 수 있을 것이다. 비교문학 연구는 지금껏 인도유럽적이고 신화론적인 '원조(元祖)'의 흔적을 유지해왔고, 이는 동일성의 요소를 추출하려는 모든 종류의 기법에서 드러난다. 물론 이란과 켈트 민담 사이에서 모티프의 유사성을 보는 것이 그들 간의 사소한 차이에 주의를 기울이는 것보다 훨씬 더 효과적일 수는 있다. 그러나 단지 단계적-병렬적인 역사가 아니라 내적으로 자족적인 개별 문화사를 구축하고자 할 경우, 나아가 그다음 단계로서 인류 문화사를 구축하는 과제를 설정할 경우를 생각해보자. 그럴 경우에 위와 같은 방식으로 질료를 선별한다면, 그것은 전혀 증명된 바 없는 결론, 즉 바로 그런 식의 수렴이 다종적인 질료를 단일한 총체로 묶어준다는 결론으로 이끌게 될 것이다.

물론, 다종적(多種的) 요소들의 상호 작용의 문제가 전혀 고찰된 바 없다고는 말할 수 없다. 이미 시클롭스키V. Shklovsky와 티냐노프는 낯선 종류의 문화를 자기화하는 과정에서 텍스트의 기능이 변화하는 현상에 주의를 기울인 적이 있으며, 이와 관련해 텍스트가 영향을 주고받는 과정이 텍스트의 변형과 연관돼 있음을 밝힌 바 있다.[3] 이로부터 도출되는 결론은, 동일 문화권 내에서조차 문학적 계승 관계의 적극적 참여자가 되기 위해서는 텍스트가 익숙한 자기 '자신'에서 (비록 조건적일지언정) 낯선 '타자'로 바뀌어야만 한다는 사실이다.

듀리신D. Dyurishin이 하나의 민족 문학 내에서 각종 텍스트가 상호 작용하는 현상과 상이한 문학에 속하는 텍스트들이 상호 작용하는 현상 간에는, 접촉 메커니즘의 관점에서 본질적인 차이가 존재하지 않는다[4]고 지적한 이래, 비교문학론의 관점에서 이 테제가 갖는 중요성은 의심할 바 없는 것이 되었다.

비교문학 연구의 수많은 구체적 분석은 바로 이런 현상들, 즉 문학 텍스트들이 낯선 전통을 자기화하는 과정에서 발생하는 구조적 격변과 변화 현상에 기반하고 있다. 이렇게 볼 때 문제 자체는 새롭지 않다. 하지만 이론적인 면에서, 그것은 여전히 해명되지 못한 상태이다.

텍스트의 일반 이론과 긴밀하게 연관된 듀리쉰의 테제는 중대

---

[3] 티냐노프Ю. Н. Тынянов, 『시학. 문학사. 영화Поэтика. История литературы. Кино』, М., 1977. 257쪽을 보라.
[4] 듀리신Д. Дюришин, 『비교문학 이론Теория сравнительного изучения литературы』, М., 1979. 65쪽을 보라.

한 의미를 지닌다.[5] 앞으로 우리는 이 테제의 현저한 확장 가능성, 다시 말해 그것이 모든 종류의 창조적 사유——개인적 의식의 행위에서 전 세계적 규모의 텍스트적 상호 작용에 이르는——를 포괄할 수 있음을 보이고자 시도할 것이다.

그러나 이 문제에 접근하기에 앞서, 어떤 측면에서 문제를 다루고자 하는지를 살펴볼 필요가 있다. 지금껏 연구자들의 주된 관심은 어떤 텍스트에 대한 다른 텍스트의 영향이 **가능해지는** 조건은 무엇인가라는 물음에 집중되었다. 우리의 관심을 끄는 것은 이와는 다른 물음이다. 낯선 텍스트는 어째서, 그리고 어떤 문화적 상황 조건하에서 **필수 불가결한 것이 되는가**? 이 물음은 다음과 같은 식으로 제기될 수도 있다. 낯선 텍스트는 언제, 그리고 어떤 조건하에서 '나 자신'의 창조적 발전을 위해 필수 불가결한 것이 되는가? 또 다른 '나'와의 접촉은 언제, 어떤 조건하에서 '내' 의식의 창조적 발전을 위한 불가피한 조건이 되는가?[6]

모든 의식은 논리적인 조작의 능력, 즉 어떤 최초의 발화를 일정한 알고리듬에 맞춰 변형시킬 수 있는 능력과 더불어 창조적인

---

5 텍스트 이론에 관한 일반적인 저작들은 열거조차 불가능할 정도로 방대하다. 듀리쉰의 개념에 가장 가까운 의미를 갖는 저작으로는 무카르좁스키Я. Мукаржовский와 바코시М. Бакош의 저작, 그리고 미코Ф. Микко 그룹에 속한 슬로바키아의 연구자들의 작업이 있다.

6 [옮긴이 주] 문화의 상호 작용 문제에 대한 원칙적인 입장을 표명하는 이 대목은 곱씹어볼 가치가 있다. 기존의 접근에서 낯선 텍스트의 영향이 '가능해지는' 조건이 문제였다면, 로트만의 접근에서는 그런 영향이 '필수불가결해지는' 조건이 핵심 문제다. 즉, '그것이 어떻게 가능해지는가'가 아니라 '어째서 그렇게 하지 않으면 안 되는지'가 문제다. 가령, 문화 간intercultural 소통이 아닌 개인 간의 커뮤니케이션에 이를 적용해본다면, '각각의 개인은 어떻게 타인과 소통할 수 있게 되는가'라고 묻는 대신에 '어째서 개인은 타인과 소통하지 않고서는 살 수 없는가'라고 물어야만 하는 것이다. 문화의 상호 작용 문제에 접근함에 있어 이런 원칙적인 차이는 예컨대, 의사소통의 형식적 가능 조건을 묻는 하버머스의 입장('소통적 합리성')과 대화의 존재론적 필연성('존재한다는 것은 곧 대화한다는 것')을 강조하는 바흐친의 입장만큼의 거리에 해당한다고 볼 수 있다.

사유의 요소를 지니고 있다. 후자는 최초의 발화를 단의적인 예측이 불가능한 방식으로 변형시킬 수 있는 능력과 관련된다. 여기서 본질적인 역할을 수행하는 것은 유비analogovye의 메커니즘이다. 하지만 강조할 것은 이 유비가 반드시 단의적 성격의 알고리듬을 배제하는 종류여야만 한다는 점이다. 또한 이런 유비의 메커니즘이 확률적 성격을 띤다고 말해서도 안된다. 모든 고찰이 그런 가정에 대립하고 있다. 이와 같은 지능적 처리의 과정은 원칙적으로 일회적이며, 따라서 정적인 모델과 양립할 수 없다. 이 점이 확률적 모델링에 관한 논의를 근거 없는 것으로 만든다. 논의되어야 할 것은 이 유비 장치에 포함되는 '조건적 대응'(이 개념의 의미는 아래에서 정의한다)의 문제다. 모든 의식은 논리적 사유와 창조적 사유의 요소를 공히 포함하고 있을 것이다. 그러나 학문적 사유에서는 논리적 구조가, 예술적 사유에서는 창조적 사유가 우세하며, 일상적 의식은 이 두 축의 중앙 지점 어딘가에 위치하고 있다고 가정하는 것은 가능하다.

창조적 의식의 심리적 메커니즘에 관한 연구는 논의의 범위 밖에 있다. 〔이 글에서〕 설정한 목표를 위해서는, 문제를 관심 대상이 되는 상황의 몇몇 일반적인 사이버네틱스 모델링에 한정해도 충분할 것이다.

우리는 **새로운** 전언을 내놓을 수 있는 능력을 지닌 지능적 구조를 창조적인 의식이라 부르고자 한다. 여기서 새로운 전언이란 미리 주어진 특정 알고리듬의 도움을 받아 원래의 전언으로부터 단의적으로 추출될 수 없는 종류의 것이다.[7] 이때 그와 같은 최초의 전언으로 등장할 수 있는 것은 특정한 언어로 된 텍스트

---

7 〔옮긴이 주〕 '창조적 의식'에 대한 로트만의 정의는 이 책에 실린 글 「문화 현상」과 「두 뇌-텍스트-문화-인공지능」을 참고하라.

와 대상 언어로 된 텍스트(즉, 텍스트로 간주될 수 있는 현실 자체)이다.

코드를 통일하려는 지향, 그리고 발신자와 수신자 간의 상호 이해를 최대한 용이하게 하려는 지향과 더불어 문화의 메커니즘에는 정반대의 경향도 작동한다. 문화의 모든 발전이 개인성의 구조를 복잡화하는 것, 그리고 그에 따라 정보 코드화의 메커니즘을 개별화하는 것과 관련되어 있음은 재론의 여지가 없다.[8] 이 과정은 사회문화적 삶이 고도로 발전하고 복잡해지는 시기에 특히 강하게 작동하는바, 이를 해명하는 것이 필요하다.

분명한 사실은 개인성의 기호학적 내부 구조를 개별화하는 것이 사회 커뮤니케이션상의 난점을 야기할 수 있다는 점이다. 커뮤니케이션 가능성의 현저한 저하, 즉 개인 상호 간의 이해가 거의 완전한 고립의 지경에 이르는 상황이 사회적 질병을 낳게 된다는 것은 말할 나위도 없다. 이런 상황에서 발생하는 사회적·개인적 비극은 일일이 열거할 필요조차 없을 것이다. 이 모든 것은 분명 고전적 정보 이론의 명제와 쉽게 호응한다. 그에 따르면, 전언이 전달되는 과정에서 발생한 모든 변화는 해로운 왜곡, 즉 소음이 채널 안으로 침투한 결과이다. 다시 말해 그것은 커뮤니케이션의 이론적 모델 탓이 아니라 그 모델이 기술적으로 불완전하게 실현된 결과로 간주되는 것이다.

그러나 현재 언급하고 있는 현상을 부차적이고 기생적인 효과로 간주하려는 관념은 전체 문화사의 현실과는 대립하는 것이다. 문화사를 통해 분명히 확신할 수 있는 것은, 코드의 일반화 못지않게 개별화 역시 적극적이고 항시적으로 작용하는 경향이라는

---

8 〔옮긴이 주〕 전체 구조의 복잡화와 하부 코드 메커니즘의 개별화 사이의 상관관계에 대해서는 이 책에 실린 글 「집단적 지성으로서의 문화와 인공지능의 문제」를 참고하라.

점이기 때문이다.

더 나아가, 이는 발전의 더욱 보편적인 경향이라고 할 수 있다. 증식razmnozhenia의 생물학적 기능, 그리고 증식의 메커니즘이 생물학적 발전의 과정에서 진화하는 양상을 살펴보면, 앞서 언급한 과정과의 대응을 발견할 수 있다. 진화론적 계단의 하층부에서 증식은 분화(分化)를 통해 달성되는바, 최초의 방식은 최대한의 단순함과 접근성을 지닌다. 이후 성차의 분리가 발생하고, 다산(多産)을 위해 타자의 존재가 요구된다. 이런 요구는 즉각적으로 생리적 기능에 어려움을 불러오게 될 것인데, 왜냐하면 그것이 생존을 위해 필수 불가결하다는 사실은 응당 그 과정이 최대한 단순하고 안정적일 것을 요구하기 마련이기 때문이다. 아직은 문화라고 볼 수 없는 다음 단계는 동물 집단에서 광범위하게 나타나는 선택성의 도입이다. 즉, 이제 종의 존속을 위해 보다 유리한 것은 이성 중 아무개가 아니라 제한된 특정 그룹 혹은 엄격하게 분별된 개체가 되는 것이다. 그 결과, 이미 동물 세계에서조차 점점 늘어나는 각종 금기는 사랑이라는 복잡한 기호학적 개념을 만들어내게 되고, 이 개념은 문화 발전의 도상에서 극단적인 간접화에 처해지게 된다. 도대체 어떤 문화의 메커니즘을 통해서 증식의 기능이 종종 증식 자체를 불가능하게 만드는 상황을 창출하면서까지(플라톤적 사랑의 이상, 사랑에 관한 기사도적 코드, 일련의 중세 종파에서 나타나는 신비주의적 에로티시즘 등이 그 예다) 복잡해지게 되는지에 관해 상세하게 고찰할 수도 있을 것이다. 커뮤니케이션의 경우에서 보았듯이, 여기서도 확인하게 되는 것은 본래의 기능에 모순되는 것처럼 보이는 진보적인 복잡화의 과정이다. 대체 어떤 이유로, 꼭 해야만 하는 일을 가장 단순한 방식이 아니라 고도로 복잡한 방식으로 행해야만

하며, 또 그것은 왜 그토록 중요한가.⁹

커뮤니케이션 과정의 문제로 되돌아가면, 또 하나의 측면에 주의를 기울여야 한다. 단의적인 상호 이해를 어렵게 만드는 것은 코드화 체계의 복잡화만이 아니다. 문화가 발전함에 따라, 전송되는 전언 자체의 기호학적 구조 또한 계속해서 복잡해지기 마련이며, 이 역시 단의적인 해독을 어렵게 만든다. 텍스트 구조의 복잡성이 증가되는 순서에 맞춘 다음과 같은 배열을 가정해보자. 교통신호→자연언어로 된 텍스트→시적 재능을 통한 심오한 창작. 만일 첫번째가 수신자에게 단의적으로만 이해될 수 있는 경우라면, 두번째는 단의적인('올바른') 이해를 지향하나 의미의 이중성을 허용하게 되는 경우, 세번째는 원칙상 단의성의 가능성을 배제하는 경우가 될 것이다. 여기서 또다시 부딪히게 되는 커뮤니케이션의 역설은 다음과 같다. 가장 높은 문화적 가치를 지니는 텍스트, 즉 전송이 확실하게 보장되어야만 하는 텍스트일수록 최소한의 전달 능력을 갖고 있는 것으로 판명된다.¹⁰

이 모든 것이 과연 체계의 '기술적 결함'의 문제일까? 가치 있는 텍스트의 이해 과정에서 부딪히는 난관, 혹은 성적 기능에 있

---

9 [옮긴이 주] '가장 중요한 것을 가장 복잡하게'라는 말로 요약될 수 있는 이런 역설은 이미 앞선 글 「집단적 지성으로서의 문화와 인공지능의 문제」에서 다루어진 바 있다. 거기서 커뮤니케이션상의 '몰이해'나 부정확한 이해——이는 종종 채널상에 개입하는 '잡음'의 결과로 발생한다——는 커뮤니케이션 체계의 결점을 증명하는 것이 아니라 그 체계가 지니는 복잡성, 즉 보다 복잡하고 중요한 문화적 기능을 수행할 수 있는 고도의 능력을 말해주는 징표가 된다. 외견상 모순적인 것처럼 보이는 이런 복잡화의 과정, 다시 말해 잡음과 몰이해의 필요 불가결성을 확증하는 작업은 로트만의 문화기호학의 본령에 해당한다.

10 [옮긴이 주] 교통신호 등에서 자연언어를 거쳐 시 예술 작품에 이르는 앞선 예에서 드러나는 것처럼, '제일 중요한 것을 가장 어렵게!'라는 창조적 커뮤니케이션의 역설은 무엇보다 확실하게 예술의 경우에서 드러난다. 가치 있는 텍스트의 이해 과정에서 반드시 부딪히게 되는 난관은 무엇을 뜻하며 그것은 왜 필요한가? 이 질문은 문화 메커니즘 안에서 '예술'이 차지하는 위상, 즉 예술의 역할과 기능을 해명하는 문제에 직결되는 것이다.

어서의 문화적 금기 같은 것들은 도대체 어떤 이득을 주는 것일까?

만족할 만한 대답을 얻기 위해서는 다음과 같은 사실에 주목해야 할 것이다. 전언의 전달이란 커뮤니케이션 메커니즘과 문화 메커니즘 전체의 유일한 기능이 아니다. 그와 더불어 커뮤니케이션/문화의 메커니즘은 새로운 전언을 생성하는 기능을 한다. 다시 말해 그것은 사유하는 개인의 창조적인 의식이 행하는 바로 그 역할을 수행하고 있는 것이다.

다음과 같이 가정해보자. 텍스트 T1이 단순히 연결 채널을 따라 A1에서 A2로 전송되는 것이 아니라 언어 L1 으로부터 언어 L2로 번역된다고 해보자. 만일 이 두 언어 사이에 단의적인 대응 관계가 존재한다면, 그러한 번역의 결과 얻어진 텍스트 T2 는 새로운 텍스트로 간주될 수 없을 것이다. 그것은 주어진 규칙에 맞게끔 본래의 텍스트를 변형한 것으로 규정될 수 있을 뿐이다. 즉, 텍스트 T1과 T2는 동일한 텍스트의 두 가지 판본으로 평가되는 것이다.

그러나 만일 상호 번역 불가능성의 관계에 놓여 있는 언어 L1에서 언어 L′로 번역이 수행되어야 한다고 가정해보자. 첫번째 언어의 요소들은 두번째 언어의 구조 속에서 단의적인 대응물을 발견할 수 없다. 그러나 문화적 관례의 질서 속에서—즉, 역사적 흐름에 따라 자연적으로 형성되었거나, 혹은 특별한 노력의 결과 정착된 문화적 관례 속에서—이 두 언어 구조 사이에는 조건적인 대응의 관계가 구축될 수 있다. 이는 실제의 문화적 과정에서 합법적이고 일반적인 현상이다. 소위 장르 간 접촉의 모든 경우(가령, 서사 텍스트를 영화화하는 경우)는 이런 합법칙성의 부분적인 실현에 해당한다.

서사 텍스트를 영화화하는 경우는 명백한 번역 불가능성에도 불구하고 번역을 행하려는 집요한 시도가 확인된다는 점에서 살펴볼 가치가 있다.

영화 서사의 언어를 언어로 된 내러티브 구조와 비교해보면 조건성↔도상성, 분절성↔연속성, 선형성↔공간성 등과 같은, 서로 간의 단의적인 번역 가능성을 완전히 배제하는, 조직화 원칙의 근본적 차이를 확인하게 된다. 각 언어가 서로 단의적으로 대응할 때는, 한 언어로 된 텍스트에 다른 언어로 된 또 하나의 텍스트가 대응될 수 있을 뿐이다. 반면 이 경우에 보게 되는 것은 다양한 해석들의 어떤 영역으로서, 그것의 경계 내에서 서로 다른 복수의 텍스트 집합이 원래 텍스트의 번역으로서 모두 동등한 자격을 갖게 된다. 만일 여기서 역-번역을 시도한다면, 그 어떤 경우에도 본래의 텍스트를 얻지 못할 것임이 분명하다. 바로 이런 경우가 새로운 텍스트들의 발생에 해당한다. 결국 서로 불일치하는 번역, 즉 조건적이고 대응적인 번역은 새로운 텍스트의 창조에 복무하는바, 그것이 바로 **창조적인 사유의 메커니즘**이다.

A1이 전언을 코드화할 때 사용한 언어와 A2가 그 전언을 해독할 때 사용한 언어 사이의 불일치, 모든 실제 커뮤니케이션의 불가피한 조건이라 할 이 [불일치의] 상황은 두 가지 이상적인 모델의 관점에서 접근 가능하다. 첫번째 모델은 이미 알려진(기지의) 전언들을 주어진 집단 내에서 순환시키려는 목적을 지닌다. 이런 입장에 따르면, 코드 K1과 코드 K2가 일치하는 것, 그리고 그들 간의 모든 차이가 해로운 소음으로 간주되는 것이 가장 이상적이다. 두번째는 커뮤니케이션 과정에서 새로운 전언을 창출하려는 목적을 가진다. 이런 관점에 따르면, 코드 간의 차이는 유용하게 기능하는 메커니즘, 그러나 본질적으로 구조적인 역설

에 기초하고 있는 메커니즘이 된다.

그중 기본적인 하나는 다음과 같다. 새로운 전언을 만들어낼 능력을 지니는 최소한의 조직체는 A1과 A2로 이루어진 모종의 커뮤니케이션 사슬이다. 창조적 행위가 이루어지기 위해서는, 그들 각각이 독립적인 개인성, 즉 코드들의 개별적인 위계와 기억의 구조를 지니는, 구조적으로 조직화된 닫힌 기호학적 세계가 되어야만 한다. 그러나 A1과 A2 사이의 커뮤니케이션이 가능해지기 위해서는, 이런 상이한 코드가 어떤 의미에서는 단일한 기호학적 개인성을 이루어야만 한다. 개별 요소의 독자성을 강화하려는 경향, 즉 그것들을 자족적인 단위체로 만들려는 경향과 더불어 그것들을 통합하려는 지향, 모종의 총체의 부분으로 만들려는 경향이 서로를 전제하고 서로를 배제하면서 구조적인 역설을 만들어낸다.

그러한 구성의 결과, 모든 부분이 동시에 전체가 되고 모든 전체가 또한 부분으로 기능하는 독특한 구조가 생겨난다. 이런 구조는 두 가지 측면에서 끊임없는 복잡화 과정을 거친다. 내적으로 이 구조는 모든 개별 요소를 독자적인 구조적 매듭으로 만들면서 동시에 복잡화하려는(즉, 기호학적 유기체로 만들려는) 경향을 지닌다. 한편 외적으로는 자신과 동일한 유기체들과 계속해서 접촉함으로써, 그것들과 함께 보다 높은 차원의 총체를 구성하고 그 자신이 이 전체의 부분이 되려는 경향을 가진다.[11]

그와 같은 구조는 두 가지 변이 형태로 전개될 수 있다. 우선 실제 인간 집단의 경우, 모든 개별 단위체는 자족적이고 반복 불

---

11 [옮긴이 주] 그 자신이 총체이자 총체를 이루는 부분이 되는 이런 이중적 상황을 라이프니츠의 단자 개념에 빗대 해명하고자 한 시도로, 이 책에 실린 글 「주체이자 그 자신에게 객체인 문화」를 참고하라.

가능한 인격적 세계로 변화하는 동시에 보다 높은 차원의 구성적 위계에 포함되려는 지향을 보인다. 즉 제각기 집단적인 사회 기호학적 개인성을 이루면서, 하나의 부분이 되어 보다 복잡한 단일체 속으로 진입하는 것이다. 개별화와 일반화의 과정, 개개 인간을 보다 복잡한 전체로 바꾸고 동시에 더욱 세분화된 부분으로 바꾸는 과정이 나란히 펼쳐진다.

다른 한편으로, 모든 예술 텍스트가 바로 그와 같은 방식으로 구축된다. 다름 아닌 예술 속에서 모든 부분은 모종의 닫힌 총체를 형성하는 한편, 동일 차원의 다른 구조들과 함께 통합되면서 보다 복잡한 전체 구성의 부분으로 포함되려는 경향을 지니는 것이다(이 법칙은 상대적으로 덜 명확하기는 해도 비예술 텍스트에 또한 적용될 수 있다).

이 과정은 두 가지 차원에서 실현된다. 가령, 텍스트의 차원에서는 연작이라는 현상으로 나타날 수 있다. 발자크의 『인간 희극』이나 졸라의 『루공-마카르 총서』의 예에서 보듯, 단편소설이 합쳐져서 연작장편소설이 되는 경우도 가능하다(시리즈의 유형은 실로 다양한데, 가령 출판 단계에서 만들어진 시리즈라도 사실상 독자에게는 온전한 전체로서 주어지게 된다). 이런 관점에서, '1860년대 『조국잡기』 산문'의 유형이라든지 '『신세계』 산문'의 유형[12] 등은 분명 역사-문학적인 텍스트 현실로 볼 수 있다(물론 특정 출판사를 통한 출판이 우연적 성격을 띠는 작가의 경우에는 그렇지 않을 수도 있다). 이 과정은 시에서 더욱 명백하게 드러난다. 사이클, (단일한 텍스트, 가령 구성과 같은 전형적인 자질을 지니는) 문집, 특정 시인, 시인 그룹, 한 시대의 시인들의 창작 전체를

---

12 〔옮긴이 주〕『조국잡기』, 『신세계』는 19세기 러시아 문단에서 유명했던 문학 잡지의 이름이다.

하나의 텍스트로 묶는 것 등은 시에서는 익히 알려진 현상이다.

한편, 반대의 과정도 동시에 전개된다. 소설이 거대해질수록 개별 장은 구조적으로 더욱 폐쇄적이 되며, 시의 사이클이 통합적일수록 시구, 단어, 음운은 더욱 중후해진다. 텍스트의 극단적인 확장(시대의 텍스트적 '대위법')과 함께 텍스트 의미 단위의 자동화·절대화·독립적인 자족성 등으로 특징지을 수 있는 20세기의 예술은, 이에 대한 분명한 예가 될 것이다.

그러나 이런 과정은 코드의 차원에서도 일어날 수 있다. 모든 텍스트는 다중적으로 코드화되어 있다(이중 코드화는 최소한의 구조다). 의미 조직화의 충돌은 이미 개별 텍스트-조직체 사이에서가 아니라 텍스트 내부에서 실현되는 언어들 사이에서도 벌어진다. 다양한 예술을 서로 섞으려는 의지—이는 고대 사회의 [제설]혼합주의적 행위에서 현대의 사운드 영화, '재현' 시 등을 아우른다—와 개별 예술 형식의 자족성과 독자성을 보존하려는 경향(웨스턴 영화나 탐정 소설처럼 자신의 장르 법칙에 국한된 구성을 보여주는 경우들이 그 예다)이 이런 과정의 양방향적인 성격을 잘 보여준다.

텍스트적 양태의 기호학적 특징과 인격적 양태의 기호학적 특징 간의 일정한 대응 관계는 모든 차원의 텍스트를 [일종의] 기호학적 인격으로, 모든 사회문화적 차원에 놓인 인격을 [일종의] 텍스트로 정의할 수 있도록 해준다.

의미 형성은 정적인 체계에서 발생하지 않는다. 의미 형성 행위가 일어나기 위해서는, A1과 A2로 이루어진 커뮤니케이션 체계 속에 어떤 전언이 도입되어야만 한다. 마찬가지로, 어떤 구조적인 텍스트가 새로운 의미를 발생시키기 시작하려면, 반드시 커뮤니케이션 상황에 편입되어야만 한다. 즉, 그런 상황에서만 하부 구조들 간의 기호학적 교환과 내적 번역의 과정이 발생하게 되는 것이다. 이로써 알 수 있는 것은, 창조적 의식의 행위는 언제나 커뮤니케이션 행위, 즉 교환 행위라는 점이다. 창조적인 의식은, 이런 점에서, 최초의 전언이 교환의 과정 중에 새로운 것으로 바뀌는 정보적 교환 행위로 정의될 수 있다. 창조적 의식은 완전히 고립된 체계, 즉 단일 구조적이고 정적인(교환을 위한 내적 여분을 지니지 않는) 체계의 상황에서는 불가능하다.[13]

이제까지 언급한 것들로부터, 문화의 비교 연구 및 문화적 접촉에 관한 몇 가지 핵심적 결론을 도출할 수 있다.

문화의 내적 발전은 외적 텍스트의 항시적인 유입 없이는 불가능하다. 그런데 이 '외부'라는 것 자체가 복잡하게 조직화된 것이다. 그것은 해당 문화 내부의 어떤 전통이나 장르의 '외부'일 수도 있고, 모종의 메타언어적 자질을 통해 구획된 특정 영역(원)의 '외부'일 수도 있다(이 메타언어는 해당 문화 내부의 모든 전언을, 문화적으로 존재하는 것(예컨대, '높은,' '가치 있는,' '문화적인,' '근원적인' 것)과 존재하지 않는(종말론적인) 것(예컨대, '낮은,' '가치 없는,' '낯선 종류의' 것)으로 나눈다. 마지막으로 그것은 다른 민족이나 문화, 혹은 타 지역의 전통으로부터 도입된 낯선 텍스트일 수도 있다. 문화의 발전은 창조적 의식의 행위와 마찬가지로 교환의 행위이며, 그것은 언제나 '타자', 즉 이 행위 수행의 파트너를 전제한다.

---

13 〔옮긴이 주〕 텍스트가 새로운 의미를 발생시키기 위해서는 반드시 커뮤니케이션 상황에 편입되어야만 한다. 이때 커뮤니케이션 상황에 '편입'되어 있다는 것은 해당 텍스트가 이미 스스로에게 '낯선' 다른 텍스트들과 접촉 및 교환 행위를 수행하고 있다는 것을 뜻한다. 요컨대, 대화적 소통의 상황 자체가 개별 언어의 확립에 선행하는 본래적 사태인 것. 로트만의 '기호계semiosphere' 개념은 주지하듯이, 이와 같은 원초적인 존재 상황을 개념화하려는 시도에 해당한다. 말하자면, 그것은 (인간을 포함한) 모든 개별 텍스트가 태어나고 살아가며 기능하는 '생존의 장'인 것이다.

이는 두 가지의 교차하는 과정을 삶에 불러일으킨다. 우선 문화는, 자신의 상대자를 요청하는바, 언제나 그 자신의 힘으로 이 '타자,' 그러니까 세계와 텍스트를 다르게 코드화하는 또 다른 의식의 담지자를 창조해낸다. 이렇듯 문화의 중심부에서—해당 문화 자체의 지배적인 코드들에 대립되는 방식으로—창조된 이미지는 문화 밖으로 외재화되고, 문화 외적인 세계로 투사된다.[14] 이에 대한 전형적인 예로, '이국' 문화를 대상으로 한 유럽인들의 민족지학적인 묘사(한때 러시아 문화도 이런 이국 문화에 포함된 적이 있다)나 게르만인들의 일상에 대한 타키투스G. Cornelius Tacitus의 묘사를 들 수 있다.[15] 다른 한편, 해당 문화의 내부 세계에 외부의 문화적 구조를 도입하는 모든 경우는 [그들 간의] 공통 언어를 수립함으로 전제로 하며 이는 다시 그들 간의 통합을 요구하게 된다. 외부 문화와 소통하기 위해서 문화는 자신의 내부 세계에 외부 문화의 이미지를 통합해야만 한다. 이런 과정은 변증법적으로 모순적인 것이 될 수밖에 없는데, 그 이유는 다음과 같다. 외부 문화에 대한 내적인 이미지는 문화 세계와 소통할 수 있는 언어를 지니기 때문에 문화 세계에 통합될 수 있는 것이다. 하지만 커뮤니케이션상의 이와 같은 용이함은 복제되는 외적 대상이 지니는 특정한 측면, 흔히 자극체로서 그

---

14 [옮긴이 주] 로트만에 따르면, 모든 문화는 자신만의, 즉 자신에게만 고유한 '비문화'의 유형을 갖고 있다. 문화의 유형이 그렇듯이 후자는 결코 일차적이고 단일하며 항상 자기 동일적인 어떤 것이 아니다. 그것은 문화적 조직화의 영역과 마찬가지로 적극적인 창조의 산물인바, 문화는 비문화를 필요로 할 뿐 아니라 그것을 만들어낸다. 이 책에 실린 글 「문화의 기호학적 연구를 위한 테제들」을 참고하라.

15 [옮긴이 주] 타키투스는 고대 로마의 역사가로 『타키투스 연대기 The Annals; The Histories』를 썼다. 두 편의 주요 저작 이외에 『게르마니아 De Origine et situ Germanorum』라는 민족지학적 저술을 남겼는데, 로마 근교에서 발틱해에 이르는 지역에 거주했던 여러 게르만 부족들의 풍습과 법률, 전통을 묘사했다.

것이 갖는 가장 가치 있는 자질들을 불가피하게 희생시키게 된다. 예를 들어보자.

푸시킨이라는 시적 현상은 1820년대 초반의 문학가와 독자에게 전대미문의 혁신으로 받아들여졌다. 이 현상을 소화하는 일은 독자들의 의식 내부에 '푸시킨의 이미지'를 만들어낼 것을 요청했다. 이후 이 이미지는 문학의 독자적인 요인이 되었다. 실제적이고 역동적인 문학 현상으로서의 푸시킨과 독자들의 의식 사이에 놓인 그 이미지는 이중적인 역할을 수행했다. 즉 그것은 푸시킨의 세계를 연구하고 '번역'함으로써 푸시킨을 이해할 수 있도록 만들었지만, 다른 한편으로는 모든 새로운 것, 즉 해당 이미지에 부합되지 않는 모든 역동적인 것을 제거하고 단순화함으로써 결국은 몰이해를 창출했던 것이다. 이와 같은 푸시킨의 '분신'은 결코 정태적인 것이 아니었다. 시인의 실제 창작과 삶의 행위는 (이미지의 저항에도 불구하고) 계속해서 이 이미지를 변형시켰다. 반대로 이미지 자체가 푸시킨의 실제 행위와 창작에 영향을 주기도 했다. 즉, 푸시킨의 이미지는 실제의 푸시킨으로 하여금 자주 '푸시킨처럼' 행동하도록 강제했던 것이다. 한편, 시인의 죽음 이후에 이 이미지는 [스스로] 성장할 수 있는 능력을 드러내면서, 더욱 증대된 문화적 적극성을 띠게 되었다.[16]

---

16 [옮긴이 주] 여기서 푸시킨이라는 작가적 형상을 특정한 국가나 민족의 이미지로 바꿔놓고 생각해보면 흥미로운 시사점을 도출할 수 있다. 독자들의 의식 속에 형성된 푸시킨의 '이미지'가 수반하는 일정한 '왜곡'과 그로 인한 '몰이해'의 창출 문제와 더불어 주목해야 할 것은 그런 이미지의 효용과 불가피성이다. 즉, 역동적 실제 '현상'을 단순화된 '이미지'로 바꿔놓는 이 메커니즘은 분명 왜곡을 수반하게 되지만 동시에 그것은 푸시킨의 세계를 연구하고 '번역'함으로써 푸시킨을 이해할 수 있도록 만들어주는 필수적인 과정이기도 하다. 말하자면 이런 번역의 과정, 그러니까 문화가 자신 내부에 외부 문화의 '이미지'를 통합하는 과정은 외부 세계와 소통하기 위해 문화가 거쳐야 하는 필수적인 절차에 해당한다. 문제의 핵심은 바로 이런 '이해'의 과정 자체가 외부 문화가 지니는 고유성(타자성)을 탈각시키게 된다는 것, 즉 '몰이해를 불러오게 된다는 점이

문화의 내적 언어로 번역됨으로써 더 이상 '낯설지' 않게 되어야만 하는 동시에 (문화의 내적 언어로 번역되지 않는) '낯선 것'으로 남아 있어야만 하는, 이미지의 이런 이중적인 역할은 매우 복잡한 충돌, 때로는 비극적인 결과를 낳기도 한다. 가령, 러시아 대 서구라는 논쟁적 대립은 러시아의 서구파라는 유형을 만들어냈다. 문화의 내적 충돌의 과정에서 이 형상은 서구의 '대변자' 역할을 수행했다. 사람들은 자신이 서구를 이해하는 바에 따라 서구파를 비판했고, [반대로] 또 서구파를 보고 [그에 근거해서] 서구를 비판했다. 그러나 러시아의 서구파는 당대의 실제 서구인과 닮지 않았을 뿐더러, 사실상 서구에 대해 거의 알지 못했다. 러시아의 서구파는 자신이 관찰한 러시아의 현실에 대립하는 방식으로 서구를 구성해냈던 것이다. 그것은 이상적인 것이긴 했지만 실제의 서구는 아니었다.[17] 슬라브주의자와 기타 전

다. 요컨대 우리는 이해하는 과정에서 불가피하게 몰이해를 창출할 뿐 아니라 어떤 점에서는 몰이해를 통해서만 이해할 수 있는 것이다. 이런 역설적 이중성은 타문화의 수용에 있어서도 본질적이다. 가령, 바이런이라는 영국 시인이 러시아 문화에 들어오기 위해서는 문화적인 대역, 즉 러시아와 영국 문화 모두에 접해 있는 '러시아의 바이런' (이것은 모순어법이다)이 필요하다. 즉 그는 '러시아인'이 되어 러시아 문학의 내적 과정에 유기적으로 포함되어야 하지만 동시에 그가 러시아 문학의 맥락 속에서 '기능'하기 위해서 반드시 영국의 시인으로 경험되어야만 했던 것이다. 이런 역설적 과정을 염두에 둔다면, 타문화의 이해 과정에서 발생하는 '왜곡된' 이미지만을 강조해 비판하는 일(가령, 오리엔탈리즘의 전략)은 오히려 순진하다. 이해의 불가피한 선행 조건으로서 '만들어진' 이미지는 계속해서 변화하는 역사적 산물일 뿐 아니라 대상 자체에 역으로 영향을 끼치는(푸시킨의 이미지는 실제의 푸시킨이 그 이미지에 따라 행동하게끔 만든다) 적극적인 문화 기제로서 작용한다.

17 [옮긴이 주] 러시아의 서구파에게 이런 '상상된' 서구의 이미지가 왜 필요했는지는 충분히 예측 가능하다. '러시아 아닌 것'을 구성해내는 이런 과정은 결국 러시아라는 나라의 '정체성'을 구축하는 과정과 동시적인 것이었다(전자는 후자의 표현이다). 즉, 러시아에 대한 관념의 반대항으로서 서구는 구성될 필요가 있었던 것이다. 대표적인 서구주의자이자 유럽적 교양인이었던 게르첸의 다음 구절은 이를 명료하게 요약한다. "우리는 이상, 비난의 대상, 본보기로서의 유럽을 필요로 한다. [……] 만일 유럽이 그렇지 않다면 우리는 그런 유럽을 창조할 필요가 있을 것이다."

통주의자, 민족적 독자성의 옹호자들은 시시코프나 시흐마토프-시린스키처럼 독일의 대학교에서 교육 받은 사람들이거나 혹은 튜체프나 레온티예프K. Leont'ev처럼 외교관으로 평생을 외국에서 보낸 사람들이 대부분이었다. 반면 서구식 계몽의 옹호자였던 러시아인들은, 푸시킨처럼 유럽에 가본 적이 아예 없거나 벨린스키처럼 실제로 그곳에 가본 뒤 서구에 완전히 냉담해져버린 사람들이었다. 이는 절대 우연이 아니다. 러시아의 서구파와 실제 서구의 만남은, 그들의 반대자들(슬라브주의자들)과 러시아의 실제 현실 간의 만남이 그랬던 것처럼 비극적인 환멸을 동반했다.[18] 그럼에도 불구하고, 만일 이런 현상들이 러시아 문화의 내적 구조 속에 존재하지 않았다면, 러시아가 자신의 경계 밖에 놓인 문화 맥락을 문화적으로 겪어내는 일 역시 불가능했을 것이다.

문화적 접촉의 본질적인 측면은 상대자를 명명하는 일, 즉 그를 '나의' 문화 세계 안으로 흡수해 '내 식으로' 코드화함으로써, 나의 세계상 안에 그것의 자리를 지정하는 일이다. 이에 비견될 수 있는 것은 타 문학의 특정 장르를 몇몇 친숙한 장르적 개념을 통해 식별하는 일, 즉 낯선 문화적 행위를 익숙한 코드 체계 속에서 해독하거나 다양한 문학적 형식을 조건적으로 동일시하는 일이 될 것이다(예컨대, 러시아와 프랑스의 알렉산드리아 시를 상호 번역하면서 상대적인 대응 관계를 구축하는 일이 그러하다).

---

18 〔옮긴이 주〕 수개 국어에 능통한 페테르부르크의 코스모폴리탄이자 서구식 계몽의 사도였던 작가 폰비진은 18세기 말 실제로 유럽을 여행한 후 쓴 인상기에서 프랑스 파리를 "허영과 겉치레의 도시," "피상적 예절과 관습"이 지배하는 "도덕적으로 부패하고 거짓과 위선에 가득 찬 도시"로 묘사했다. 한편 이런 식의 변모는 게르첸의 여행 스케치 「프랑스와 이탈리아로부터의 편지」(1847~52)와 도스토옙스키의 유명한 에세이 「여름의 인상에 대한 겨울의 수필」(1862)에서 그대로 반복된다.

하지만 그 반대도 가능하다. 커뮤니케이션 과정에서 외적 상대자가 내게 부여한 이름으로 나 자신을 재명명하는 경우가 바로 그것이다. 이런 현상은 논쟁의 상황에서 매우 전형적이다. 논쟁의 과정에서 적대자가 내게 붙인 별명은 '나'의 언어 속으로 침투·흡수되고, 그에 따라 [본래의] 파괴적인 성격을 잃고 긍정적 성격을 획득하게 된다. 모든 논쟁은 대립자들 간의 공통 언어를 요청하는바, 이 경우에는 상대편의 언어가 공통 언어가 되는 것이다. 그러나 동시에 그것은 문화적 병합의 과정을 겪게 되며, 이는 상대편을 기호학적으로 무장 해제시키는 과정을 동반한다. 예컨대, 벨린스키의 '자연주의 학파'라는 명칭은 본래 『북방의 벌』이라는 잡지를 간행했던 불가린이 고안한 것으로 애초에는 경멸적인 별명으로 사용되던 것이었다.[19] 논쟁의 과정에서 참여자들은 각자 무기를 교환했고, 이제 별명은 구호가 되었다('그래, 우리는 스키타이인이다! 그래, 아시아인이다, 우리는······.'이라는 블로크의 시구와 비교하라). 이런 현상은 민족 별칭ethnonym의 역사에서 잘 알려져 있다.

문화가 스스로를 규정하고 이름 붙이는 행위의 역사, 그리고 커뮤니케이션 주체의 경계를 설정하고 문화적 상대자로서 '타자'를 구성해내는 과정은 문화기호학이 다루는 가장 근본적인 문제 중 하나다. 그러나 무엇보다 강조할 것은 다음과 같다. 의식의 역동성은 문화의 모든 차원에서 또 다른 의식의 존재를 요청한다. 이 다른 의식은, '타자'와 충돌하는 과정에 놓인 문화적 주체가 새로운 텍스트들을 만들어내면서 더 이상 그 자신이 아니게 되는 것과 마찬가지로, 스스로를 부정하면서 더 이상 '타자'가

---

19 모르도브첸코Н. И. Мордовченко, 『벨린스키와 그 시대의 러시아 문학Белинский и русская литература его времени』, М.: Л., 1950. 225쪽.

아니게 된다. 인격 혹은 문화의 내재적 발전과 〔외적〕 상호 작용을 구분하는 일은 오직 추상적으로만 가능하다. 현실 속에서 그것들은 서로 변증법적으로 얽혀 있는바, 말하자면 단일한 과정의 상호 교차하는 측면이라 할 수 있다.[20]

외적 맥락으로부터 특정한 텍스트가 수용되는 원인을, 해당 문학의 내적 발전의 관점에서 그 텍스트가 특별히 적합한 것으로 간주된 탓으로 돌리는 견해가 널리 퍼져 있다. 이런 견해를 뒷받침하는 것은 두 가지 종류의 관념이다. 우선, 역사적 과정을 섭리주의적이거나 결정론적 관점에 입각해 파악할 때, 역사는 연구자가 이미 알고 있는 어떤 지점을 향해 움직여가는 것으로 간주된다. 역사적 과정에 단지 실현되지 못했을 뿐 얼마든지 가능한 다른 유형이 포함될 수 있는 근원적인 가능성은 전혀 허용되지 않는다. 가령, 이런 관점에서는, 러시아 문학은 태어나기도 전에 이미 단 하나의 가능성만을 지니고 있을 뿐이다. 즉 19세기의 톨스토이와 도스토옙스키에게 이르는 길이 바로 그것이다. 그렇게 되면 바이런이나 실러, 루소나 볼테르 또한 이 과정의 촉매 역할을 수행하기 위해 역사적으로 예정된 것이나 다름없게 된다. 물론 그런 식으로 단언할 수 있는 사람은 많지 않을 것이다. 하

---

20 〔옮긴이 주〕 문화의 내재적 발전과 외적인 상호 작용을 단일한 과정의 상호 교차하는 측면으로 파악하는 로트만의 이런 견해는, 또다시 '기호학적 인격'으로서의 문화라는 그의 개념을 떠올리게 한다. 즉, 내적 과정과 외적 과정의 분리 불가능한 일체성은 문화의 특징이자 동시에 '인격'의 특징인 것이다. 한편, 개인의 (주관적) 심리를 한 인격체의 '내부'에 가두는 것에 반대하고 그것의 실존을 내부와 외부 세계 사이의 '경계' 지대에서 벌어지는 사건으로 파악하려는 지향은, 주지하다시피, 바흐친/볼로시노프의 전형적인 입장이다. 그에 따르면, 뇌는 나의 내부에 있지만 나의 심리는 이미 나의 것이 아니다. 주관적 심리는 개체와 외부 세계 사이의 어떤 지점에, 즉 두 개의 영역을 분리시키는 경계선상에 자리하고 있다. 타자로 대변되는 외적 세계와의 접촉 및 상호 작용의 실존적 필요성은 바흐친의 인격(/자아) 개념을 지탱하는 원칙이면서 동시에 로트만의 문화 개념을 뒷받침하는 논리이기도 하다. 타자와의 대화적 공존 및 소통이 자아의 존립에 필수적인 것처럼 타문화와의 상호 작용은 문화의 정체성에 필수적이다.

지만 그럼에도 꽤 많은 사람들이 정말로 그런 전제에서 출발하는 것처럼 판단하고 있다. 한편, 훨씬 더 자연스러운 다른 가정도 가능하다. 즉, 실제로 일어난 일을 유일한 가능성으로 보고, 사실로부터 법칙을 도출하는 것이다(여기서 기억할 것은, 문화사를 연구하는 사람이 다루는 사실이란 거의 언제나 매우 독특한 것, 즉 가설적-통계적 처리에 부합하지 않거나, 혹은 너무 적은 수치라 그런 처리 자체 자체를 신뢰할 수 없는 사실이라는 점이다). 그 결과 연구자는 문화적 콘텍스트의 특정 사실(가령, 러시아 낭만주의에 미친 바이런의 영향)을 지적하면서, 그에 선행하는 역사적 질료를 바로 그와 같은 [유일한 가능성의] 관점에서 파악한다. 즉, 바이런의 영향은 자연스럽게 모든 선행하는 질료들의 필연적인 수렴점이 되는 것이다. 연구자가 부과한 메타언어가 질료에 미친 영향이, 마치 문화적 과정의 내재적 법칙성을 밝혀낸 것인 양 받아들여지게 되는 것이다.

여기서 간과되고 있는 것은 하나의 상식적 판단이다. 만일 모든 문화적 접촉의 의미가 아직 도달하지 못한 어떤 지점에 이르는 것, 즉 예정된 방향을 따라 문화의 진화를 가속화하는 일에 있다면, 역사의 발전 과정에서 문화적 구조의 잉여성은 극단적으로 증가할 수밖에 없을 것이다(이같은 사고는 풍부한 내적 가능성을 지니는 '젊은' 문화와 이미 그것을 소진한 '낡은' 문화라는 식의 개념에 여전히 남아 있다. 이런 개념은 비록 시적인 가치는 지닐지언정 학문적인 가치는 지니지 못한다). 그렇게 되면, 문화적 접촉과 관련된 모든 사실이 잉여성을 증가시키게 될 것이고, 그 결과 문화적 과정의 예측 가능성 또한 여지없이 증가할 것이다. 그러나 이런 가정은 현실과 맞지 않을 뿐 아니라, 정보 메커니즘으로서 문화가 지니는 가치에 관한 보편적 사고에도 대립되는 것이다.

실상 확인되는 것은 정반대의 과정이다. 문화적 발전의 모든 걸음걸음마다, 문화의 정보적 가치는 소진되는 것이 아니라 오히려 증가한다. 즉 그것의 내적 불확정성을 줄이는 대신 높이게 되는바, 이렇게 해서 수행 과정에서 실현되지 못하고 남겨진 가능성의 목록 또한 증가한다. 이 과정에서 문화적 가치의 교환은 대략 다음과 같은 기능을 수행하게 된다. 매우 큰 내적 불확실성을 지니는 체계 속으로 외부에서 어떤 텍스트가 도입된다. 그것은 (졸코르스키-쉐글로프Zolkorsky-Scheglov가 말하는) 어떤 헐벗은 '의미'가 아니라 텍스트이기 때문에, 스스로 내적 불확정성을 가진다. 말하자면 특정한 언어의 물화된 실현이 아니라 다언어적인 조직체로서, 다양한 언어를 통해 각기 다른 해석에 처해질 수 있는 것이다. 뿐만 아니라 그것은 내적으로 모순적이며, 새로운 맥락에서는 완전히 새로운 의미를 꺼내놓을 수 있는 능력을 갖고 있다.

그와 같은 [외부 텍스트의] 침투는 체계의 내적 불확정성을 현저하게 증가시켜, 비약적으로 증가된 비예측성을 다음 단계에 부여하게 된다. 하지만 자기 조직적 체계로서의 문화는, 항상 메타구조의 차원에서 자신을 단의적으로 예측 가능한, 엄격하게 구조화된 어떤 것으로 기술하기 마련이다(이는 비평가, 이론가, 넓게는 법률가의 펜을 통해 이루어진다). 이런 메타기술은 언어의 역사에 문법이 투사되는 것과 비슷한 양태로 생생한 역사 과정에 투사되는바, 즉 메타기술이 역사적 과정에 역으로 영향을 끼치게 되는 것이다.

다른 한편으로, 그것은 문화사가의 자산이 되기도 한다. 문화사를 연구하는 사람은 이런 메타기술——이 메타기술이 담당하는 기능은 심층부에서 잉여적인 불명료함을 띠는 요소들을 엄격하게 질서화하는 것이다——을 문화 자체의 실제적인 조직과 동일시하려는 경향이 있다. 비평가들은 문학적 과정이 왜 **반드시 그렇게 진행되었어야만 했는지**에 관해 적는다. 부알로가 〔문학의〕 규범을 확립한 이유는, 실제 과정이 그와 다르게 진행되었기 때문, 즉 규범이 파괴되었기 때문이었다(그렇지 않았다면 부알로의 모든 기술은 의미를 지니지 못했을 것이다). 하지만 역사가들은 자신 앞에 놓여 있는 것이 실제 역사 과정을 기술한 것, 아니면 최소한 그 과정의 지배적인 윤곽이라고 가정한다. 17세기 러시아의 법률적 일상을 연구하는 역사가가 당시 러시아 정부에 의해 반복적으로 시행되었던 뇌물 금지령에 근거하여, 당시에는 뇌물이 사라졌다는 결론을 내릴 수는 절대로 없을 것이다. 반대로 그는 실제 삶에서는 뇌물이 횡행했다고 말해야 할 것이다. 하지만 문학사의 연구자들은 당대의 작가들이, 관직에 관한 법률을 준수한 17세기 관료들보다 훨씬 더 엄격하게 당대의 이론적 규범을 준수했다고 가정하는 것이 정당하다는 듯이 말하고 있다. 문화가 자신을 위해 스스로 만들어낸 메타기술은 토대가 되는 골조가 아니라 구조적인 극점의 하나일 뿐이다. 반면, 역사가에게 그것은 준비된 결론이 아니라 연구를 위한 재료이다. 그것은 또 다른 메커니즘들과 계속된 투쟁 관계에 놓여 있는 문화의 메커니즘 중 하나인 것이다.

1983

문화의 기억

문화연구는 애초에 문화사 연구에서 시작되었다. 최초의 문화 연구가들이 주의를 기울였던 것은 다름 아닌 시대들 간의 차이였던 것이다. 헬레니즘이나 중세, 르네상스, 낭만주의의 독자성은 그에 선행하는 시대와 그 뒤를 잇는 문화적 경험과의 대조를 통해 인식되었다. 이런 원칙은 논리적인 극단에 이르면 닫힌 문화의 이론을 도출하게 된다. 즉, 문화 간 소통이 (공시적, 통시적 차원 모두에서) 마치 '낯선 영혼'과의 불가능한 접촉처럼 받아들여지는 것이다. 하지만 진화론적 시각에서 볼 때, 지난 세기의 텍스트들이 지니는 가치의 문제는 명백한 이론적 난점을 제기한다. 해당 텍스트를 만들어낸 역사적 조건이 이미 먼 과거가 되었음에도 불구하고 그 텍스트가 여전히 적극적인 기능을 행하기 때문이다. 한편, 반대편 극단에는 문화에 관한 반역사주의적인 개념이 자리한다. 그것은 문화를 본질상 불변하는 현상으로 간주하고, 역사로부터 기인한 모든 것을 영원하고 무시간적인 어떤 본질을 덮고 있는 표층으로 치부한다. 이런 모순에서 벗어날 수 있는 길은 둘 중 어느 하나를 선택하는 것이 아니라 문제에 접근하는 완전히 새로운 방식을 정의하는 것일 터이다.

문화 현상은 일정한 관계 속에서 역설적이다. 문화가 역사적으로 변모될 수 있는 가능성, 즉 문화의 역동적 성격은 선입견 없는 모든 관찰자에게 명백한 것이다. 그런가 하면 문화를 구성하는 다양한 구성체가 역사적인 변모의 속도에 있어 차이를 지닌다는 점 또한 명백하다. 언어와 예술, 유행은 (다른 모든 것과 마찬가지로) '문화'라고 불리는 혼종적이고 다기능적인 복잡한 총체에 포함된다. 하지만 언어의 변화는 수세기에 걸쳐 일어나는 반면, 현대의 유행은 매년 자신의 코드를 바꾼다. 개념적인 질서 정연함을 위해 다양한 종류의 예술을 단일한 연대기적 프레임 안에 밀어넣으려는 연구자들의 모든 시도는, 분명 문제를 해명하기보다는 단순화하는 결과를 낳을 것이다. 문화의 바퀴는 상이한 속도로 굴러간다. 음악에서 낭만주의라 불리는 현상은 연대기적으로 문학적 낭만주의와 합치되지 않는다(않을 수도 있다). 요컨대, 문화의 구성소들이 시간의 개념, 특히 역사적 시간의 개념과 맺고 있는 관계의 원칙적인 차이를 지적하지 않을 수 없다. 기술의 역사, 넓게 물질문화의 역사 일반에서는 가장 최근의 단면이 '기능한다.' 모든 새로운 발명은 이전 것을 박물관으로 보내버린다. 직접적 기능의 측면에서, 과거의 것은 더 이상 사용되지 않을 것이다. 이런 점에서 기술사는 본래적 의미에서의 역사라 할 수 있다.

한편, 문화의 기호학적 측면(가령, 예술사)은 기억의 법칙을 떠올리게 하는 모종의 규칙에 따라 발전한다. 이 규칙에 따르면, 옛것은 파괴되어 비존재의 영역으로 사라지는 것이 아니라 선택에 처해진다. 즉 복잡하게 코드화되면서 보존 영역으로 넘어가게 되는데, 이는 특정 상황에서 다시금 출현하기 위해서다.[1]

---

1 〔옮긴이 주〕 문화를 일종의 집단적 기억(의 메커니즘)으로서 간주하는 견해는 로트만 기호학의 초창기에 이미 표명된 바 있다(논문 「문화의 기호학적 메커니즘에 관하여」 참고). 사실 기억이 지니는 '사회적' 성격, 특정 집단의 정체성 형성에 있어 공통 기억이

모든 시대의 사람들은 언제나 가능한 한 그 시대의 기술, 다시 말해 최신의 기술을 사용하고자 한다(만일 이것이 무슨 이유에선가 불가능해진다면, 그들은 '지체'된 상황에 처하게 될 것이다). 그러나 시와 소설의 독자, 혹은 박물관의 관람객이 지체되지 않기 위해서 과거의 명작으로부터 고개를 돌려야 한다는 순진한 생각을 할 수는 없을 것이다. 이른바 역사적 문학 연구(이 용어의 표층적인, 그러나 매우 널리 퍼진 이해에 따라)라는 것은, 가령 1830년대의 문학이라 한다면, 그것을 해당 시기에 창작된 작품으로 여긴다. 그 시기의 독자들이 여전히 1810~20년대 낭만주의자들의 책을 읽고 있었다는 사실이며, 당시의 독자와 작가에게는 셰익스피어와 세르반테스가 마치 살아 있는 인물처럼 여겨졌다는 사실, 1830년대 레르몬토프의 창작은 사실 많은 부분에서 19세기 후반 독자들의 자산이 되었다는 사실에도 불구하고, 문학적 삶의 이같은 현실은 통시적 체계 속에서 사장되어버리는 것이다. 1830년대의 문화가 가깝거나 먼 과거로부터 자신에게 적절한 텍스트들을 추려낼 수 있게끔 하는 기억의 코드는, 새로운 텍스트를 만들어냈던 코드와 마찬가지로 당대의 현실에 속하는 것이다. 과거의 다양한 텍스트를 끊임없이 현실화하는 것, 문화의 공시

행하는 역할과 의미를 처음으로 강조했던 사람은 프랑스의 사회학자 알바쉬 M. Halbwachs였다. 알바쉬가 사회심리학자로서 기억의 사회적 틀을 부각시키고 기억과 정체성의 관계를 밝혔다면, 로트만은 기억의 '문화적' 차원 혹은 '기억으로서의 문화' 자체에 대한 기호학적 접근과 성찰을 시도했다고 볼 수 있다. 로트만은 문화를 "비유전적인 정보의 총체, 즉 전 인류 혹은 그보다 제한된 어떤 집단의 공통된 기억"으로 정의했다. 문화를 일종의 창조적인 기억 메커니즘으로 간주하는 그의 관점에서 가장 핵심이 되는 사항은 문화와 기억이 공유하는 하나의 특별한 자질인데, '저장(보관)'하면서 동시에 '(재)창조'할 수 있는 능력이 바로 그것이다. 즉, 문화와 기억은 공히 의미의 축전기accumulator이자 동시에 의미의 발전기generator인 것이다. 로트만은 이 글에서 보존하며 (재)창조하는 문화/기억의 이런 특성을 몇몇 원형적 '상징'의 역동적인 변모 과정을 통해 증명하고자 한다.

적 단면에 심층적인, 때로는 현저하게 고대적인 문화의 양태들이 (의식/무의식적으로) 변함없이 현전하는 것, 그리고 현재의 문화가 과거에 속하는 다양한 구조/텍스트와 적극적인 대화를 나누는 것—이 모든 것은 얄팍한 진화주의, 즉 지나가버린 문화의 옛것들을 화석화된 공룡처럼 간주하고 문화 발전의 엄격한 선형성을 적절한 연구 수단으로 간주하는 접근법에 의문을 던지도록 한다. 때로 문화의 '옛것'은 미래의 상태를 위해 '현재'보다도 더 큰 의미를 지닌다. 바로 그런 의미에서 체르니솁스키는 1855년의 러시아 문학에서 고골과 벨린스키의 작품이 당대의 다른 작품들보다 훨씬 더 '동시대적'이라고 간주했고, 이렇게 적었던 것이다. "자문해볼 필요가 있다. 이 관 속에 정말 시신이 누워 있는가? 혹시 산 사람을 매장한 것은 아닌가? 최소한, 살아 있는 사람이라 불리는 많은 이들보다 이 죽은 자들 가운데 더 많은 삶이 있는 것은 아닌가?"[2]

집단적 기억의 형식 중 하나로서, 문화는 시간의 법칙에 종속되는 동시에 시간의 흐름에 저항하는 메커니즘을 내놓는다(여기서, 그리고 이후에 문화에 관해 언급하면서 염두에 둘 것은 이 복잡한 개념의 전 차원이 아니라 그것의 기호학적 측면이다). 기능하는 것은 가장 최근의 단면이 아니라 심대한 깊이를 지닌 문화의 지층 전체이다. 과거로 점점 더 깊이 파고듦에 따라, 때로 능동성의 화로가 급격하게 타오른다. 수세기 전의 텍스트가 다시 '상기(想起)되면서' 동시대화한다. 바로 그렇기 때문에, 고골은 주저 없이 월터 스콧과 호메로스를 당대의 가장 중요한 두 명의 작가로 꼽았던 것이다.

---

2 체르니솁스키H. Г. Чернышевский, 『러시아 문학의 고골 시대에 관한 에세이Очерки гоголевского периода русской литературы』, М., 1984. 36쪽.

한편, 문화의 다양한 단계 사이의 내적 소통이 가능해지는 이유는 총체적 기억으로서의 문화 속에 내적 기억의 개별 구조들이 스며들어 있기 때문이다. 문화의 외적 기억이 인류의 지난 경험에 관한 기억이라면, 내적 기억은 문화의 과거 상태에 관한 기억이라고 할 수 있다. 본 논문에서는 바로 이 측면을 살펴보고자 한다.

* * *

모든 기능하는 커뮤니케이션 체계는 집단의 공통 기억이 존재함을 전제로 한다. 공통의 기억 없이는 공통의 언어도 불가능하다. 하지만 상이한 언어는 상이한 성격의 기억을 전제하기 마련이다. 이런 상황에서 논점은 기억의 공시적 용량과 더불어 통시적 깊이에 놓이게 된다. 고로 다음과 같이 규정할 수 있다. 언어가 복잡해질수록, 그러니까 언어가 보다 압축적인 정보를 전달·생성할 수 있는 능력을 갖게 될수록 그 체계는 점점 더 심층의 기억을 지녀야만 한다.

심층적 기억을 보장하는 것은 언어적 요소의 존재다. 그런데 이 요소들은 첫째, 변화할 수 있어야 하고 (완전한 불변성은 기억을 불필요한 것으로 만든다), 둘째, 가변체/불변체의 체계 속에서 보존될 수 있어야 한다. 그 결과 하나의 요소가 체계의 다양한 상태를 관통하면서 그것들을 서로 이어주는 것처럼 보인다. 그런데 이를 위해서는 요소가 상대적인 독자성, 즉 구조적 맥락으로부터 분리될 수 있는 능력을 지녀야만 한다. 각각의 공시적 맥락 안에서 그것은 마치 '타자'처럼 기능하는바, 즉 선행하는 구조적 맥락을 재생시키는 메커니즘으로 기능하는 것이다. 하지만 일련의 구조적 맥락을 살펴볼 때 분명해지는 것은, 그것이 한편으로 안정적이지만 동시에 이런저런 역동적 코드를 통해 읽힘으로써 끊임없이 변화하게 된다는 사실이다.

간단한 예로, 문화의 이른바 영원한 형상을 들 수 있다. '파우스트 박사'라고 지칭되는 특정한 문화 복합체는 수세기 동안 이어져 내려오면서 모종의 불변체적 성격을 보존해왔다. 동시에 그것은 역사적으로 자신이 속한 문화적 맥락을 우리의 의식 속에서 끊임없이 재구성한다. 각각의 시대에 그것은 마치 다른 시간대로부터의 인용처럼 여겨진다. 동시에 '상이한 시대를 관통하는 이미지로서의 파우스트'라는 문제를 설정하게 되면 그것의 불변체적 성격이 두드러지지만, 다시 이 불변성은 독일의 민중 서적에 등장하는 파우스트가 크리스토퍼 말로, 괴테 혹은 토마스 만의 그것〔파우스트〕과 다르다는 사실을 강조해줄 뿐이다. 이렇듯, 그 형상은 문화의 공시적 맥락을 이루는 유기적 성분으로서 문화적인 적극성을 지니게 된다.

본질상, 자연언어의 어휘부터 복잡한 예술 텍스트에 이르기까지의 모든 의미 있는 요소의 기능 법칙 또한 마찬가지다. 여기에서는 의미를 지니는 어떤 요소가 기억술의 역할을 수행할 수 있게끔 하는 기능을 상징적 기능이라 정의하고자 하며, 나아가 과거의 맥락에 관한 기억을 자신 안에 응축·보존·재구축할 수 있는 능력을 지니는 모든 기호를 상징이라 부를 것이다. 사실상 모든 텍스트가 그와 같은 기능을 수행할 수 있다. 가령, 어떤 생존하는 사람의 이름(1810~20년대의 유럽 문화에서 괴테라는 이름)은 지나간 시대에 관한 모종의 기억을 당대에 가져올 경우 상징적 의미를 획득할 수 있다. 연령의 문화적 역할도 여기서 나온다. 기억과의 단절을 지향하는 시대에는 적극적인 연령대가 '젊어진다'(18세기 프랑스 혁명기, 나폴레옹 전쟁기, 일반적인 혁명의 시기 등을 보라). 만델시탐은 바라트인스키를 인용해 다음과 같이 적었다. "내게 가부장은 아직도 먼일 Isho mne dal'eko do patriarkha"(바라트인스키의 원래 구절은 다음과 같다. "내게 가부장은 여전히 고대가 되지 않았다 Isho kak patriarkh ne dreven ja"). 톨스토이의 이미지가 생전에 이미 상징화되었던 것과는 달리, 도스토옙스키에게는 그런 과정이 사후에 일어났던 점도 흥미롭다.

　문화적 기억이 응축된 정도에 따라 단순한 상징과 복잡한 상징을 구분했던 터너 V. W. Turner의 연구를 상기해볼 필요가 있다. 그는 극도로 고대적인 형식들, 가령 공간-기하학적이고 음성적·제스처적인 형식은 간단한 상징에 포함시킨 반면, 복잡한 상징에는 복합적인 종교·문화적 상징을 포함시켰다. 그런데 터너의 지적에 따르면, 단순한 상징은 매우 복잡하고 다층적인 내용, 그러니까 맥락에 따라 의미를 변화시킬 수 있는 능력을 갖는 반면 복잡한 상징은 항시적이고 단층적인 의미론을 갖게 마련이다. 결국, 터너의 말에 따르면 단순한 상징이 복잡한 상징에 비해 훨씬 더 큰 의미론적 용량(우리의 관점에서 보자면, 문화적 기억을 축적할 수 있는 높은 용적률)을 지니는 것이다. '복잡한 상징적 형식, 예컨대 조각상이나 신전 등에는 단순한 의미가 담겨 있는 반면, 백묵이나 적토로 그려진 기호(터너의 작업 대상이 아프리카의 자료였음을 기억하라)처럼 단순한 형식은, 거의 모든 제의적 상황에서 고도로 다의적인 내용을 가진다는 사실은 전혀 이상할 것이 못 된다. 일정한 색깔과 윤곽, 구조나 대립을 갖는 단순한 형식은 [……] 축자적, 혹은 비유적으로 수많은 현상과 개념을 서로 관련지을 수 있다. 이와는 반대로 복잡한 형식은—감정적 지각의 차원에서—이미 다수의 대립을 거쳐왔으며, 이는 복잡한 형식의 임무를 축소하고 제한한다. 아마도 바로 그렇기 때문에, 십자가, 연꽃, 반달, 방주 등과 같은 거대 종교의 상징 형식은, 그 지시 대상이 신학 체계 전체를 포괄하고 있음에도 불구하고 상대적으로 단순한 형식을 띠고 있는 것이다.[3]

상징의 의미는 불변적인 어떤 것이 아니다. 문화의 기억 또한 마찬가지다. 그것은 본질상 변하지 않은 채 항상 동일하게 남아 있는 복잡한 전언의 집산이 아닌 것이다. 이런 점에서, '정보를 저장하다'라는 표현은 비유적 성격 때문에 오해를 유발할 가능성이 있다. 기억은 정보의 집산이 아니라 정보를 재발생시키는 메커니즘이다.

문화 속에 저장된 상징은 맥락(언어)에 관한 정보를 담지하는데, 이 정보가 '깨어나기' 위해서는 반드시 상징이 그 의미를 변형시켜줄 모종의 현대적 맥락에 투입되어야만 한다. 그러니까 재구축된 정보란 언제나 과거의 언어와 현재의 언어 사이의 유희를 통해 실현되는 것이다. 상징이 과거의 특정한 한 가지 언어와 맺는 결속이 강하면 강할수록(예컨대 알레고리), 의미론적 유희의 장은 그만큼 협소해지고, 심오한 기억의 발생기로서의 생산성 또한 낮아질 것이다. 고도로 단순한 상징은 의미를 식별해주는 갖가지 요소(색채, 음성, 기하학적 요소 등)와 관련될 수 있는 반면, 복잡한 상징, 즉 종교적·국가적(예컨대, 훈장)·예술적 상징화에 속하는 여러 상징은 흔히 단순한 상징들을 조합함으로써 구성된다. 한편 상징과 제의의 긴밀한 결합은, 조각상이나 그래픽 예술에서 발견되는 특정한 제스처나 포즈를 초보적인 상징으로 변모시킨다. 세월을 거치며 이들 상징은 앞서 지적한 변형

---

3 터너 B. Тэрнер, 『상징과 제의 Символ и ритуал』, М., 1983. 39쪽.

을 겪게 된다. 제스처의 역사에서 발견되는 이런 흥미로운 예를 터너의 민속학 연구에서 살펴보도록 하자.

그는 중앙아프리카의 점술에 관해 말하면서, 점술가가 갖가지 모양의 작은 조각을 채운 바구니를 가지고 어떻게 점을 치는지 묘사한다. 점술가는 바구니를 흔든 후에 조각들이 배치된 모양을 보고 최종적인 판단을 내린다. 터너에 따르면, '우리가 살펴볼 두번째 형상은 차무탕아Chamutang'a라고 불린다. 그것은 팔꿈치를 무릎에 댄 채 손으로 턱을 괴고 앉아 있는 남자의 형상이다. 차무탕아는 결단력이 없고 안정되지 못한 사람을 의미한다. 〔……〕 또한 차무탕아는 "무슨 일을 할지 모르는" 사람을 뜻한다. 그의 반응은 자연스럽지 않다. 정보 제공자에 따르면, 변덕스러운 그는 선물을 주는가 하면 인색할 때도 있다. 때로 그는 아무런 표면적인 이유도 없이 사람들 앞에서 격렬한 웃음을 터트리는가 하면, 때로는 단 한 마디도 하지 않는다. 그가 언제 분노에 휩싸일지, 언제 일말의 분노도 드러내지 않을지를 아무도 예측할 수 없다. 은뎀부족Ndembu은 행위를 예측할 수 있는 사람을 좋아한다(이는 결국 관습을 준수하는 사람을 높이 평가한다는 뜻이다—터너). 그들은 개방성과 항상성을 선호하며, 만일 누군가가 솔직하지 못하다고 느끼면, 십중팔구 마법사일 것이라고 가정한다. 이는 숨겨진 것은 잠재적으로 위협적이며 불길한 것이라는 사고의 재조명이다.'[4]

은뎀부족의 점술 제의에 사용되는 차무탕아 형상의 주요한 제스처 요소가 로댕의 조각상 「생각하는 사람」에도 역시 본질적이라는 사실은 쉽게 알아차릴 수 있다. 턱을 받치고 앉는 제스처의

---

4 터너 B. Тэрнер, 앞의 책, 57~58쪽.

상징주의는 너무도 견고한 것이라, 로댕의 조각상의 경우 별도의 설명을 필요로 하지 않을 정도다. 한층 흥미로운 사실은, 조각의 [예술적] 의도에 '최초의' 생각하는 인간을 묘사하려는 시도가 포함되어 있었다는 점이다. 여기서 지적인 사람의 전형을 만들어내는 것은 이마도 아니고, 신체의 비율도 아니다. 모든 의미는 오로지 포즈로 수렴된다. 다음과 같은 사실을 기억한다면 더욱 흥미로워진다. 기록에 따르면, '햄릿의 유형'을 만들어내기 위해서 데이비드 개릭D. Garrick[5]이 사용했던 것 역시 바로 그와 같은 전형이었다(이 경우에는 서 있는 인물로 바뀌었지만, 이런 변화는 여전히 보존되고 있는 원래의 제스처를 더욱 뚜렷이 부각시킬 뿐이다). '그는 깊은 생각에 잠겨 무대로 나왔다. 오른손으로 턱을 괴고 왼손으로 오른손 팔꿈치를 지탱하며, 발아래 땅을 내려다보았다. 그리고 오른손 팔꿈치를 여전히 왼손으로 지탱한 채, —만일 내 기억이 틀리지 않다면—턱을 괴던 오른손을 떼어내면서 이렇게 말했다. "사느냐 죽느냐"'(리히텐베르크G. C. Lichtenberg의 편지에서)[6]

거의 백 년 동안이나 유럽 무대에서 통용되었던 햄릿 유형의 제스처 견본을 만들어낸 것이 다름 아닌 개릭의 연기였음을 감안한다면, 위 구절은 각별히 의미심장하다.

은뎀부 족의 차무탕아와 햄릿, 그리고 로댕의 「생각하는 사람」 사이의 공통점은 무엇일까? 그들 모두의 불변체적 의미는 바로 선택의 상황에 처해진 인간이다. 은뎀부 족에서 선택의 상황이

---

5 [옮긴이 주] 18세기 영국의 연극 무대에서 활약했던 스타 배우이자 극작가로, 주로 셰익스피어 극을 전담했다. 새로운 연기 스타일을 확립, 런던 연극계에 새 바람을 불어넣었다. 햄릿은 데이비드 개릭의 가장 성공적인 배역 중 하나였다.
6 『서구 유럽 연극사Хрестоматия по истории западноевропейского театра』, Сост. и. ред. С. Москульского, М., 1995. 2권 157쪽.

란 수세기 동안 전해내려온 역할, 즉 관습을 거절함을 의미한다. 그와 같은 거절은 이미 그 자체로 부정적인 것으로 평가된다. 다시 말해, 그것은 확립된 질서의 파괴를 의미하는 마법과 관련되거나(은뎀부 족의 이해에 따르면, 모든 비합법적인 것은 악마적인 마법이거나 초자연적 힘의 긍정적 개입이다) 우유부단함과 이중성 같은 인간의 부정적 자질과 연관된 것이다. 이후의 유럽 문화에서는 바로 이 두 가지 자질이 행동적 유형에 대립하는 지적 유형과 결부된다는 점을 지적할 수 있겠다.

햄릿 역시 노선을 선택해야 하는 상황에 처해 있지만, 이때의 선택이란 의식하는 행위와 동일시된다. 의식한다는 것 자체가 이미 행위를 선택해야 할 필요성과 가능성으로 받아들여지는 것이다.

'노선을 선택하는 자'의 의미론은, 특히 그것이 무엇과 대립하고 있는지에 따라 달라질 수 있다. 가령 일반적 관례와 대립하는 경우, 생각하는 사람은 생각하지 않는 사람과 대비된다(변이형으로 개별적 의식의 담지자와 집단적 의식의 담지자 사이의 대립 또한 가능하다). 이 경우 두드러지는 것은 회의주의, 합리주의, 비판주의다. 이런 상황에서 노선을 선택하는 자는 파괴자, 즉 위험한 개혁자로 나타난다. 하지만 또 다른 대립도 가능하다. 이미 선택된 특정한 노선과 대립하는 경우, 노선을 선택하는 자는 망설이는 자, 다시 말해 결단력 있는 행동가에 대비되는 사색가가 될 수 있다. 이 경우 대립을 구성하는 것은 개인과 전통이 아니라 적극적 개인과 수동적 개인이다. 여기서 사유하는 자에게는 우유부단함, 망설임 혹은 심지어 표리부동함(이중성)의 자질이 부여된다. 투르게네프의 유명한 대립항인 햄릿과 돈키호테의 유형[7]이 바로 그런 경우로서, 작가는 거기에서 두 가지 근본적인 인간 유형 사이의 안티테제를 보고 있는 것이다.

분석을 통해 드러나는 사실은, 상징적 제스처가 현저한 변형 능력을 지닐 뿐 아니라 내용에 있어서 놀랄 만한 불변체적 성격을 갖는다는 점이다. 모든 의미의 스펙트럼은 본질상 이미 은뎀부 족의 점술가 형상 안에 잠재적으로 응축되어 있다.

단순한 상징과 복잡한 상징의 대립을 지적할 때는 그런 대립의 상대적 성격을 염두에 두어야 한다. '단순한 상징이 되는 것' 혹은 '복잡한 상징이 되는 것'은 표현 구조의 물리적 성질이 아니다. 그것은 텍스트가 사용자 및 코드와 맺는 관계에서 생겨나는 기능이다. 가령 18세기 유럽 문화(특히 프랑스 문화)는 로마적인 고대성에 침윤되어 있었다. 롤렝과 몽테스키외의 텍스트, 비극의 대사와 배우들의 독백, 로마 역사와 문화의 디테일로 침윤된 이들 텍스트는 상징, 그러니까 18세기 문화의 의미론적 단위체가 되었다. 로마식 이름을 비유적으로 사용하는 것(혁명기에 이런 식의 메타포는 곧 이름[고유명사]이 되었다)은 이런저런 개인의 삶의 행위를 위한 상징적 프로그램 형식이 되기도 했다. 바뵈프G. Babeuf는 그라쿠스Gracchus의 이름을 취했고, 라디셰프는 카토와, 나폴레옹은—율리우스 카이사르의 삶과 자신의 삶의 프로그램을 관련지었다. 이런 경우 논의되어야 할 것은 역사적인 인물이 문화적 기호로 변화되는 문제이다. 이러한 구체적인 사례는 모두 삶의 행로를 제의적으로 예비하는 각종 복잡한 상징을 보여주지만, 그들 모두는 보편적이며 다층적인 어떤 것, 19세기 문화에서 완벽하게 실제적인 의미론적 기호로 사용되었던 어

---

7 [옮긴이 주] 19세기 러시아 작가 투르게네프가 쓴 에세이 「햄릿과 돈키호테」를 말하는 것으로, 햄릿과 돈키호테는 각각 사색과 회의에 몰두하는 우유부단한 사색형 인간과 이상을 향해 돌진하는 행동형 인간을 대변한다.

떤 '로마적인 것'을 상징하고 있다. 이런 점에서 로마 시대 전체와 그 시대의 모든 개별적인 세부 사항은, 표현 영역의 다층위성에도 불구하고 18세기에 단일한 상징을 구성할 수 있었다.[8]

한편, 상황을 더욱 복잡하게 만드는 것은 하나의 상징을 통해 또 다른 상징이 '비춰질 수 있는' 가능성이다. 그런 경우, 이 또 다른 상징에 관한 기억은 무의식적인 성격을 갖는바, 특정한 역사적 국면이나 예술 텍스트에서 현재화됨으로써 의식적인 관계로 바뀔 수 있다.

라디셰프의 작품에서 독재에 항거하는 행위의 묘사는 언제나 하나의 중대한 디테일을 동반한다. 독재자를 죽이는 것은 개인의 행위가 아니라 집단의 행동이다. 즉 거기에 참여하는 것은 시민 모두인바, 그들 각각은 개인적으로 이 과잉된 행동을 수행하는 것이다.

탄압자의 피로 의식을 거행하니
모두 각자의 부끄러움을 씻고자 분주하다.[9]

---

8 [옮긴이 주] 과거의 역사적 인물을 일종의 행위 프로그램(모델)으로서 받아들여 그것을 삶 속에서 직접 구현해내는 이런 경우들은 행위 시학이라 불리는 로트만 기호학의 독특한 이론적 패러다임의 중심적인 내용을 이룬다. '행위 시학적' 상황이란 사람들이 자신의 개인적 행위, 일상적 담화, 결국에는 삶의 운명까지를 (역사적 인물에 기초한) 문학적·연극적 범례를 따라 구축하는(예: 바뵈프=그라쿠스; 라디셰프=카토) 경우로서, "삶이 예술을 일종의 범례로 선택해 서둘러 그것을 모방하는" 상황을 말한다(로트만, 「18세기 러시아 문화에 있어서의 일상행위의 시학」, 『러시아 기호학의 이해』, (민음사, 1993) 참고) 주로 표트르 개혁 이후의 18세기 귀족 사회의 일상이나 19세기 초반 낭만주의자들의 삶에서 명백하게 드러나는 이런 '역전된' 상황(삶에서 예술로가 아니라 예술에서 삶으로!)은 예술 텍스트와 텍스트 외부의 일상적 삶(러시아어로 быт)이 어떻게 상호 침투하는지를 잘 보여주는 전형적인 예이지만 다른 한편으로는, 이 글에서처럼 문화의 통시적 깊이, 즉 과거의 기억이 당대의 문화적 맥락과 결합해 새롭게 재생되는 메커니즘을 증명하는 사례이기도 하다.

이는 『페테르부르크에서 모스크바로의 여행』에서 더욱 선명하게 표현되는데, 여기서 흉포한 지주는 자식과 농노들에게 살해된다(에피소드 전체에 가미된 '로마적' 색채가 특징적이다. '사정관'의 자식들은 오만왕 타르퀴니우스의 자식과 동일한 범죄를 저지른다.[10] 즉 농노 반란의 모든 에피소드가 로마 공화국의 탄생을 이끌어낸 사건에 투사되고 있는 것이다). '그들은 네 명의 주인 모두를 둘러쌌고, 지금 당장 저들을 죽을 때까지 패버리자고 짧게 말했다. 그들은 주인을 너무나도 증오했기에, 그 누구도 이 살인에 동참하지 않은 채 그냥 지나치려고 하지 않았다.'[11]

독재자 살해의 다회성(多回性)은(라디셰프의 송가 「자유 Vol'nost'」 중 '죽어라! 죽어, 백번이라도!'라는 구절을 보라) 명백히 『플루타르크 영웅전』에서 묘사되는 카이사르의 죽음을 떠올리게 한다. '모든 공모자가 살해에 참여했고, 모두 희생물의 피를 맛보게 되었다. 따라서 브루투스는 카이사르의 샅을 가격했다. [……] 전해진 바에 따르면, 카이사르는 23군데나 단검에 찔렸다.'[12] 이 텍스트는 당연히 18세기의 모든 작가에게 잘 알려져 있었다. 셰익스피어의 『율리우스 카이사르』(1787년 카람진의 번역으로 출간되었다)와 볼테르의 『카이사르의 죽음』은 그것이 여전히 당대성을 지니고 있었음을 증명한다. 독재자를 살해하는 행

---

9 라디셰프А. Н. Радищев, 『전집Полн. собр. соч. В 3 т.』, М.: Л., 1938. 1권 5쪽.
10 〔옮긴이 주〕오만왕이라는 별명을 지닌 로마의 폭군 타르퀴니우스Tarquinius-수페르부스가 인근 부족과 전쟁을 벌이던 중 그의 큰아들이 인근 마을의 정숙한 부인 루크레티아를 강제로 추행해 그녀가 자살하는 일이 벌어진다. 이 사건은 루키우스 부르투스를 비롯한 여러 시민들의 공분을 샀고 결국 타르퀴니우스 일가에게 추방령이 내려져 로마 왕정이 끝나고 공화정이 시작되는 계기가 된다.
11 같은 책, 274쪽.
12 플루타르크Плутарх, 『비교 전기Сравнительные жизнеописания. В 3 т.』, М., 1963. 2권 490쪽.

위를 자유의 이름 아래 거행되는 희생 제의이자 성찬식의 행위로 받아들이는 것은, 18~19세기 초반 유럽에서는 정치적 사유의 중대 국면을 규정하는 상징적 코드가 되었다. 한편 프랑스 국민공회가 기명 투표를 통해 루이 16세를 처형했던 사건도 이와 관련된다. 국민공회는 조국(프랑스)과 역사의 면전에서 국왕 살해에 직접 참여하도록 하는 공개적인 제의를 감행했던 것이다. 또한 푸시킨이 서사시에서 독재자 살해의 키시넵스키 시기[13]와 피에 젖은 성찬식(플루타르코스의 말에 따르면 '희생물의 피를 맛보는 듯한')을 동일시했던 것도 이런 연관성을 통해 이해할 수 있다.

여기 또 다른 성찬식이……
……우리는 행복을 맛보았다
피의 잔으로 성찬식을 하며
나는 말한다: 그리스도가 부활하셨다. (II. 1. 179)

이렇듯, 18세기의 정치적 개념을 통해서 '로마의' 상징주의가 역투사된다. 즉 경험적인 행위가 문화적 텍스트로 변모되고, 이를 통해—희생제의의 고대적 상징주의가 되비춰지는 것이다. 의식의 심층 기억을 보존하고 있는 이 고대적 이미지에 기독교적 상징주의를 투과시키는 일, 18세기가 미처 생각해내지 못한 이 일은 낭만주의적 혁명의 시대에 다시금 활성화되었다. 거기서 희생양은 이제 독재자가 아니라 독재자와의 싸움에 기꺼이 자신

---

13 〔옮긴이 주〕키시넵스키 시기란 푸시킨이 1820년부터 1823년까지 남부의 키시네프 지방으로 유형에 처해졌던 시기를 말한다. 이 시기에 「루슬란과 류드밀라」와 「카프카스의 포로」를 발표했다.

의 목숨을 던지는 자로 바뀐다(데카브리스트 오도옙스키 A. Odoevsky가 광장에서 외친 유명한 문장을 떠올려보라. "형제들이여, 우리는 죽을 것이다!, 오, 얼마나 영광스러운가, 이 죽음은!").

문화의 이전 상태는 끊임없이 자신의 파편을 미래에 투사한다. 텍스트, 단편, 개별적인 이름과 기념물이 그것이다. 이들 요소 각각은 각자의 '기억' 용량을 지니며, 그것이 속한 각각의 맥락은 심층의 특정 차원을 현실화한다. 물론 이것이 '문화의 기억'의 유일한 측면은 아니다.

그것의 다른 측면은 문화의 코드, 특히 과거를 재구축하는 일과 존재론적 연속성에 관한 집단의 의식을 보존하는 일을 지향하는 코드에 관한 것이 되어야만 한다.

그러나 이는 또 다른 특별한 작업의 대상이 될 것이다.

1986

주체이자 그 자신에게 객체인 문화

학문 연구의 몇 가지 방법론적 원칙에 관해서 앞으로 서술할 짧은 해명은 철학적 의미를 지니는 것으로 받아들여져선 안된다. 저자의 의도는 그와 거리가 멀다. 이 글은 문화사의 구체적 사실들과 관련된 연구의 경험을 일반화해보려는 시도일 뿐이다.[1] 더불어 문학사와 문화사에 반영된 일련의 익숙한 이론적 범주에 대한 불만이 저자로 하여금 이 글을 쓰도록 했다.

개별 문화의 역사에 관해 19세기에 씌어진 고전적 저작들은 헤겔과 다윈의 영향하에 형성된 사유에 기대고 있다. 이때 문화는 무엇보다도 연구자의 외부에 자리한 어떤 대상으로 간주되었다. 이 대상은 발전의 상태에 놓여 있는데, 발전이란 합법칙적으로 전개되는 진화 과정을 말한다. 한편, 연구자는 이 대상의 바깥에 위치한다. 이해란 대상(즉, 문화) 속에 감추어진 합법칙성(즉, 구조)을 드러내는 일로 간주된다. 이때 논리로 무장한 연구자는 진리성의 입장에 선다. 반면, '주관적 요인'은 학문 외적인

---

1 [옮긴이 주] 과거에 아버지가 근무했던 타르투 대학 기호학과에서 선임 연구원으로 재직 중인 로트만의 아들 미하일 로트만M. Lotman의 회고에 따르면, 로트만은 철학적 논의를 다분히 '의도적으로' 피하고자 했다. 이는 물론 일차적으로는 정치적 환경에 따른 이데올로기적 압박과 관련이 있지만 더 근본적으로는 철학에 대한 그의 유보적인 입장에 기인한다. 철학적 개념을 직접 도입해 논지를 전개하는 이 글은 따라서 매우 예외적인 경우에 해당한다고 볼 수 있다.

영향, 가령 편견, 무지 혹은 공공연한 비양심의 결과로 발생하는, 진리로부터의 일탈로 여겨진다.

그러나 점차로 연구의 과정 자체가 연구의 대상이 되기 시작하면서 연구자의 입지를 바라보는 시각이 복잡해지고, 결국 칸트로 소급되는 전통이 활성화된다. 분석의 메커니즘 자체, 즉 지식에 대한 지식이 분석의 대상으로 등장하는 것이다. 영혼이 어떻게 텍스트 속에 구현되는가 하는 물음으로부터 텍스트는 어떻게 청중에게 받아들여지는가 하는 물음으로 관심이 이동한다. 이를 기반으로 해석학의 다양한 경향들이 발전한다. 가장 극단적인 발현의 경우, 이런 방법론은 모든 관심을 문화의 주체 쪽으로 옮겨놓게 된다. 문화사는 동시대 및 이후 세대의 청중이 내린 해석들의 진화와 같은 양상을 띠게 된다. 동시대의 경우 해석은 해당 문화의 공시태 내부에서 발생하여 해당 문화의 한 부분을 구성하는 반면, 사후 해석은 통시태로 옮겨져서 한 언어에서 다른 언어로 번역되는 경우에 일어날 수 있는 모든 난관을 체험하게 된다.

비록 첫번째 경우 강조점이 대상(텍스트)에 찍히고, 두번째 경우에는 주체(해석자)에 찍히기는 하지만, 주체-대상이라는 고전적인 이분법은 두 경우 모두에서 여전히 유효하다.

로만 야콥슨에 의해 정련된 고전적인 커뮤니케이션 모델은 순환하는 메시지의 양극적 구조로, 발신자와 수신자를 도입함으로써 이 두 접근법을 화해시켰던 것 같다. 말하자면 두 가지 유형의 연구, 즉 화자의 문법을 분석하는 텍스트 발생학적 연구와 청자의 문법을 분석하는 텍스트 해석학적 연구가 그것에 대응될 수 있는 것이다. 이에 상응하여 예술 텍스트의 영역에서도 생성 미학과 해석 미학이라는 두 영역이 구분된다. 가령, 러시아 형식주의자들이 주창했던 닫힌 자족적 세계로서의 텍스트라는 사유는 텍스트 외적인 코드화/탈코드화 장치 개념을 통해 보완될 수 있었다. 텍스트와 맺는 관계에 따라 연구자들은 '내적인' 입지와 '외적인' 입지로 자리를 옮길 수 있게 되었다. '콘스탄츠 학파'의 저작들에서 의미심장한 성공을 거둔 바 있는 '수용미학'²의 발전은 '객관적' 접근법과 '주관적' 접근법 양자 모두의 일면적 성격을 강조했고, 텍스트의 기능 메커니즘에 관한 우리의 이해에 커다란 진전을 가져올 수 있었다. 하지만 이로 인해 객관적 측면과 주관적 측면 사이의 분리는 더욱더 강조되고 절대화되었다. 객관과 주관이라는 두 측면은 발견학습법적 원칙으로서 일정 단계에서 유용하게 사용될 수 있다. 하지만 텍스트의 실제 작동 상황(총체적 텍스트로서의 문화를 포함한 모든 차원)에서 이 두 측면은 너무도 커다란 상호 전환 능력을 갖고 있어서, 때로는 (철학에 있어 근본이 되는) 이 개념 자체를 거절하는 것이 보다 효과적일 수도 있다. 다음과 같은 제3의 사실에 주목해야 할 이유가 거기에 있다. 모든 문화 현상의 발현 양태를 기술하기 위한 보편적 도구라고 할 수 있는 이들 개념(객관적인 것과 주관적인 것)은, 한편으로는 그 자신이 특정 시기에 나타난 특정 문화 전통(유럽 문화 전통)의 산물에 불과하다는 사실이다. 예컨대, 퍄티고르스키A. Pjatigorsky는 인도의 문화적 의식에 이 범주들을 적용할 수 없다는 점을 여러 차례 지적한 바 있다. 그럼에도 유럽의 문화 전통 내에 머물고자 한다면, 앞서 지적한 근대 유럽 사상의 위대

---

2 〔옮긴이 주〕 독일 콘스탄츠 대학의 야우스H. R. Jauß, 이저W. Iser 등이 주축이 되어 주창한 미학 이론으로, '내포 독자'라는 개념을 통해 독자가 행하는 해석적 역할, 정확하게는 텍스트와 독자 간의 상호 작용을 부각시키고자 했다. 내포 독자란 실제의 독자에게 일종의 강제적 규범으로 받아들여지는 텍스트적 구조, 말하자면 텍스트적 지시들이 실제 독자에게 부여하는 특정 역할을 뜻한다. 수용미학에 따르면, 진정한 문학적 대상이란 객관적 텍스트도, 그것의 주관적 체험도 아닌 '텍스트와 독자 간의 상호 관계' 그 자체다.

한 기초자들(헤겔과 칸트) 이외에 세번째 이름을 기억할 수 있을 것이다. 그 이름은 바로 라이프니츠G. W. Leibniz이다. 그의 사상은 다시금 학문적 실효성을 획득할 수 있을 것으로 생각된다.

문화기호학의 근본적인 물음은 의미 생성에 대한 것이다. 여기서 의미 생성이라 부르고자 하는 것은 문화 전체와 문화의 개별 부분들이 '출구에서' 결코 범상치 않은 새로운 텍스트를 내놓을 수 있는 능력이다. 새로운 텍스트란 (물리학자 프리고진³의 용어로) 비가역적 과정의 결과로 발생하는 텍스트, 즉 일정한 수준까지 예측이 불가능한 텍스트를 말한다. 의미 생성은 문화의 모든 구조적 차원에서 발생하며, 이 과정은 외부에서 체계 내부로 도입되는 일련의 텍스트의 존재, 그리고 체계의 입구에서 출구로 이동하는 동안 발생하는 예측 불가능하고 특수한 변형을 전제로 한다. 이런 종류의 체계들은 (최소한의 기호적 단위체로부터 '자족적인 우주로서의 문화'와 같은 글로벌한 유형에 이르기까지) 각자의 물리적 본성이 다름에도 불구하고 구조적인 이질동상성을 지닌다. 이 구조적인 이질동상성은 모든 유형의 체계를 위한

---

3 〔옮긴이 주〕 흔히 '열역학의 시인'이라 불리는 일리야 프리고진I. Prigogine은 1977년 노벨상을 받은 러시아 태생의 물리화학자로 '혼돈으로부터의 질서order out of chaos'라는 명제로 잘 알려져 있다. 전체적으로 비결정론적이고 유기체적이며 생태론적인 성격을 띠는 그의 과학 사상(복잡성의 과학 및 카오스 이론)은 과학기술 분야뿐 아니라 인문사회과학 분야에도 적지 않은 영향을 끼쳤다. 프리고진의 이론, 특히 비가역 irreversible 반응과 관련된 개념은 후기 로트만의 글에 자주 등장하는데, 특히 과거의 문화기호학적 탐구 성과를 역사기호학semiotics of history의 범주로 포괄하려는 1980년대 중반 이후의 저작들에서 두드러진다. 이 저작들에서 로트만은 "역동적 발전의 이후 과정이 일의적으로 예측가능하지 않게 됨으로써 '우연성의 비중이 현저하게 증대되는" 프리고진의 '분기점 혹은 양분점(兩分點)' 개념에 기대어, 역사적 과정에 원칙적으로 '비예측적'이고 '폭발적'인 성격을 부여하려는 명백한 경향을 보여준다(로트만의 마지막 저작인 『문화와 폭발культура и взрыв』(1993)은 이런 영향의 연장선상에 있다). 역사적 과정의 '폭발적' 측면에 관한 자세한 논의는 이 책에 실린 글 「문화의 역동성에 관하여」를 참고하라.

최소 모델을 확립할 수 있도록 해주는 한편, 의미생성 과정을 분석하는 데 있어 엄청나게 중요한 것으로 판명되었다.

의미생성 단위의 불변체적 모델은 무엇보다도 일정한 제한성과 자족성, 그리고 내부를 분할하고 내부와 외부의 기호학적 공간을 갈라놓는 경계의 존재를 전제로 한다. 이는 의미 생성 구조를 기호학적 우주의 전 차원에서 기능하고 있는 일종의 기호학적 단자(單子, monad)로서 정의할 수 있게끔 한다. 문화 전체, 그 속에 포함된 충분히 복잡한 모든 개별 텍스트, 그리고 텍스트로 간주될 수 있는 개개 인간의 개인성까지, 이 모든 것은 단자들이다. 이미 언급한 바, 이런 단자의 '개별성'은 경계 및 내적 구조뿐 아니라 '입구'와 '출구'의 존재를 전제로 한다. 이들 단자는 물리적 존재성이 아닌 정보적-기호학적 존재성을 갖기 때문에, 특정 텍스트가 입구로 도입되어 '소비'되더라도 물리적-정보적으로 소멸되는 것은 아니다. '소비' 과정에서 일정하게 변형되면서 출구에서는 새로운 텍스트가 도출되는데, 이때 원래의 텍스트는 자신의 최초 형태를 보존하는 동시에 그 자신의 변형물과 새로운 관계에 돌입할 수 있다. 가령 고양이가 생쥐를 먹었을 때, 생쥐는 그런 '소비' 행위의 결과 더 이상 실제 생물학적 구조로서, 즉 육체적으로 존재할 수 없게 된다. 새로운 기술적 발명이 옛 기술을 '먹어버렸을 때,' 옛 기술은 설사 자신의 물리적 존재성을 보존하더라도 정보적으로는 소멸하게 된다. 이에 반해 예술적 진화의 과정에서는 새롭게 창조된 텍스트가 앞선 텍스트를 물리적으로도 기호학적으로도 완전히 소멸시키지 않는다. 물론 앞선 텍스트들이 잠시 동안 탈현동화(脫玄同化)될 수는 있다. 이렇듯, 진화의 개념은 예술과 같은 복잡한 기호학적 현상에 적용될 경우 변용이 불가피하기 때문에, 어쩌면 이 개념 자체를 멀리하는 편이 나을 수도 있다.

이와 같은 구조의 작동에는 또 하나의 특징이 있다. 이 구조는 스스로 나름의 입구에 진입할 수 있는 능력, 즉 그렇게 함으로써 자기 자신을 변형시킬 수 있는 능력을 갖고 있다. 이것이 가능한 이유는 해당 구조가 스스로의 관점에서 텍스트들 중의 텍스트가 됨으로써 그 자신에게 온전한 기호학적 '식량'이 될 수 있기 때문이다. 즉 자기 기술(자기반성)의 능력, 다시 말해 스스로를 메타 층위로 번역할 수 있는 능력은 단자의 본성 안에 자리 잡고 있는 것이다.

그러니까 모든 층위의 단자는 의미 형성의 기본 단위체인 동시에 본질상 충분히 복잡한 내적 구조를 지닌다. 최소한의 조직은 (적어도) 둘 이상의 상이한 기호학적 메커니즘(언어)으로 이루어진 모종의 이원적 체계를 포함한다. 이들 상이한 메커니즘은 동일한 기호 외적 현실을 각자의 수단을 통해 따로 모델링하기 때문에, 서로 닮기는 했지만 상호 번역은 불가능한 관계에 놓여 있다고 할 수 있다.[4] 그렇게 해서, 외부로부터 도입되는 텍스트는 즉각적으로 최소한 두 가지의 상호 번역 불가능한 기호학적 투사상(投射相)을 얻게 된다. 하지만 최소한의 구조는 세번째 요소를 포함한다. 조건적인 대응의 지대, 즉 번역 불가능성의 상황에서도 번역의 공정을 감행하는 메타포적 조직체가 바로 그것이다. 그러한 '번역'의 결과 텍스트는 비가역적인 변형을 겪는다. 새로운 텍스트의 발생 행위는 그렇게 일어나는 것이다.

그러나 그 어떤 기호학적 메커니즘도 체계의 진공 속에 잠긴

---

[4] 가령, 하나의 동일한 현실을 일상적 발화와 시, 시와 회화, 인간 두뇌의 우반구와 좌반구 등 상이한 공간 속에 투사할 경우, 그것은 서로 닮아 있기는 하지만 상호 번역은 불가능한 재현, 말하자면 메타포적인 유형을 따라 구축된 재현을 만들어낼 것이다.

채로, 즉 고립된 상태로 기능할 수 없다. 그것이 작동하기 위해서는 반드시 기호학적 공간, 즉 기호계 속으로 침잠해 들어가야만 한다.[5] 모든 기호학적 단자는 고유한 개별성과 기호학적 독자성으로 인해 다른 단자(들)와 함께 상위 차원에서 양극적인 단일체를 이루며 수렴적 관계에 돌입할 수 있다. 하지만 상호 관계를 맺지 않은 채 다만 이웃하고 있을 뿐인 두 요소에서 상위 차원의 조직적인 단일체로 바뀌기 위해서는, 그것들이 상부의 동일한 구조적 연합체 안에 진입해야만 한다. 예컨대, 대립적인 두 언어를 지니는 동시에 보다 높은 차원에서는 하나의 메타언어로 기술될 수 있는 구조(가령 '좌-우'의 원칙에 따라 서로 대립하는 거울상의 구조가 그러하다)는 이와 같은 변형이 '예정되어 있는' 경우라고 할 수 있다. 일반적으로, 서로 접촉하기 전까지는 그저 '개별적으로' 존재할 뿐인 구조들도 이후에는 이런저런 형태의 대칭성을 지니게 될 수 있다. 예를 들어, 상호 관련이 없는 두 개의 독립적인 종족은 그중 어느 하나가 다른 하나에 복속되었을 경우 위계의 유형, 즉 대칭-비대칭적으로 조직화된 사회적 구조를 형성할 수 있다. 반대의 경우도 흥미롭다. 몽골은 삼백 년간 러시아를 지배했음에도 불구하고 단일한 사회적 구조가 발생하지 않았다. 전쟁과 같은 국가적 차원의 수많은 접촉, 틀림없이 일정한 소통의 형식을 만들어낼 수밖에 없었을 이 접촉은 그러나 공통의 기호학적 메커니즘을 만들어내지 못했다. 그 원인은 도시 문화와 초원 문화 간의 불일치뿐 아니라 또 다른 흥미로운 국면에서 찾을 수 있을 것이다. 종교에 대해 너그러웠던 타타르인들은 러시아에서 정교를 박해하지 않았다. 이 점은 교회가 특별

---

5 이 개념에 관한 상세한 논의는 로트만 Ю. М Лотман,「기호계에 관하여 О семиосфере」,『선집 Избранные статьи』, Таллинн, 1992. 1권을 참고하라.

히 중대한 조직화의 기능을 수행했던 러시아의 정교 문화 속에 그들이 섞일 수 없도록 만들었다. 만일 타타르인들이 기독교의 박해자였더라면, 그들은 보다 쉽게 '이해됐을' 것이다. 예컨대, 일종의 '폭군'으로서 〔러시아 문화의〕 의식 속에 기입될 수 있었을 것이다. 만일 그랬다면 그들은 루시Rus'와 함께 모종의 이종일체(異種一體)를 형성할 수 있었을 것이며, 아마도 그것은 이교도 로마와 로마 기독교 공동체 간의 이종일체와 유사한 어떤 것이 되었을 것이다(박해받는 기독교도와 로마 관리의 행동은 서로에게 타자적이다. 즉, 상대편의 관점에서 그들 각각은 '야만적,' '광신적,' '비계몽적,' '독재적,' '악마적'이다. 하지만 동시에 둘 다 단일한 메타언어 체계로 기술될 수 있다. 종교에 대한 몽골인의 무관심한 태도와 국가적 실용주의는 그들의 문화가 중국 문화와 기호학적 관계에 돌입할 수 있게끔 했지만, 러시아 문화와 합치될 수 없게 하는 데 결정적인 역할을 했다).⁶ 상호 수렴이 가능한지 불가능한지의 여부에 따라 여러 기호학적 체계를 기술해본다면 몹시 흥미로울 것이다.

---

6 〔옮긴이 주〕 서구에서 르네상스 운동이 일어났던 약 삼백 년 동안. (정확하게는 1240년부터 1480년까지) 러시아는 몽골의 지배를 받았다. 이른바 '몽골의 멍에'로 표현되는 이 경험은 러시아인들의 민족적 자긍심에 깊은 상처를 남겼다. 민족 신화가 전하는 바와 달리 사실 당시의 몽골 지배는 대체로 러시아의 공후들과 아시아 대군주와의 협력의 역사였다고 보는 편이 정확하다. 몽골인들은 러시아의 중앙지역을 점령하지 않았고, 남부에 거주하며 정기적인 공격과 함께 세금을 징수했을 뿐이었다. 한편, 기독교인으로서의 러시아인의 정체성이 몽골의 지배기에 전혀 손상되지 않았다는 것, 비록 무력에 굴복했을지언정 러시아의 기독교 문명이 아시아 유목민의 영향 없이 발전을 계속했다는 사실은 러시아의 민족적 자의식에 있어 매우 중요하다(물론 그 반대의 주장, 즉 몽골 지배의 역사가 러시아의 아시아적 정체성에 근본 요인이 되었다는 주장도 생겨났다). 아무튼 로트만이 지적하는 것처럼, 종교적 차원에서의 소통 부재가 문화적 영향력의 현저한 축소를 불러온 것은 사실이지만, 러시아의 민족 신화가 전하듯이 몽골이 어느 날 갑자기 '흔적도 없이' 사라져버린 것은 아니다. 사실 몽골 부족의 문명은 전혀 원시적이지 않았으며, 그들의 복잡한 행정과 과세 체계, 국가 구조 등은 타타르어와 관련된 수많은 러시아어에 반영되었다.

두 단자가 단일한 기호학적 메커니즘을 형성하면서 (상호) 관계에 돌입하게 되면 그들은 상호 중립성의 상태에서 상호 보충성의 상태로, 즉 구조적인 대립(이율배반)의 상태로 전환되고, 각자의 특성과 상호적 대비를 가다듬기 시작한다. 대칭과 비대칭의 강조는 단일한 과정의 두 측면으로서, 이는 진화 과정 중에 전개되는 성차(性差)의 대칭-비대칭성 및 인간 대뇌의 기능적 대칭-비대칭성(더욱 심오한 구조적 층위에서는 물질 구조 내부에서의 좌측 회전과 우측 회전)부터 복잡한 기호학적 총체들의 전개 법칙에 이르기까지 폭넓게 걸쳐 있다. 가령, 문화 지대의 발생은 다양한 문화가 보다 복잡한 총체 속에 진입하여 문화 간 소통의 메커니즘을 창조하면서 상호 간 통일성의 자질을 강화하는 것과 관련이 있다. 그러나 다른 한편으로, 서로에 대한 그들의 관심을 북돋아주는 것은 다름 아닌 그들 각자의 번역 불가능한 특수성이다. 이는 '비밀스러운 동양'('서구는 서구고 동양은 동양이다')에 관한 이야기이든, '신비스러운 슬라브'(혹은 신비스러운 게르만)적 영혼에 관한 것이든, 아니면 '이해할 수 없는 여성적 기질'이나 혹은 그 밖의 어떤 문화의 특수성에 관한 주장이든 모두 해당된다. 첫째로, 그것은 고립된 문화에서는 결코 발생하지 않는다. 고립된 문화는 특수성을 지닐 수 없으며 이 문제에 어떤 관심도 보이지 않는다. 그런 문화에서 '남자'와 '우리 종족 사람'은 동의어이며, 이는 다시 신, 죽은 자, 악령, 동물(때로는 여자) 등과 대립된다. 또한 그것은 다른 민족-문화적 특수성과 병존하지 않는다. 두번째로, 민족-문화적 특수성은 외국인의 눈으로 볼 때 무엇보다 잘 드러난다. 최초의 언어 문법이 외국인에 의해, 외국인을 위해 씌어진 것은 우연이 아니다. 이는 그보다 훨씬 오래전에 쓰여진 제의에 관한 기록의 경우에도 마찬가지이다. 이 단계에서 기술하는 자는 스스로를 기술의 메타언어를 지닌 자로 표상하는바, 즉 그는 특수성을 지니지 않는 대신 중립적인 법칙을 체현한 존재로서 드러나는 것이다. 셋째, 이제까지 단지 기술의 대상에 머물렀던 문화가 자기 기술의 차원으로 넘어가게 될 때, 문화는 반드시 자신에 대한 외적 관점을 받아들여 스스로를 예외적이고 특수한 것으로서 기술하게 된다. 예컨대, 러시아 슬라브주의자들의 문화적 자의식을 상당 부분 결정지었던 것은 독일의 역사철학적 전통, 특히 셸링 철학을 향한 지향이었다. 마담 드 스탈Madame de Staël의 『독일론 De l'Allemagne』은 독일 문화를 낭만주의적인 것으로서 전 유럽에 코드화했을 뿐만 아니라, 독일 문화의 자기 코드화의 성격 또한 상당 부분 결정지었다. 마지막 네번째로, 여하한 문화를 위한 규범 담지자의 역할을 자임하면서, 정작 자기 자신은 특징을 지니지 않는 문화로 간주하는 문화가 갖는 특수성의 문제가 있다. '동양인'의 특수성은 키플링J. R. Kipling으로 하여금 '서구인의 특수성'을 구성하게끔 만들었고, '이국적인' 종족들에 대한 인종학적 기술은 이제 자신들의 현대 사회를 인류학과 민족지학의 방법론을 통해 연구해야 한다는 생각을 하도록 이끌었다.

하나의 단자가 하부 구조의 자격으로 보다 상위 차원의 다양한 단자 속으로 들어갈 수 있고 그럼으로써 총체로 남아 있는 동시에 보다 많은 다른 총체의 부분이 될 수 있는 능력, 그리고 그런 점에서 더 이상 그 자신과 같지 않은 어떤 것이 될 수 있는 능력은, 내적 구조의 복잡한 복수 언어주의를 필수적으로 전제한다.

이렇게 정의된 기호학적 단자는 모종의 개별화된 기호학적 공간의 경계 내에서 자신의 폐쇄성을 계속해서 심화시키는 개별자로서 나타나는가 하면, 총체가 되려는 지향하에 마치 퍼즐 조각처럼 계속해서 새로운 결합을 추구하기도 한다. 각각의 단자는 어떤 차원에서건 부분이면서 동시에 총체가 되려는 경향을 띤다.

이미 언급했듯이, 단자는 새로운 전언, 그러니까 자동적으로 작동하는 알고리듬에 따라 구축되지 않은 새로운 전언의 발생기이다. 지나간 정보, 즉 기억을 보존할 수 있는 이 발생기의 능력에 관해서도 다른 논문에서 이미 지적한 바 있다.[7] 여기에 덧붙여야 할 것은 기호계의 내부에서는 정보의 끊임없는 교환과 텍스트의 자리바꿈이 발생한다는 점이다. 이를 가능하게 만드는 것은 단자들 간에 구조적인 이질동상성이 존재한다는 점, 그들이 메타언어적인 공통 영역에 포함된다는 점, 그리고 단일한 세미오시스를 공유하는 공통의 경계를 지닌다는 점 등이다. 이 모든 자질의 존재는 기호학적 단자를 지능적 단위, 즉 지성 Razum의 담지체로 정의할 수 있게끔 한다. 인간은 사유할 뿐만 아니라 사유의 공간 내에 자리하고 있다. 이는 발화의 주체가 언제나 일정한 언어적 공간 속에 자리해야만 하는 것과 마찬가지다. 기호계의 지능적 재량은 서로 횡단하고 공존하며 섞여드는 단자들, 다시 말해 제각기 의미를 생성할 수 있는 능력을 갖춘 엄청나게 많은 숫자의 단자로서 우리 앞에 나타난다는 점에서 결정된다. 그것은 유기체들로 이루어진 거대한 유기체이다. 그것을 지배하는 법칙은 부분과 전체, 그리고 부분들 서로 간의 이질동상성이다. 이 법칙을 떠올리려면 신과 인간의 닮음에 관한 성서적 이미지를 기억해야 하는바, 인간은 보다 낮은 단위체, 즉 가장 높은 단일한 본질이 수백만의 개별적인 변이형으로 나타난 것에 해당한다.[8]

---

7 [옮긴이 주] 앞의 논문 「문화의 기억」을 보라.
8 [옮긴이 주] 여기서 앞서 지적한 '깨어진 거울'에 관한 중세적 메타포는 다시금 유효하다. 얼굴 전체를 비추는 거울은 깨어져 수많은 파편들로 쪼개졌을 경우에도 조각난 각

사실상 단자의 무한한 변이 가능성은 그것을 기호학적 개인성으로 정의할 수 있는 근거를 제공한다. 이를 위한 또 하나의 중대한 근거가 존재한다. 인간의 개인성에는 개별 의식뿐 아니라 개별 행위 또한 본질적이다. 이것이 의미하는 바는 모름지기 인간이란 하나 이상의 결론이 가능한 모든 상황에서 행위의 선택을 감행한다는 것이다. 이런 정황의 근원은 일반적으로 생각할 수 있는 것보다 훨씬 더 심오하다. 물리학과 화학에서 비가역적 과정을 탐구한 바 있는 프리고진은 역동적 과정에 관심을 둔 모든 사람에게 보편적인 이론적 의미를 지니는 결론에 도달했다. 그는 균등한 상황과 불균등한 상황에서 벌어지는 과정을 구분했다. 첫번째 과정은 인과성의 법칙에 따라 평탄하게 흘러가는바, 이미 지나간 부분을 통해서 아직 지나가지 않은 부분을 예측할 수 있도록 하는 가역적인 (대칭적인) 궤적을 제공한다. 불균등한 상황의 특징은 역동적인 진행 과정에서, 프리고진의 용어를 빌면, 양분점이 나타나는 것이다. 이 지점에서는 이후의 움직임이 동등한 가능성을 갖는 두 가지(이상)의 방향을 따라 진행될 수 있고, 따라서 그것이 실제로 어떤 방향을 따를지를 예측하는 것은 불가능하다. 이런 상황에서 우연성의 역할, 즉 미래의 과정에 영향을 끼칠 수 있는 부차적 요인의 역할이 현저하게 증대된다. 인과적 메커니즘에 우연적 요인을 도입한 것은 프리고진의 커다란 공헌이다.[9] 그것은 세계상을 탈자동화했다.

각의 파편이 동일한 영상(얼굴 전체)을 반영한다. 즉, 표현면은 부서졌어도 내용면은 부서지지 않은 전체로 남아있으며, 때문에 내용의 관점에서 보면 부분은 전체와 동등한 의미를 갖는 것이다. 여기서 개별 단자로서의 인간은 전체로서의 신을 자신 속에 반영하면서, 그와 동일시되는 일종의 소우주가 된다.

9 I. Prigogine, *L'ordre par fluctuation et le sisteme social*. Paris, 1976; I. Prigogine, I. Stengers, *Dialog mit der Natur: Neue Wege naturwissenschaftlichen Denkens*. München; Zürich, 1981.

인간 사회에서 발생하는 대부분의 과정이 현저하게 불균등한 상황에서 펼쳐지는 비가역적 과정이기 때문에, 이는 문화사가의 특별한 관심 대상이 된다. 그러나 여기에는 흥미로운 차이가 있다. 역동적인 과정에 지능을 도입하는 것은 역동성의 성격 자체를 결정적으로 바꿔놓는다. 만일 양분점에서의 선택이 우연성에 의해 결정된다면, 다음의 사실이 분명해진다. 발전의 과정에 있는 대상의 내적인 조직화가 점점 더 복잡해질수록 (그렇게 해서 하나의 텍스트로서 그것이 더 많은 '우연적 요소'를 포함하게 될수록), 양분점에서 해당 대상의 행위는 더욱더 예측할 수 없는 어떤 것이 될 것이다.

한편 이보다 훨씬 더 복잡한 대상을 가정한다면, 그것은 지적인 능력을 소유한 대상일 것이다. 이 경우 양분점에서의 행동은 의식적인 선택의 성격을 띠게 된다. 즉, 우연성의 본성 안에 지능의 잠재적 가능성이 자리할 수 있게 되는 것이다. 그러나 지능의 차원으로까지 상승한 구조는 이 우연성을 자유로 바꿔놓는다. 그렇게 되면 매우 복잡한 인과성의 관계가 발생하는바, 즉 원인과 결과 사이에 그 관계의 자동성을 제거하는 지능적 선택이 자리 잡게 되는 것이다. 이를 통해 알 수 있는 것은 첫째, 지능적 행위란 비대칭적·비가역적 과정의 결과로서 구조적인 비대칭성과 뗄 수 없는 관련을 맺고 있다. 둘째, 그것은 복잡해진 우연성의 국면을 포함하게 된다(이는 사실상 정보와 비예측성 사이의 잘 알려진 관계를 다르게 말한 것에 불과하다).

기호학적 단자와 개인성의 개념 간의 대응 관계를 조심스럽게 주장해볼 수 있는 것은 양자 모두에 일정 정도 본질적인 행위의 자율성이 있기 때문이다. 문화사의 오랜 과정에서 예측 가능성이 상승하지 않는 것은 어느 정도 그 때문이다.

단자는 하나의 부분으로서 엄격한 결정성의 법칙에 종속되지만, 동시에 총체, 하나의 '개인성'으로서 선택의 가능성과 일정 정도의 예측 불가능성, 나아가 자신의 기호학적 맥락 전체로부터의 자율성을 갖는다. 또한 기호계는 다양한 차원의 '기호학적 개인성'으로 가득 채워져 있기 때문에, 독특한 조직체로서, 즉 한편으로는 구조들의 조직화된 위계이면서 다른 한편으로는 이 공간 속을 자유롭게 유영하는 엄청나게 많은 수의 닫힌 기호학적 세계(즉 '개인성,' 텍스트)로서 나타나게 된다. 단자가 복잡하게 조직화될수록 그 행동은 더욱 독자적이 되고, 이는 체계 전체에 더 큰 예측 불가능성을 가져온다. 이와 같은 조직체는 거대한 정보량, 사실상 자가 발전의 무한한 가능성을 갖는다.

문화를 바라보는 이런 시각은 주체와 객체를 나누는 익숙한 구분법과 어떻게 관련될 수 있을까? 의미 생성자인 단자의 존재는 다음의 조건을 요구한다. 그것은 상위 차원의 지능적 총체에 담겨 있어야만 한다. 즉, 모종의 원칙에 따라 보다 높은 차원의 단자에 직접 접속되어 있어야만 하는 것이다. 그 원칙이란 모든 지능적 총체가 또 다른 지능적 총체의 부분이면서 동시에 자신의 부분들과의 관계에 있어서는 총체가 되어야만 한다는 것이다. 하지만 총체로서, 그리고 부분으로서 그것이 자신의 총체 및 부분들과 관계할 수 있는 것은 오직 번역 메커니즘을 통해서, 즉 대화의 참여자로서이다.

'주체-객체'의 상호 관계는 한쪽 극단에는 지적인 능동성을, 다른 쪽 극단에는 구조적 조직성을 집중시킬 것을 요구한다. 하지만 지금껏 상술한 관점에 따르면, 요소들은 '포함(접속)-배제(절연)'의 상호 관계 속에 위치한다. 즉, 모든 사유하는 요소는 사유하는 세계 자체 내에 자리하는 것이다. 이 경우 '주체-객체'

의 범주란 개별 단자가 자기 기술의 단계로까지 상승하여 스스로를 고립된 유일한 지능적 본질로 모델링할 수 있게 되는 국면에서만 발생할 수 있다.[10]

그러나 위와 같은 상황 정리는 기호계 내부의 관점을 취할 때 가능한 것이다. 앞서 선언한 바에 따르면, 의미 생성 기계란 모름지기 외부에서 텍스트를 도입하는 경우에만, 즉 기호 외적 현실과 접촉함을 통해서만 작동할 수 있게 된다. 그렇다면 이에 입각해서 기호계를 주체로, 기호 외적인 영역을 객체로서 정의하는 것이 유용할까?

무엇보다 먼저 문제 삼아야 할 것은 용어의 비일관성이다. 우리는 외부에서 기호계 속으로 텍스트가 진입한다고 하면서도, 그 텍스트 안에서 모종의 '기호 외적 현실'을 보고 있다. 이것이 모순인 까닭은 기호계는 텍스트 이외의 그 어떤 것과도 접촉할 수 없으며, 텍스트란 이미 그 자체로 세미오시스의 산물이기 때문

---

10 〔옮긴이 주〕 주체와 객체를 구분하는 고전적인 이분법에 대한 라이프니츠적 대안이란 결국 주체-객체의 상호 관계에 앞서 포함-배제의 상호 관계를 두는 입장을 뜻한다. 말하자면 그것은 '모든 사유하는 요소는 (이미) 사유하는 세계 내에 자리하고 있어야만 한다'는 생각으로, 결국 '기호계'의 개념과 맞닿아 있다. 즉, 기호계란 그 자체로 이미 사유하는 요소('기호학적 단자')들로 이루어진 커다란 사유하는 세계인 것이다. 1990년에 'Universe of Mind'라는 제목으로 미국에서 먼저 출간되었던 로트만의 단행본 저서의 원래 제목은 사실 '사유하는 세계들 속에서Внутри мыслящих миров'였다(이 책은 1997년에 러시아에서 원본대로 다시 출간된다). 그 저서의 마지막 결론 부분은 이렇게 끝난다. "우리는 거대한 지적 메커니즘의 부분이자 그것의 닮은꼴이다. 〔……〕 우리가 문학 텍스트를 연구하건 아니면 양반구의 기능적 비대칭성이나 구어적 발화, 귀머거리의 언어, 혹은 오늘날의 광고나 고대 문화의 종교 사상을 연구하건 간에 공히 우리가 발견하게 되는 것은 인류의 단일한 지적 삶의 상이한 메커니즘들이다. 우리는 그것 안에 있지만 또 그 모든 것은 우리 안에 있기도 하다. 우리는 마트로시카이고 무한한 대화의 참여자이며 다른 모든 것의 닮은꼴이다. 또 우리는 다른 모든 사람들뿐 아니라 우리 자신에게 역시 타자이다. 우리는 지적 은하계의 행성인 동시에 그 우주의 이미지이기도 하다. 이 책은 이런 문제를 제기하려는 시도인바, 그에 대한 대답은 일반적이고 역사적인 문화기호학의 창조에 놓여 있다."(Ю. М. Лотман, 『사유하는 세계들 속에서 Внутри мыслящих миров』. М., 1997, 386쪽).

이다. 결국, 주어진 기호계의 경계 너머에 있는 그 어떤 공간과의 접촉도 우선은 그 공간의 기호화를 요구하게 된다. 자연언어 영역 내의 소통이 자연언어로 이루어질 수밖에 없듯이, 문화 영역 내부의 소통은 언제나 문화적 소통이 될 수밖에 없다. 모든 문화에게 문화 외적인 공간(즉, 저-편의 공간)의 존재는 존립의 필수 조건이자 자기 정의를 위한 첫걸음에 해당한다. 하지만 문화 외적인 공간이 곧 비기호적인 것이라는 주장은 단지 해당 문화의 (내부적) 입장에서 본 사실일 뿐이다. 사실상 그것이 의미하는 바는 해당 문화의 언어가 사용되지 않는 영역이 존재한다는 것이다. 그러나 이것이 곧 그곳에서는 언어가 아예 사용되지 않는다는 사실을 뜻하는 것일까? 콘라드N. Konrad는 서구 문화와 동양 문화의 상호 관계를 다룬 강연에서 다음의 예를 즐겨 들곤 했다. 네덜란드인과 일본인이 처음으로 맞닥뜨리게 되었을 때, 양측 모두는 각기 그들 자신의 문화를 찾아볼 수 없다는 이유로 서로를 문명에서 벗어난 '야만'으로 규정했다는 것이다. 종종 '문화 외적 영역'이란 낯선 타자의 문화 영역일 뿐임이 밝혀지곤 한다. 기호 외적 공간이란—낯선 기호학의 영역이다. 그러나 그게 전부는 아니다. 명심해야 할 것은, 기호학적 측면에서 외부 공간이 제시되자마자 그것은 이미 명명된다는 것, 다시 말해 표면적으로나마 이미 기호화된다는 사실이다. 기호계는 기호 외적 세계와 사실상 만날 수 없다. 흔히 외부적 세계는 주어진 문화의 중심에서 만들어진 개념, 가령 해당 문화의 이상적인 역(逆)구조인 '자연성'이나 전(前)문화, 비(非)문화 따위의 개념으로 개작된다. 18세기의 철학자와 선교사들이 이국적 국가에서 찾아냈던 이상적인 '미개인'은 사실 그들이 도망치고자 했던 바로 그 문명이 만들어낸 산물이었다. 마찬가지로 20세기가 발견한 무의식의 영역은 당대의 의식의 뒤집힌 구조, 즉 아직은 기호학적으로 개작되지 않았던 심리적 과정에 해당한다. 20세기 후반 들어 대중문화에 자리 잡은 우주 신화 또한 마찬가지다. 이 모든 예는 갖가지 문명에 의해 '안과 밖이 뒤집힌 채' 창조된 갖가지 세계의 오랜 역사를 장식하고 있다.

그러나 진짜 외적 세계는 기호학적 교환의 적극적인 참여자이다. 기호계의 경계 지대는 기호학적 적극성이 최고조에 달한 곳이다.[11] 바로 그곳에서 다수의 '메타포적 번역'의 메커니즘이 작동하고 있을 뿐 아니라 양 방향으로 '펌프질을 하고 있는' 변형된 텍스트들이 기능하고 있다. 그리고 바로 거기서 새로운 텍스트가 격렬하게 생성된다. 사실상 이곳에서는 다양하게 구축된 단자의 부분 경계, 그리고 기호계 내부의 다른 모든 경계 지대에서 벌어지는 것과 동일한 활동이 벌어지고 있다. 위대한 제국(가령, 로마 제국)이 내부의 문화 발생 메커니즘을 거의 다 소진했을 때, 다름 아닌 그 경계 지대에서 문화적 적극성이 증대하는 경우가 이에 대한 예가 될 수 있다. 로마의 이방인화와 이방인의 로마인화가 동시에 일어났던 것, 이는 우리 앞에 놓인 것이 일방적인 수용의 과정이 아니라 복잡하게 약동하는 대화의 과정이라는 점을 보여주는 확실한 증거이다.

기호학적 장의 단자적 구조를 염두에 둔 채로 자기 자신을 이 세계 안의 단자로 느낄 수 있을 때, 문화사가는 보다 복잡한, 하지만 아마도 현실에 더 잘 대응하는 연구의 입지를 점할 수 있게

---

11 [옮긴이 주] 이른바 '경계'의 기호학적 메커니즘은 기호계와 관련된 로트만의 주요 관심사 중 하나다. 기호계의 다양한 내외적 경계는 기호화 과정의 가장 뜨거운 지점들이다. 경계는 분리와 통합이라는 이중의 기능을 수행한다. 그것은 우리의 내부 언어와 낯선 외부의 언어가 만나는 일종의 이중(/다중)언어 기제이자 번역의 메커니즘이다.

될 것이다.

1989

문화의 역동성에 관하여

기호학에서 가장 대표적인 가정 중 하나는 기호 이전, 혹은 기호 외적인 공간이 존재한다는 생각이다. 기호학의 기본 개념은 이런 가정된 공간과의 안티테제에 따라 정의된다. 이와 같은 접근법은 발견 학습법적인 관점에서는 완전히 정당화될 수 있다. 문제는 원칙을 혼동하는 데 있다. 단지 논리적인 관례에 불과한 것이 마치 경험적 현실인 것처럼 받아들여지기 시작하는 것이다.

그런 관례 중 하나는, 역동적 과정의 시발점, 즉 조건적인 영도(零度)의 지점이 존재한다는 생각이다. 결코 경험적 현실로서 주어진 바 없는 '영점의 사태'가 제시되는 것이다. 그런 식으로 '기호학적 영도'에서 출발한 문화적 역동성의 모델이 구축되는데, 흔히 그 영도의 자리에는 (이미 현저하게 발달한 동물 기호학의 각종 성과에도 불구하고) 동물의 세계가 놓여 있다. 발견 학습법적인 관례에 불과했던 '영점'의 영역이 이제 현실에 대한 우리의 관념으로 바뀌는 것이다. 이런 '관례적인 영점'은 기원에 관한 신화를 자신 안에 숨기고 있다. (고대 러시아의) 연대기 작가가 '그러나 드레블랴족은 야생적 삶을 살고 있습니다. 그들은 마치 가축처럼 서로를 죽이고, 정결치 못한 모든 것을 먹으며, 그들 사이에선 결혼이란 것도 존재하지 않습니다'라고 말할 때, 그는 원초적인 '영점'을 도입하고 있는 것이다. 이때의 원초적 사태는 특질——물론 이 경우의 특질이란 질서화를 말하는 것인데——을 지니지 않는 것으로 설명된다. 조직화는 그 이후의 과정이다. 본질상 신화적이라고 할 수 있는 이런 관점은 언어(랑그)와 발화(파롤) 간의 대립 가설에 의해 더욱 강화된다.

실제의 역사 과정은 완전히 반대로 그려질 수 있다. 더 오래된 단계는 오히려 더 엄격한 조직화를 특징으로 삼는 것처럼 보일 것이다. 여기서 지금까지 알려진 동물 기호학의 각종 발견을 '미개인'의 행동에 관한 이미 폐기된 견해들과 비교해볼 수 있다. 미개인의 행동은 최근까지도 모든 종류의 제한으로부터 자유로운, 즉 직접적인 '동물적' 행태 이외에 그 어떤 것에 의해서도 조직화되지 않은 행동으로 간주되었다. 그러나 이후의 발전은 이 카오스에 '규칙성'의 체계를 도입하려는 개인적인 지향을 확인했던바, 가령 난혼을 규범의 체계로 대체하려는 지향이 그러하다.

한편 고등 동물의 행위를 대상으로 한 연구는 엄격한 조직화와 완전히 상반된 양상을 보여준다. 새끼의 양육, 교미, 사냥 등과 같은 삶의 주요 국면, 요컨대 상황에 대한 거의 모든 가치 판단과 그에 합당한 행위의 선택은 극도로 엄격하게 제의화된 것임이 드러난다. 반드시 강조해야 할 것은 제의의 현상 자체가 갖는 특수한 성격이다. 제의에서 주요한 역할을 수행하는 것은 기억의 조직화인바, 즉 제의 자체가 개인을 집단적 기억에 관여시키는 메커니즘에 해당하는 것이다. 따라서 제의는 인간적 세계의 외부에서 항시적인 조직화의 체계를 창조하는바, 그것은 진화를 위한 공간을 아예 남겨두지 않거나 현저히 제한하게 된다. 제의는 개인적 행위의 가능성을 잘라내며, 개인의 행위를 엄격하게 예측 가능한 것으로 만든다. 이런 의미에서 특별히 흥미로운 경우가 동물의 행동이 '정상적인' 상태에서 벗어나는 때이다(가령,

맹수가 무리에서 이탈했거나 그에게 자연스러운 환경에서 벗어난 경우가 그러하다). 사냥꾼들이 말하길, 그때의 맹수는 특히 더 위험한데, 행동을 예측할 수 없기 때문이다 ('미친 듯이 광포하게 행동한다'). 그러나 동기화되지 않은 이런 위험한 행동은 다른 관점에서 기술될 수도 있다. 제의의 관점에서 볼 때 퇴화된 행위에 해당하는 그것은 예측 불가능성을 현저히 높인 것, 즉 개인적 행위의 역할을 폭발적으로 증가시키는 역동적 국면으로서 기술될 수 있는 것이다.

엄격한 기호적 구조에 의해 보증되는, 집단적 행동의 순환적 반복성에서 예측 불가능한 행동의 무질서로 옮겨가는 것(이 무질서는 해당 상황의 모든 구조를 현저하게 뒤바꿔놓는 모종의 파국의 결과일 수도 있다)은 순환적 발전이 역사적 발전으로 대체되는 국면으로 간주될 수 있다(여기서 '국면'이란 개념은 물론 조건적인 것이다. 지금 말하고 있는 것은 엄청나게 긴 시간에 걸친 과정이다).

순환적 과정을 대체하며 등장한 역사적 과정이 불러온 것은 행위 형식의 반복성과 그것의 내적인 역동성 사이의 항시적인 투쟁이다. 어떤 결정적인 지점에서 역동적 과정은 예측 불가능한 성격을 얻게 된다. 하지만 그에 이은 안정화 과정은 높은 예측 가능성을 유지하고 있을 뿐 아니라, 극히 제한된 수의 가능성의 가변체를 지닌다. 역동적 과정의 이런 이중적 성격으로부터 내릴 수 있는 결론은 어떤 종류의 기술 언어를 선택하느냐에 따라 인류 역사가 동일 구조의 반복으로도, 예측 불가능한 어떤 것으로도 제시될 수 있다는 것이다. 따라서 우선 역동성을 순환적 형식을 띠는 것과 방향성을 갖는 형식을 띠는 것으로 구분하고, 다시 후자를 느린 역동성(즉, 정해진 법칙에 따라 실현되며 높은 예측 가능성을 갖는 역동성)과 파국적인 역동성(즉, 예측 가능성이 현저하게 떨어지는 역동성)으로 구분해볼 수 있겠다. 마지막 두 발전 형식(즉, 방향성을 갖는 역동성)의 관점에서 볼 때, 일정한 반복성을 띠는 역동성은 사실상 정적인 것으로 경험될 것이다. 가령 플라톤은 정적인 것의 예로 이집트의 양식화된 이미지를 들면서, 그것을 고정된 형식이 조직적으로 교체되는 상태로서 묘사했던 것이다.

문제를 더욱 복잡하게 만드는 것은 실제의 역사 과정에서는 역동적(파국적)인 발전의 단계와 그 뒤를 잇는 '정상화' 단계의 균등하고 순차적인 교체를 만날 수 없다는 점이다. 실제 역사에서는 다수의 역동적 과정이 공존하고 있다. 서로 무관한, 즉 서로 다른 발전 속도를 갖는 전혀 동시대적이지 않은 구조들이 함께 작동하는가 하면, 연대기적으로는 동시대적이지만 발전의 상이한 영역에서 안정기를 겪고 있는 구조들이 함께 작동하고 있다. 가령, 학문 영역에서 발생한 비약적인 발전과 폭발은 각종 일상생활의 영역에서 발생한 폭발적인 움직임과 연대기적으로나 인과론적으로 무관할 수 있다. 예술에서의 폭발적 상태가 정치 영역에서의 안정화와 동시대 현상일 수도 있는 것이다. 하지만 특정한 하나의 폭발 단계가 특별히 강력하게 터져나오는 경우, 이는 자신의 언어를 다른 것들에 강요함으로써 역동적인 과정 전체에 영향을 끼칠 수 있다. 가령, 18세기 프랑스 대혁명의 시기에 발생한 사회-정치적 폭발의 흐름은 그 밖의 다른 모든 영역에서 일어난 폭발적인 과정을 사회-정치적 혁명의 용어로 기술하게끔 만들었다. 이런 경우 이름을 붙이는 일(명명)은 실제의 전개 과정에 역으로 영향을 미치게 된다.

모든 종류의 이름 붙이기와 마찬가지로, 자기 명명은 흔히 행위 유형의 선택뿐 아니라 그것의 역사적 운명까지 결정짓는다.

가령 '볼셰비키(다수파)'나 '멘셰비키(소수파)'라는 용어, 애초에 러시아 사회민주노동당 2차 당 대회에서 다소 우연히 갈린 표결의 결과로 생겨난 이 용어는 이후 그 역사적 운명을 사실상 상당부분 결정짓게 된다. '볼셰비키'라는 용어는 대중성과 힘의 이미지를 창출해내 넓은 노동자층의 감탄을 불러왔던 반면, '멘셰비키'라는 용어는 분명 인텔리겐치아들에게 끌릴 만한 희생과 특권성의 의미론을 내포하고 있었다.

이런 사실은 또한 부분적으로, '이름은 징조다 nomina sunt omina'라는 경구에서 시작해 고골의 주인공 바슈마치킨에 이르기까지, 갖가지 명명(命名)의 마술을 심리적으로 뒷받침해준다. '아카키 아카키예비치'는 자신의 이름과 함께 이중적인 운명을 부여받았다. '온순함'을 뜻하는 그리스어의 어원적 의미와 러시아의 민중적 어원이 그것이다. 고골은 주인공을 위한 다른 이름을 찾을 수 없었다고 밝히면서 그 이름의 운명적 성격을 강조한 바 있다.

명명의 마술로 간주될 수 있는 비슷한 경우 중에는 훨씬 더 심오한 의미를 갖는 것들도 있다. 이들은 이름 붙이는 일이 실제로 삶의 실천 속으로 침투하는 예를 보여준다. 현실을 어떻게 지칭하는지가 현실의 본질 및 행위의 성격을 바꾸어놓는 것이다.

위에서 알 수 있는 사실은 실제의 역사적 과정은 다차원적이고 다기능적이기 때문에 서로 다른 관점을 통해 다양한 방식으로 기술될 수 있다는 것이다. 하지만 여기서는 논지 전개의 편의상 일련의 과정에 나타난 지배적 구조의 순차성만을 살펴볼 것이다. 미리 말해둘 것은 실제 역사의 흐름 속에서는 이들 과정이 필연

---

1 [옮긴이 주] 19세기 러시아 소설가 고골의 중편 「외투 Shinel」의 주인공인 하급 관리의 이름이다.

적으로 이전 단계에서의 '폭발적 격동'과 각종 부차적 폭발의 영향을 받을 수밖에 없다는 점이다.

앞서 지적했듯이 인류 이전 단계(즉, 고등 동물의) 문화에서는 종의 기억이 우세했다. 삶 속에서 겪게 되는 일련의 가치 있는 경험을 저장하는 형식이 곧 관습적인 행위였고, 그것은 고정된 형식을 통해 고스란히 반복될 수 있었다. 그런데 운동의 순환적인 체계가 선형적인 역동성으로 교체되자 가능한 행위 유형의 목록이 비약적으로 증가했다. 다른 동물들의 관점에서, 초기 단계의 인간은 틀림없이 '미친' 존재처럼 여겨졌을 것이다. '정상적인' 동물은 그의 행위를 예측할 수 없었을 것이다. 이는 광인의 행위, 그러니까 정상인에게 부여된 각종 금기를 의식에서 제거해버린 자의 행위를 예측할 수 없는 것과 마찬가지다.[2] 언급된 상황은 키플링의 저서 『정글북』의 한 장면을 떠올리게 한다. (책에서 인물로 등장하는) 주인공-동물들의 조직화되고 '이성적인' 행동은 반다르-로그(원숭이)의 예측할 수 없는 무의미한 행동과 대조되고 있다. 초기 단계의 인간과 처음으로 마주친 동물들이 바라본 인간의 행동이 바로 그런 것이었으리라 추측할 수 있다. 인간 행동의 바로 이런 예측 불가능성, 자신의 적대자인 동물이 가진 것보다 훨씬 더 커다란 정도의 행동의 자유(동물은 비교적 적은 숫자의 예측 가능한 행위[제스처] 목록을 지닐 필요가 있었다)는 사실상 인간을 특권적인 위치에 올려놓았다. 그리고 동물과 비교해 인간이 상대적으로 연약하다는 점을 보상해주었던 것

---

[2] 현저하게 약한 정도지만 이와 유사한 상황이 동물의 경우에도 발생할 수 있는데, 가령 동물이 지극히 비정상적인 상황, 예컨대 지질학적 재앙에 처했을 때가 그러하다. 그러나 그것이 동물의 안정적인 행위가 변화된 세계와 충돌하는 경우에 해당한다면, 이 글은 현저하게 변화된 행위가 안정적인 세계와 충돌하는 경우에 해당하는 것이다.

또한 바로 그 점이었다. 키플링은 놀랄 만큼 정확하게 '전(前) 인간'을 관찰한 동물의 세계로 침투했다. 이 인간은 동물들에게 미친 것처럼 보였을 뿐 아니라 '규칙 없는 전쟁'을 치르는 비도덕적인 존재로 보였던 것이다.

유사한 상황은 반복된다. 엄격하게 조직화된 (덜 역동적인) 중세인의 입장에서 르네상스의 인간은 규칙을 파괴하고 금지된 수단을 통해 승리를 달성하는 자, 말하자면 '인간이 아닌 것처럼' 행동하는 사람으로 보일 것이다. 행위 규범의 동요는 발전의 필수적인 조건이다. 여전히 선형적 과정의 이전 단계에 빠져 있는 집단은 주관적으로 행위 규범의 동요를 광기로서 체험할 뿐 아니라 도덕의 붕괴로서 받아들인다. 이를 통해 문화사에서 수없이 반복되었던 주장, 즉 동물이 인간보다 더 도덕적이라는 주장이 설명된다. 새로운 체계, 그러니까 보다 확장된 규칙의 체계로 진입하는 것이 마치 규칙의 세계로부터 무한 자유의 영역으로 이동하는 것처럼 느껴지는 것이다. 동물 세계의 관점에서 '미친' 존재인 인간은 그 자신의 관점에서 보자면 절대적으로 유능한 존재가 된다. 동물 세계의 적들이 그의 행동을 예측할 수 없었기 때문에 적의 저항은 그 효력을 현저하게 상실했던 것이다.[3]

그러나 이와 같은 새로운 가능성은 정착될 필요가 있었다. 여기서 분명해지는 것은 예측이 용이했던 이전 영역을 벗어남이 결코 무한한 가능성, 즉 카오스로 이동함을 뜻하지 않는다는 점이다. 그것은 보다 확장된 조직성을 지니는 나름의 새로운 구조로

---

[3] 다른 한편으로, 인간 행위의 역동성은 동물의 행동을 비약적으로 재구축했다. 석기 시대의 동물이 그 후손인 오늘날의 동물과 똑같이 행동했으리라 짐작한다면 잘못일 것이다. 그들은 훨씬 더 무방비 상태의 모습이었다. 요즘의 동물의 행동은 아마도 그들에게는 '미친 것처럼' 보였을 것이다. 오늘날 동물의 행위의 많은 특징은 인간과의 접촉의 결과로 생겨난 것들이다.

이동했을 뿐이다. 이 새로운 경험은 세대가 교체됨에 따라 후대로 전해질 필요가 있었기 때문에 재빨리 관례적 성격, 아마도 제스처의 성격을 획득했다. 합리적인 비유전적 행위는 집단을 위한 안정적인 동작의 체계 속에 정착되었다. 이 합리적이고 효과적인 행위는 전(前)-제식ritual의 형태로 변형됨으로써 정착, 전승될 수 있었다. 일반적 견해와는 반대로, 이 단계의 인간은 '내키는 대로' 행동하는 '미개인'이 아니었다. 오히려 그는 극단적으로 '제식화된' 행위를 행하는 존재여야만 했을 것이다.

요컨대, 아마도 인류 문화의 초창기에 파국적 성격을 띠는 어떤 거대한 폭발이 있었다. 이 폭발의 국면에서 획득한 것을 정착시키는 단계가 그 이후에 도래했던 것이다.

행위의 새로운 역동성이 갖는 뚜렷하게 차별되는 자질은, 비록 생물학적 기억 속에 고착됨으로써 전(前) 인간적 진화의 단계와 관련되었지만, 그와 더불어 개인적 경험의 역할을 끊임없이 증진시키는 특징을 지녔다는 점이다. 동물 세계에서는 제식화된 행동의 시기들이 종의 기억 안에 도입되었다. '자유로운,' 즉 개인적인 행동은 삶의 부차적인 국면을 포괄하는 것이었고, 그렇기 때문에 종의 기억을 통해 정착되지 않았던 것이다. 유용한 것은 집단 속에 정착되었지만 우연적이고 개인적인 것은 잊혀졌다. 반면 인간 집단에서는 합법칙적인 것과 우연적인 것의 위치가 뒤바뀐다. 예측 불가능한 행위에 새로운 가능성을 창출할 수 있는 중대한 역할이 부여되는 것이다. 이 발생기는 개인적인 행위와 관련되었으며, 그에 대응하여 자유가 증대했다. 즉—본질상 집단적 성격을 띠는— 반대 방향의 메커니즘이 하나를 제외하는 대신에 다른 하나를 가치 있는 것으로 평가함으로써 공공 행위의 기억 속에 포함시켰던 것이다.

분기점의 국면에서는 제한이 흐트러지게 되고, 이는 새로운 행위 형식의 폭발을 가져온다. 한편 점진적 발전의 시기에는 그중 적절하다고 인정된 것들이 선택되고 정착되는 것이다.

그렇게 해서, 우연적인 분출이었던 것이 행위로 바뀐다. 폭발의 시기에 발생한 행동 중 모종의 동기화를 거친 것들이 선택되어 후대로 전승될 목록에 포함되는 것이다.

개인적인 경험을 저장하는 과제는 보다 새롭고 훨씬 더 복잡한 기억의 기능을 필요로 한다. 합리성은 모든 다양한 행위 유형, 특히 우연적 행위 중에서 의미를 갖는 비교적 제한된 목록만을 선택하고, 그것만이 기억에 의해 저장, 전승된다. 두 단계 사이의 순차성은 그렇게 성립한다. 즉 분기점의 국면에서 새로운 행위 가능성이 예측 불가능하게 증가하고, 이어서 (점진적 발전 시기에) 보다 적절한 가변체들이 선택되는 과정이 나타나는 것이다. 이로부터 본질적인 결론이 도출되는바, 초기 단계에서는 행위 형태의 선택이 창조적 성격을 띠지 않았다. 즉, 그것은 일정한 규칙에 따라 수행되었던 것이다(당연히 우연성의 역할은 제한되었다). 적절한 것으로 선택된 제스처와 행위들이 정착되려면 또다시 제식화가 요구된다. 이때 기억에 복무하는 것은 외침 및 음악적인 통곡을 수반하는 관례적인 동작들의 체계다. 합리적인 비유전적 행위를 전승해야 할 필요성은 그것을 일정한 형태의 전(前)-예술에 접근시킨다.

초기 단계의 인간 활동이 흔히 말하는 실용적인 것이었다는 생각, 즉 '예술적' 단초와는 원칙적으로 상반되는 것이었다는 생각은 이론적 추론의 차원과 실제적 질료의 차원 모두에서 근거가 희박하다. 바로 그 단계에서, 경험을 정착시키는 문제는 그전까지 인간이 갖고 있지 못했던 새로운 기억의 메커니즘을 요구하게 되었다. 비유전적 전언이 늘어나고, 그 비축물을 저장해야 할 필요성이 전에 없이 대두되어 본질상 예술적인 성격을 띠는 기억의 기제가 만들어졌다. 그러나 이는 인간만의 발명품은 아니었다. 잘 알려져 있듯이, 벌 떼가 비유전적 정보를 전달하기 위해 그것을 '춤'의 언어로 번역하는 예를 상기할 수 있겠다. 물론 벌 떼가 전달하는 전언은 상대적으로 안정적인 것이기에 '춤'의 체계는 비교적 제한적인 것이 될 수 있었던 반면, 인간적 정보의 열린 성격은 훨씬 더 방대하고 역동적인 메커니즘을 요구했다.

이렇듯, 단지 개념적으로 추론할 수 있을 뿐인 가장 초기 단계의 인간 행위에서도 (주지하다시피, 가장 '원시적인' 민족에게서 관찰할 수 있는 것조차도 이미 훨씬 이후의 시기에 속하는 것이거나 아니면 이차적으로 단순화된 결과에 불과하다) 두 가지 상반된 (하지만 유사한 구조를 지니는) 경향을 구분할 수 있다. 첫번째는 제스처 행위의 가능성을 확장하고 새로운 유형의 제식화를 창조하려는 경향이다. 두번째는 제식의 축소와 관련된 것으로, 제한적으로 선택한 것을 집단적 기억 안에 정착시키려는 경향이다. 그러나 두 경우 모두 제의는 실용적 행위와 분리되어 있지 않았으며, 그에 대립하기는커녕 오히려 실용적 행위가 공적 행위의 기능을 획득하도록 만드는 언어가 된다. 따라서 고대 시기에 행위의 의미화 체계는 이후 시기에 비해 훨씬 더 엄격했음이 틀림없다. 문자 문화의 초창기에 그래픽 문자를 헛되이 사용하는 것이 불가능했을 뿐 아니라 그에 신성한 기능이 부여되었던 것과 마찬가지로, 모든 행위(제스처, 절규 등)의 총체에 의미를 부여하는 인간이 그와 같은 수단을 헛되이 쓸 수는 없는 일이었다. 그들은 행위였고 동시에 기억이었으며 신화였던 것이다.

다음 단계는 삶의 신화적 영역과 실용적 영역이 분리되는 것에 관련된다. 실용적 영역은 훨씬 더 커다란 자유를 부여받는다. 즉 그것은 매우 많은 요소와 그들 간의 결합 가능성을 지니는 언어로 번역되는데, 그 언어의 다양성은 매우 커서 주관적으로는 그것을 언어가 아닌 것으로, 즉 무한한 영역으로 느낄 수 있을 정도다. 신화적 언어의 영역은 축소되어 뚜렷한 구조성을 띠게 된다. 아직까지 이 단계에서는 기호적인 의미화와 실용적인 행위가 동일시되거나 혹은 긴밀하게 결합되어 있다. 하지만 이 체계 내에서도 이미 의미를 지니는 행동, 즉 무엇인가를 의미하는 행동과 행동으로서 실현되는 의미, 즉 행동과 관련된 의미 간에 모종의 구분이 감지되고 있다.

이 두 측면 간의 차이는 이후 심오한 의미를 얻게 된다. 행동은 이제 특정한 의미론의 담지체라 할 수 있는 특정한 문화적 행위의 형태를 식별하기 위한 원천이 된다. 예컨대, 이를 기초로 해서 발생하는 것이 실용적 행위로서의 식사와 신성한 행위로서의 식사 간의 구분, 즉 전자의 탈제식화와 후자의 뚜렷한 제식화이다. 하지만 두 경우 모두에서 먹는 행위는 상징적 성격이 아닌 식도락적인 성격을 보유한다. 게다가 음식의 생리학적인 경험은 제의적인 먹는 행위의 필수적인 부분을 이룬다. 먹는 행위는 허기를 해소하는 생리적 즐거움을 동반해야만 하는 것이다. 보다 풍성하고, 기름지고, 맛있는 음식을 풍족하게 받아들이는 것은 생리적 만족과 마법적 기능의 불가분한 결합과 관련되어 있다. 바로 그런 식으로 제스처, 절규, 외침, 웃음, 뚜렷한 기쁨 따위는 단지 유희가 아닌 마법적 성격을 띠었던 것이다. 이들은 솔직하고 직접적인 감정, 외부의 관찰자에게는 흡사 혼돈의 형상으로 비칠 수도 있을 만한 그런 감정들로 채워져 있었다. 이렇게 해서 행위의 생리학적 측면 자체가 이차적인 제식화의 성격을 얻게 되었고, 그것은 점차 바흐친을 비롯한 수많은 민족지학자들이 묘사한 바 있는 바로 그 체계, 즉 제의적 생리학의 체계를 창출하게 되는 것이다. 바흐친은 이 체계를 제의적인 구속의 영역 안으로 침투한 자유로 해석했지만, 사실 그가 보여준 것은 이 '자유'란 것 역시 제의적 형식 안에서 실현된다는 점이었다. 결국 주관적인 탈제식화는 제의의 이중화를 이끌어낸다. 여타의 생리적 과정에서와 마찬가지로, 먹는 행위의 마법적 기능을 강화하는 이후의 흐름은 강조점의 의미심장한 자리바꿈을 가져왔던 것이다.

앞서 언급했듯이, 최초(물론 이는 논리적 의미에서의 최초다. 실제의 역사적 순차성에 관해서는 말하기 어렵다)의 먹는 행위가 아직은 온전히 발달하지 않은 제의의 내용이었다면, 이후 그것은 기호, 즉 제의적 형식이 된다. 한편으로 이는 내용 영역의 확장을 낳게 된다. 배고픔의 해소뿐 아니라 모든 긍정적 감정 및 의미의 총체(가령, 혼인제의 전체)가 음식의 제의적인 섭취의 형태를 띠게 되는 것이다. 즉, 넓은 범위의 긍정적 의미를 갖는 보편적 제의의 형식으로 향연(饗宴)이 대두된다. 동시에 이는 갖가지 내용을 위한 준비된 제의적 형식이 된다. 심지어 감정까지, 즉 생리적 기반이 보다 기호적으로 제식화된 감정까지도 내구적 성격을 획득한다. 가령, 향연에서 기쁨을 표현하는 제의적 제스처가 그 예이다. 즐거운 행위나 혹은 비극적인 행위를 배워야 할 필요성, 그리고 그것들을 식별하고 이해해야 할 필요성이 대두된다(이는 향연의 자리에서는 통곡하고 장례식에서는 웃는 바보에 관한 민담의 플롯에 비견될 수 있다. 여기서 '바보'란 보편적인 행동의 언어를 구사하지 못하는 자이다[4]). 표현 영역의 확장 또한 일어난다. 음식은 음식의 상징물로 대체되고, 피가 떨어지는 고기는 식물로 대체된다. 매우 복잡하고 다양한 대체의 체계가 전개되며, 그 과정에서 어제의 내용이 형식, 즉 기호로 변모한다.

바로 그런 식으로 발생하게 되는 것이 희생 제물의 대체, 즉 제사장이나 신성한 인물이 한시적으로 그를 대신하는 다른 부족의 인간이나 노예, 요컨대 '타자'로 대체되는 것이다. 여기서 '타자'는 '온전한 사람이 아닌 것'으로 간주되기 때문에 (많은 언어에서 부족이 스스로를 지칭하는 이름은 '인간'을 뜻하는 단어와 동의어이다), 희생물로 바쳐지는 인간은 다음 단계에서 신성한 동물로 대체될 수 있게 된다. 그리고 이때 세미오시스의 복잡화가 발생한다. 살해되는 제사장, 제식의 끝에서 먹히는 제사장은 곧 신을 의미한다. 따라서 그를 대체하는 노예도 또한 신이며, 먹히는 제의적 동물 또한 근본적으로는 신을 뜻하는 것이다. 신을 희생하는 것이 신에게 희생물을 바치는 것으로 교체되는 일은 오직 그다음 단계에서만 가능한 것이다. 하지만 대체의 메커니즘 자체는 항수로 남아 있다. 이는 기독교에서도 마찬가지다. 처음에 비밀스러운 밤의 회합이 있고, 그다음에 희생물을 (성체인) 포도주와 빵으로 완전히 대체하는 성체식이 이어진다('그리고 그들이 음식을 먹고 있을 때에 예수님께서 빵을 들고 찬미를 드리신 다음, 그것을 떼어 제자들에게 주시며 말씀하셨다. "받아라. 이는 내 몸이니라." 또 잔을 들어 감사를 드리신 다음 제자들에게 주시니 모두 그것을 마셨다. 그때에 예수님께서 그들에게 이르셨다. "이는 많은 사람을 위하여 흘리는 내 계약의 피다."──「마르코복음」, 14: 22~24). 여기서 최후의 만찬은 죽음의 예언일 뿐 아니라──후대의 합리적인 의식이 해석했던 바대로──단지 다른 언어로 이루어졌

---

4 그러나 이는 행위와 그 해석 간의 제의적인 불일치의 경우와는 구분되어야 한다. 예컨대, 장례식에서 웃는 제의적 웃음이나 결혼식에서 신부의 제의적인 울음이 그러하다.

을 뿐인 십자가형 자체이기도 한 것이다.

후대의 의식의 관점에서는 이런 현상을 이해하기가 어렵기 때문에, 본래는 다양한 상징 체계에서 동일한 것을 의미했던 곳에서 말의 유희를 보고자 하는 플롯이 발생한다. 즉, 후대의 합리주의적 사유가 이런 신화적인 단일성을 단순화하려는 경향을 띠게 되는 것이다. 가령, 로마에서 신을 속이는 관습이 행해졌다는 사실을 증명하는 예들이 다수 존재한다. 우선 일정한 수의 머리 golov를 신에게 바칠 것을 약속하고 나서(자신이 받을 가축의 머릿수를 신이 지정했다고 가정된다), 일이 성공적으로 수행된 후에는 머리 대신 양귀비 열매 golovki를 제공하는 식이다.

이 에피소드를 일종의 언어유희를 통한 속임수(golov → golovki)로 인식하는 것은 당연히 원초적인 신화적 의식을 훨씬 더 후대의 관점에서 재해석한 결과이다. 신화적 의식은 동등한 가치들 간의 상업적 교환과 기호적인 희생 제의를 구분하지 않는다. 여기서 신화는 로마인들의 법률적 사유의 언어로 번역되고 있는 것이다.

이에 비추어 살펴볼 수 있는 것은 성적인 교환의 인지에 있어 생리학적인 것과 기호학적인 것 간의 상호 관계이다. 이 인식 또한 매우 복잡한 진화를 겪었다. 발전의 일정한 단계에서는 성적 교환이 식(食) 행위와 기호학적인 측면에서 구분되지 않는다. 즉 그들은 풍요라는 공통의 이미지를 띤 채, 보다 보편적인 (금지가 완전히 제거되는 지경까지 이르는) 언어로 번역될 수 있는 상황에 놓이는 것이다. 또 다른 역사적 국면에서는 성적인 교환 행위의 생리학적 측면이 극단적으로 기호화되는 상황이 발생할 수 있다. 예컨대, 기사도적 사랑에서 일상적 측면과 기호적 측면 사이의 대립은 너무도 강력한 나머지 성적 교환의 가능성 자체를 원칙적으로 배제하게 된다(기사도적 사랑의 대상인 동정녀 마리아 숭배를 보라). 한편 생리학적인 행위, 예컨대 기사가 하녀를 강간하는 일 따위는 원칙상 사랑의 언어로 번역되지 않는다.[5] 이와 극단적으로 대립되는 행위 체계로 20세기 후반의 젊은이들의 행위를 들 수 있을 것이다. 그들에게서 성적 교환의 행위는 '일상적'이고 '평범한' 영역에 속하는 것으로 사랑이나 가족적 행위로부터 분리된다.

행동이 그 자체로 곧 말이 되는 시기가 지나면 그 둘을 분리하려는 경향이 도래한다.

문화 형성의 완전히 새로운 단계는 조건적인 기호, 즉 의미되는 대상으로부터 완벽하게 분리된 관습적 기호의 출현과 관련된다. 이 위대한 혁명은 우리가 흔히 말하는 바로 그 '말'을 창조했다. 언어적 발화는 물론 훨씬 더 이전에 이미 발생했다. 하지만 자신이 의미하는 대상으로부터 아직 완전히 분리되지 못했던 시절의 말은 오늘날의 커뮤니케이션에서 제스처가 담당하는 역할, 예컨대 의미를 강조해주고 뉘앙스를 전달하는 식의 부차적인 역할만을 수행할 수 있었다. 근본적인 의미론은 의미되는 대상이나 혹은 제스처에 부여되었던 것이다. 그와 같은 언어의 가능성은, 역설적이게도 조너선 스위프트 J. Swift가 (『걸리버 여행기』 3

---

5 〔옮긴이 주〕 이 책에 실린 다른 논문(「기호학적 체계의 역동적 모델」)에서 로트만은 이에 관한 예로 『사랑론』을 쓴 작가 앙드레 르 샤플랭의 견해를 제시한 바 있다. 궁정식 사랑에 관한 중세풍의 유명 전문 서적을 쓴 작가에 따르면, 시골 농부 처녀는 오직 '자연적 사랑'에만 해당되기 때문에, 궁정식 사랑 fin amor의 영역 내에서 그녀는 '마치 존재하지 않는 것과 같다.' 그는 친구로 상정된 책의 독자에게, '농부 아가씨들의 경우에는, 설사 폭력에 의존했다고 할지라도 자신의 행위를 부끄러워할 필요가 없다'고 충고했던 것이다. 그녀는 궁정식 사랑의 영역 내에 존재하지 않기 때문에 이런 유형의 인간을 대상으로 하는 행위 또한 마찬가지로 존재하지 않은 것으로 간주될 수 있는 것이다.

부의 무대가 되는) 라퓨타 섬의 언어 중 하나를 묘사할 때 나타났다. 섬의 거주자들은 여러 가지 물건을 지니고 다니면서, 말 대신 서로 그 물건을 보여주는 식으로 소통한다. 여기서 물건은 표현이고, 말은 내용이다. 명백히 불편함에도 불구하고 이 언어는 논쟁의 여지없이 한 가지 장점을 지닌다. 표현과 내용이 서로 분리될 수 없기 때문에 거짓말의 가능성을 배재한다는 점이다. 사물로부터 말을 분리하는 것은 엄청난 결과를 낳는다. 가깝게는 거짓말의 가능성이 생겨나고 멀게는 시가 출현할 수 있게 되는 것이다.

이후의 인류 역사는 말을 사용하는 역사로 바뀐다. 이전의 문화에서 기호학의 지배적인 역할이 실천적 행위의 장막 아래 가려 있었다면, 이제 기호학(즉, 말의 기능과 역할)은 역사의 주도적인 메커니즘이 된다. 문화의 근원적인 질문 중 하나는 말에 대한 문화의 관계를 묻는 것이다. 문제를 더욱 복잡하게 만드는 또 다른 상황도 존재한다. 전통적인 역사 철학은 새로운 단계의 출현이 이전 단계의 완전한 소멸과 관련된다는 전제에서 출발했다. 그러나 생물학적 진화에서 삶의 초기 형태들이 부분적으로 소멸할 뿐 새로운 환경에 적응하며 진화하는 것과 마찬가지로, 인류 역사와 문화에 있어서도 새로운 지배소의 출현은 결코 이전 것의 완전한 소멸을 가져오지 않는다. 예컨대, 새로운 문명의 출현은 노예제 혹은 그 이전의 경제적 형태들을 소멸시키지 않았다. 마찬가지로 행위에 있어서도 고대적인 관습 체계는 비록 주변부로 밀려나긴 했지만 항상 이후의 구조와 공존하고 있다. 가령, 무력을 통한 싸움이 이중적으로 기능할 수 있는 가능성이 그러하다. 즉 싸움은 직접적이고 실제적인 행위의 영역에서 기능할 수도 있고, 관례적이고 기호학적인 영역에서 기능할 수도 있는바, 실제의 역사적 실천 속에서 그 둘은 언제나 뒤얽혀 있는 것이다.

봉건적 윤리 규범이 정착됨에 따라서, 적에게 입은 상처는 이중적인 가치 평가를 얻게 된다. 실제적 의미와 더불어 상징적 의미가 더욱 강조되는 것이다. 부상은 용맹의 상징으로서 권장되기에 이른다(이런 전통은 오늘날에도 유지되고 있다. 가령, 독일의 대학생들은 얼굴에 상처를 내고, 치료 중에 인위적으로 그것의 흉함을 뚜렷이 드러낸다. 여기서 상처는 곧 명예의 기호가 된다). 명예의 기호학은 바람직하지 않은 것을 바람직한 것으로 바꾸면서 일상적인 관념을 변형시킨다. 이와 더불어 발생하는 것은 실제의 행위를 기호적 재현으로 대체하려는 경향이다. 예컨대, 바로 그런 식으로 기사 작위 수여식에서의 실제 피 흘리는 행위가 칼등으로 어깨를 건드리는 기호적 행위로 점차 대체되었다. 다른 한편으로, 존엄함을 불러오는 '명예로운 부상'과 그 반대인 '굴욕적인 부상'이라는 관념이 생겨난다. 전자에 해당하는 것은 신체의 전면에 입은 위험스러운 부상이며, 후자에 해당하는 것은 신체의 후면에 무기 이외의 것으로 입은 부상이다. 실제적인 것에 관습적-기호적인 가치 평가가 도입되는 이런 현상은 예컨대, 러시아 중세 초기의 법전 텍스트인 『러시아 법전Russkaia pravda』에도 반영되어 있다. 거기에는 가해자가 피해자의 명예를 손상시키는 (가령 칼집으로 때린다든지 손등으로 때리는 것 따위의) 상해를 입힌 경우, 신체적으로 심각한 부상을 입힌 경우보다 더 큰 배상을 하도록 명시되어 있다.

이론적으로 접근하자면 문화적 기호학의 요소들을 진화 과정에서의 복잡화 단계에 따라 분류해볼 수 있을 것이다. 하지만 실제의 다양한 기호학적 구조는 가장 원시적인 것에서 가장 복잡한 것에 이르기까지 서로 얽힌 채 공존하고 있다. 예컨대, 특수한 기호학적 구조로서의 결투는 본질적으로 갖가지 메커니즘이 서로 교차하는 영역으로 간주될 수 있다. 결투가 수반하는 물리적인 충돌(싸움)에 대한 관계가 이미 단의적이지 않다. 뱌젬스키의 증언에 따르면, 유명한 결투 애호가였던 (미국인) 톨스토이 백작F. Tolstoy은 주먹다짐에 대한 결투의 관계를 다음과 같이 영리하게 이용할 수 있었다. '공작은 톨스토이에게 상당한 액수의 어음을 빌렸다. 지불 날짜가 한참 지났고 몇 차례 연기해주었으나 공작은 돈을 갚지 않았다. 마침내 인내심이 바닥난 톨스토이는 그에게 편지를 썼다. "만일 당신이 모월 모일까지 빚을 완전히 갚지 않는다면, 나는 법원에 찾아가 청원하는 대신 귀하의 면전에 대고 직접 청원을 하겠소이다."'[6] 여기서 우리가 보게 되는 것은 다층적인 언어유희다. '면전에 청원하다otnestit' k litsu'라는 표현은 '상관에게 직접 호소하다'라는 관료적 표현이면서 동시에 톨스토이에게는 결투를 이끌어내는 관례적이고 제스처적인 모욕을 의미하는 것이다(현실에서 모욕의 기호로 사용되는 따귀는 따귀의 기호, 가령 위협적인 제스처나 장갑 던지기, 혹은 언어를 통한 모욕으로 대체된다).[7] 그러나 미국인 톨스토이는 다른 방식으로 상대방을 위협했던바, 이 방식을 통해 그는 기호학의 영역에서 실제 행위의 영역으로 뛰쳐나갔다. 즉 그는 '면상을 쥐어박았던dat po morde 것'이다('면상을 쥐어박다'라는 표현은 제의에 대

---

6 뱌젬스키П. А. Вяземский, 『옛 수첩Старая записная книжка』, Л., 1929. 70쪽.
7 따귀의 기호로서 장갑이나 카드를 얼굴에 던질 수 있고, 혹은 기호의 기호로서 그것을 바닥에 던지는 것도 가능하다. 시인 만델시탐은 그저 톨스토이의 목을 손바닥으로 건드림으로써 결투를 신청했다. (타게르E. M. Tager가 전하는 바에 따르면) 이 에피소드를 묘사한 스테니치는 거기서 만델시탐과 '기사도적' 상황 간의 코믹한 불일치만을 보았을 따름이다. 아마도 그가 틀렸다고 해야 할 것인데, 왜냐하면 만델시탐의 행동은 지극히 정확한 모욕의 형식을 보여주고 있기 때문이다. 즉, 톨스토이에게 그토록 자연스럽게 잘 이해되었을 실제 싸움과의 유사성이 완전히 제거되고 그 대신 얼굴을 만지는 모욕적 행위가 그것을 대체하는 상황이다.

한 제의적인 거절이다. 불가코프의 소설 『거장과 마르가리타』에서 거장이 비제의적인 관점에서 '광인'의 얼굴이 무뢰한의 그것인지 아니면 '면상'인지를 먼저 밝히라고 요구했던 것은 우연이 아니다. 행위의 언어에 있어 '면상을 쥐어박다'와 '따귀를 때리다'는 유의어가 아니라 반의어인 것이다). 결국, 톨스토이의 언어유희적인 구절 '면전에 대고 청원하다'는 관료적인 언어와 제의적인 제스처, 그리고 반(反)제의적인 실천 모두에 동시에 해당하는 것이다.

결투가 만들어내는 것은 싸움과 완전히 반대되는 상황이다. 물리적 고통과 관련된 위협이 전적으로 사라지는 대신, '삶'과 '죽음,' '모욕 주기'와 '모욕 받기' 따위의 갖가지 요소들 간의 상호관계가 그것을 대체한다. 즉, 물리적인 상해가 명예의 기호학으로 대체되는 것이다. 이에 따른 첫번째 결과는 바로 동등함의 요구다. 결투는 오직 동등한 적수 사이에서만 가능하다. 연령이 동등하거나 아니면 사회적 지위가 동등해야한다. 키시네프에서 푸시킨이 오를로프M. Orlov 장군에게 행한 모욕적인 언사들이 결국 결투로 이어질 수 없었던 것은 오를로프의 아량 때문만이 아니다. 전장에서 피 흘린 대가로 훈장을 수여받은 사단장의 지위와 유배 온 신참내기 시인 간의 격차가 너무나 컸기 때문이었던 것이다. 오를로프 장군은 얼마든지 결투를 거부할 수 있었고, 그것이 그의 미덕에 손상을 입힐 수도 없었다. 비슷한 예로 들 수 있는 것이 델비그와의 결투를 거부했던 불가린의 경우다. 불가린은 신랄하게 말했다. "남작에게 전하시오. 나는 그가 쓴 것보다 더 많은 피를 보았다고." 푸시킨은 이 말이 비겁하게 위험을 회피하는 예가 아니라 오히려 신랄하고 재치 있는 언변의 예라고 썼다. 나폴레옹의 전(前) 장교와 근시로 고통 받는 페테르부르크의 시인 간의 결투는 주도권이 누구에게 있는지가 너무나도 명백한 상황 탓에 명예롭게, 그리고 안전하게 거부될 수 있었다. 마찬가지로 귀족과 잡계급 간의 결투 역시 불가능했다. 바로 여기에 바자로프와 파벨 페트로비치 키르사노프 간의 결투가 갖는 희극성이 놓여 있는 것이다.[8] 시인 뱅상 부아튀르V. Voiture가 자신이 잡계급이라는 콤플렉스 때문에 못 말리는 싸움꾼이 되었다는 사실은 잘 알려져 있다. 볼테르는 하인에게 뻔뻔한 잡계급 출신 젊은이의 책장을 부숴버리라고 명령함으로서 결투를 거절했다.

이렇듯, 결투는 상대자들 간의 사회적 동등함의 확증을 죽음의 공포와 결합시키고, 그럼으로써 모욕받은 사람을 고상함의 기호학적 공간으로 옮겨놓는다(『에브게니 오네긴』에 나오는 다음의 구절과 비교해보라: "고상한 거리를 두고서 명예로운 관을 준비하는 일"). 결투의 물리적 측면은 본질적으로 언제나 조건적인, 의미의 일정한 위계와 관련된다. 결투는 모욕을 제거하고 명예를 회복시키는 의례다. 이런 두 가지 현상에서 기호학을 제거해버린다면, 결투는 곧 살인으로 바뀔 것이다. 한편, 결투의 조건적 성격은 보상의 기호학적인 조건성을 결정한다. 명예의 문제와 관련해, 만일 모욕받은 자가 그것이 치명적인 성격을 띠지 않는다고 인정할 경우, 실제 싸움의 요소는 순차적으로 약화될 수 있다. 또한 그에 따라 조건적 기호학의 위계 역시 상승할 것이다. 명예를 회복하는 일이 조건적으로 (단지 몇 방울의) 피를 흘리는 행위나 격발(擊發)을 서로 교환하는 일로도 가능해진다. 이때 후자 역시도 의례적인 성격을 띠어야 한다. 피를 묻힐 의도

---

8 〔옮긴이 주〕투르게네프의 소설 『아버지와 아들』에서 잡계급 출신인 바자로프와 귀족인 파벨 키르사노프 간의 결투를 말한다. 러시아어로 라즈노친치raznochintsy라 불리는 잡계급은 농노 해방과 더불어 나타난 중간계급으로, 점차 19세기 인민주의 혁명운동(나로드니키)의 중심 세력인 인텔리겐치아로 성장했다. 투르게네프가 창조한 바자로프는 잡계급의 문학적 전형이 되었다.

를 갖고 있지 않더라도 그런 평화적 의도는 반드시 일정한 형식에 따라 표현되어야만 한다. 여기서 중요한 역할을 하는 것이 제스처의 기호학이다. 예컨대, 공중에다 쏘는 행위는 공공연히 행해져선 안된다(먼저 쏘는 사람은 특히 세심해야 하는데, 왜냐하면 먼저 공중에 쏘는 것은 상대방에게서 선택의 자유를 빼앗고 자제를 강요하게 되기 때문이다). 공공연하게 공중에다 쏘는 행위는 멸시와 모욕의 제스처로 받아들여질 수 있다(먼저 쏘는 자라면 더더욱 그러하다). 시인 레르몬토프와 피의 결투를 벌일 때 마르티노프를 자극했던 것이 바로 그것이었다. 조건성의 최고봉을 꼽는다면 조건적인 상황 속에서 그저 제스처를 서로 교환하는 것, 즉 순전히 조건적인 형식에 따라 결투를 받아들이고 마찬가지로 조건적인 형식을 따라 싸움꾼의 행위를 수행하는 것이다. 가령, 그리보예도프와 야쿠보비치 사이의 결투에서는 아무런 실제적 원인도 없었다. 둘 중 그 누구도 모욕 받지 않았고 피 흘릴 아무런 이유가 없었다. 그들은 단지 저명한 4인 결투에 보조자 역할로 참여했다는 이유로 격발을 교환해야 했을 뿐이다. 그러나 이 의례에 (모욕이나 악의 따위의) 진짜 감정이 개입되었고, 덕분에 자칫 결투는 비극으로 끝날 뻔했다.

    문화의 기호학적 양상이 지니는 구조는 모순적이다. 한쪽에서는 다양한 언어가 증식하는 경향이 나타난다. 진행 과정의 역동적 성격은 끊임없이 새로운 기호 체계들을 발생시키고 그것들의 지배소를 교체해나간다. 제스처, 노래, 춤, 다양한 예술 형식이 차례로 교체되면서 기호학적 과정의 주도적 역할을 담당한다. 이 과정은 절대로 단일-구조적일 수 없다. 문학, 회화 혹은 다른 어떤 기호학적 형식의 고립된 역사를 제시하는 일은 오직 학문적인 단순화의 차원에서만 가능하다. 실제의 움직임은 끊임없는 교환의 과정, 즉 낯선 체계를 자신의 언어로 번역해 받아들이는 과정으로서 이루어진다. 교향악단에서 각종 다양한 악기들이 상호작용하는 양상이 이에 비견될 수 있을 것이다. 어떤 한 가지 언어만의 고립된 역사, 가령 주변 맥락을 벗어난 시 언어를 기술하려는 것은, 마치 교향악단에서 어느 한 가지 악기 파트만을 따로 떼어내 그것을 전체 작품으로 간주하려는 것[9]과 마찬가지이다. 사실상 티냐노프의 문학적 진화에 관한 사고는 이런 생각에 기초한 것이었다. 그의 개념에서 부차적인 문학적 경향은 지배적인 역할을 수행할 수 있으며 문학의 첫번째 계열과 두번째 계열은 끊임없는 자리바꿈을 보여준다. 즉, 고상한 시는 고상한 시에서 탄생하는 것이 아니라 거부된 계열에서 생겨나는 것이다. "언제쯤 당신은 알게 될까, 어떤 쓰레기에서, 부끄러움도 모른 채, 시가 태어나게 되는지를"이라는 아흐마토바의 시 구절은 문학의 새로운 단계란 지류(支流)의 영향 없이는 전 단계로부터 도출될 수 없다는 티냐노프의 사고를 바꿔 말한 것에 해당한다.

한편, 다른 쪽에서는 이와 반대되는 경향이 작동한다. 갖가지 경향 중 어느 하나가 주도적인 위치를 점하여 시대 전체에 자신의 언어를 강제하려는 지향이다. 가령 19세기 후반의 러시아 문화(넓게는 유럽 문화 전체)에서 지배적인 위치를 차지했던 것은 소설이었는데, 그것은 자신의 언어를 모든 종류의 예술에 강제했다(러시아 소설이 러시아 및 유럽의 철학에 미친 영향, 또한 그것이 그 시대의 일상적 행위와 정치적 투쟁의 성격에 미친 영향을 분석해본다면 흥미로울 것이다). 마찬가지로 낭만주의 시기에는 시

---

[9] 그러나 이 현상은 애초부터 이중적이다. 개별 인간의 개인성이 집단의 부분인 동시에 집단의 총체적인 닮은꼴이듯이, 문학 혹은 예술의 다른 어떤 영역, 나아가 예술 전체의 개별 역사는 문화 전체의 부분인 동시에 그것의 총체적인 닮은꼴로 간주될 수 있다.

(詩)가 그 시대 사람들의 정치적 사유와 일상에 놀랍도록 폭넓게 침투해들어갔다. 또한 유럽인들에게 나폴레옹식의 전투적인 사고가 정치에서 예술에 걸친 다양한 의식 영역 속으로 공격적으로 침투해들어갔던 경우를 언급할 수 있다(데카브리스트의 일원이었던 페스텔과 무라비요프-아포스텔의 외모가 나폴레옹과 닮았다고 그토록 강력하게 주장했던 동시대인들을 상기하라. 그들이 서로 전혀 닮지 않았음에도 양쪽 모두에게서 프랑스 황제의 특징을 보았다는 사실은 외양이 정치적 역할을 결정한 것이 아니라 그 반대였음〔즉, 정치적 역할이 외양의 인지를 결정했음〕을 증명한다). 소설 『전쟁과 평화』의 주인공 안드레이 볼콘스키 공작에게 '나의 툴롱 Toulon'이라는 표현은 그의 삶 전체의 프로그램을 집약하는 기호가 되었다. 그 기호의 내용이란 역사적 인물의 역할을 쟁취하는 것으로, 시인 레르몬토프는 이를 다음과 같이 표현한 바 있다.

내가 타고난 운명은 전 세계가 지켜보게 되는 것이다.
나의 영광 혹은 나의 파멸을.

언어가 원칙적으로 새로운 기능을 수행하게 된 것은 소외의 과정이 현저하게 진행되었다는 점과 관련이 있다. 행동으로부터 언어가 분리됨에 따라 활동이 제스처를 향하게 되었다. 본래 말하기가 행동의 일부로서 분리 불가능했다면, 이제 말하기는 자족적인 것이 되었다. 그에 따라 말과 제스처(행위)가 서로 분리될 수 있게 되었고, 이는 말의 의미론이 갖는 자율성을 급격하게 증가시켰다. 한편 이 과정의 또 다른 측면은 기호가 행위에서 분리되었고 그에 따라 자족적인 기호가 출현할 가능성이 생겨났다는 점이다. 말이 '해방'되었음을 알려주는 또 한 가지 예는 거짓된 발화의 가능성이다. 이것은 언어가 완전히 새로운 단계의 자유를 획득했다는 사실을 보여주는 명백한 증거이다.

안정된 형식, 즉 불변적 텍스트를 통해 정착되려는 발화(말)의 지향과, 다른 한편으로 발화의 요소들을 자유롭게 결합할 수 있는 가능성을 확장하려는 지향은 두 가지의 상반된 경향을 이룬다. 모든 과정의 근간에 놓여 있는 것이 바로 이 두 경향 간의 역동적인 투쟁이다.

아마도 말하기의 최초 기능은 한편으로는 마법과, 다른 한편으로는 행동의 결절점이 되는 순간에 반복적인 제스처를 고정시키려는 지향과 관련이 있었을 것이다. 그와 같은 발화는 안정성, 즉 반복적인 형식을 지향해야만 했다. 그것은 보수적이었으며, 가장 이상적인 경우 고정되고 신성화될 것을 지향했다. 한편, 이와는 상반된 방식으로 주변적 발화가 발달한다. 그것은 제식과 관련을 맺지만 동시에 커다란 자유를 보존한다. 키플링의 소설 『정글북』에 등장하는 원숭이 반다르-로그는 (제의적 발화를 말하는 긍정적인 동물-주인공들과 달리) '수다를 떤다.' 즉, 그들은 의미와 자유로운 연관을 맺는 말을 내뱉는 것이다. 바로 이와 같은 '수다'가 제의의 경계 너머에서 창궐할 수 있다. 바로 그곳, 제의의 경계 밖에서 말은 언어 예술의 창조를 가능케 하는 의미심장한 자유를 획득한다. 신성치 못한 시는 발화의 자유, 오직 유희를 통해서만 발생할 수 있는 자유를 필요로 한다. 그리고 이 자유는 원칙상 신성한 것에 대립되는 행위 유형 속에서만 생겨날 수 있다.

이런 새로운 구조, 훨씬 더 역동적인 새 구조는 놀이, 만취, 방탕이라는 외부 세계에서 신성한 내부 세계로 진입하고(바흐친은 역사의 이런 측면에 대한 심오한 분석을 행한 바 있다), 절정에 이르면 스스로 신성화된다. 바로 그런 식으로, 미친 군중에 둘러싸인 디오니소스는 그리스 신들의 질서 정연한 세계로 진입하며 아폴론의 경쟁자가 되었던 것이다. 이는 완벽한 순환 고리이다. 본질상 신성함에 반(反)하는 문화의 주변적 구조는 신성한 중심과의 투쟁에 돌입한 후, 결국 중심을 몰아내고 그 자리를 차지한다. 가톨릭 국가들의 경계 내에서 문화의 탈신성화가 발생했던 르네상스는 이에 비견될 수 있다. 르네상스기에 발생했던 문화의 탈신성화는 문화와 예술의 영역에서 신성한 형식과 세속적 형식 간의 극적인 대화를 야기했다. 이 대화는 18세기 유럽 문화에서 세속적 형식의 전면적인 승리로서 종결된 것처럼 보였다. 하지만 이제 바야흐로 신성함의 역할을 부여받게 된 세속 문화 형식은 과거의 신성한 장소를 메우기 시작했다. 러시아 문학, 즉 18세기에서 고골, 도스토옙스키, 톨스토이에 이르는 러시아의 근대 문학은 이를 보여주는 전형적인 예라 할 만하다. 그 시대의 문학이 부여받았던 기능은 중세 문화에서 신성함의 성격을 띠었던 바로 그 기능이었다. 즉, 예술(무엇보다도 문학)은 그 자신에게 고유하지 않은 종교적 기능을 자기화했던 것이다. 마찬가지로 그것은 철학과 저널리즘의 영역으로 강렬히 침투해들어갔고(이는 러시아 철학 학파의 특수성을 결정지었다), 결국 문화의 일반 언어가 수행하는 보편적 기능을 자기화했다.

예전에는 '의미를 갖는 행동'이 '행동을 통해 표현되는 의미'로 교체되었던 반면, 이제는 언어가 지배하는 상황으로 옮겨감에 따라 하나의 의미를 또 다른 의미가 표현하게 된다. 즉, 모든 의미는 또 다른 내용을 위한 표현이 되는 것이다(한편 이 또 다른 내용은 다시 제3, 제4……제N 차원의 내용을 위한 표현이 된다). 이미 중세의 신비주의는 다층적 의미론을 지닌 예술이 얼마나 멀리까지 나아갈 수 있는지를 보여준 바 있다. 완성된 기호학적 구조는 두 가지의 상반된 경향 간의 긴장이라는 형식을 취한다. 계속해서 새로운 언어를 도입하여 언어의 수를 늘리려는 경향과 제한된 목록으로 수를 제한하려는 두 경향이 그것이다. 예컨대, 19세기 말에서 20세기 초반에 이르는 기간 동안 예술 기호학은 그전까지 예술적인 것으로도, 기호적인 것으로도 여겨지지 않았던 영역 속으로 적극적으로 개입해들어갔다. 즉 발라간balagan,[10] 서커스, 민중 장터 따위의 형식과 그와 연관된 구조 전반(거리 행상의 외침 등)이 온전한 예술로 인식되기 시작했던 것이다. 그것이 낳은 가장 뚜렷한 결과는 영화의 부흥이다. 하지만 문화 세계의 다른 쪽 끝에서는 예술적 적극성의 경계 너머로 밀려나버린 전통적인 예술 형태가 더욱 단단하게 굳어지고 있었다.

이와 더불어 또 하나의 과정이 진행되었다. 발화와 언어 간의 안티테제, 즉 경험적 현실로서의 파롤과 조건적 모델로서의 랑그 간의 안티테제는 두 가지 가능성을 내포했다. 한편으로는 예술이 만들어낸 각종 수많은 텍스트를 일종의 현실로 보고, 이를 일람하는 과정에서 구성된 언어를 일종의 조건적 모델로서 간주할 수 있다. 그러나 문화사에서는 이와 상반된 시각 또한 만날 수 있다. 그에 따르면 현실로 통하는 길을 열어주는 것은 오히려 극단적인 추상화이며, 개인적인 것은 우연적인 그럴듯함의 영역으로 이어질 뿐이다. 기호학적 메커니즘의 이런 실질적인 이원성은 이미 중세의 유명론자와 실재론자 사이의 논쟁에 반영되어

---

10 [옮긴이 주] 히브리어로 '엉망진창'이란 뜻으로 18세기 이래 러시아 민중 장터를 중심으로 형성되었던 '민중 가설 극장'을 뜻한다. 발라간은 20세기 초반에 러시아의 모더니즘 예술가들, 가령 메이에르홀드V. E. Meyerhold나 에이젠시테인S. Eisenstein에게 예술적 영감의 원천이 되었다.

있다.

  인류 문화 본연의 이중성은 그것이 지니는 심오한 본질, 즉 선형적 지향성과 순환적 반복성의 길항적 결합과 관련이 있다. 인류 문화의 이런 이중적 본성은 문화사를 대상으로 한 두 가지 기호학적 접근법의 기초를 이룬다. 문화는 (전통적인 역사학에서 그래왔듯이) 선형적 역동성 속에서, 말하자면 새 구조가 옛 구조를 계속해서 대체하는 과정으로서 관찰될 수 있다. 이런 시각은 옛것을 대체하면서 그것을 폐기하는 새로운 형식의 끊임없는 형성을 두드러지게 강조한다. 하지만 문화사에서는 구조의 반복적인 교체에서 지배소를 발견하는 순환적 개념이 여러 차례 언급되어왔다. 어쩌면 이 문제는 반복성을 문화의 언어(랑그)로, 역동적 다양성을 그것의 발화(파롤)로 간주함으로써 해소될 수 있을지도 모른다. 그러나 앞서 강조했듯이, 랑그와 파롤 사이의 대립이란 단지 기술(記述)이라는 조건적 과정 속에서만 절대적인 것이 될 수 있을 뿐이다. 실제의 현실 속에서 그들은 항시 자리를 바꾼다. 또한 순환적 과정과 역동적 과정은 공히 실제적이다. 기술의 서로 다른 유형이 실제의 상이한 유형을 각각 강조하고 있는 것뿐이다.

1992

옮긴이 해설

유리 로트만과 기호계

1

이 책은 지난 2000년 러시아의 '이스쿠스트보-에스페베 Искусство-СПб' 출판사에서 출간된 로트만 선집 『기호계 Семиосфера』 중에서 문화기호학과 관련된 주요 논문 12편을 골라 번역한 것이다. 첫 논문이 1968년에, 마지막 논문이 1992년에 발표된 것으로, 약 25년에 걸친 이론적 사유의 흐름을 조망할 수 있도록 꾸몄다.

유리 미하일로비치 로트만(Yuri M. Lotman, 1922~1993)은 모스크바-타르투 학파로 알려진 러시아 문화기호학파를 이끈 지도적 이론가로, 1993년에 사망하기까지 10여 종의 단행본과 500여 편의 연구 논문을 발표한 현대 러시아 지성계의 대표적 인물이다(그는 미하일 바흐친과 더불어 전 세계에서 가장 많이 인용되는 현대 러시아 사상가다). 하지만 바흐친의 경우가 그랬듯이, 소비에트의 장벽 너머에서 들리기 시작한 이 '특별한' 목소리에 더 민감하게 반응한 것은 안쪽이 아니라 바깥쪽이었다. 1994년에 발행된 『PMLA』지의 로트만 추모 특집호 서문에서 줄리아 크리스테바는 이렇게 썼다. "1960년대라는 특별했던 그 시절, 로트만의 신중한 연구에서 미래의 전조를 보았던 사람들이 있었다. 구조주의와 포스트구조주의 세대의 '사무라이들'은 끈기와 열정으로 주변 문화들이 발신하는 새로운 기호들과 씨름하고 있었다. 그리고 바로 그때 타르투 학파, 그중에서도 로트만의 작업은 우리의 선례, 최소한 동류로 여겨졌다."

주지하다시피, 로트만의 학문적 관심사는 시학, 미학, 기호학 이론, 문화사, 신화론, 그리고 영화에까지 실로 다양한 스펙트럼을 보여준다. 로트만의 영문판 저서 『정신의 우주 Universe of Mind』(1990)에 서문을 쓴 움베르트 에코는 "그의 저술은 청바지와 같은 문화적 현상의 분석과 귀신학에 대한 고찰에서 시작해, 시 텍스트의 독해와 해석의 문제를 거쳐 수학과 생물학에 대한 논의에까지 이른다"고 적었다. 하지만 이런 다양한 관심사에도 불구하고, 유리 로트만이라는 이름과 더불어 영원히 기억될 단 하나의 분야를 꼽으라고 한다면, 그건 틀림없이 문화기호학이 될 것이다. 로트만은 문화를 본격적인 기호학적 연구의 대상으로 삼은 최초의 이론가이자 문화기호학이라는 학제의 가능성과 자리를 예견하고 예비했던 장본인이다.

이 책에 묶인 글들은 유리 로트만이라는 이름을 처음 소비에트의 장벽 너머로 울려 퍼지게 했던 바로 그 논문들이며, 다른 무엇보다도 문화기호학자 로트만의 진면목을 유감없이 보여주는 이론적 탐색이다. 그렇게 보자면, 이 책은 어쩌면 너무나도 뒤늦게 마련된, 로트만 기호학의 본령과 비로소 대면하는 첫 자리인지도 모른다.

2

로트만은 1922년 페테르부르크에서 유대계 법률가의 넷째 아들로 태어났다. 레닌그라드 대학에 입학한 지 1년 만인 1940년에 군에 징집되었고, 그로부터 몇 달 후 독일과의 전쟁이 발발했다. 병장이 되어 베를린에 입성하기까지 무려 6년 동안이나 전장에서 복무했고, 이 경험은 평생의 얘깃거리와 프랑스어 독학의 기회를 제공했다. 전쟁이 끝나고 복학했을 때, 레닌그라드 대학 어문학부에는 1920년대 '형식주의formalism'라는 이름으로 세상을 떠들썩하게 만들었던 바로 그 젊은이들이 중년의 학자가 되어 학생들을 가르치고 있었다. 에이헨바움, 토마솁스키, 지르문스키, 구콥스키, 마지막으로 로트만이 첫 기말 보고서를 제출했던 민속학 수업의 프로프까지.

1950년에 우수한 성적으로 대학을 졸업한 로트만은 당연히 모교에서 학업과 취업을 이어가야 했지만, 그 길은 막혀 있었다. 스탈린이 죽기 직전 마지막 몇 해 동안, 대학을 비롯한 소련 사회 전반에는 이른바 '코스모폴리터니즘'과의 투쟁이 벌어지고 있었고, 사실상 그것은 공공연한 반유대주의의 성격을 띠었다. 문화적 모태이자 학문적 뿌리인 페테르부르크(레닌그라드)에서 더 이상 삶을 꾸려나갈 수 없음이 명백해졌을 때, 출구는 뜻밖의 곳에서 찾아왔다. 로트만은 에스토니아의 타르투라는 지방 소도시에 임시직을 제안받았고, 주저 없이 그곳으로 떠났다. 거대 제국 소련의 변방 지대인 타르투를 한 시대의 문화적 중심지로 만들기까지, 그리고 결국에는 신흥 독립국이 된 에스토니아에서 마지막 숨을 거둘 때까지, 로트만은 다시는 중심으로 되돌아오지 않았다.

　제국의 변방에 자리한 타르투 대학이 소비에트 기호학의 중심지가 된 데에는 물론 사회정치적 상황도 작용했을 것이다. 제국의 경계 지대에 해당하는 에스토니아는 아무래도 중심부에 비해 권력의 감시와 통제가 느슨한 편이었고, 이는 지적 교류와 탐구를 위한 유리한 조건을 제공했다(체계의 '경계 지대'에서 활성화되는 기호학적 메커니즘의 문제는 로트만 문화기호학의 주요 관심사다). 관심사와 전공 분야가 전혀 다른 각양각색의 연구자들이, 로트만의 학술 대회 초대장과 '2차 모델링 체계'라는 하나의 공통 개념만을 갖고서, 전국 방방곡곡, 나아가 세계 도처에서 에스토니아의 한 시골 마을로 몰려들기 시작했다(2차 대회에는 미국에서 야콥슨이 찾아왔다. 모스크바에서 바흐친을 불러오려던 계획은 건강상의 이유로 성사되지 못했다). 1964년 여름에 처음 시작된 이 행사는 1970년까지 '타르투 여름학교'라는 공식 명칭하에 2년마다 꾸준히 개최되었다. 그 성과물을 모은 논문집인 『기호 체계 문집』은 발간되자마자 국내외로 삽시간에 퍼져나갔다(크리스테바는 1968년에 처음으로 이 문집을 서방에 번역 소개했고, 당시 출국 금지 상태였음에도 불구하고 로트만은 이듬해 창립된 세계 기호학협회의 초대 부회장으로 선출되었다).

　흔히 '기호학자'로 뭉뚱그려 분류되곤 하는 여러 학자들은 사실 각자의 학문적 뿌리와 배경에 따라 매우 상이한 모습을 갖고 있다. 문헌학의 재능과 철학적 감각을 타고났던 언어학자 소쉬르는 분명 동시대의 예술적 실천 한가운데서 성장한 모더니스트 언어학자 야콥슨과 같지 않다. 또 텍스트의 미세한 결을 느끼며 음미할 줄 아는 문학비평가 바르트의 언어는 기호를 냉철하게 분절하면서 의미 세계의 체계화를 일궈내는 언어학자 그레마스와 얼마나 다른가? 한편, 문화의 구석구석을 가로지르는 에코의 백과사전적인 접근에서 우리는 어쩔 수 없이 중세철학 연구가의 풍모를 발견하게 된다.

학자로서 로트만의 출발은 본래 문학연구가, 정확하게는 사상사의 연구자였다. 1950년대 중반까지 그가 쓴 글들은 전혀 기호학적이지 않을뿐더러 구조주의적이지도 않다. 이 기간 동안 로트만은 18세기 말에서 19세기 초반에 이르는 러시아 문학사, 정확하게는 문학을 가장 전형적인 발현 형태로 삼는 '사회사상사'를 연구했다(그의 학위 논문은 작가 라디셰프의 형이상학적·사회적 이념을 다루고 있다). 요컨대, 로트만은 바르트처럼, 1950년대 후반에 들어와서야 비로소 구조주의와 기호학의 '세례'를 받게 되었고, 그 새로운 시각의 패러다임을 전면적으로 받아들였던 것이다.

그러나 사상사 연구가 혹은 문화사가로서의 학문적 뿌리는, 바르트에게 문학비평이 그랬듯, 기호학자 로트만에게 마지막까지 남아 있는 본질적인 토대였다. 가령, 엄격한 구조 시학적 방법론을 설파하던 1960년대에도 로트만은 텍스트의 구조적 대립을 의미 있는 것으로 만들어 주는 역사적 콘텍스트를 배제하지 않았다. 보편적이고 추상적인 메커니즘에 개입하고 있는 구체적이고 역동적인 맥락을 잡아내는 능력, 혹은 반대로 지극히 작고 사소한 디테일을 통해서 광의의 이론적 개념을 조명하는 능력은 문화기호학자 로트만을 특징짓는 가장 중요한 특성이다.

네번째 여름학교가 열린 1970년에 이미 로트만은 세계적 명성을 얻은 상태였다. 서구 대학으로부터의 초청(이는 사실상 망명 요청과 다름없었다)이 줄을 이었고, 소비에트 당국은 타르투가 더 이상 변방이 아님을 확실하게 느끼게 되었다. 하지만 이 모든 상황은 몇 가지 면에서 새로운 도전의 시작이었다고 보는 게 정확할 것이다. 로트만은 이제 자신의 이름을 통해서 타르투 학파 전체를 온전히 대변해야 하는 상황에 처하게 되었던바, 학파의 공동 작업이 사실상 종결되어버린 상황에서 그것은 결코 쉬운 일이 아니었다(퍄티고르스키와 이바노프, 졸콥스키 등 학파의 핵심 멤버 상당수가 이 시기를 전후해 영국, 미국 등지로 망명했다). 학파를 '과거'로 만들어버리지 않기 위해선 혼자서라도 계속해서 전진해야만 했다. 과거의 동료들이 학파의 '과거'를 발판 삼아 (때론 그것을 발 빠르게 '부정'하는 방식으로) 서구 학계에서 입지를 굳혀가고 있을 때, 로트만은 끝내 타르투에 홀로 남아 자신의 일을 계속했다. 심지어 공산당 탈퇴 붐이 일었던 1990년대 초반에도 로트만은 여전히 그 자리에 그대로 머물러 있었다. 이른바 대세의 길, 대세이기에 이미 너무도 쉽고 편한 것이 되어버린 그 길을, 과거 1960년대에 그랬듯 1990년대에도 로트만은 따르려 하지 않았다. 1990년대에 그가 따르기를 거부했던 탈도그마주의의 '유행'은, 어떤 점에서 1960년대에 그가 맞섰던 도그마주의의 '억압'과 본질적으로 다르지 않았던 것이다.

하지만 무엇보다 중요한 것은 바로 이 시기, 1970년대에 로트만의 진짜 새로운 도전, 즉 문화기호학의 정련 작업이 이루어졌다는 사실일 것이다. 독자적인 학문 분야로서 문화기호학에 대한 자각이 의식적으로 표명되었던 1970년의 마지막 여름학교는 모종의 기점이 되었다. 그것은 '2차 모델링 체계' 개념으로 대변되는 1960년대식 구조주의 모델의 결산이자 그 끝을 의미했던 것이다. 그런데 다른 한편으로 이 시기는 20세기 유럽의 지적 담론이 또 한 번의 중대한 단절과 변화를 경험했던 바로 그 시기와도 일치한다. 주지하다시피, 대략 1970년대 중반을 기점으로 해서 '모든 것을 포괄하는 구조적 질서'라는 과거의 관념은 결정적으로 거부되었다. 질서와 코드, 구조와 대립 대신에 이제는 결코 통합될 수 없는 혼종성과 다양성이 강조되기 시작했고, 구조주의는 곧 그를 대신에 새롭게 등장한 포스트구조주의에 자리를 내주게 되었다.

사실 이 새롭고 급진적인 조류에 적응할 수 있는 잠재력만으로 본다면, 로트만은 그 누구에게도 뒤지지 않았을 것이다. 앞서 말했듯이 명백한 구조주의의 시대에조차 문화의 혼종성과 복잡성은 로트만에게 낯선 명제가 아니었다. 반면에 서구 학계에서 포스트-구조주의자로 재빠르게 탈바꿈했던 사람들은 사실 1960년대엔 순수하고 철저한 구조주의자를 자임했던 인물인 경우가 많았다. 문화의 원심적 특성들이 환영받고, 마침내 유행이 되어 찬양되기 훨씬 이전부터, 로트만은 이미 그것을 문화 메커니즘의 핵심적 계기로서 파악했다. 그러나 구조주의의 세례를 받은 1960년대의 로트만이 그 때문에 문화사가의 입장을 거부하지 않았던 것처럼, 1970년대의 로트만은 포스트구조주의의 영향 아래서도 문화 연구의 이론적 기초가 되는 '기호학적 체계'의 관념을 끝까지 포기하지 않았다. 대신 로트만은 문화의 기호학적 그물을 보다 유연하고 다양한 것으로 사고할 수 있는 방법, 그것을 우연적 사건과 개인적 특이성에 보다 열려 있는 것으로 만들 수 있는 가능성을 끊임없이 모색했다. 그는 기호학적 전체성을 끝까지 보존하고자 노력했던바, 사실상 이는 그 전체성을 현저하게 모순적인 어떤 것, 인간적인 불규칙성과 예측 불가능성을 지니는 어떤 것으로 바꾸어놓는 과정과 다르지 않았다.

요컨대, 1970년대의 로트만은 의미를 단일하게 규정하거나(구조주의) 혹은 유희적으로 비워버리는(포스트구조주의) 대신에 의미를 담는 갖가지 '다른 방식들'을 찾아내는 길을 택했다고 말할 수 있다. 그리고 그 길의 탐색은 철저하게 문화 속에서, 문화를 통해 추구되었다. 문화의 공시적·통시적 평면을 넓고 깊게 아우르는 로트만의 이 탐색은, 우리가 이 책에서 확인할 수 있듯이, 1980년대를 거쳐 1990년대 초반까지 온전히 이어졌다. 문화의 유형학에서 체계의 역동성으로, 다시 신화에서 인공지능으로 이어지는 이 짧지 않은 여정은 다름 아닌 '문화기호학'이라는 이름 아래 수행되었다. 그 길은 물론 문화를 끝없이 살아 숨 쉬는 정보로 만들기 위한 길이었지만, 동시에 기호학을 여전히 '기능하는' 담론으로 유지하기 위한 힘겹고 지난한 여정이기도 했을 것이다. 그리고 아마도 이 길이 증명하는 한 가지 교훈이 있다면, 모든 '연장'의 유일한 방식은 결국 자기 갱신을 통한 '극복' 뿐이라는 점일 것이다.

1989년 독일에 체류하던 로트만에게 예기치 않은 뇌졸중이 발병했다. 길고 고통스러운 회복 기간 동안 헌신적으로 그를 보살피던 아내 민츠 Z. G. Mints마저 1년 후 갑작스럽게 세상을 떠났다(레닌그라드 대학의 동창생이자 타르투 대학의 동료 교수였던 민츠는 저명한 20세기 러시아 상징주의 연구가였다). 불편한 몸과 꺼져가는 정신의 로트만은 이제는 독립국이 된 에스토니아에 홀로 남겨지게 되었다. 수많은 미세 출혈이 뇌를 가득 채워 사실상 살아 있는 것이 놀랍다는 판정을 받은 상태로, 마지막 순간까지 연구와 저술에 몰두했다(손을 사용할 수 없었던 그는 마지막 저서 『문화와 폭발』(1992)을 거의 모두 구술로 작업했다). 하지만 모든 일에는 한계가 있는 법, 1993년 10월 28일 로트만은 결국 사망했다. 그는 타르투 국립묘지 아내 곁에 묻혔다.

3

　로트만 문화기호학의 전모를 파악하기 위한 가장 좋은 방법은 직접 그의 글을 읽는 것이다. 이 책에 묶인 논문들에는 '공간적 모델링'을 비롯해 '비문화/반문화' '경계' '문화적 기억' '복수언어주의' '대화' 등 로트만 문화기호학의 대표적인 이론적 개념들이 빠짐없이 논의되고 있다. 이 논의들을 차근차근 따라가다 보면, 그의 사유의 전체적인 윤곽이 자연스럽게 그려지게 될 것이다.
　하지만 그의 글을 처음 접하는 이들의 이해를 돕기 위해, 로트만 문화기호학의 간략한 개념적 지도를 그려보는 일은 무용하지 않을 것이다. 여기서 개념적 지도를 그린다는 것은 로트만 문화기호학의 '이론적 정체성'을 밝힌다는 말과 다르지 않다. 그의 이론이 오늘날 우리에게 무엇을 줄 수 있는지, 또 그 특성과 강점은 어디 있는지를 규명하는 일, 그것이 바로 이론적 정체성과 관련된 개념적 지도다. 특정한 이론적 사유를 죽어버린 문헌학적 대상이 아니라 살아서 기능하는 해석적 패러다임으로 (재)정립하기 위해서는, 이론의 정체성을 현재적 맥락에서 재점검하는 작업이 반드시 필요하다.
　기호학 이론으로서, 그리고 문화이론으로서 로트만의 문화기호학이 갖는 가장 큰 특징은 무엇일까? 예컨대, 우리는 문화를 바라보는 그의 관점과 접근법을 동시대 프랑스 기호학으로부터 어떻게 변별해낼 수 있을까? 현재 통용되고 있는 일반적 의미에서의 문화기호학과 로트만의 문화기호학을 구분 짓는 결정적인 차이는 다음과 같다. 로트만의 문화기호학은 '기호학적 체계'로서의 문화 자체, 즉 총체로서 작동하는 문화 자체의 기호학적 메커니즘을 탐구하는 학문 분야이다. 따라서 로트만 문화기호학이 우선적으로 관심을 기울이는 대상은 문화를 구성하는 다양한 하부 체계(텍스트), 가령 예술·종교·광고·신화·이데올로기 등이 아니라 (혹은 그것 이전에) 그 모두를 아우르는 메타체계로서의 문화 자체인 것이다. 여기서 '문화기호학'이라는 조어가 의미하는 바는 흔히 통용되는 일반적 용례와 다르다. 그것은 '대상'으로서의 문화(텍스트)를 기호학이라는 '방법론'을 통해 접근하자는 것(문학·영화·광고·드라마 따위의 다양한 문화텍스트를 구조 기호학적으로 분석하는 일이 이에 해당한다)이 아니라 이미 근본적으로 기호학적이라고 할 수 있는 문화의 메커니즘 자체를 해명하자는 것이다. 그러므로 로트만 문화기호학의 관점에 따르면, "문화연구란 본질적으로 이미 기호학이 될 수밖에 없으며, 반대로 기호학은 근본적으로 이미 문화-중심적인 것이 될 수밖에 없는 것이다."

그런데 현상 이전에 체계의 작동 원리를 문제 삼고자 하는 이런 태도가 기초하는 원칙적인 전제 두 가지를 언급할 필요가 있다. 첫째로, 문화는 반드시 '총체'로서 작동하며, 그것을 구성하는 요소들의 기능과 상호 관계는 오직 총체의 관점을 통해서만 온전히 파악될 수 있다는 점이다. 주목할 것은 문화를 바라보는 이런 관점이 소쉬르의 이른바 '관계의 체계론'을 직접적으로 계승한 결과라는 점이다. 소쉬르는 『일반언어학 강의』에서 이렇게 썼다. "기호를 소리와 관념의 결합으로 보는 것은 기호를 전체의 체계로부터 분리시켜 보는 것이다. 이는 마치 개별적인 기호가 먼저 존재하고, 체계는 그것들을 결합시킨 결과라고 보는 것과 같다. 그러나 사실은 정반대로, 기호의 총체로서의 체계가 개별 기호에 앞서 존재한다. 그렇기 때문에 체계를 먼저 파악해야만 구성 요소로서의 개별 기호를 분석하는 것도 가능해진다."

이렇게 보자면, 로트만의 문화기호학은 소쉬르가 언어에 적용했던 바로 그 원칙, 개별 언어기호에 앞선 언어 체계의 문제를 (언어를 넘어) '문화 전체'에 적용한 가장 본격적인 시도라고 할 수 있다. 로트만의 이 시도는 결국 (이 책의 제목이기도 한) '기호계'의 개념을 낳았던바, 에코는 이를 다음과 같이 비유했다. "우린 수많은 나뭇가지와 잎을 짜 맞출 수 있겠지만, 그럼에도 여전히 숲을 이해하지는 못한다. 그러나 만일 우리가, 복잡하게 얽힌 수많은 샛길을 눈을 크게 뜬 채 확신을 갖고 산책하는 법을 알게 된다면, 우리는 숲의 광대함과 복잡성을 더 잘 이해하게 될 것이고, 나아가 나무 하나하나의 잎과 가지가 지니는 본성을 발견할 수 있게 될 것이다." 로트만의 문화기호학을 특징짓는 이런 전체론적인 접근법은 그에 대한 비판적 인식과 함께 반드시 고려되어야 할 사항이다.

아울러 지적하지 않을 수 없는 것은 오늘날의 맥락에서 이런 관점이 갖게 된 새롭고 절실한 시의성이다. 주지하다시피, 문화 시대의 전면적인 도래와 함께 더욱더 분명해지는 것은 문화를 구성하는 다양한 기제가 결코 자족적으로 독립해서 존재/기능하지 않는다는 점이다. 문화를 구성하는 다양한 기제가 서로 간의 긴밀한 기능적 상관성 속에서 작동하고 있다는 사실이 명백해짐에 따라, 그 모두를 아우르는 메타적 차원의 상위 문법을 상정해야 할 필요성은 점점 더 커지고 있다. 가령, 이런 관점은 ('상호텍스트성'의 차원을 넘어) 서로 다른 매체와 장르가 다채롭게 섞여 드는 오늘날의 각종 융합의 현상들, 흔히 '원 소스 멀티 유즈'라는 말로 표현되는 문화콘텐츠의 다양한 몸 바꾸기 현상에서도 원칙적인 전제가 된다.

한편, 로트만 문화기호학의 더욱 특징적인 두번째 전제는 다음과 같다. 로트만에 따르면, 모든 문화는 일종의 기호 체계로서 세계를 특정한 방식으로 모델링하고 있다. 즉 문화는 일종의 '모델링 체계'(2차 모델링 체계)로서 나타나는바, 여기서 그 모델링의 방식은 결코 동일(/단일)하지 않다. 마치 각각의 언어가 각기 나름의 방식으로 현실을 분절하고 개념화하고 있듯이(언어는 경험적 현실을 단순히 '반영'하는 것이 아니라 그것을 '구성'해낸다. 여기서 다시금 명백해지는 것은 소쉬르적 인식론의 반향이다), 문화는 '나름대로' 현실을 모델링하고 있는 것이다. 그런데 여기서 짚고 넘어갈 것은, 문화 체계에 의해 서로 다른 방식으로 모델링된 세계라는 것은 사실상 해당 문화 자체의 '세계상,' 즉 문화의 '자기모델'이라는 점이다. 요컨대, 모든 문화는 자기 자신에 관한 모델, 그러니까 스스로의 자화상을 만들어내는바, 문화가 만드는 이 자기기술self-description의 모델은 기호학적 탐구의 대상이 될 수 있는 것이다.

로트만 문화기호학의 이런 두 가지 전제를 재확인하는 것이 중요한 이유는 바로 그로부터 로트만 기호학의 (문화)이론적 정체성이 도출될 수 있기 때문이다. 문화에 관한 이론으로서 로트만의 기호학은 '문화의 자기기술'을 다루는 학문이며, 더 정확하게는 그런 기술의 유형학typology을 취급하는 학문이라고 할 수 있다. 풀어 설명하면, 그것은 특정한 문화가 자기 자신을 이해하는 방식, 즉 자기 자신을 '기술'하는 방식에 일차적인 주의를 기울이면서, 나아가 그것이 (통시적으로) 변화해나가는 양상 혹은 하나의 유형이 (공시적으로) 다른 유형과 공존·대립·경쟁하는 양상을 고찰하는 학문인 것이다. 전자의 관심이 문화 유형의 통시적 변화, 즉 '문화사 기술'의 방법론으로 구체화된다면, 후자의 관심은 서로 다른 문화 유형 간의 소통, 즉 '문화 상호 작용론'으로 실현될 수 있다.

결국 기호학 이론이자 문화이론으로서 로트만의 문화기호학이 겨냥하는 가장 핵심적인 지점은 '현실이 문화적으로 재현되는 방식'에 대한 문제 제기, 그러니까 넓은 의미에서의 '표상론(表象論)'과 겹쳐질 수 있는 바로 그 지대라고 할 수 있다. 현실에 대한 특정한 재현의 방식(/유형)은 어떤 이유로 어떤 과정을 통해 도입되며, 또 그렇게 재현된 세계상은 누구를 위해 복무하는가라는 물음은, 주지하다시피, 근대성 이론, 표상사 연구, 탈식민주의 이론 등 각종 현대적 문화연구의 가장 근본적인 문제의식을 이룬다. 로트만의 문화기호학은 문화사를 기술 모델(즉 표상)의 교체 과정으로 간주하고, 문화 간 상호 작용을 서로 다른 문화유형 사이의 기호학적 커뮤니케이션 과정으로 파악하고자 한다. 뿐만 아니라 시대와 지역에 따라 달리 나타날 수 있는 이런 문화의 모델이 일정한 '유형'으로 '분류'될 수 있으며, 그런 (유형학적) 분류의 방식 자체가 문화를 기술하는 효과적인 도구가 될 수 있다고 전제한다.

실제로 독자들은 이 책에서, 로트만 문화 유형론의 기본 프레임이라 할 각종 분류의 범주들을 확인하게 된다. 문화 체계가 자신의 '내부'와 '외부'를 어떻게 경계 짓는지, 또 그 둘의 관계를 어떻게 바라보는지에 따라 문화의 유형은 달리 나타난다. 상대적으로 '내용(텍스트)'에 가치를 부여하는 문화가 있는가 하면, '형식(코드)'에 부여하는 문화도 있다. 어떤 시대에는 문화가 전체적으로 '기원(시작)'을 지향하는 반면에, 또 다른 시대에는

'종말(끝)'을 지향한다. 어떤 문화는 '신화적' 인식에 기초해 '순환론적' 시간관을 취하지만, 또 다른 문화는 '역사적' 인식에 입각해 '선형적' 시간관을 취하기도 한다. 문화의 '유형학적 변별자질'로 부를 만한 이런 대립의 범주들은 문화사를 다루는 로트만의 저작에서 놀랍도록 풍부한 설명력과 통찰의 예를 보여주었다. 중세와 근대, 러시아와 서구 문화를 넘나드는 로트만의 분석은 민족문화를 위시한 모든 개별 문화가 자신의 정체성을 확립하는 과정에서 행하는 범주적 조작('우리'와 '타자'를 구분하고, 그들 간에 가치론적 위계를 설정하는 행위)의 기본 메커니즘을 선명하게 보여줄 뿐 아니라 역사적 과정에 참여하는 주체의 '주관적' 의지와 그것이 문화의 전체 맥락에서 '객관적으로' 획득하게 되는 의미 사이에 가로놓인 역설적인 거리를 설득력 있게 논증하고 있다.

한편, 로트만이 사용하는 이런 유형학적 대립의 범주들을 러시아 문화 이외의 다양한 문화와 시대에 폭넓게 적용할 수 있는 가능성은 분명 열려 있다. 이는 로트만이 문화 기술의 메타언어로서 도입하고 있는 위상학적 '공간 모델'의 경우에도 마찬가지이다. 예컨대, 우리는 공간의 안과 밖, 그들 사이의 경계, 그리고 수행 주체의 시점으로 이루어진 이 기초적인 모델을 앞서 지적한 다양한 유형학적 대립 자질과 생산적으로 결합시킬 수 있을 것이다. 이런 식의 변용 작업은 애초에 그 개념을 산출했던 본래 맥락을 다소간 훼손할 수 있겠지만, 그것은 특정한 이론적 개념을 살아서 '기능하는' 것으로 만들기 위한 불가피한 절차일 것이다. 로트만의 기술 모델을 폭넓은 확장 가능성을 갖는 효과적인 '형식-모델'로서 정련하는 일, 그리고 이를 새롭고 다채로운 대상들에 창조적으로 적용해보는 일은 전적으로 이 책을 읽는 독자의 몫이다.

문화 유형론에서 출발한 로트만의 문화기호학이 후반기에 이르러 문화 상호 작용의 문제에 깊이 천착하게 된 것은 여러모로 흥미롭다. 우선 이와 같은 발전 과정 자체가 문화연구의 현재적 맥락에서 볼 때 매우 의미심장하다. 사회적 소통 양식과 매체의 급격한 발전, 특히 '세계화'라는 용어로 대변되는 변화된 물적 조건을 배경으로, 문화연구의 패러다임을 교체해야 할 필요성은 이미 오래전부터 제기되어왔다. 전지구적 문화 소통의 세기를 맞아 전통적 문화연구의 중심 패러다임이었던 '문화 내적' 소통의 문제(즉, 하나의 문화 내부에서 다양한 하부문화subculture가 공존하고 대립하는 문제)를 대체하며 점점 더 절실하게 대두되는 과제는, 서로 다른 문화가 접촉하고 소통하는 과정, 그리고 그 과정에서 발생하는 각종 사태와 현상에 대한 체계적인 이해다. 이 문제는 하나의 문화가 (마치 하나의 인격처럼) 스스로를 인식하고 규정하는 문제, 또 외부의 다른 문화를 특정한 '이미지'로서 모델링(/표상)하는 문제를 수반할 수밖에 없다. 요컨대, 그것은 오늘날 문화와 관련된 이론적 논의의 가장 첨예한 지점, 흔히 문화(문명) 간 대화(충돌)론이나 (탈)식민주의 담론에서 논의되는 핵심 영역을 겨냥하고 있다고 할 수 있다.

문화의 상호 작용을 '영향'이 아닌 '대화'의 모델로서 파악하는 로트만의 견해에서 우리의 특별한 관심을 끄는 것은 두 가지 측면이다. 첫번째는 문화의 자생적 발전과 외적 영향을 서로 뗄 수 없이 연관된 단일한 과정으로 파악하는 그의 통찰이다. 사실 이는 문화를 일종의 '기호학적 인격'으로 바라보는 그의 독특한 이론적 입장에서 파생된 것으로서, 내적 과정과 외적 과정의 분리 불가능한 일체성은 문화의 특징이자 동시에 인격의 특징이기도 한 것이다. 타자로 대변되는 외적 세계와의 접촉 및 상호 작용의 필요성은 둘 모두에게 절대적이다. "창조적 의식의 행위가 그런 것처럼 문화의 발전 또한 언제나 교환과 소통의 행위이며, 따라서 행위 수행의 파트너인 타자를 전제로 삼는다."

두번째 측면은 로트만 문화기호학의 역사적 자의식에 관한 것이다. 직접 표면에 드러나지는 않지만 배후에서 작용하고 있는 이 자의식은 러시아 문화를 바라보는 모종의 태도로서, 후발 근대 문화의 자의식이라 부를 수 있을 것이다. 주지하다시피, 18세기 초반에 강력하고 급진적인 서구화 개혁을 추진했던 러시아는 외부에서 유입된 서구적 가치를 빠른 속도로 내면화하는 동시에 그로부터 정신적·문화적 독립성을 추구해야만 했던, (비서구권) 주변부 근대화의 어떤 원형적 내러티브를 대변하고 있다(로트만 자신은 다른 곳에서 이 문제를 러시아 문화가 비잔틴의 영향을 수용했던 10세기까지 소급해 고찰한 바 있다). 문화의 상호 작용 문제를 새롭게 모델링하려는 로트만의 시도에서 감지되는, 러시아 문화의 역사적 조건에 관한 그의 자의식은 결국 다음과 같은 핵심적인 물음으로 집약될 수 있을 것이다. 문화적 영향 관계에서 수신자는 어떻게 발신자가 보낸 전언을 내면화하여 그 스스로 발신자가 되는가? 다시 말해, 주변은 어떻게 해서 중심의 역할을 수행할 수 있게 되며, 이 과정에서 발생하는 '변형'의 구체적인 메커니즘은 무엇인가?

중심의 압도적인 영향력 아래서 자신의 정체성을 확립했으며, 나아가 중심을 향한 발신자의 역할을 수행하고자 했던 '러시아 문화'에 대한 로트만의 고찰은, 이런 점에서 한국을 포함한 비서구권 후발 근대 국가들의 문화적 상황에 특히 시사하는 바가 크다. 요컨대, 로트만 문화기호학의 역사적 자의식은 오늘 이 자리에서 그를 읽고자 하는 우리 자신의 역사적 자의식으로 번역되어야만 할 것이다.

4

학문적 삶의 후반기에 이를수록 로트만은 점점 더 문화의 역동성과 창조성에 집착했다. 모순 없이 구축된 체계는 결코 예측 불가능한 새로운 정보를 창출할 수 없다는 사실을 확신하게 되면서, 그의 이론적 사유는 점점 더 체계의 불규칙성과 개별성, 커뮤니케이션상의 잡음과 몰이해 쪽으로 나아가게 되었다. 문화의 발전은 상호 수렴될 수 없는 다수의 메커니즘이 공존하기 때문에 가능하며('복수 언어주의'), 오직 그들 간의 간섭과 모순만이 문화의 역동성과 창조성을 보존케 한다는 점을 로트만은 끊임없이 강조했다.

앞서 말했듯이, 체계 내부의 균열과 잔여를 적극적으로 인정하려는 로트만의 이런 입장은 그것을 포괄하는 기호학적 전체성의 메커니즘을 마지막까지 '보존'하려는 힘겨운 시도와 함께 가는 것이었다. 모든 종류의 체계를 철저하게 내파(內波)함으로써, 그 메커니즘의 불가능성을 증명하려 했던 다른 시도들, 예컨대 포스트구조주의와 해체주의의 적극적인 몸짓을 배경으로 했을 때, 로트만의 이런 태도는 너무나 온건하며, 그래서 덜 매력적인 것으로 여겨질 수도 있을 것이다.

하지만 잊지 말아야 할 것은 언어와 예술, 그리고 문화란 우리가 자기도 모르게 가담하고 있는 지배와 억압의 매트릭스(상징계)일 뿐만 아니라 우리가 붙잡혀 있는 억압적이고 폐쇄적인 현실을 되돌아보게끔 하는 '다른' 의미들의 저장고이자 발생기(기호계)이기도 하다는 사실이다. 언어와 예술뿐이겠는가. 우리의 현재를 만든, 혹은 그것이 부당하게 삭제해버린 과거의 기억이 또한 그러하다. 문화와 기억을 축소하고 획일화하려는 억압적인 조건에 맞서, 문화의 창조적인 잠재력을 지켜내기 위한 작업에 평생을 매진했던 기호학자 로트만에게, 문화적 담론의 해방적 기능은 결코 순진한 구호 따위가 아니었던 것이다.

폴 리쾨르의 유명한 구절에 빗대 로트만의 이 길을 표현한다면, 아마도 이렇게 말할 수 있을 것이다. 시와 문화, 그리고 기억의 생성적 힘을 마지막까지 신뢰했던 로트만은 '의심의 대가'라기보다는 차라리 '의미 복원의 해석학자'였다. 하지만 누가 알겠는가. 의심의 단계를 지나 자기해체의 과정까지 통과해온 우리 시대의 사유가 이제 비로소 진정으로 필요해진 것이 바로 그와 같은 기억과 믿음의 해석학일지도. 그렇다면 너무 늦게 도착한 로트만을 이제라도 반갑게 맞이해야 할 이유는 충분할 것이다.

약간의 의무감과 평균 이상의 의욕을 갖고 뛰어든 번역은 예상보다 훨씬 더 길고 지난한 과정이었다. 로트만을 읽고 그에 대해 써온 경험이 나름대로 버팀목이 될 것이라 기대했지만, 막상 그의 언어를 우리말로 온전히 옮기는 일은 힘에 부치는 일이었다. 번역에 임하면서 내가 세운 목표는 '한글'로 읽히는 '로트만'의 텍스트를 만들자는 것이었지만, 결과적으로 로트만의 것도 나의 것도 아닌 어정쩡한 무언가가 되어버린 것 같아 걱정스럽다. 하지만 가독성의 확보는 양보할 수 없는 원칙이었고, 이를 위해 때로는 본래의 문법 구조를 무시하고 과감히 의역하는 경우도 있었음을 밝혀둔다. 이 과정에서 생겨날 수도 있었을 오해와 실수는 전적으로 옮긴이의 몫이다. 러시아의 역사와 문화에 익숙하지 않은 독자를 위해 본문의 맥락을 설명하는 옮긴이 주를 달았고, 중요한 이론적 개념의 경우에는 옮긴이의 경험을 살린 다소 긴 설명을 덧붙이기도 했다.

  꼭 10년 전에 로트만에 관한 첫 논문을 썼고, 이제야 처음으로 번역서를 내놓는다. 여기에 일일이 거명할 수는 없는 수많은 지인들의 도움과 은혜를 입었다. 이 책을 계기로 로트만의 소개와 연구에 더욱 매진하겠다는 내 나름의 다짐으로 그분들을 향한 깊은 감사의 인사를 대신한다. 흔쾌히 서문을 맡아준 타르투 대학의 미하일 로트만 교수에게 감사한다. 이 책의 가치를 공감하고 출간을 챙겨주신 문학과지성사 김수영 주간님, 꼼꼼하고 사려 깊은 편집자 박영록 씨, 그리고 교정을 손봐준 이현우 형에게도 감사한다. 마지막으로 부족한 원고의 첫번째 독자이자 교정자가 되어준 아내에게 고마움을 전한다.

찾아보기(인명)

ㄱ

가라타니 고진(柄谷行人)   148
개릭 Garrick, David   307
고골 Gogol, Nikolai Vasilievich   34, 37, 39, 40, 41, 58, 79, 271, 301, 336, 356
괴테 Goethe, Johann Wolfgang von   252, 275, 303
구레비치 Gurevich, A.   175
그레마스 Greimas, Algirdas Julius   21, 80, 145
그리보예도프 Griboedov, Aleksandr Sergeevich   186, 352

ㄴ

나폴레옹 Napoléon Bonaparte   309
네스토르 Nestor   12
네클류도프 Nekljudov, S.   23
노르비트 Norwid, Cyprian Kamil   115
니콘 Nikon   31

ㄷ

다윈 Darwin, Charles Robert   314
단테 Dante, Alighieri   41, 48, 50~51
도스토옙스키 Dostoevsky, Fyodor Mikhailovich   356

ㄹ

라디셰프 Radishchev, Aleksandr Nikolaevich   126, 309~10
라이프니츠 Leibniz, Gottfried Wilhelm von   317

레르몬토프Lermontov, Mikhail Yurievich   300, 352, 354
레비-스트로스Lévi-Strauss, Claude   145, 209
로댕Rodin, François Auguste René   306~07
로모노소프Lomonosov, Mikhail Vasilievich   32, 131, 168
루이 16세Louis XVI   312

ㅁ

마담 드 스탈Madam de Staël   323
마야콥스키Mayakovsky, Vladimir Vladimirovich   114
마테를링크Maeterlinck, Maurice Polydore Marie Bernard   39
만델시탐Mandel'shtam, Osip   129, 193, 304, 349
만Mann, Thomas   303
말로Marlowe, Christopher   303
멜레틴스키Meletinsky, Eleazar Moiseevich   145
모노마흐Monomakh, Vladimir Vsevolodovich   40, 58
모스Mauss, Marcel   209

ㅂ

바라트인스키Baratynsky, Evgeny Abramovich   70, 115, 130, 304
바르트Barthes, Roland   145, 166
바이다Wajda, Andrzej   110, 112, 134
바이런Byron, George Gordon   295
바흐친Bakhtin, Mikhail Mikhailovich   94, 180, 195~96, 224, 250, 258, 343, 355
뱌젬스키Vyazemsky, Pyotr   170, 349
베르나츠키Vernadsky, Vladimir Ivanovic   261
베셀롭스키Veselovsky, A. N.   275
벤베니스트Benveniste, Emile   66
벤야민Benjamin, Walter   176
벨르이Belyi, Andrei   252
벨린스키Belinsky, Vissarion Grigorievich   79, 190, 292, 293, 301
볼테르Voltaire   307, 351
부아튀르Voiture, Vincent   351
부알로Boileau, Nicolas   78~79, 141, 189, 297
불가코프Bulgakov, Mikhail Afanasievich   194, 271, 350

브루투스Brutus, Marcus Junius 311
블로크Blok, Aleksandr Aleksandrovich 28, 39, 101, 293
비고츠키Vygotsky, Lev Semenovich 156, 160
비테Vitte, Sergei Yulievich 169

ㅅ

사피어Sapir, Edward 66
셸링Schelling, Friedrich Wilhelm von 323
소쉬르Saussure, Ferdinand de 138, 178, 181, 211, 257
수마로코프Sumarokov, Aleksandr Petrovich 189
스위프트Swift, Jonathan 346
스콧Scott, Walter 301
시클롭스키Shklovsky, Viktor Borisovich 277

ㅇ

아바쿰Avvakum, Petrovich 31
아흐마토바Akhmatova, Anna Andreevna 115
앙드레 르 샤플랭Andre le Chapelain 186
야콥슨Jakobson, Roman 21, 147, 157, 178, 179, 210, 315
에코Eco, Umberto 78
오를로프Orlov, Mikhail Fyodorovich 350
오스트롭스키Ostrovsky, Aleksandr Nikolaevich 37
우스펜스키Uspensky, Boris Andreyevich 62, 81, 143
워프Whorf, Benjamin Lee 66
위너Wiener, Norbert 86
이바노프Ivanov, V. V. 223

ㅈ

자볼로츠키Zabolotsky, Nikolay Alexeyevich 114
지르문스키Zhirmunsky, Viktor Maksimovich 274~76

ㅊ

체르니솁스키Chernyshevsky, Nikolay Gavrilovich 301
체호프Chekhov, Anton Pavlovich 156
츠베타예바Tsvetaeva, Marina Ivanovna 30, 42~43, 115

ㅋ

카람진 Karamzin, Nikolai Mikhailovich   190
카이사르 Caesar   309, 311
카토 Cato Censorius, Marcus Porcius   126, 309
칸테미르 Kantemir, Antiokh Dmitrievich   92, 168
칸트 Kant, Immanuel   315
콘라드 Konrad, Nikolai   274, 329
콜모고로프 Kolmogorov, Andrei Nikolaevich   172~73, 203
쿠르트네 Courtenay, Jan Niecisław Ignacy Baudouin de   137
큐헬베케르 Kyuhelbeker, Vilgelm Karlovich   31~32, 190
키플링 Kipling, Joseph Rudyard   323, 337~38, 355

ㅌ

터너 Turner, Victor Witter   304, 306
톨스토이 Tolstoi, Aleksei Nikolaevich   34, 40, 41, 187, 356
투르게네프 Turgenev, A.   190
투르게네프 Turgenev, Ivan Sergeevich   44, 308~09, 351
튜링 Turing, Alan Mathison   207, 228, 273
튜체프 Tyutchev, Fyodor Ivanovich   44~45, 130, 292
티냐노프 Tynyanov, Yury Nikolaevich   180, 198, 277, 353

ㅍ

파벨 1세 Pavel I   64, 182, 185
파스테르나크 Pasternak, Boris Leonidovich   42, 114
퍄티고르스키 Pjatigorsky, A.   316
표트르 대제 Pyotr Alekseevich I   64, 119, 140, 149, 167~68, 170
푸가초프 Pugachov, Emel'yan Ivanovich   170
푸시킨 Pushkin, Aleksandr Sergeevich   28, 41, 108, 117, 129, 130, 169, 188, 190, 192~93, 195, 237, 290, 292, 312, 350
푸코 Foucault, Michel   75
프로이트 Freud, Sigmund   270~71
프로코포비치 Prokopovich, Feofan   168
프로프 Propp, Vladimir Yakovlevich   145
프루트코프 Prutkov, Kozma   192
프리고진 Prigogine, Ilya   317, 325

ㅎ

헤겔Hegel, Georg Wilhelm Friedrich　15, 52, 178, 314
헤라클레이토스Heracleitos　96, 258
호메로스Homeros　301
후스Hus, Jan　130
흘레브니코프Khlebnikov, Velemir Vladimirovich　117

찾아보기(용어 및 서명)

ㄱ

가역적 230
『가정 의례집』 77
결투 349, 351
경계 26, 35, 38, 330
경계 돌파 57
계몽주의 53
계몽주의 모델 55
계몽주의의 문화 모델 54
고유명사 147, 151~52
공간 26, 61
공간의 연속성 38
공간의 차원 38
공간적 관계의 언어 21
공간적 구조 19
공간적 기술 60
공간적 모델 17, 19
공간적 모델링 25, 154
공간적 모델링의 언어 58
공간적 연속성 40
공시적 측면 179
공통 기억 302
관습적 기호 346
광기 207, 338
광인 337

『광인 일기』 34
교회슬라브어 120
구교도 31, 119
구조적 예비 201
궤도 56
기억 126
기억으로서의 문화 126
기호계 257, 320, 327~29
기호들의 연쇄로서의 텍스트 109
기호사각형 모델 21
기호성 46
기호적 사유 166
기호학적 개인성 285, 325, 327
기호학적 단자 318, 323~24, 326
기호학적 이종성 232, 256
기호학적 인격 272, 287, 294

ㄴ

내부 영역 27
내용을 지향하는 문화 75
내적 공간 106
노선 59

ㄷ

다성악 25
다쥐보그 37
단독성 148
단순한 상징 304~05, 309
대상-언어 143
데카브리스트 32, 354
데카브리시트 운동 186
도네츠 39
『도모스트로이』 77
도상적 기호 212
도상적 언어 232

도상적인 성격 47
돈키호테 23
동물 기호학 333
동질동상 19, 26, 38, 233
드레블랸족 12, 103, 332

ㄹ

라스티냐크 23, 41
러시아 구교도 119
『러시아 법전』 348
러시아 형식주의자 315
로스토프 34
『롤랑의 노래 La Chanson de Roland』 83
루시Rus' 321

ㅁ

마트료시카 263
망각 72~74, 227
메타기술 296, 297
메타메커니즘 222
메타문화 98
메타언어 15~17, 100, 143~44, 163, 185, 220, 239, 254, 269
메타체계 185
메타텍스트 144, 163
메타포적 번역 330
명명(命名) 147, 336
모스크바―제3로마설 85
몽골 320
몽골인 321
문화 모델 25~26, 60~61
문화 모델의 내부 35
문화 유형학 11, 16~17
문화 텍스트 18, 20, 39, 116
문화기호학 100, 211~12
문화사 15, 95, 118, 125, 165~66, 185, 244~45, 257, 276, 280,

295~96, 298, 314~15, 326, 338, 357~58
문화의 기억　196, 205, 226, 305
문화의 메타메커니즘　221
문화의 보편소　16~17
문화의 역동성　90, 126, 332
문화적 기억　225~27, 304
문화적 인격　218~19, 239

ㅂ

바바-야가　23
반문화　80~82, 103, 269
발라간　357
발신자　93, 113~15, 131, 199~200, 202, 210
뱌티치족　12
번역 불가능성　213, 222, 255, 265, 319
벨레스　37
『벨킨 이야기』　108
복수 언어적인 메커니즘　213
복수 언어주의　133, 216, 232, 262, 323
복잡한 상징　304~05, 309
볼셰비키　336
부동성　20
부동의 인물　57
분리파　31
분절성　20
분절적 기호　110~11, 267
분절적 언어　232, 270
분절적 유형　112
분절적인 기호 모델　133
분절적인 언어 체계　237
분할　60
브일리나Bylina　23, 40
비가역적 과정　326
비가역적인 변형　319
비단종성　94, 159

비대칭성 223

비대칭적·비가역적 과정 326

비문화 11, 13, 63, 80, 101, 103

비문화 유형 102

비분절적 유형 112

비분절적인 기호 모델 133

비신화적인 유형 144

비이해 217

ㅅ

사건 57~58, 61

사유하는 조직체 223~24, 231, 244, 253

사피어-워프 가설 66

상징 163, 303, 305

상징적인 성격 47

새로운 규칙 209

새로운 텍스트 209, 229, 255, 283~84, 319, 330

생각하는 구조 264, 272

생물계 261

서구파 291

세계상 18, 60

세계수(世界樹) 111

셀로멘 37, 39

수신자 93, 113, 115, 199~200, 202, 210

수용미학 316

순환적 과정 334

슈제트 shuzhet 21, 41, 55, 61, 155, 156

슈제트 없는 텍스트 56

슈제트성 21

슈제트적 사건 58

스토리 22

슬라브주의 105

슬라브주의자 291, 323

시점 27, 52

『시학 L'art poetique』 141

『신곡 La Divina Commedia』 50
신화적 공간 154
신화적 사유 160, 166
신화적 의식 156, 159, 345
신화적인 유형 144
신화적인 의식 234
신화주의 145, 159

ㅇ

야로슬라브나 39
양가성 195~97
양분점 325
엔트로피 101~02
여분 247
역 방향성 27
역동성 68, 71, 89~91, 334~35, 339
역사적 과정 334
역사주의 15~16
『연대기』 13
연속적인 언어 237
연속적인 텍스트 109~12
예술 언어 202
예측 불가능성 334, 337
오디세우스 23
오르페우스 23
외부 영역 27
외적 공간 106
우반구적 원칙 236
우연성 325~26
『우파니샤드』 143, 157
움직이는 인물 57
『원초 연대기』 12, 102
위상기하학 17
위상학 61
위상학적 개념 22

위상학적 모델링 25
유로지비 31
유아의 세계 156
유아적 의식 236
은뎀부족 306~07
2차 모델링 체계 65~66, 113, 130, 132, 211~12
2차 언어 116~17
『이고리 원정기』 37
이종성 159
이질동상 44~45
이질동상성 144, 176, 206, 223, 324
이항대립 모델 21
인격 215, 219, 239
인공언어 202, 254
인공지능 205~06, 252
잉여성 201

ㅈ

자가 생성하는 로고스 259
자가 증식하는 로고스 96~97, 258
자기 기술 184, 189, 220, 240
자기 명명 335
자기조직적 체계 296
자기커뮤니케이션 68, 161
자연언어 66~67, 109, 267
잡음 217, 230, 253~54
「재와 다이아몬드Popiol i Diamnet」 110
재코드화 138
『전쟁과 평화』 34, 354
정 방향성 27
제네바학파 179
제식화 342
제의 341, 343
조건성 63, 255, 284, 351~52
조건적 기호 212, 346

조건적 대응　279, 283, 319
조직화　29
좌반구적 원칙　236
주인공　22
준언어　158
준언어학　158
중세적 유형　53
중심-주변　197
지능　228
지점　26
지향성　26~28, 41, 52, 60
질 블라스　23
집단적 기억　205, 299, 301, 341
집단적 지성　205~06, 251, 262

ㅊ

차무탕아　306~07
차원　60
차이　15
창조적 의식　230, 288
창조적인 사유의 메커니즘　284
청자를 지향하는 문화　113
총체적인 기호로서의 텍스트　109
치치코프　23

ㅋ

카니발　94
콘스탄츠 학파　316
크레올화　240~41
크리비치족　12

ㅌ

타자　271, 288~89, 293, 344
타자적인 것　276
탈식민주의　106

텍스트　108, 118
텍스트-구성체　18
텍스트의 수행적 주체　27
텍스트학　120
통시적 측면　179
튜링 테스트　207
티타르인　321

ㅍ

파불라fabula　22
파우스트 박사　303
『페테르부르크에서 모스크바로의 여행』　311
포함(접속)-배제(절연)　327
폭발　335, 337, 340
폴랴닌족　12, 103
표현을 지향하는 문화　75
프라하학파　179
프리메이슨　30, 45, 75
『플루타르크 영웅전』　311
피에르 베주호프　23

ㅎ

햄릿　307~08
행위 시학　126, 310
혼돈　102
혼종성　94, 129, 159, 270
화자를 지향하는 문화　113
후스파　131